Inhaltsverzeichnis

1. Europa im Zeitalter des Absolutismus

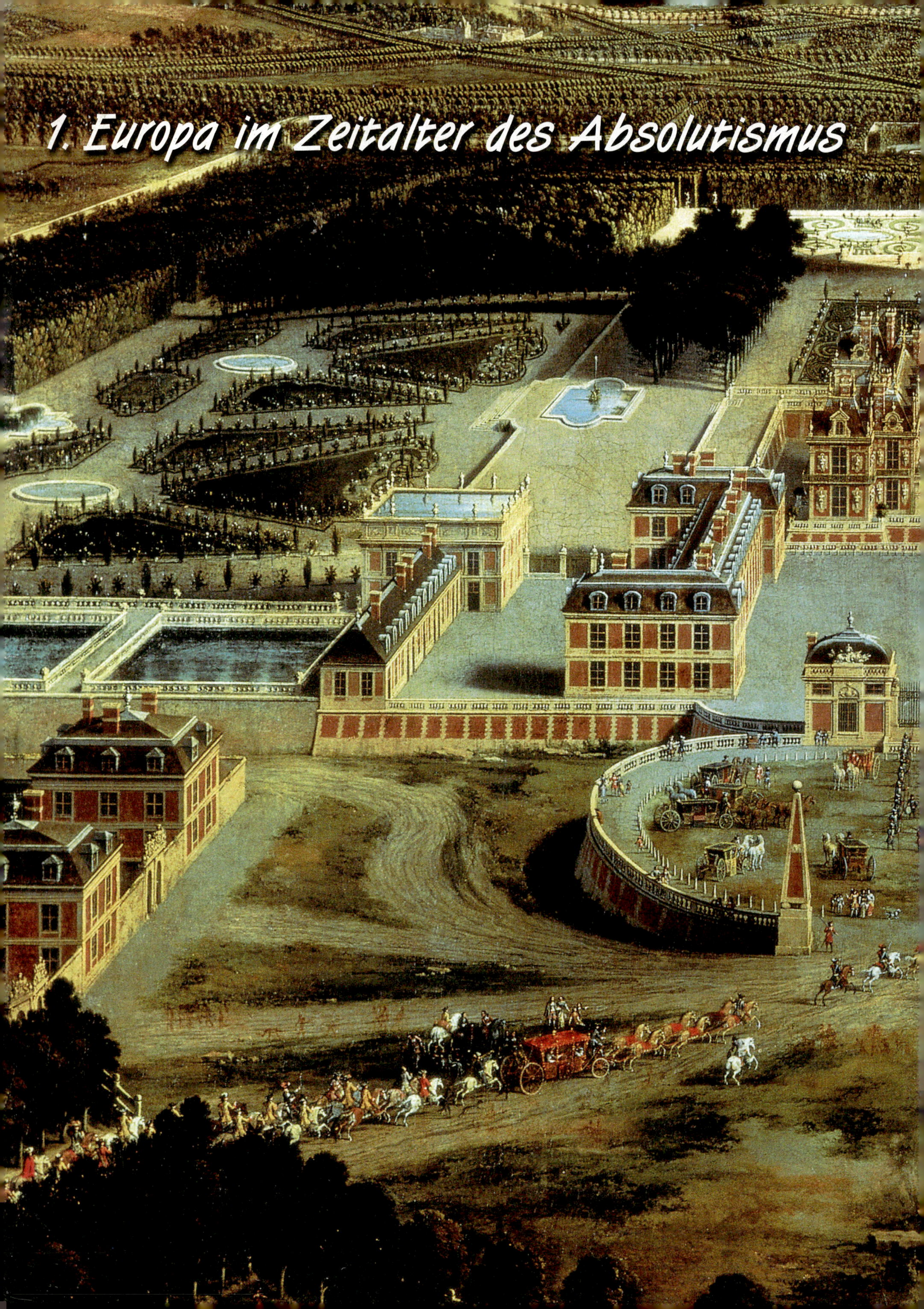

Liebe Schülerinnen und Schüler!

Ihr habt im vergangenen Schuljahr die Geschichte vom Mittelalter bis zum Dreißigjährigen Krieg verfolgt. In diesem Schuljahr könnt ihr euch mit Menschen und Ereignissen beschäftigen, die zu einer Zeit gehören, die wir heute das Zeitalter des Absolutismus nennen. Der Inhalt des Buches führt euch bis in das 20. Jahrhundert: Der Verlauf des Ersten Weltkriegs und die Phase der Weimarer Republik bilden den Abschluss des Bandes.

Zum Aufbau des Buches

Da wir auf ganz unterschiedlichen Wegen die Geschichte unserer Vorfahren erkunden können, findet ihr in den Kapiteln viele Bilder, Karten und Grafiken. Auch die Texte sind verschieden gestaltet. Die folgenden Erklärungen sollen euch helfen die zahlreichen Möglichkeiten, die euch das Buch bietet, zu erkennen:

Einführung in das Thema

Jedes Kapitel beginnt mit einer „Auftaktdoppelseite". Sie will euch auf das kommende Thema neugierig machen und zu Fragen anregen. Mit ihrer Hilfe könnt ihr auch zusammentragen, was ihr schon wisst.

Themendoppelseiten

Auf jeder Doppelseite berichten die Autoren in einem zusammenhängenden Text über die damaligen geschichtlichen Ereignisse. Das Thema verdeutlicht die Überschrift auf dem oberen Seitenrand.

Quellen

Q1 Manchmal lassen die Autoren die damals lebenden Menschen selbst zu Wort kommen, wenn ihre Texte aufbewahrt wurden. Die Berichte der damals lebenden Menschen nennen wir Quellen. Ihr erkennt sie an der Überschrift und an dem Balken, der sie kennzeichnet. Auch die Abbildungen, Gemälde und Fotos sind historische Quellen, aus denen ihr wichtige Informationen entnehmen könnt.

Materialien

M1 Texte heutiger Geschichtswissenschaftler, Berichte anderer Forscherinnen und Forscher und weitere Belege oder Nachweise sind mit der Überschrift „Materialien" und durch einen Balken markiert.

Die Randspalte

Jede Seite ist mit einer farbigen Randspalte versehen. Je nach Bedarf findet ihr hier:

- die Erklärung für schwierige Begriffe, die im Text mit einem Sternchen (*) versehen sind,
- wichtige Jahreszahlen und Ereignisse oder auch
- Zusatzinformationen zu den Themen, die auf der Seite behandelt werden.

Aufgaben

1 *In den Arbeitsaufgaben werdet ihr dazu angeleitet, aus den Texten und Quellen Informationen zu entnehmen, um einen Sachverhalt mit ihrer Hilfe zu besprechen.*

Zum Weiterlesen

Die Seiten „Zum Weiterlesen" enthalten Auszüge aus spannenden Jugendbüchern. Weitere Tipps für Bücher findet ihr im Anhang am Ende des Buches.

Methode

Die Seiten „Methode" leiten euch an, mit den Materialien in diesem Buch umzugehen. Sie helfen euch aber auch anderswo Informationen zu finden.

Werkstatt Geschichte

Auf den Seiten „Werkstatt Geschichte" findet ihr Vorschläge für eigene Nachforschungen, für Spiele, Rätsel oder Basteleien.

Geschichte vor Ort

Was geschah im Norden während des Absolutismus? Wie erlebte man die französische Herrschaft unter Napoleon? Inwieweit sich historische Ereignisse an Örtlichkeiten im Norden Deutschlands festmachen lassen, könnt ihr mit diesen Seiten erkunden.

Zusammenfassung

Die Kapitel werden durch eine Zusammenfassung abgeschlossen, die noch einmal das Wichtigste des Themas enthält.

Das Register

Im Anhang findet ihr u. a. ein Register. Mit dem Stichwortverzeichnis könnt ihr schnell herausfinden, wo zum Beispiel etwas über Bismarck berichtet wird.

Wenn ihr Fragen habt oder eure Meinung zu diesem Buch sagen wollt, schreibt uns:

Cornelsen Verlag
Mecklenburgische Straße 53
14197 Berlin

Inhaltsverzeichnis

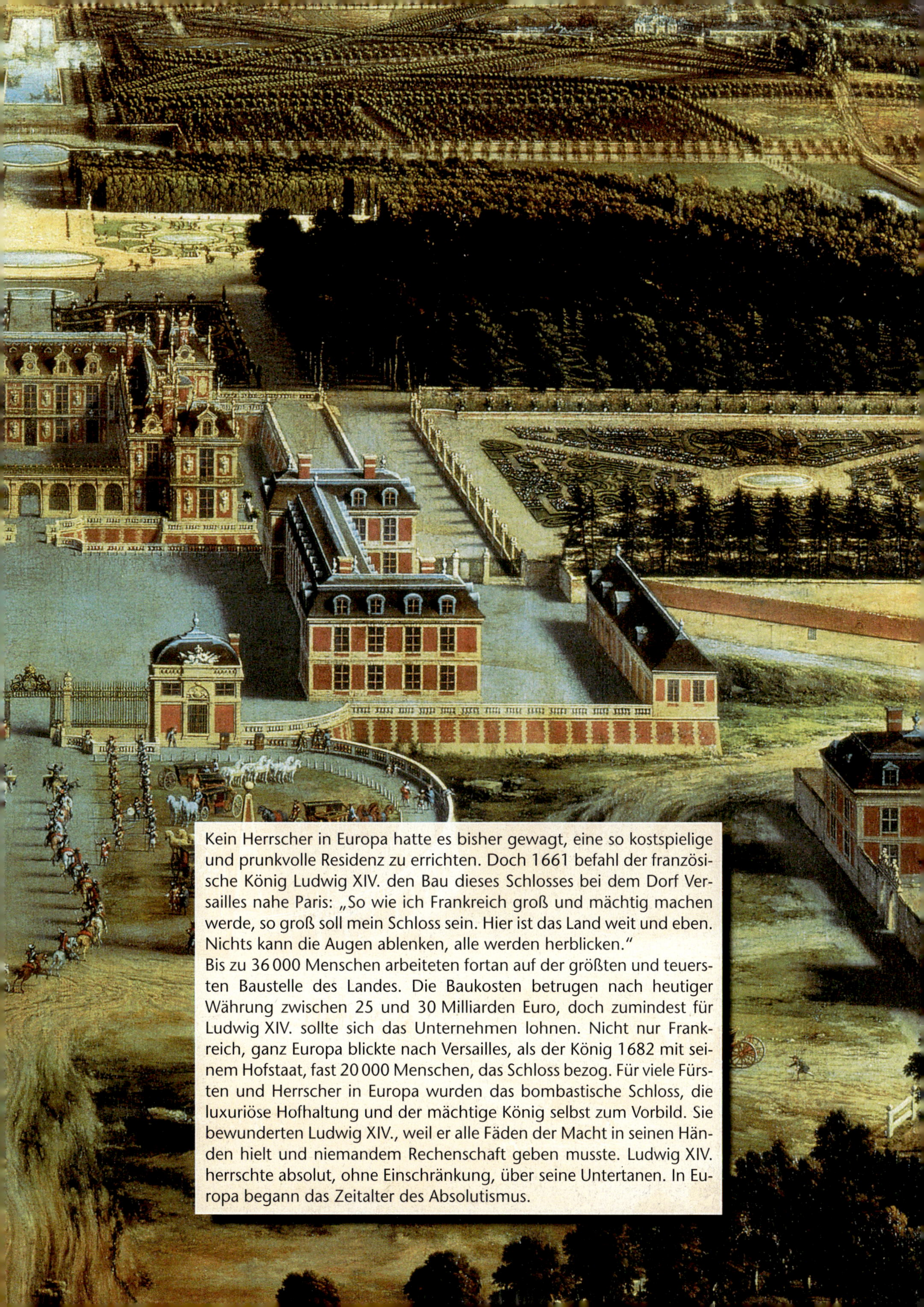

Kein Herrscher in Europa hatte es bisher gewagt, eine so kostspielige und prunkvolle Residenz zu errichten. Doch 1661 befahl der französische König Ludwig XIV. den Bau dieses Schlosses bei dem Dorf Versailles nahe Paris: „So wie ich Frankreich groß und mächtig machen werde, so groß soll mein Schloss sein. Hier ist das Land weit und eben. Nichts kann die Augen ablenken, alle werden herblicken."
Bis zu 36 000 Menschen arbeiteten fortan auf der größten und teuersten Baustelle des Landes. Die Baukosten betrugen nach heutiger Währung zwischen 25 und 30 Milliarden Euro, doch zumindest für Ludwig XIV. sollte sich das Unternehmen lohnen. Nicht nur Frankreich, ganz Europa blickte nach Versailles, als der König 1682 mit seinem Hofstaat, fast 20 000 Menschen, das Schloss bezog. Für viele Fürsten und Herrscher in Europa wurden das bombastische Schloss, die luxuriöse Hofhaltung und der mächtige König selbst zum Vorbild. Sie bewunderten Ludwig XIV., weil er alle Fäden der Macht in seinen Händen hielt und niemandem Rechenschaft geben musste. Ludwig XIV. herrschte absolut, ohne Einschränkung, über seine Untertanen. In Europa begann das Zeitalter des Absolutismus.

Ludwig XIV.: Der Staat bin ich!

1643–1715:
Herrschaft des französischen Königs Ludwig XIV.

1 **König Ludwig XIV., Gemälde des Hofmalers Hyacinthe Rigaud.** Das Bild zeigt den 63-jährigen König in Lebensgröße. Das Original ist 2,77 m hoch und 1,94 m breit.

Ludwig XIV.
übernimmt die Regierungsgeschäfte

Dreißig Jahre lang hatte in Deutschland der Krieg getobt. Städte und Dörfer waren zerstört, Millionen Menschen umgekommen. Als endlich 1648 Frieden geschlossen wurde, teilte man Deutschland in mehr als 300 Fürstentümer auf. Die Macht des Kaisers war geschwächt.

Während das Deutsche Reich politisch in Ohnmacht versank, wurde Frankreich immer mächtiger. Hier war 1643 im Alter von fünf Jahren Ludwig XIV. auf den Thron gelangt. Solange er noch ein Kind war, führte für ihn Kardinal Mazarin die Regierungsgeschäfte. Der Kardinal starb am 9. März 1661. Bereits am folgenden Morgen, um 7 Uhr früh, rief Ludwig XIV. den Staatsrat zusammen. Nichts, so erklärte er den Ministern, dürfe künftig ohne seinen Willen geschehen. Er allein werde von jetzt an die Befehle erteilen.

Sache der Minister und Beamten sei es, diese auszuführen. Zehn Jahre später schrieb Ludwig XIV. von sich selbst:

Ludwig XIV.: Der Staat bin ich!

2 Ludwig XIV. lässt sich und seine Familie in den Gestalten antiker Götter malen. Gemälde von Jean Nocret, um 1670.

Q1 … Ich entschloss mich keinen „Ersten Minister" mehr in meinen Dienst zu nehmen. Denn nichts ist unwürdiger, als wenn man auf der einen Seite alle Funktionen, auf der anderen Seite nur den leeren Titel eines Königs bemerkt.
Ich wollte die oberste Leitung ganz allein in meiner Hand zusammenfassen. … Ich bin über alles unterrichtet, höre auch meine geringsten Untertanen an, weiß jederzeit über Stärke und Ausbildungszustand meiner Truppen und über den Zustand meiner Festungen Bescheid. Ich gebe unverzüglich meine Befehle zu ihrer Versorgung, verhandle unmittelbar mit den fremden Gesandten, empfange und lese die Nachrichten und entwerfe teilweise selbst die Antworten, während ich für die übrigen meinen Sekretären das Wesentliche angebe. Ich regle Einnahmen und Ausgaben des Staates und lasse mir von denen, die ich mit wichtigen Ämtern betraue, persönlich Rechenschaft geben. …

1 *Tragt in eine Tabelle die verschiedenen Aufgabenbereiche ein, um die sich der König selbst kümmert.*
2 *Schreibt dazu aus Quelle 1 jenen Satz heraus, in dem der König zum Ausdruck bringt, dass er allein regieren möchte.*

Ludwig XIV. – Sonnenkönig und absoluter Herrscher

„Der Staat bin ich." Diese Aussage entsprach der Denkweise Ludwigs und seiner Vorstellung von der absoluten* und uneingeschränkten Herrschaft des Königs über sein Reich und seine Untertanen. Als Herrscher von Gottes Gnaden meinte er seine Entscheidungen nur vor Gott rechtfertigen zu müssen. Sichtbaren Ausdruck fand diese herausragende Stellung in dem von ihm ausgewählten Symbol der Sonne. Er selbst schrieb dazu:

Q2 … Die Sonne ist
- durch ihre Einzigartigkeit,
- durch den Glanz, der sie umgibt,
- durch das Licht, das sie den anderen wie ein Hofstaat umgebenden Sternen mitteilt,
- durch das Gute, das sie überall bewirkt, indem sie unaufhörlich Leben, Freude und Tätigkeit weckt,

sicher das lebendigste und schönste Sinnbild eines großen Herrschers. …

3 *Stellt anhand der Abbildungen und der Quelle 1 Vermutungen an über das Verhältnis des Königs zu seinen Untertanen.*
4 *Der französische Bischof Bossuet (1627 bis 1704) sagte: „O Könige, ihr seid Göttern gleich!" Was sollte damit zum Ausdruck gebracht werden?*

Medaille Ludwigs XIV. von 1674.

Absolutismus*
(lat. absolutus = losgelöst): Bezeichnung für die Epoche vom 17. bis 18. Jahrhundert, in der Ludwig XIV. und seine Regierungsform in Europa als Vorbild galten. Der Monarch besaß die uneingeschränkte Herrschaftsgewalt. Er regierte losgelöst von den Gesetzen und forderte von allen Untertanen unbedingten Gehorsam.

Im Schloss von Versailles

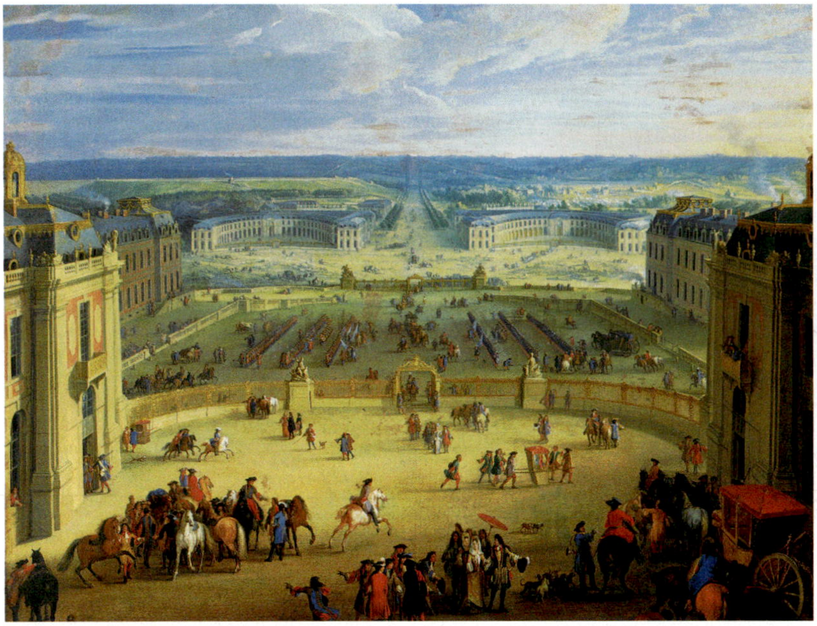

1 Schloss Versailles. Blick aus dem königlichen Schlafzimmer. Die Gartenfront des Schlosses ist 580 m lang und hat 375 Fenster. Gemälde von Pierre Denis Martin, 1722.

Ludwig XIV. im Gewand eines Sonnengottes.

Ein Schlafzimmer im Zentrum des Schlosses
Die Prinzessin Liselotte von der Pfalz, die mit einem Bruder des Königs verheiratet war, schrieb über Versailles:

Q1 … Es herrscht hier in Versailles eine Pracht, die du dir nicht ausdenken kannst. An Marmor und Gold wurde nicht gespart. Edelsteine, Spiegel, Edelhölzer, Teppiche, wohin du schaust. Köstliche Gemälde und Statuen an den Wänden. Und erst die Springbrunnen, Wasserkünste und Pavillons in dem riesigen Park. Denke dir nur, alle Alleen, Wege und Wasserläufe sind auf das Schlafzimmer des Königs, das im Zentrum des Schlosses liegt, ausgerichtet. …

Versailles war ursprünglich eine morastige Einöde. In einem „Sumpf, in dem Nattern, Kröten und Frösche hausten", so berichtet ein Zeitgenosse, ließ der König das Jagdschlösschen seines Vaters zur glanzvollen Residenz erweitern. Von 1661 bis 1689 bauten nahezu 36 000 Arbeiter an der Schlossanlage. 6000 Pferde wurden zum Transport der Materialien eingesetzt. In den ausgedehnten Parkanlagen wurde ein See von 700 m Länge angelegt. Um die 1400 Brunnen und Fontänen mit Wasser zu versorgen, musste ein kleiner Fluss gestaut werden. Im Zentrum der ganzen Anlage stand das Schloss. In ihm befanden sich fast 2000 Räume, dazu große Säle und riesige Flure. Bei den zahlreichen Festen, die der König veranstalten ließ, fanden hier über 20 000 Menschen Platz. In der Nacht leuchteten dazu über 200 000 Lampions. Der König zeigte sich auf diesen Festen bisweilen im Gewand eines römischen Sonnengottes.

Trotz all der Pracht herrschte im Schloss eine qualvolle Enge. Versailles beherbergte nahezu 20 000 Menschen. Der gesamte Hofstaat, adlige Herrschaften und ihre Familien, Minister und Beamte lebten seit dem Umzug im Jahr 1682 in einem Schloss, das höchst unpraktisch eingerichtet war. Nur wenige Räume waren beheizbar und es fehlten Bäder und Toiletten. Die Damen mussten den Körpergeruch mit starkem Parfum überdecken und die vornehmsten Herren verrichteten ihre Notdurft oft auf den Treppen. Doch wer in Frankreich etwas werden und bedeuten wollte, musste sich in die Nähe des Königs begeben und alles tun, um ihm aufzufallen.

1 *Überlegt, aus welchen Gründen der König sein Schlafzimmer ins Zentrum des Schlosses verlegen ließ.*

Ein König im Schlafrock

Wer darf dem König beim Anziehen helfen?

Schloss Versailles war das Zentrum Frankreichs. Der König bestimmte nicht nur über das Leben seiner Untertanen, sondern auch über das Leben am Hof. Die strenge Hofetikette* schrieb jedem Höfling den Tagesablauf vor.

Über die tägliche „Zeremonie des Ankleidens" berichtete ein Herzog:

Q2 … Morgens weckt den König der erste Kammerdiener. Dann treten der Reihe nach fünf verschiedene Gruppen von Menschen in das Schlafzimmer.

Zuerst kommt die „vertrauliche Gruppe": Das sind seine Kinder, der erste Arzt und der erste Chirurg. Es folgt die „große Gruppe": Zu ihr gehören der Meister der Garderobe, Friseure, Schneider, verschiedene Diener und die Kammerdamen der Königin. Man gießt dem König aus einer vergoldeten Schale Franzbranntwein über die Hände. Dann bekreuzigt sich der König und betet. Anschließend erhebt er sich aus dem Bett und zieht die Pantoffeln an. Der Großkämmerer reicht ihm den Schlafrock.

In diesem Augenblick wird die dritte Gruppe hereingelassen: verschiedene Diener, weitere Ärzte und Chirurgen und die königlichen Nachttopfträger. Der Kammer-Edelmann nennt dem König die Namen der vor der Tür wartenden Edelleute.

Diese treten als vierte Gruppe ein: Es sind dies die Mantel- und Büchsenträger, Kaplan und Hofprediger, Hauptmann und Major der Leibgarde, der Oberjägermeister, der Oberwolfsjäger und Oberbrotmeister, Gesandte und Minister.

Der König wäscht sich jetzt die Hände und zieht sich aus. Zwei Pagen ziehen ihm die Pantoffeln aus. Das Hemd wird beim rechten Ärmel vom Großmeister der Garderobe, beim linken Ärmel vom ersten Diener der Garderobe entfernt. Ein anderer Diener trägt ein frisches Hemd herbei.

In diesem feierlichen Augenblick wird die fünfte Gruppe hereingelassen, die einen großen Teil der übrigen Hofgesellschaft umfasst.

Diener bringen dem König jetzt die Kleider. In einem Körbchen werden ihm verschiedene Halsbinden gezeigt, von denen er eine auswählt. Der Vorstand der Taschentücher-Abteilung bringt auf einem silbernen Teller drei Taschentücher zur Auswahl. Schließlich überreicht ihm der Garderobenmeister Hut, Stock und Handschuhe. Der König kniet nochmals nieder zum Gebet. Dann erteilt er die Tagesbefehle und bestimmt das Programm des Tages. …

2 **Der König wird angekleidet.** Farblithographie von Maurice Leloir, 19. Jahrhundert.

2 *Beschreibt die Abbildung. Beachtet dabei auch die Haltung der einzelnen Personen.*

3 *Sucht in Quelle 2 die Textstelle, die zu dieser Abbildung passt.*

Etikette*:
Regeln, die beim Umgang mit anderen Menschen einzuhalten sind, besonders gegenüber Höhergestellten.

André Le Nôtre
(1613–1700), Gartenbaumeister Ludwigs XIV.

Löhne und Preise zur Zeit des Baus von Versailles
(in Livres):

Jahresgehalt des Gartenbaumeisters Le Nôtre	*14 000*
Jahreslohn eines Maurers (13-Stunden-Tag)	*ca. 180*

Kosten für

– ein Leinenhemd	*4*
– ein Pfund Ochsenfleisch	*0,15*
– 450 g Weißbrot	*0,10*
– eine Perücke	*42–100*

Der König und seine Untertanen

Geistlicher

Adliger

Bürger

Bauer

Stände*: *gesellschaftliche Gruppen, die sich voneinander durch Herkunft, Beruf und eigene Rechte abgrenzen. Im Mittelalter unterschied man drei Stände:*
erster Stand: Geistlichkeit,
zweiter Stand: Adel,
dritter Stand: Bürger und Bauern.

Privilegien*: *Sonderrechte, Vorrechte.*

1 **Der Bauernstand trägt die ersten zwei Stände. Tauben und Kaninchen, die der Bauer nicht erlegen durfte, verursachen Ernteschäden.** Kolorierte Radierung, 1789.

Die ständische Gesellschaft

Die französische Gesellschaft, über die Ludwig uneingeschränkt herrschen wollte, war seit Jahrhunderten in Stände* eingeteilt. Die höheren Geistlichen gehörten zum ersten, der Adel zum zweiten Stand. Als Angehörige der ersten beiden Stände genossen sie bestimmte Privilegien*. Sie mussten z. B. keine Steuern bezahlen und erhielten von den Bauern Abgaben und Dienste. Fast alle Steuern, die der König einnahm, wurden vom dritten Stand bezahlt. Hierzu zählten Kaufleute, Anwälte und Bankiers, die in den Städten lebten, sowie die Landbevölkerung, leibeigene Bauern und Tagelöhner, die die Mehrheit der Bevölkerung stellten.

1 *Entwerft mithilfe des Textes und der Abbildung 1 ein Schaubild zum Aufbau der Gesellschaft im Absolutismus.*

Aus Adligen werden Höflinge

Als Ludwig XIV. im Jahr 1661 die Regierung übernahm, gab es in Frankreich viele Adlige, Klöster, Bischöfe und Städte, die alle selbst regieren wollten. Alte Rechte gestatteten es ihnen, in ihren Territorien zu herrschen und unabhängig vom König zu entscheiden.
„Ich aber wollte", so schrieb Ludwig XIV., „die oberste Leitung ganz allein in meinen Händen halten."
Der König verlangte, dass sich die Adligen künftig an seinem Hof in Versailles aufhielten. Das aufwendige Leben am Hof, die Feste, der Zwang, sich gemäß der höfischen Mode zu kleiden, waren sehr kostspielig.
Viele Adlige gerieten daher in finanzielle Schwierigkeiten und Ludwig nutzte dies aus. Er gewährte denen, die in seiner Gunst standen, gut bezahlte Ämter, die politisch keine Bedeutung hatten. Wichtig für die Regierung des Landes und für die Durchführung der königlichen Befehle waren nur die oberen Beamten, die der König einsetzte. Sie waren Ludwig zu absolutem Gehorsam verpflichtet und jederzeit absetzbar. In ganz Frankreich überwachten sie die Steuereinziehungen und den Straßenbau, sie kontrollierten die Zölle und führten bei Gericht den Vorsitz. Über alle besonderen Vorkommnisse erstatteten sie dem König sofort Bericht und warteten auf seine Anordnungen.

2 *Erklärt, wie sich unter Ludwig XIV. der Einfluss und die Stellung des Adels veränderte.*

„Ein König, ein Glaube, ein Gesetz"

Ludwig hielt sich für einen König von Gottes Gnaden. Er glaubte, dass er seine Regierungsweise nur vor Gott zu rechtfertigen habe und dass seine Anordnungen dem göttlichen Willen entsprächen. Die katholische Kirche, der Ludwig angehörte, unterstützte die Auffassung des Königs. Doch viele Untertanen gehörten zu den Hugenotten, den Anhängern der Reformation in Frankreich. Im Edikt von Nantes war den Hugenotten im Jahr 1598 die freie Ausübung ihrer Religion gewährt worden. Ludwig XIV. erneuerte dagegen den alten Grundsatz der französischen Könige: „Ein König, ein Glaube, ein Gesetz". Im Jahr 1685 verbot er den Protestantismus und ließ alle Kirchen der Reformierten niederreißen. Den Hugenotten wurde es zudem verboten, auszuwandern oder ihren Besitz

Die Stützen der königlichen Macht

2 **Die Stützen der absolutistischen Macht.**

aus Frankreich zu entfernen. Viele Hugenotten traten nun aus Angst um ihr Leben zum katholischen Glauben über oder sie flohen trotz des königlichen Verbots ins Ausland, z. B. nach Brandenburg-Preußen.
Die katholische Kirche aber räumte dem König bestimmte Rechte ein. Ludwig XIV. ernannte fortan die Bischöfe und hatte die Aufsicht über das Kirchenvermögen.

3 *Erklärt die Bedeutung des Grundsatzes: „Ein König, ein Glaube, ein Gesetz".*

Ludwig XIV. und sein stehendes Heer*

Ludwig XIV. brauchte eine schlagkräftige Armee, um seine Herrschaft gegen aufständische Untertanen durchzusetzen. Vor allem aber wollte er Frankreich zum mächtigsten Staat Europas machen. Mit Energie betrieb dieser König daher den Aufbau eines so genannten stehenden Heeres, das auch in Friedenszeiten einsatzbereit unter Waffen stand.
Immer mehr Soldaten wurden für längere Zeit angeworben, mit neuen Waffen und gleichen Uniformen ausgerüstet.
Frankreich hatte 1664 etwa 45 000, bis 1703 schon fast 400 000 Mann täglich einsatzbereit und war damit die stärkste Militärmacht Europas geworden. In mehr als der Hälfte seiner Regierungszeit führte Ludwig deshalb Kriege gegen verschiedene Nachbarstaaten, die etwa 1 200 000 Menschen das Leben gekostet haben.

4 *Zahlreiche militärische Bezeichnungen wurden im 17. und 18. Jahrhundert von anderen europäischen Armeen übernommen (Randspalte). Informiert euch über Begriffe, die ihr nicht kennt, in einem Lexikon.*

Wer soll das bezahlen?

Die häufig geführten Kriege und der Unterhalt der Armee kosteten fast die Hälfte des gesamten Staatshaushalts. Hinzu kamen riesige Summen für die Hofhaltung und für den Bau des Schlosses in Versailles.
Das Ziel des Königs war es daher, die Staatseinnahmen immer weiter zu erhöhen, doch das Land verarmte immer mehr. In einem Bericht an den König im Jahr 1678 heißt es:

Q … Von allen Seiten kommt man zu mir mit der Bitte dem Könige vorzustellen, wie man ganz außerstande ist, die Abgaben zu bezahlen. Es ist sicher, und ich spreche davon, weil ich es genau weiß, dass der größte Teil der Einwohner unserer Provinz während des Winters nur von Eichel- und Wurzelbrot gelebt hat und dass man sie jetzt das Gras der Wiesen und die Rinde der Bäume essen sieht. …

5 *Spielt folgende Szene: Der König und der Finanzminister beraten, wie sie die Staatseinnahmen erhöhen können.*

Stehendes Heer*:
Im Mittelalter wurden Heere nur für einen Krieg aufgestellt. Die Söldner und die Landsknechte wurden nach Kriegsende wieder entlassen. Ludwig XIV. schuf jedoch Armeen, die auch in Friedenszeiten einsatzbereit unter Waffen standen.

Beispiele für militärische Bezeichnungen aus der französischen Armee, die von anderen europäischen Armeen übernommen wurden:
Infanterie
Artillerie
Kavallerie
Leutnant
Munition
General
Proviant

Ludwigs Staat benötigt mehr Geld

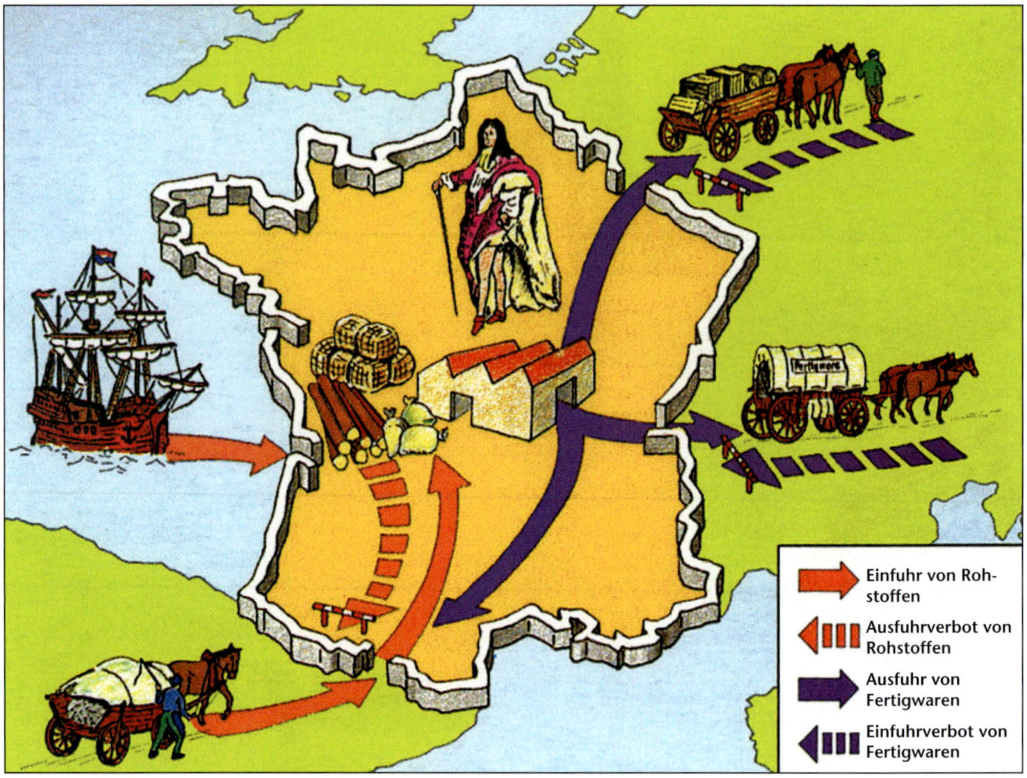

1 **Die Wirtschaftsform des Merkantilismus*.**

Merkantilismus*
(lat. mercator = Kaufmann): staatlich gelenkte Wirtschaftsform des Absolutismus. Durch intensiven Handel sollte möglichst viel Geld in das Land kommen, möglichst wenig Geld das Land verlassen. Die Regierung erhöhte daher die Ausfuhr von Fertigwaren und erschwerte die Einfuhr ausländischer Güter durch hohe Zölle.

Merkantilismus

Nur wenige Jahre nach dem Regierungsantritt Ludwigs XIV. war der französische Staat bereits restlos verschuldet. Colbert, der Finanzminister des Königs, erkannte, dass die normalen Steuereinnahmen niemals ausreichen würden, um die hohen Ausgaben des Königs zu decken. Um den immer neuen Geldforderungen nachkommen zu können, entwickelte er daher ein neues Wirtschaftssystem, den Merkantilismus. Schon diese Bezeichnung lässt deutlich erkennen, dass Colbert in der Förderung des Handels und Gewerbes seine Hauptaufgabe sah.

Colbert und die neue Wirtschaftspolitik

Um möglichst viel Geld hereinzubekommen, schlug Colbert folgendes Verfahren vor: Frankreich importiert billige Rohstoffe; diese werden von französischen Handwerkern zu Fertigwaren verarbeitet und anschließend ins Ausland verkauft. Um den Handel innerhalb Frankreichs zu erleichtern, wurden Maße, Gewichte und das Münzwesen vereinheitlicht. Außerdem ließ er zahlreiche Straßen und Kanäle bauen. Da die kleinen Handwerksbetriebe nicht in der Lage waren, Fertigwaren in höherer Stückzahl zu produzieren, förderte Colbert den Aufbau von Manufakturen. Manufakturen waren größere Betriebe, in denen die Arbeit zwar von Hand geschah, die gesamte Herstellung aber in einzelne Arbeitsvorgänge zerlegt wurde.

1 *Erklärt das Schaubild (Abb. 1):*
- *Was darf bzw. was darf nicht eingeführt werden?*
- *Was darf bzw. darf nicht ausgeführt werden?*
- *Was wird verboten bzw. gefördert?*

In einer Stecknadelmanufaktur

Über die Arbeit in einer Stecknadelmanufaktur schrieb Adam Smith, ein schottischer Wirtschaftsfachmann, etwa 100 Jahre später:

Manufakturen

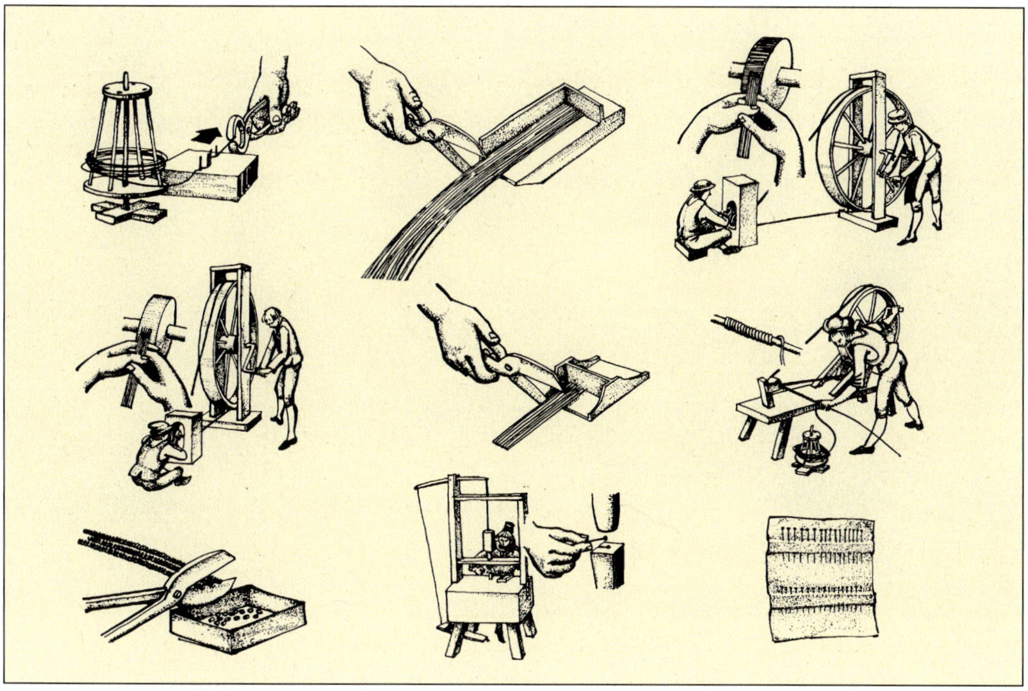

2 **Wichtige Arbeiten in einer Stecknadelmanufaktur.**

Q1 ... Einer zieht den Draht, ein anderer richtet ihn ein, ein Dritter schrotet ihn ab, ein Vierter spitzt ihn zu, ein Fünfter schleift ihn am oberen Ende , damit der Kopf angesetzt wird ... so wird das wenig wichtige Geschäft der Stecknadelfabrikation in ungefähr 18 verschiedene Verrichtungen verteilt. ... Ich habe eine kleine Fabrik dieser Art gesehen, wo nur zehn Menschen beschäftigt waren und manche daher zwei oder drei verschiedene Verrichtungen zu erfüllen hatten. Obgleich nun diese Menschen sehr arm und darum nur leidlich mit den nötigen Maschinen versehen waren, so konnten sie doch, wenn sie tüchtig daranhielten, zusammen zwölf Pfund Stecknadeln täglich liefern. ...

2 *Ein Pfund Stecknadeln enthielt über 4000 Nadeln mittlerer Größe. Rechnet aus, wie viele Nadeln jeder Mitarbeiter nach Quelle 1 an einem Tag herstellen konnte.*

3 *Beschreibt mithilfe von Quelle 1 die Arbeitsvorgänge auf der Abbildung 2. Erklärt die Vorteile dieser Arbeitsweise gegenüber einem herkömmlichen Handwerksbetrieb.*

Das Urteil der Nachbarn

Colbert hatte mit seiner Wirtschaftspolitik Erfolg. Die Einnahmen des Staates verdoppelten sich in kurzer Zeit.

Voller Bewunderung schrieb der Botschafter Venedigs:

Q2 ... Colbert unterlässt nichts, um die Industrien anderer Länder in Frankreich heimisch zu machen. Er versucht auf englische Art die französischen Häute zu gerben, damit sie die englischen Felle ersetzen. Holland hat man die Art der Tuchmacherei entlehnt wie auch den Käse, die Butter und andere Besonderheiten. Deutschland hat man die Hutmacherei und die Fabrikation des Weißblechs und viele andere industrielle Arbeiten abgesehen, Italien die Spitzen und Spiegel. Das Beste, was man in allen Weltteilen hat, stellt man jetzt in Frankreich her, und so groß ist die Beliebtheit dieser Erzeugnisse, dass von allen Seiten die Bestellungen einlaufen. ...

4 *Stellt die Folgen zusammen, die der französische Merkantilismus für die übrigen Staaten Europas haben musste.*

Jean-Baptiste Colbert *(1619–1683), Finanzminister Ludwigs XIV. und Vertreter des Merkantilismus. Zeitgenössisches Gemälde.*

Europa im Barock

1 **Schloss Bothmer.** Das Schloss wurde 1726–32 errichtet. Luftaufnahme.

Barock*
(portugiesisch = schief-runde Perle): Der ursprünglich italienische Kunststil setzte sich gegen Ende des 17. Jahrhunderts in ganz Europa durch. Es entstanden zahlreiche barocke Schloss- und Kirchenbauten mit prunkvollen Verzierungen, die Kraft und Fülle ausdrücken sollten.

Putte.
Rekonstruktionszeichnung.

Kleine „Versailles" in ganz Europa

Voller Bewunderung blickten viele Fürsten und Könige in Europa nach Frankreich. Versailles und Ludwig XIV. waren ihre großen Vorbilder und sie bemühten sich die Lebensweise und die Baukunst des französischen Absolutismus nachzuahmen. So wurden in vielen Fürstentümern prächtige Schlösser gebaut. Umgeben waren sie von großflächigen Parkanlagen mit Blumenbeeten und Rasenflächen in geometrischen Formen; auch die Natur hatte sich dem Herrscherwillen unterzuordnen. Künstlich angelegte Seen und Kanäle sowie Brunnen mit hoch aufschießenden Fontänen erfreuten jeden Besucher.

Diese Gartenarchitektur und den neuen Baustil bezeichnete man als Barock*. „Barocco" nannte man in Portugal Perlen mit unregelmäßiger Oberfläche.

Das Wort „Barock" steht für das Verschnörkelte, auch das Überladene, das Unregelmäßige, das von der vorausgegangenen Kunst abweicht. Von außen gesehen waren die Barockbauten oft recht einfach gehalten, umso mehr Wert wurde auf die Ausgestaltung der Innenräume gelegt. Große Festsäle, die sich bisweilen über zwei Stockwerke erstreckten, und prächtige Treppenhäuser waren Zeichen der fürstlichen Macht und des Reichtums.

Auch Kirchen wurden im barocken Stil errichtet oder umgestaltet. Helle Räume mit warmen Goldtönen und kleine lustige Engelchen (Putten) vermittelten den Menschen den Eindruck, zwischen Himmel und Erde bestehe eine enge Verbindung. Die Menschen sollten vor dem Himmelreich, vor Gott, keine Angst haben, sondern durch den Prunk Hoffnung auf das prächtige Jenseits schöpfen.

Es gab aber auch eine Gegenbewegung. Gerade durch die schlimmen Erfahrungen des Dreißigjährigen Krieges war den Menschen ihre Vergänglichkeit bewusst geworden. Deshalb entstanden in Schwarz und Weiß gehaltene Kirchen mit Engeln, die Totenköpfe hatten und die Menschen daran gemahnen sollten, wie nahe der Tod jederzeit ist.

1 *Informiert euch, welche Barockbauten es in eurer Nähe gibt. Schreibt an die betreffenden Verkehrsämter und bittet um die Zusendung von Informations- und Bildmaterial.*

2 *Erklärt anhand dieses Materials die Besonderheiten des neuen Kunststils.*

Geschichte vor Ort: Barock im Norden

1 **Innenansicht der St. Michaelis-Kirche in Hamburg.** Foto.

2 **Engel mit Totenkopf in der Kirche St. Marien in Lübeck.** Foto, 2002.

3 **Gut Wotersen.** Foto, 2003.

4 **Barockgarten von Gut Panker.** Foto, 2002.

5 **Das Hauptgebäude der Universität Greifswald, das im Jahr 1750 während der fast zweihundertjährigen Schwedenzeit eingeweiht wurde.** Foto.

Leben wie ein Fürst

1 **Festbankett mit August III., Kurfürst von Sachsen, und Maria Josepha, der Frau des Kurfürsten.** Szene aus dem DEFA-Film „Sachsens Glanz und Preußens Gloria" von 1985.

Adlige Frau in der Mode zur Zeit des Absolutismus.

Folgende Wörter stammen aus der französischen Sprache:

Allee, Etage, Balkon, Jackett, Frack, Madame, Frisur, Perücke, Garderobe, elegant, Toilette, Kavalier, Uniform, Kompliment, Ballett.

Internettipp:

http://www.geschichte.schleswig-holstein.de/

Barock als Lebensstil

Als Barock bezeichnete man den gesamten Lebensstil der gehobenen Bevölkerungsschicht in der Zeit des Absolutismus: die Kleidung, die Möbel, die Musik und das Benehmen. Ausgehend von Versailles wurde der barocke Lebensstil am Hof der Fürsten, aber auch durch wohlhabende Bürger und reiche Bauern nachgeahmt. Aufgemalte Erker, Girlanden und Fensterumrahmungen verliehen ihren Häusern ein herrschaftliches Aussehen. Französisch war „in" und viele Modeneuheiten kamen aus Frankreich.

Die Damen z. B. trugen Reifröcke über einem Gestell aus Fischbein, schnürten ihre Taille eng zusammen und türmten ihr Haar gewaltig auf – notfalls mit Haarzusatz. In schwere Kleidung eingezwängt, die bis zu einem Zentner wog, konnten sie nur würdevoll schreiten.

Streng geregelt war das Benehmen in den gehobenen Schichten. So gehörte es zur Höflichkeit, dass ein Herr der Dame den Vortritt überließ. Am Hof der Fürsten sprach man überwiegend Französisch und auch die wohlhabenden Bürger versuchten dies nachzuahmen. Sie mischten zumindest französische Wörter in ihre Unterhaltung.

1 *Versucht die französischen Wörter in der Randspalte durch deutsche Beschreibungen zu ersetzen.*

2 **Bierkrug aus Meißener Porzellan.** Foto.

Zum Weiterlesen: Die königliche Lockenpracht

Der absolutistische König Ludwig XIV. hatte nicht nur die politische Macht, er bestimmte auch die Mode und das kulturelle Leben. Man sagte, dass der neueste französische Trend, wenn er nach England oder Deutschland gelangte, in Paris schon wieder unmodern war. Über die Mode der Männer zur Zeit Ludwigs heißt es in einem heutigen Jugendbuch:

Lockenpracht

Ludwig führte am französischen Hof die Perücke ein – böse Zungen meinen, um seine eigene Kahlköpfigkeit zu verdecken.

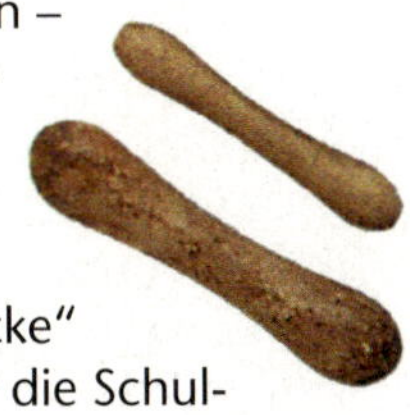

Die „Allongeperücke" (langlockige, über die Schultern reichende Perücke) verlieh Würde und Autorität und jeder feine Herr trug sie.

Das eigene Haar darunter war kurz geschnitten oder der Kopf ganz kahl geschoren. Die Damenfrisuren erreichten nicht die Pracht der Männerperücken, doch wurde um 1690 als Gegenstück zur Allongeperücke die „Fontangeperücke" modern. Diese Hochfrisur türmte sich bis zu 20 cm auf dem Scheitel. Sie war an einem Drahtgestell befestigt, mit Bändern und Spitzen verziert und verjüngte sich nach oben.

Die arbeitende Bevölkerung trug keine Perücken, da diese teuer waren und bei der Arbeit behinderten.

Blasse Haut galt bei Männern und Frauen als vornehm. Als Kontrast benutzte man Rouge und Lippenstift sowie Schönheitspflästerchen aus schwarzem Taft in den verschiedensten Formen, z. B. Sonnen, Monde, Sterne. Baden und Waschen galt als ungesund. Starkes Make-up und Schönheitspflaster waren daher nötig um Schmutz und Hautflecken zu kaschieren. Körpergeruch versuchten Frauen wie Männer durch Parfum zu überdecken.

Modische Herren

Die Kleidung dieser abgebildeten Männer entspricht der Mode um 1670. Beide tragen einen flachen, breitkrempigen Hut, aus dem sich später der Dreispitz entwickelte. Die Schuhe hatten eckige Kappen und manchmal wurde das Oberleder umgeschlagen, sodass das Futter sichtbar wurde.

Weitere Informationen über die Mode zur Zeit des Sonnenkönigs findet ihr in dem Buch von L. Rowland-Warne: Kleidung & Mode. Von der Toga bis zur Mode der Punks. Gerstenberg Verlag.

Geschichte vor Ort: Gottorfer Hofkultur

1 **Schleswig-Holstein um 1650.**

Schleswig-Gottorf

Im 16. Jahrhundert bildete sich auf dem Gebiet des heutigen Bundeslandes Schleswig-Holstein ein eigenständiger Staat unter der Führung des Herzogs von Schleswig-Gottorf heraus. Die Herrscherfamilie entstammte einer Nebenlinie des dänischen Königshauses. Ihre Angehörigen waren Nachkommen Herzog Adolfs (1526–1586), eines der jüngeren Halbbrüder des dänischen Königs Christian III. 1544 gelangte Herzog Adolf in den Besitz eines eigenen Territoriums, das er und seine Erben zu vergrößern suchten.

Der junge Landesherr machte Gottorf bei Schleswig zu seiner Hauptresidenz, baute die Nebenresidenz in Kiel aus und ließ weitere Schlösser in Husum, Reinbek und Tönning errichten. Da das kleine Territorium politisch wenig ausrichten konnte, setzten die Gottorfer auf eine glänzende und kostspielige Hofkultur, um ihre Herrschaft nach außen darzustellen und nach innen abzusichern. Es entstanden imposante Bauten, sichtbare Zeichen fürstlichen Anspruchs, die zugleich von hohem Kunstverstand zeugten. Zu den Berühmtheiten Gottorfs gehörte eine Gemäldesammlung mit Hunderten von Bildern sowie eine Bibliothek mit etwa 15000 Bänden. Sie umfasste auch zahlreiche Handschriften und Drucke aus den Klöstern Bordesholm, Cismar und Lügumkloster.

Burg – Residenz – Landesmuseum

Die Burg Gottorf, im Besitz der Schleswiger Bischöfe, lag nahe an einer wichtigen Handelsstraße – dem so genannten Ochsenweg, der die Halbinsel Jütland in Nord-Süd-Richtung durchquert.

Im 13. Jahrhundert ging die Burg in den Besitz der Schleswiger Herzöge über, die eine Zollstelle errichteten. Die Anlage wurde zur stärksten Befestigung des Herzogtums Schleswig. In den Annalen wird sie als „clavis et custodia totius regni Daniae" (Schlüssel und Schloss des ganzen Königreichs Dänemark) bezeichnet. Unter den Schleswig-Gottorfer Herzögen wurde die Festung vom 16. bis 18. Jahrhundert zu einer prachtvollen Residenz mit einer berühmten barocken Gartenanlage ausgebaut.

Nach einer langjährigen Nutzung als Kaserne (1721–1945) gelangte das Schloss im Jahr 1946 in den Besitz des neu gegründeten Bundeslandes Schleswig-Holstein, das Schleswig zur „Kulturhauptstadt" des Landes ausbaute.

Schloss Gottorf dient seitdem zur Unterbringung der Landesmuseen. Heute ist es – wie im 16. und 17. Jahrhundert – ein kultureller Mittelpunkt des Nordens, allerdings jetzt allen Besucherinnen und Besuchern zugänglich.

1 *Erläutert die Karte (Abb. 1).*

2 *Beschreibt die Abbildung 2.*

Der Gottorfer Globus

In der Gartenanlage des Schlosses Gottorf ließ Herzog Friedrich III. ein Gebäude errichten, das 1664 einen Riesenglobus von 3,11 m Durch-

messer aufnahm. Außen zeigte er die Erdkugel mit den Kontinenten, während man im Innern – zu 12 Personen um einen Tisch sitzend – wie in einem Planetarium den Himmel bewundern konnte.
Mit Wasserkraft – durch einen eingeleiteten Bach – sollte sich der riesige Apparat in Bewegung setzen. 1713 schenkte der Dänenkönig – der damals Gottorf besetzt hielt – dem Zaren Peter dem Großen den Globus. Dieser wurde im Schlosspark von Zarskoje Selo aufgestellt. Im Zweiten Weltkrieg gelangte er als „Raubgut“ nach Lübeck, dann aber wieder nach Russland.
Heute steht er im Lomonossow-Museum in St. Petersburg.

Ein Maler des Barock in Gottorf

Jürgen Ovens wurde 1623 in Tönning geboren und gilt als bedeutendster norddeutscher Maler des 17. Jahrhunderts. Frühzeitig schickte ihn sein Vater in die Niederlande zur Malerausbildung, wo er wahrscheinlich Schüler Rembrandts war. Nach 1651 lebte Ovens mit Unterbrechungen in Schleswig-Holstein. Er war für die Herzöge Friedrich III. und Christian Albrecht von Holstein-Gottorf tätig.
Der Maler stand im höchsten Ansehen und erhielt u. a. den Auftrag für das neue Rathaus in Amsterdam. 1663 wurde er Gottorfer Hofmaler. Ovens starb 1678 in Friedrichstadt.

3 *Vergleicht die Abbildung 3 mit der Abbildung auf der Seite 8.*

4 *Überlegt, wie sich eine „Hofkultur“ vom kulturellen Leben in unserem Staat unterscheidet.*

2 **Schloss Gottorf.** Ausschnitt aus einem Plan des 18. Jahrhunderts.

3 **Herzog Christian Albrecht.** Gemälde von Jürgen Ovens, um 1660.

4 **Herzog Friedrich III.** Gemälde, um 1640.

5 **Schloss Gottorf heute.** Foto, 2002.

Geschichte vor Ort: Schloss Ludwigslust

1 **Schloss Ludwigslust.** Foto, 2002.

2 **Goldener Saal des Schlosses Ludwigslust. Die Decke des Festsaales ist mit vergoldeter Ornamentik aus Papiermaschee reich verziert.** Foto, 2000.

Die neue Residenz

Herzog Christian II. Ludwig von Mecklenburg-Schwerin ließ 1731–34 in den wildreichen Wäldern südlich von Schwerin bei dem Dorf Klenow ein Jagdschloss errichten, das 1754 den Namen Ludwigs Lust erhielt. Sein Sohn und Nachfolger, Herzog Friedrich (1717–1785), beschloss zwar bereits 1756 die Hofhaltung von Schwerin nach Ludwigslust zu verlegen, doch angesichts der Verheerungen im Siebenjährigen Krieg (vgl. S. 31), in dem Mecklenburg geplündert wurde, waren dafür keine Geldmittel vorhanden. Von 1772 bis 1776 ließ Herzog Friedrich unmittelbar hinter dem alten Jagdschloss das neue, repräsentative Residenzschloss der mecklenburgischen Herzöge erbauen. Mit Nachdruck wird dabei auch die Frau des Herzogs, Louise Friederike, auf eine Verbesserung der Wohnverhältnisse gedrängt haben. Schließlich war sie als Tochter des Erbprinzen von Württemberg-Stuttgart eine prächtige Hofhaltung gewöhnt.

Neben dem Schloss als Zentrum der Anlage und Sitz des gottgewollten Herrschers wurde die Residenzstadt Ludwigslust planmäßig ausgebaut. So entstanden in den Folgejahren eine Kirche, Wohnhäuser für den Adel und den Hofstaat, in einiger Entfernung vom Schloss auch Wohnungen für Handwerker und die Dienerschaft. Ferner wurde ein repräsentativer Schlosspark angelegt.
1837 wurde die Hofhaltung nach Schwerin zurückverlegt, nun war das Schloss Jagd- und Sommerresidenz.

Papiermaschee

Große Fenster, Spiegel und Kristallüster lassen im Ludwigsluster Schloss den damaligen höfischen Glanz erahnen. Die vergoldeten Dekorationen, die Wände, Decken und Türen verzieren, sind jedoch Produkte der herzoglichen Cartonfabrik. In Ludwigslust verfeinerte man die Technik der Papiermascheeherstellung zur Kunst. Aus (Alt-)Papier wurden unter Zugabe von Leim sowie geheimer Substanzen auch Prunkvasen, Uhrengehäuse, Möbel und Büsten hergestellt. Papiermascheeprodukte waren gegenüber Erzeugnissen aus Holz bzw. Stein nicht nur erheblich preiswerter – ein entscheidendes Argument für die finanziell immer recht klammen mecklenburgischen Herzöge – und konnten vor Ort hergestellt werden, sondern aufgrund ihres geringeren Gewichts auch leichter zu transportieren. Ein weiterer wichtiger Vorteil des Ludwigsluster Cartons war seine Witterungsbeständigkeit, die das Aufstellen der Objekte sogar im Freien erlaubte.

1 *Überlegt gemeinsam mit eurem Lehrer/eurer Lehrerin, ob ihr eine Exkursion zum Ludwigsluster Schloss unternehmen möchtet; Infotelefon: (0 38 74) 5 71 90.*

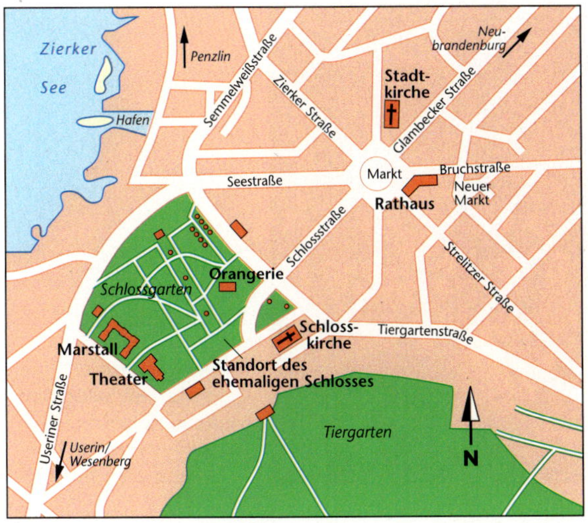

1 **Ausschnitt aus dem Stadtplan von Neustrelitz.**

Barockstadt Neustrelitz

In einem Reiseführer heißt es:

M ... Die eigentliche Geschichte von Neustrelitz begann im Jahr 1701, als der so genannte Hamburger Vergleich Mecklenburg in die Herzogtümer Mecklenburg-Schwerin und Mecklenburg-Strelitz teilte. Residenz des neu gegründeten Mecklenburg-Strelitz wurde die Ackerbürgerstadt Strelitz. Als dort das Schloss abbrannte, ließ Herzog Adolf Friedrich III. 1726–31 das nahe Jagdschloss Glienicke ... zum Residenzschloss umbauen. Es steht jedoch nicht mehr: Am 30. April 1945 brannte es aus und die Trümmer wurden bis 1950 abgetragen. Der Schlosspark gehört zu den schönsten Anlagen in Mecklenburg-Vorpommern.
Im Gegensatz zu fast allen anderen fürstlichen Parks in Deutschland stand er schon Anfang des 19. Jahrhunderts der Bevölkerung offen. ... Nordöstlich des Residenzschlosses wurde ab 1733 das „neue Strelitz" planmäßig erbaut, dessen historisches Stadtbild im 18. Jahrhundert besonders Christoph Julius Löwe und im 19. Jahrhundert Friedrich Wilhelm Buttel prägten. Löwe entwarf eine barocke Anlage mit quadratischem Markt, von dem acht Straßen sternförmig ausgehen. ...

1 *Informiert euch im Internet über die Geschichte von Neustrelitz seit 1701.*

2 *Plant gemeinsam mit eurem Lehrer einen Ausflug nach Neustrelitz.*

2 **Norddeutschland um 1789.**

Das Zeitalter der Aufklärung

1 **Vortrag eines Gelehrten im Salon der Madame Geoffrin in Paris.** Gemälde von G. Lemmonier, um 1745.

Der Mensch: Bürger oder Untertan?

Der Hofprediger Ludwigs XIV. schrieb 1682:

Q1 ... Die Menschen werden allesamt als Untertanen geboren. Der Fürst blickt von einem höheren Standpunkt aus. Man darf darauf vertrauen, dass er weiter sieht als wir. Deshalb muss man ihm ohne Murren gehorchen. Derjenige, der dem Fürsten den Gehorsam verweigert, wird als Feind der menschlichen Gesellschaft zum Tode verurteilt.

War diese Auffassung wirklich richtig? Wurden alle Menschen als Untertanen geboren? Waren sie nur dazu da, um einem König zu dienen und zu gehorchen? Je mehr sich der Absolutismus in Frankreich und Europa durchsetzte, desto lauter wurde die Kritik an dieser Herrschaftsform. Es waren vor allem französische Dichter, Philosophen und Schriftsteller, die sich zu Beginn des 18. Jahrhunderts hiergegen zur Wehr setzten. Das Zeitalter der Aufklärung* begann. So schrieb der französische Philosoph Denis Diderot:

Q2 ... Kein Mensch hat von der Natur das Recht erhalten über andere zu herrschen. Die Freiheit ist ein Geschenk des Himmels und jedes Mitglied des Menschengeschlechtes hat das Recht, sie zu genießen, sobald es Vernunft besitzt.

„Alle Menschen", so betonten auch andere aufgeklärte Gelehrte, „sind von Natur aus frei und gleich." Es ist höchste Zeit, dass jeder Bürger, jeder Bauer seine alten Rechte zurückgewinnt.

1 *Vergleicht die Äußerungen des Hofpredigers (Q1) mit der Äußerung Diderots (Q2).*

Gewaltenteilung statt Alleinherrschaft

Die Freiheit des Menschen ist immer dann bedroht, wenn zu viel Macht in der Hand eines Einzelnen vereint ist. Der Philosoph Charles de Montesquieu schlug deshalb vor, die Macht im Staat aufzuteilen:

Q3 ... In jedem Staat gibt es drei Arten von Gewalten: die gesetzgebende, die ausführende und die richterliche Gewalt.
Um den Missbrauch der Gewalt unmöglich zu machen, müssen die Dinge so geordnet sein, dass die eine Gewalt die andere im Zaum hält. Wenn die gesetzgebende Gewalt mit der ausführenden in einer Person vereinigt ist, dann gibt es keine Freiheit. Man muss dann nämlich befürchten, dass ein Herrscher tyrannische Gesetze gibt, um sie als Tyrann auch auszuführen.
Es gibt keine Freiheit, wenn die richterliche Gewalt nicht von der gesetzgebenden und von der ausführenden Gewalt getrennt ist: Wenn die richterliche Gewalt mit der gesetzgebenden vereinigt wäre, so würde die Gewalt über Leben und Freiheit der Bürger willkürlich sein; denn der Richter wäre zugleich Gesetzgeber.

Aufklärung*: *Reformbewegung, die im 18. Jahrhundert in fast allen Lebensbereichen zu neuen Ideen und Denkweisen führte. In der Politik richteten sich die Aufklärer gegen die uneingeschränkte Macht des Königs. Die Aufklärer traten ein für Meinungsfreiheit, für Offenheit gegenüber anderen Ansichten und ein von Vernunft geprägtes Handeln.*

Die Welt soll „vernünftig" werden

2 **Charles de Montesquieu, französischer Staatsphilosoph (1689–1755).** Kupferstich, um 1800.

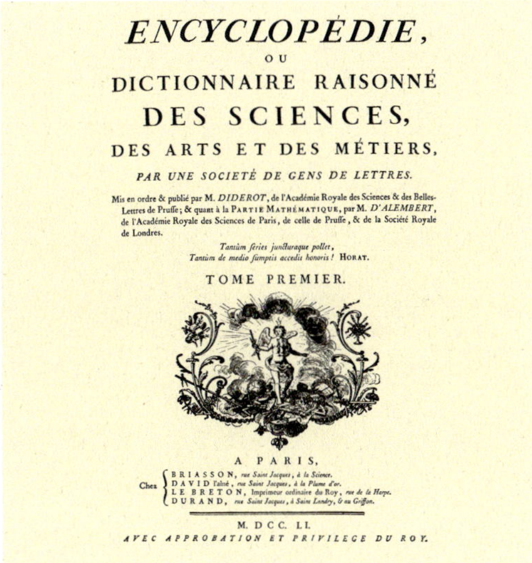

ENCYCLOPÉDIE,
OU
DICTIONNAIRE RAISONNÉ
DES SCIENCES,
DES ARTS ET DES MÉTIERS,
PAR UNE SOCIETÉ DE GENS DE LETTRES.

Mis en ordre & publié par M. *DIDEROT*, de l'Académie Royale des Sciences & des Belles-Lettres de Pruſſe; & quant à la PARTIE MATHÉMATIQUE, par M. *D'ALEMBERT*, de l'Académie Royale des Sciences de Paris, de celle de Pruſſe, & de la Société Royale de Londres.

Tantùm ſeries juncturaque pollet,
Tantùm de medio ſumptis accedit honoris! HORAT.

TOME PREMIER.

A PARIS,
Chez BRIASSON, *rue Saint Jacques, à la Science.*
DAVID l'aîné, *rue Saint Jacques, à la Plume d'or.*
LE BRETON, Imprimeur ordinaire du Roy, *rue de la Harpe.*
DURAND, *rue Saint Jacques, à Saint Landry, & au Griffon.*

M. DCC. LI.
AVEC APPROBATION ET PRIVILEGE DU ROY.

3 **Titelbild der von Diderot herausgegebenen Enzyklopädie*.** 1751.

Wäre die richterliche Gewalt mit der ausführenden Gewalt verbunden, dann könnte der Richter die Macht eines Unterdrückers besitzen. …

2 *Erklärt mithilfe der Quelle 3 die Grafik in der Randspalte. Überlegt, worin das Neue gegenüber dem Absolutismus liegt.*

Beweise statt Glaube

Die Aufklärer stellten die Macht des Königtums ebenso infrage wie den Anspruch der Kirche, Entwicklungen im Bereich der Wissenschaft oder im Erziehungswesen bestimmen zu können. Nicht der Glaube und ungeprüfte Überzeugungen, sondern die Vernunft und der Beweis sollten die Grundlage aller Erkenntnisse sein.

Der deutsche Philosoph Immanuel Kant (1724–1804) beschrieb Aufklärung folgendermaßen:

Q4 … Aufklärung ist der Ausgang des Menschen aus seiner selbst verschuldeten Unmündigkeit. Selbst verschuldet ist diese Unmündigkeit, wenn die Ursache derselben nicht am Mangel des Verstandes, sondern am Mangel des Mutes liegt. … Habe den Mut, dich deines Verstandes zu bedienen. …

Die neuen Ideen der Aufklärung fanden schnell Anklang. In Frankreich, vor allem in Paris, trafen sich wohlhabende Bürger und Bürgerinnen in Salons und hörten dort Vorträge von Gelehrten.

Zugleich entstanden zahlreiche Akademien, an denen Wissenschaftler gemeinsam forschten und experimentierten. Um exakter messen und beobachten zu können, erfanden sie neue Instrumente, wie z. B. das Mikroskop.

Die Forschungsergebnisse wurden in Enzyklopädien* zusammengefasst um sie allen Menschen zugänglich zu machen (Abb. 3).

Die Aufklärer wollten die Menschen durch Bildung und Erziehung dazu anleiten, die Vernunft richtig zu gebrauchen. Sie waren außerdem der Überzeugung, dass jeder Mensch das Recht auf Bildung habe, und forderten daher die Einführung der Schulpflicht.

3 *Überlegt euch Beispiele für vernünftiges und unvernünftiges Handeln. Begründet eure Meinung.*

4 *Wie kann man sich den „Mangel an Mut" der Menschen erklären? Gab es ihn nur damals oder kann er auch heute noch vorkommen?*

Enzyklopädie*:
Nachschlagewerk, das französische Gelehrte im 18. Jahrhundert herausgaben. Das gesammelte Wissen der Menschheit sollte hier umfassend dargestellt werden. Viele führende Wissenschaftler arbeiteten an der Enzyklopädie mit, die zu einem Standardwerk der Aufklärung wurde.

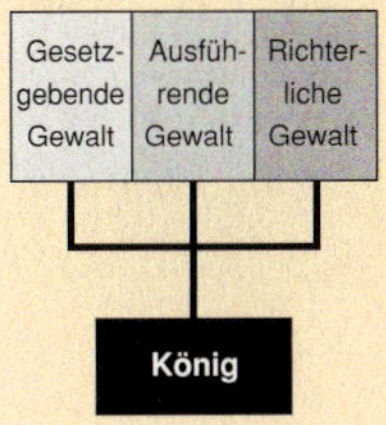

Die Staatsordnung des Absolutismus.

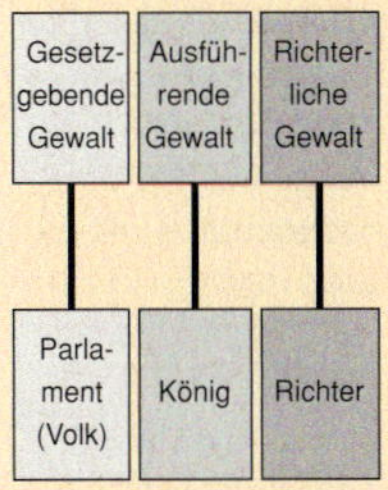

Die Gewaltenteilung nach Montesquieu.

1769:
Aufhebung der Folter in Mecklenburg.

Der Aufstieg Brandenburg-Preußens

Friedrich Wilhelm I. *(1640–1688), der „Große Kurfürst". Gemälde von Adriaen Hannemann, um 1650.*

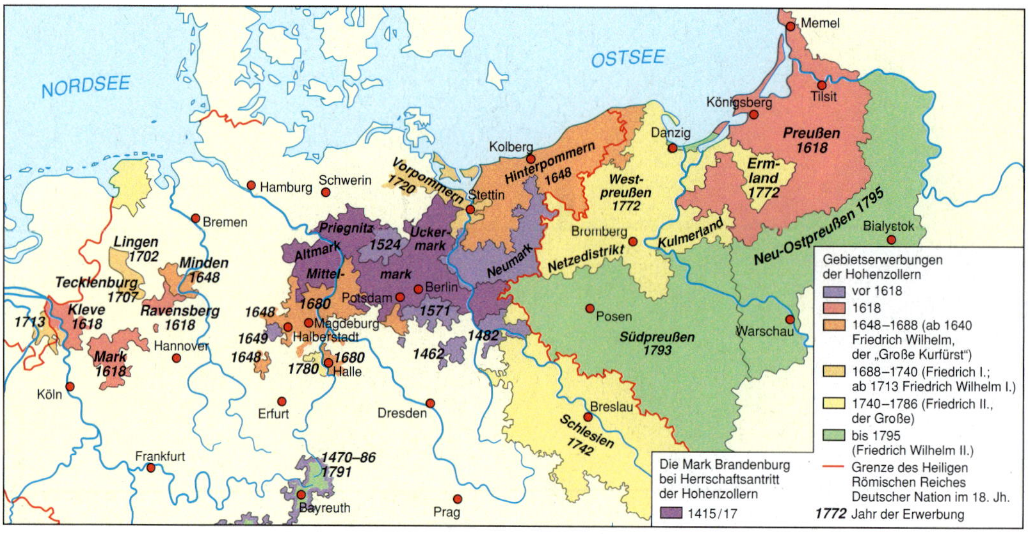

1 Territoriale Entwicklung Brandenburg-Preußens 1415–1795.

Friedrich I. *(König in Preußen 1701–13). Gemälde von Friedrich Wilhelm Weidemann.*

Streusandbüchse*:
Wegen seines kargen Sandbodens wurde die Mark Brandenburg als „des Reiches Streusandbüchse" verspottet.
Eine Streusandbüchse war ein Gefäß ähnlich einem Salz- oder Pfefferstreuer; Streusand diente früher zum Trocknen nasser Tinte.

Asyl*:
Schutz vor Verfolgung.

Der Aufstieg Brandenburg-Preußens

Im Jahr 1415 hatte Kaiser Sigismund den Burggrafen von Nürnberg, Friedrich von Hohenzollern, mit der Mark Brandenburg belehnt; seit dieser Zeit herrschten die Hohenzollern als Kurfürsten über „des Reiches Streusandbüchse*". Durch eine geschickte Heiratspolitik, durch Erbverträge und Kauf konnten sie ihr Territorium im Laufe der Zeit beträchtlich vergrößern. Vordringlichste Aufgabe der preußischen Herrscher musste es sein, aus ihrem unzusammenhängenden Besitz einen einheitlichen Staat zu formen.

Dieser Aufgabe stellte sich als Erster der „Große Kurfürst", Friedrich Wilhelm I., der mit wechselnden Bündnissen die Macht Preußens in den kriegerischen Auseinandersetzungen mit Schweden behaupten und sogar vergrößern und im Westfälischen Frieden 1648 weitere Gebiete hinzugewinnen konnte.

Zugleich verstand er es, im Innern seine absolute Herrschaft zu festigen, eine zentrale Verwaltung in den räumlich getrennten Landesteilen einzurichten und das durch die Kriege verwüstete Land wieder aufzubauen.

Dies gelang vor allem durch die Aufnahme von über 20 000 aus Frankreich vertriebenen und geflüchteten Hugenotten, die in Preußen Asyl* erhielten und maßgeblich am Aufbau des Merkantilismus mitwirkten.

Friedrich III. – der Weg zur Krone

Als der habsburgische Kaiser Leopold I. im Spanischen Erbfolgekrieg Hilfe benötigte, gewährte ihm Friedrich III., Sohn des „Großen Kurfürsten", militärischen und politischen Beistand und erhielt im Gegenzug 1701 den Königstitel. Als „König in Preußen" herrschte Friedrich I. anfangs nur über die Gebiete Preußens, die außerhalb der Grenzen des Deutschen Reichs lagen, schließlich aber doch über Gesamt-Preußen. Diesen neuen Rang galt es nun auch zu repräsentieren. Berlin wurde zur Hauptstadt, Schloss Charlottenburg (benannt nach der Königin Sophie Charlotte) zur Residenz mit einer prächtigen Hofhaltung. Zugleich förderte er Kunst und Wissenschaft: 1694 gründete er die Universität Halle, 1696 die Akademie der Künste und Wissenschaften in Berlin. Doch die Staatsfinanzen waren zerrüttet; als der König 1713 starb, hinterließ er einen Schuldenberg von 20 Millionen Talern. Preußen stand vor dem Bankrott.

1 *Preußen wird nicht nur wegen der Sandböden Brandenburgs als „des Reiches Streusandbüchse" bezeichnet. Erarbeitet mithilfe von Karte 1 weitere Besonderheiten der geographischen Lage Preußens.*

2 *Zeigt Möglichkeiten auf, wie dieses zersplitterte Territorium zu einem einheitlichen Staat geformt werden kann.*

Friedrich Wilhelm I. – der „Soldatenkönig"

Friedrich Wilhelm I.
(König von Preußen 1713–40). Gemälde von Antoine Pesne, um 1733.

2 Militärstrafen zur Zeit Friedrich Wilhelms I.
Anonymer Kupferstich, 1726.

Preußen wird zum Militärstaat

Im Gegensatz zu seinem verschwenderischen Vater war Friedrich Wilhelm I. sparsam bis zum Geiz. Um den Staatshaushalt zu sanieren, gab er die teure Hofhaltung auf. Von den 24 Schlössern seines Vaters behielt er nur sechs, die anderen wurden verkauft oder verpachtet. Er entließ Kammerdiener und Pagen, löste die Hofkapelle auf und schloss die Oper; Karossen und Pferde, Möbel und Tafelsilber wurden versteigert, selbst der Krönungsmantel wurde verkauft.

Mit dem Erlös zahlte er nicht nur die Schulden seines Vaters, sondern finanzierte auch den Ausbau des stehenden Heeres. In kürzester Zeit rüstete er es auf 80 000 Soldaten auf, sodass Preußen die drittgrößte Militärmacht Europas wurde. Zugleich wurde die Bewaffnung modernisiert (eiserne Ladestöcke), die Montur vereinheitlicht (Uniform), die Ausbildung reglementiert (Gleichschritt). Der Drill und die Disziplin der Soldaten waren hart und grausam. Geringste Verstöße wurden streng geahndet. Nicht vorschriftsmäßige Montur oder Frisur hatten Prügel zur Folge. Mit Spießrutenlaufen wurden Trunkenheit, Prügeleien oder Glücksspiele bestraft. In den Stock spannen, Reiten auf dem scharfen Esel und Krummschließen waren weitere Strafen. Deserteuren schnitt man Ohren und Nasen ab oder sie wurden gehängt. Jede Befehlsverweigerung hatte die Todesstrafe zur Folge.

Das Heer in Preußen			Soldaten je 1000 Einw. 1740	
Jahr	Bevölkerung	Heer		
			Frankreich	10
1660	–	8 000	Preußen	37
1688	1 500 000	30 000	England	5
1740	2 240 000	82 000	Österreich	8
1786	5 430 000	188 000	Russland	9

3 Die Entwicklung des Heeres.

Mit unmenschlicher Härte formte der König eine Armee, die als unbesiegbar galt. Eine Elitetruppe – und zugleich eine besondere Liebhaberei – stellte dabei sein Garderegiment dar: die blauen Grenadiere, im Volksmund auch „lange Kerls" genannt. 2500 Soldaten mit überdurchschnittlicher Größe ließ er überall in Europa werben und kaufen, Geld spielte dabei keine Rolle. Nicht umsonst erhielt Friedrich Wilhelm I. den Beinamen „der Soldatenkönig" und trug als erster Monarch in Europa die Uniform.

3 *Beschreibt anhand der Tabelle 3, wie sich die Heeresstärke in Preußen entwickelt hat. Vergleicht mit den anderen Ländern.*

4 *Welche Militärstrafen erkennt ihr auf dem Kupferstich (Abb. 2)? Was stellt die symbolische Figur im Vordergrund dar? Diskutiert die Bedeutung des Spruchs auf dem Sockel des Standbilds: „Ich schone niemand".*

Die immense Summe von bis zu 5000 Talern zahlte der König für seine großen Soldaten. Das Bild von Christof Merk (274 cm × 110 cm) zeigt Schwerid Redivanoff aus Moskau in Originalgröße.

Aufgeklärter Absolutismus in Preußen

1 **Friedrich II. mit dem französischen Aufklärer Voltaire im Schloss Sanssouci in Potsdam.**
Ausschnitt aus einem Gemälde von Christian Peter Jona Haas, um 1790.

Kronprinz Friedrich und seine Frau Elisabeth Christine von Braunschweig-Bevern, mit der er eine glück- und kinderlose Ehe führte, bevor er sie 1740 auf Schloss Niederschönhausen verbannte.

Aufgeklärter Absolutismus*: *der Versuch einiger Herrscher in der Spätzeit des Absolutismus, ihre Herrschaftsform mit den Gedanken der Aufklärung zu vereinen. Dabei gewinnen z. B. die Vorstellungen der Gleichheit der Menschen vor dem Gesetz oder der Duldung verschiedener Religionen an Bedeutung.*

Die Fürsten sollen zum Wohl des Volkes arbeiten

Nach dem Tod Friedrich Wilhelms I., des Soldatenkönigs, wurde sein Sohn als Friedrich II. am 31. Mai 1740 zum König gekrönt.

Der junge Königssohn war seinen Zeitgenossen nur bekannt als ein Mann, der die Musik liebte und selber Flöte spielte, sich für die Wissenschaften und Künste interessierte, alles Soldatische aber verachtete.

Friedrich hatte schon 1739 geschrieben:

Q1 … Der Fürst von echter Art ist nicht da zum Genießen, sondern zum Arbeiten. Das erste Gefühl, das er haben muss, ist das der Vaterlandsliebe, und das einzige Ziel, auf das er seinen Willen zu richten hat, … ist: für das Wohl seines Staates Großes und Heilsames zu leisten. … Die Gerechtigkeit muss die Hauptsorge eines Fürsten sein, das Wohl seines Volkes muss jedem anderen Interesse vorangehen. Der Herrscher, weit entfernt der unbeschränkte Herr seines Volkes zu sein, ist selbst nichts anders als sein erster Diener. …

1 *Vergleicht die Aussage Friedrichs II. über die Stellung eines Herrschers mit der Auffassung Ludwigs XIV. (vgl. S. 9). Worin seht ihr die wichtigsten Unterschiede?*

„Ohne Ansehen der Person"

Eine der ersten Regierungsmaßnahmen Friedrichs II. bestand darin, die Folter abzuschaffen, mit der man fast jedes Geständnis erzwingen konnte. Wichtiger aber wurde seine Forderung nach einer Trennung der Gewalten in der Rechtsprechung. So schrieb er 1752:

Q2 … Ich habe mich entschlossen, niemals in den Lauf des gerichtlichen Verfahrens einzugreifen, denn in den Gerichtshöfen sollen die Gesetze sprechen und der Herrscher schweigen. …

Ein einziges Mal verstieß Friedrich II. gegen diesen Entschluss. Anlass war der „Fall Arnold". Der Müller Arnold behauptete, ihm sei das Wasser abgegraben worden, und weigerte sich, weiter Pacht an seinen Erbpachtherrn, Graf von Schmettau, zu zahlen. Ein Gericht verurteilte ihn zur Prügelstrafe. Ferner wurde er ins Gefängnis geworfen und von der Mühle vertrieben. Der König setzte die Richter ab und ließ sie ins Gefängnis werfen.

In der Zeitung vom 14. Dezember 1779 veröffentlichte er folgenden Text, der sich in ganz Europa wie ein Lauffeuer verbreitete:

Q3 … Die Richter müssen nun wissen, dass der geringste Bauer, ja was noch mehr ist, der Bettler, ebenso wohl ein Mensch ist wie seine

Friedrich II. – der erste Diener des Staates

2 **Ein Kind will seinen Ball zurückhaben, der unter den Schreibtisch des Königs gerollt ist.** Kupferstich aus der Regierungszeit Friedrichs II.

3 **Der Kommandeur gibt dem Tambour das Zeichen für den Trommelwirbel vor dem Spießrutenlaufen.** Kupferstich von Daniel Chodowiecki, 1786.

Majestät. Vor der Justiz sind alle Leute gleich, es mag ein Prinz sein, der gegen einen Bauern klagt oder umgekehrt. Bei solchen Gelegenheiten muss nach der Gerechtigkeit verfahren werden, ohne Ansehen der Person. …

In den folgenden Tagen zogen Tausende von Bauern nach Berlin vor das Schloss, mit Bittbriefen in den Händen und dem Ruf: „Es lebe der König, der dem armen Bauern hilft."
Erst nach dem Tod Friedrichs II. wurde der Prozess erneut aufgenommen. Es zeigte sich, dass der Müller Arnold tatsächlich im Unrecht und somit zu Recht verurteilt worden war.

2 *Der gesamte Adel Berlins ergriff Partei für das Vorgehen des Landrats und die Richter. – Überlegt, wie sie ihre Haltung begründet haben könnten. – Was würdet ihr ihnen antworten?*

3 *Kupferstiche mit Anekdoten aus dem Leben Friedrichs II. waren im Volk weit verbreitet und beliebt. Zeigt anhand der Abbildung 2, wie Friedrich II. als Herrscher dargestellt wird. Warum waren solche Bilder im Volk sehr beliebt?*

„Alle Religionen müssen toleriert werden"
Als aufgeklärter Herrscher trat der preußische König für Toleranz gegenüber allen Religionen ein. Auf die Anfrage, ob auch ein Katholik das Bürgerrecht erwerben dürfe, schrieb er:

Q4 … Alle Religionen sind gleich und gut, wenn nur die Leute, die sie bekennen, ehrliche Leute sind. Und wenn Türken und Heiden kämen und wollten sich in diesem Land niederlassen, so wollen wir ihnen Moscheen und Kirchen bauen. Ein jeder kann bei mir glauben, was er will, wenn er nur ehrlich ist. …

Die Reformen und Anordnungen des Königs riefen immer wieder Erstaunen hervor. In einer heutigen Darstellung heißt es:

M … Der Preußenkönig hob die Zensur für den nicht politischen Teil der Presse auf, er schaffte die Folter bei Verhören ab und untersagte die Prügelstrafe in den Kadettenanstalten; er kurbelte die Wirtschaft an und befahl den Bau einer Oper in Berlin und förderte in seinem Land Kunst und Wissenschaft. … Die Sonne der Aufklärung ging nicht mehr in Paris, sondern in Berlin auf. …

Es gab Menschen, die das anders sahen. Trotz aller seiner Reformbestrebungen war Friedrich letztlich ein Autokrat*.
Entscheidend für ihn war stets, dass die Untertanen ihm gehorchten.
Der Dichter Gotthold Ephraim Lessing sagte einmal, Preußen sei das „sklavischste Land" Europas.

Friedrich II.
(König von Preußen 1740–86) im Alter von 52 Jahren. Gemälde von Heinrich Franke, um 1763.

Berühmte Aussprüche:
„Gazetten, wenn sie interessant sein sollen, dürfen nicht zensiert (= überwacht) werden."
„Jeder soll nach seiner Fasson selig werden."

Autokrat*:
Alleinherrscher.

Machtkämpfe in Europa

Vorder- und Rückseite des Maria-Theresien-Talers.

1 Kaiserin Maria Theresia (1740–1780). Gemälde von Carl Blaas.

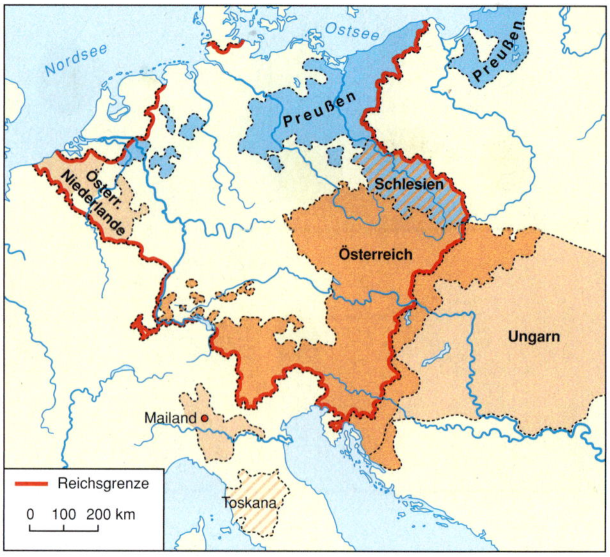

2 Preußen und Österreich im Jahr 1740.

Friedrich II. fällt in Schlesien ein

Als Friedrich II. im Jahr 1740 preußischer König wurde, wusste man von ihm, dass er alles Soldatische verachtete. Umso überraschter war man, als der junge König, kaum hatte er den Thron bestiegen, Österreich sofort den Krieg erklärte. – Sein Ziel hieß Schlesien, das bislang von Österreich besetzt war.

1740–1745: Kriege um Schlesien.

„Wenn man im Vorteil ist, soll man ihn ausnutzen, oder nicht?", so hatte er seine Minister gefragt. Der Vorteil schien im Jahr 1740 auf seiner Seite zu liegen. Der habsburgische Kaiser Karl VI. war gestorben. Nachfolgerin wurde seine Tochter Maria Theresia, erst 23 Jahre alt. Aus dieser Schwächung Österreichs, wie Friedrich meinte, wollte er jetzt seinen Vorteil ziehen. Fünf Jahre dauerte der Kampf. Endlich, am Weihnachtsabend 1745, kam es in Dresden zum Friedensschluss. Friedrich erhielt ganz Schlesien und erkannte dafür Franz I., den Gatten Maria Theresias, als deutschen Kaiser an.

Würde sich Österreich mit seiner Niederlage abfinden? Diese Frage beschäftigte Friedrich II. immer wieder.

Christian II. Ludwig, *Herzog zu Mecklenburg. Gemälde von Balthasar Denner, 1735.*

1 *Wie beurteilt ihr das Vorgehen Friedrichs?*

2 *Sucht auf der Karte (Abb. 2) die von Friedrich II. eroberten Gebiete.*

Am Vorabend eines europäischen Krieges

Ständig ließ sich Friedrich II. von seinen Spionen über Maria Theresia berichten. Voller Sorge vernahm er die Nachricht, dass das österreichische Heer immer größer werde. Mit den europäischen Herrschern schloss die österreichische Kaiserin Bündnisse gegen Preußen, und zwar mit Frankreich, Russland, Polen und Schweden. Friedrich schloss deshalb im Januar 1756 ein Bündnis mit England. Schon zuvor war er ständig bestrebt gewesen, die Armee zu stärken, die bis 1756 auf 150 000 Mann anwuchs.

Exerzieren für den Krieg

Tag für Tag wurden Preußens Soldaten gedrillt. Viele versuchten zu fliehen, bis zu 9000 Mann im Jahr. Wer beim Fluchtversuch erwischt wurde, musste mit harten Strafen rechnen. Ulrich Bräker, ein Schweizer, der in der preußischen Armee diente, berichtete:

Q1 ... Wir mussten zusehen, wie man Deserteure durch 200 Mann achtmal die lange Gasse auf und ab Spießruten laufen ließ, bis sie atemlos dahinsanken – und des folgenden Tages aufs Neue dranmussten. Die Kleider wurden ihnen vom zerhackten Rücken heruntergerissen und wieder frisch drauflosgehauen, bis Fetzen

Der Siebenjährige Krieg

3 / 4 **Die Schlesischen Kriege.** Zeitgenössische Karikaturen.

geronnenen Blutes ihnen über die Hosen herabhingen.
Was auf dem Exerzierplatz vorging, war nicht viel anders. Auch da war des Fluchens und Prügelns der prügelsüchtigen Offiziere und des Gejammers der Geprügelten kein Ende. Oft mussten wir fünf Stunden lang in unserer Montur, eingeschnürt wie geschraubt, stehen, in die Kreuz und Quere pfahlgerad marschieren und ununterbrochen blitzschnelle Handgriffe machen. …

3 *Überlegt, welches Ziel mit dieser harten Bestrafung und dem stundenlangen Exerzieren verfolgt wurde.*

Preußen überfällt Sachsen

Am 29. August 1756 überfielen die preußischen Truppen das mit Österreich verbündete Sachsen. Dies war der Beginn des Siebenjährigen Krieges (1756–1763). Es ging in diesem Krieg zwischen Preußen und Österreich um die Vorherrschaft in Europa. Gleichzeitig kämpften auch Frankreich und England gegeneinander; der Sieger – so glaubten die beiden Mächte – würde dann auch alleine die nordamerikanischen Kolonien beherrschen (vgl. S. 42).
Waren die Feldzüge Friedrichs II. anfangs noch erfolgreich, so sollte sich dies bald ändern. Im August 1759 erlitt das preußische Heer in der Schlacht von Kunersdorf eine vernichtende Niederlage.
Noch am gleichen Abend schrieb Friedrich II. an einen Minister:

Q2 … Mein Rock ist von Schüssen durchlöchert, zwei meiner Pferde sind getötet, mein Unglück ist, dass ich noch lebe. Alles flieht und ich bin nicht mehr Herr meiner Leute. Man wird in Berlin gut tun, an seine Sicherheit zu denken … Ich habe keine Hilfsmittel mehr, und um nicht zu lügen, ich halte alles für verloren. Den Untergang meines Vaterlandes werde ich nicht überleben. Leben Sie wohl für immer. …

So weit sollte es allerdings nicht kommen. Auch die gegnerischen Kräfte waren langsam erschöpft.
Nach dem Tod der Zarin Elisabeth schied 1762 Russland aus dem Krieg aus. Nun waren alle beteiligten Mächte so geschwächt, dass es im Jahr 1763 zum Friedensschluss kam. Der Besitz von Schlesien wurde dabei Friedrich II. endgültig zugesprochen.

4 *Für Friedrich II. hatte sich dieser Krieg gelohnt. Wie werden darüber ein Soldat, eine Kriegerwitwe, ein Bauer gedacht haben?*

Die Zarin Elisabeth (1709–1762) in Paradeuniform zu Pferd. *Sie war bis zu ihrem Tod eine erbitterte Feindin Friedrichs II. Sie ernannte 1762 Herzog Karl Peter Ulrich von Holstein-Gottorf zum Thronfolger. Dieser wurde 1763 als Zar Peter III. ermordet. Gemälde von Georg Christian Grooth, um 1750.*

Marquise de Pompadour *(1721–1764) überzeugte Ludwig XV. von Frankreich, sich mit Maria Theresia zu verbünden.*

1756–1763: *Siebenjähriger Krieg.*

Alltag in Preußen

Im 19. Jahrhundert erzählte man sich folgenden Witz: Ein Gutsbesitzer quälte durch Abgaben seine Bauern. Einst fragte er den Schulzen (Gemeindevorsteher), was die Untertanen davon reden. „Ei", sagte dieser, „sie meinen, wir spielen die verkehrte Passion: Denn statt dass einer leidet für alle, leiden alle für einen."

1 Leibeigene Bauern vor ihrem adligen Grundherrn in Preußen. Kupferstich von D. Chodowiecki, um 1780.

2 Öffentlicher Vollzug der Prügelstrafe. Der Gutsherr und seine Frau sehen Kaffee trinkend zu. Kupferstich, um 1770.

Gutsherrliches Züchtigungsrecht. *Kupferstich, Ende 18. Jahrhundert.*

1712: *Letzte Pestzüge in Schleswig-Holstein.*

Leben und Leiden auf dem Land

Im 17./18. Jahrhundert hatten sich für die brandenburgischen Bauern die Verhältnisse der Gutsherrschaft bis hin zu einer faktischen Erbuntertänigkeit verschlechtert. Der Adel intensivierte seine Gutswirtschaft und orientierte sich zunehmend am Absatzmarkt – eine Folge des neuen merkantilistischen Denkens (vgl. S. 14).

Die adligen Agrarunternehmer waren umso konkurrenzfähiger, umso umfassender die Dienstpflichten ihrer Bauern waren. Diese Pflichten waren seit dem Dreißigjährigen Krieg durch mehrere Landesgesetze stetig verschärft worden. Die Arbeitskraft der Bauern wurde rücksichtslos ausgenutzt, ihre Freiheit stark eingeschränkt.

Neben den eigentlichen Abgaben und Arbeitsdiensten waren dabei die Heiratsgenehmigungspflicht und das Abwanderungsverbot die unerträglichsten Lasten der Bauern. Noch 1720 bestätigte darüber hinaus ein brandenburgisches Landesgesetz des „Soldatenkönigs", dass der Adel von seinen Bauern so hohe Abgaben fordern konnte, wie ihm beliebte. Dagegen gab es keinen Schutz. Die Bauern waren damit der Willkür ihres Herrn fast schon auf Leben und Tod unterworfen. So waren sie nicht nur gegen völlige Ausbeutung, sondern selbst gegen Misshandlungen weitgehend schutzlos. „Unsere Grundherrschaft", so klagten z. B. einige Bauern beim König, „hat uns immerfort gequält und von Jahr zu Jahr neue Bedrückungen ersonnen und durch Schläge, Gefängnis und Geldstrafen zu erzwingen gewusst."

Die Bestrebungen des Landadels, der so genannten Junker, die persönliche Abhängigkeit der Bauern bis zur Leibeigenschaft zu steigern, versuchte Friedrich Wilhelm I. schließlich aus wirtschaftlichen Erwägungen zu bremsen: Nicht das Land des Adels, sondern nur das Land der – wenigstens vorgeblich – freien Bauern war steuerpflichtig. Doch weder ihm noch seinem Sohn Friedrich II. gelang es, die Fronherrschaft zu beseitigen. Sie gingen auch nicht mit letzter Konsequenz dagegen vor. Friedrich II. vor allem scheute die aus einer Bauernbefreiung folgenden Schadensersatzansprüche des Adels und einen möglichen Zusammenbruch des Agrarmarktes im Land. Auch wenn somit der Rechtsbegriff nach Möglichkeit vermieden wurde, befanden sich die Bauern Brandenburgs im 18. Jahrhundert in einer Leibeigenschaft, die zum Teil selbst über die entsprechenden Formen der mittelalterlichen Feudalherrschaft hinausging.

1 *Findet heraus, was die Pflicht zur Heiratsgenehmigung und das Verbot der Abwanderung konkret für den einzelnen Bauern bedeutete.*

2 *Überlegt, warum Friedrich Wilhelm I. die Leibeigenschaft der Bauern verhindern wollte.*

Von der Verheerung zum Wiederaufbau

3 **Friedrich II. in seinen letzten Lebenstagen auf der Terrasse von Sanssouci.** Rechts daneben der Kammerhusar.

Preußen nach dem Siebenjährigen Krieg
Die Bemühungen des Königs um den Aufbau des Landes hatten durch den Siebenjährigen Krieg einen schweren Rückschlag erlitten. Als der Krieg vorbei war, waren ihm über 500 000 Menschen zum Opfer gefallen. In den Provinzen Preußen, Brandenburg, Schlesien und Pommern waren die Menschenverluste besonders hoch. Friedrich II. schrieb über sein Land:

Q … Um sich einen Begriff von der allgemeinen Zerrüttung zu machen, muss man sich völlig verheerte Landstriche vorstellen: Städte, die von Grund auf zerstört, 13 000 Häuser, die bis auf die letzte Spur vertilgt waren. Nirgends bestellte Äcker, kein Korn zur Ernährung der Einwohner; 60 000 Pferde fehlten den Bauern zur Feldarbeit, und im Ganzen hatte sich die Bevölkerung um 500 000 Seelen gegenüber dem Jahr 1756 vermindert (bei 4,5 Millionen Einwohnern). Adel und Bauern waren so ausgeplündert, dass ihnen nur das nackte Leben blieb. …

Mehr als zwei Jahrzehnte widmete der König jetzt seine ganze Kraft dem Wiederaufbau des zerstörten Landes.
Über 900 Dörfer wurden neu gegründet und fast 60 000 Siedlerstellen angelegt. Auf diese Weise konnten rund 300 000 Einwanderer aus aller Herren Länder angesiedelt werden. Über 15 000 Häuser ließ der König in den ersten sieben Jahren nach dem Krieg bauen. Allein in Schlesien wurden in sechs Jahren 750 Schulen errichtet, da in Preußen seit 1763 die allgemeine Schulpflicht für Kinder vom 5. bis zum 14. Lebensjahr galt. Ehrgeizige Straßenbauvorhaben wurden in Angriff genommen und die Manufakturen wieder verstärkt gefördert. Die Erfolge konnten sich sehen lassen: Preußen hatte sich in langjährigen Kämpfen in Europa eine Großmachtstellung erobert. Durch die Maßnahmen Friedrichs II. wurde es auch zu einer starken Wirtschaftsmacht.
Noch kurz vor seinem Tod soll der König die Befreiung der Bauern aus der Leibeigenschaft ins Auge gefasst und entsprechende Anweisungen gegeben haben. Ihre Durchsetzung erlebte er nicht mehr. Friedrich II. starb am 17. August 1786.

3 *Friedrich II. bezeichnete sich als aufgeklärten Monarchen und als „ersten Diener des Staates". Welche Maßnahmen des Königs entsprachen diesem Anspruch, welche nicht?*

4 *Schreibt einen kurzen Bericht, in dem ihr den König aus eurer Sicht darstellt.*

Bettelnde Soldatenfrau.
In der verlustreichsten Schlacht des Krieges starben in sieben Stunden 35 000 Menschen: Soldaten im Dienst des preußischen Königs, der österreichischen Kaiserin und der russischen Zarin. Radierung von Daniel Chodowiecki, 1764.

Urbarmachung

1 **Das Gemälde „Der König überall".** Es zeigt Friedrich II., der kontrolliert, ob seine Anweisungen zum Kartoffelanbau befolgt wurden. Den Anbau der nahrhaften Frucht befahl der König, weil hungernde Untertanen als Soldaten nicht zu gebrauchen waren. Gemälde von R. Warthmüller, 1886.

1764:
Zur Verbesserung der Ernährungslage verfügt Friedrich II. einen Kartoffelanbauzwang.
Die Kartoffelernte steigt in der Kurmark Brandenburg dadurch von 6,9 Millionen Kilogramm (1765) auf 25,1 Millionen Kilogramm (1773) und auf 152,4 Millionen im Jahr 1801.

Nach Schleswig-Holstein gelangte die Kartoffel Mitte des 18. Jahrhunderts. Ihr Anbau wird erstmals 1750 für die Landschaft Schwansen erwähnt. Der Anbau verbreitete sich schnell, da die Kartoffel gerade für die ärmere Bevölkerung eine Alternative zu Getreide und Hülsenfrüchten darstellte. Die Bedeutung der Kartoffel nahm so schnell zu, dass die 1843 auftretende Kartoffelfäule zur letzten großen Hungerkatastrophe wurde.

Die Besiedlung des Oderbruchs

In den letzten zwei Jahrzehnten seines Lebens widmete sich Friedrich II. ganz dem Aufbau seines Landes. Dabei bemühte er sich um verschiedenste Neuerungen und Verbesserungen. Eine wichtige Aufgabe sah er unter anderem auch in der Urbarmachung sumpfiger Gebiete. Er selbst schrieb dazu im Jahr 1752:

Q … Ich habe es für meine Pflicht gehalten, für das Wohl des Staates zu sorgen, und das auf jede Weise. … Nach dem Frieden [1745] nahm ich mir vor, herauszufinden, wodurch die Provinzen wieder aufgerichtet werden könnten. …
Längs der Oder und der Neiße zog sich ein Streifen unangebauten, wilden und unzugänglichen Sumpflandes. Ich begann damit, die Sümpfe von Damm bei Stettin zu entwässern. Man arbeitete an einem Deich, um die Oder einzudämmen, und verteilte dann das neue Land an die Erbauer der dort angelegten Dörfer. Dieses Werk wird im nächsten Jahr vollendet und das Land mit ungefähr 4000 Seelen besiedelt sein.
Zwischen Freienwalde und Küstrin überschwemmt die Oder die schönsten Wiesen und setzte unaufhörlich ein herrliches Gebiet unter Wasser, das dadurch unbrauchbar wurde. … Durch die Eindämmung des Flusses wird ein Gebiet gewonnen, wo 6000 Seelen ihre Nahrung, Ackerland und Viehweiden finden. Wenn ich am Leben bleibe, wird die ganze Besiedlung im Jahr 1756 beendet sein. … Überall sind Dörfer angelegt, die in der Mehrzahl bereits fertig sind. … Wenn ich alles seit 1746 zusammenzähle, bin ich jetzt beim 122. Dorf. …

Mit diesen Maßnahmen gewann Friedrich II. über 100 000 Hektar Acker- und Weideland hinzu. Immer wieder reiste der König selbst durch das Land, um sich persönlich einen Eindruck von dem Erfolg seiner Bemühungen zu verschaffen. Um die urbar gemachten Ländereien bebauen zu können, ließ Friedrich II. in ganz Europa Kolonisten anwerben. Tausende folgten seinem Ruf. Sie erhielten etwas Geld als Startkapital und die Zusage, das Land an ihre Kinder weitergeben zu dürfen.

1 *Nennt die Maßnahmen, durch die Friedrich II. den Wohlstand des Landes vermehren wollte.*

2 *Beschreibt die Abbildung 1. – Welches Gespräch zwischen dem König und den Bauern und Bäuerinnen könnte es gegeben haben?*

Kartoffelsupp – die ganze Woche Kartoffelsupp

Wie kaum ein anderer Herrscher bemühte sich Friedrich II. um einen intensiven Kartoffelanbau. Seine Untertanen wussten mit der neuen Frucht jedoch zunächst nichts anzufangen, wie ein zeitgenössischer Bericht zeigt:

Q … Im Jahre 1745 erhielt Kolberg durch die Güte des großen Friedrich ein ganz besonderes Geschenk. Es waren Kartoffeln, die damals bei uns noch kein Mensch kannte. Ein großer Frachtwagen voll kam auf dem Markt an und durch Trommelschlag wurde in der ganzen Stadt bekannt gemacht, dass jeder Gartenbesitzer sich zu einer bestimmten Stunde vor dem Rathaus einfinden sollte. Seine Majestät, der König, hätte jedem ein Geschenk zugedacht. Es gab eine große Aufregung in der Stadt, umso mehr, weil die meisten nicht wussten, was das Geschenk zu bedeuten hatte.

Die Ratsherren zeigten nun den Leuten die neue Frucht. Dann wurde eine umständliche Anweisung vorgelesen, wie die Kartoffel gepflanzt und bewirtschaftet und wie sie dann gekocht und zubereitet werden sollte.

… die guten Leute nahmen die Knollen in die Hand und rochen, schmeckten und leckten daran. Kopf schüttelnd zeigte sie einer dem anderen; man brach sie auseinander und warf sie den Hunden vor. …

Allmählich gewöhnte sich die Bevölkerung jedoch an die neue Frucht und Kartoffeln kamen nun fast täglich auf den Tisch. Dem Beispiel Friedrichs II. folgten bald auch andere Herrscher, sodass sie zum Hauptnahrungsmittel in vielen deutschen Ländern wurde.

Rezept für die Kartoffelsuppe

Zutaten:

1 kg Kartoffeln
250 g Mohrrüben
250 g Lauch
2 mittelgroße Zwiebeln
2 l Fleischbrühe oder Schinkenknochenbrühe
Salz, Pfeffer, Lorbeerblatt
1 Bund Petersilie
125 g fetter Speck

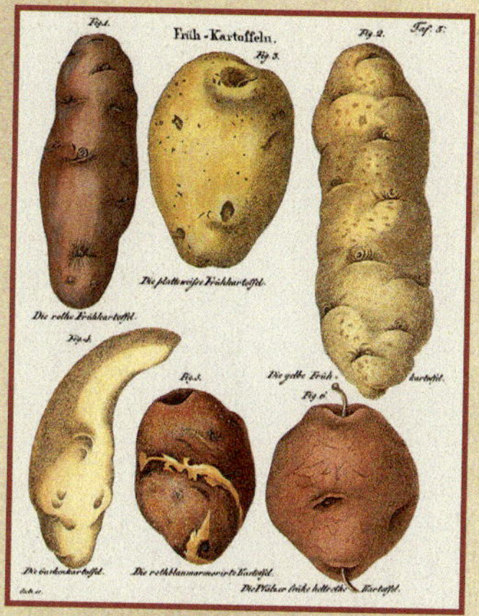

Zubereitung:

Die geschälten und in Würfel geschnittenen Kartoffeln werden zusammen mit dem Gemüse sowie Salz, Pfeffer und Lorbeerblatt in der Brühe gegart. Den Speck sehr fein würfeln und auslassen, die Zwiebeln, sehr klein gehackt, darin goldgelb rösten. Die fertige Suppe mit diesem Zwiebel-Speck-Gemisch übergießen und mit gehackter Petersilie überstreuen. (Die kalte Fettschicht aß man auf Brot.)

1 *Wenn ihr wissen wollt, wie die Kartoffelsuppe, die damals mehrmals in der Woche auf den Tisch kam, schmeckte, kocht sie einmal gemeinsam nach (Rezept).*

2 *Ihr könnt außerdem ein kleines Kochbuch zusammenstellen, das nur Gerichte mit Kartoffeln enthält (wie z. B. Kartoffelsalat und Kartoffelklöße). – Guten Appetit!*

Ein Staat wird geteilt …

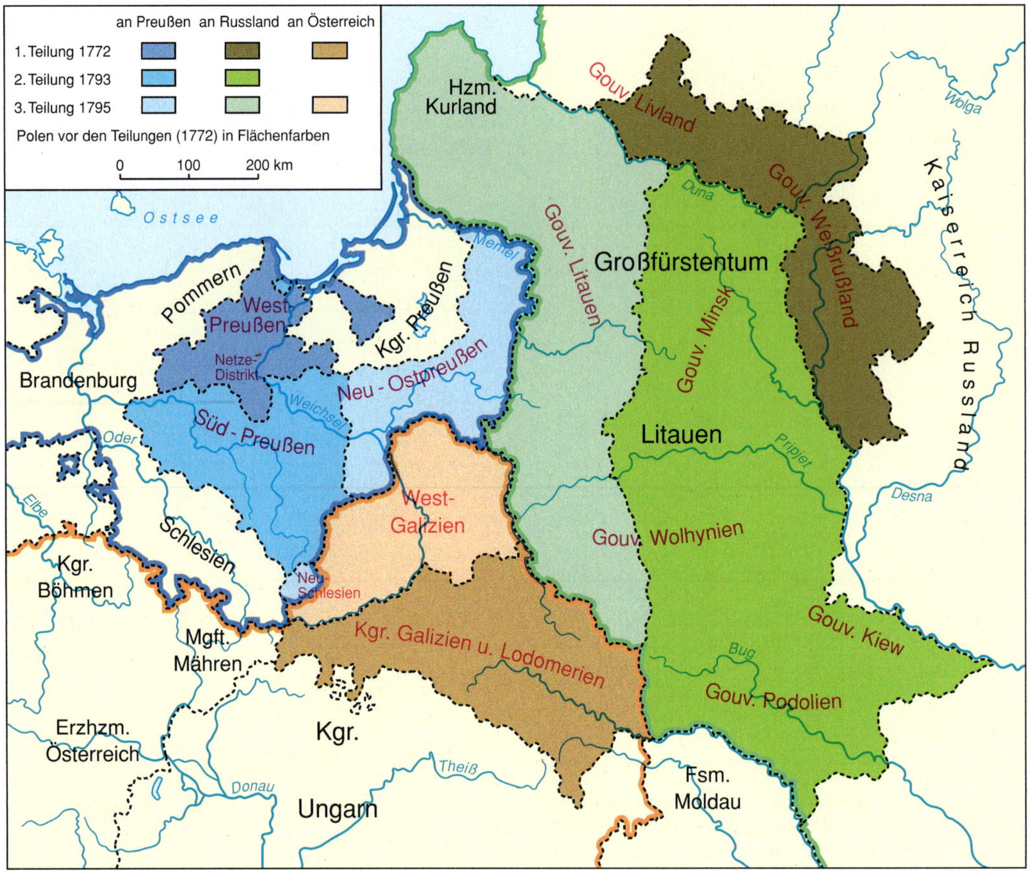

1 **Die Teilungen Polens im 18. Jahrhundert.**

Der Adler im Wappen Polens – das älteste polnische Staatssymbol.

Drei Großmächte teilen Polen unter sich auf

Erbittert hatten Friedrich II. und Maria Theresia um den Besitz Schlesiens gekämpft. Bei der Aufteilung Polens hingegen waren sie sich weitgehend einig. Polen – so dachte die österreichische Regierung – könnte einen Ersatz darstellen für das verloren gegangene Schlesien. Polnische Gebiete zu erobern schien auch Russland erstrebenswert zu sein. Auf diese Weise konnte es seine Grenze weiter nach Westen verschieben. An polnischen Gebieten interessiert war auch Preußen, um eine Landverbindung mit Ostpreußen herzustellen. Mit heftigem polnischem Widerstand brauchten die Großmächte nicht zu rechnen, da Polen uneins war.

Schon 1731 hatte Friedrich II., damals noch Kronprinz, geschrieben:

Q1 … Da die preußischen Länder … so zerschnitten und getrennt sind, halte ich es für die notwendigste Maßnahme, sie einander anzunähern oder die abgetrennten Teile zu sammeln, die natürlicherweise zu den Teilen gehören, die wir besitzen. So das polnische [Ost-]Preußen, das immer zum Königreich gehört hat und davon nur durch die Kriege der Polen gegen den Deutschen Orden getrennt wurde. …

Wenn dieses Land gewonnen ist, hat man damit nicht nur einen völlig freien Weg von Pommern zum Königreich Preußen, man hält auch die Polen im Zaum, man kann ihnen Gesetze vorschreiben, weil sie nicht auf ihre Waren verzichten können, wenn sie diese die Weichsel und Pregel herabführen, was nicht mehr ohne unsere Zustimmung geschehen kann. …

... und verschwindet von der Landkarte?

2 „Die Lage des Königreichs Pohlen im Jahr 1773". Die Kaiserin von Russland (links), der Kaiser von Österreich und der preußische König (rechts) zeigen auf der polnischen Karte ihre Gebietsansprüche. In der Mitte der polnische König, Stanislaus II., der auf die göttliche Gerechtigkeit verweist. Zeitgenössischer Kupferstich von Johann E. Nilsson.

Im Jahr 1772 teilten die drei Großmächte etwa ein Drittel des polnischen Staatsgebiets unter sich auf (Abb. 1). In einem Brief an den österreichischen Reichskanzler schrieb Maria Theresia:

Q2 ... In dieser polnischen Sache, bei der das offenbare Unrecht himmelschreiend gegen uns ist, muss ich bekennen, dass ich mich zeitlebens noch nie so geschämt habe. Bedenken Sie, was wir in aller Welt für ein Beispiel geben, wenn wir um ein elendes Stück Polens unsere Ehre und unseren Ruf aufs Spiel setzen. ...

1 *Lest den Text der Quellen 1 und 2. – Spielt folgende Situation: Maria Theresia und Friedrich II. unterhalten sich über die Teilung Polens. Was könnten sie gesagt haben?*

2 *Wie beurteilt ihr die Forderungen Friedrichs II.?*

3 *Erklärt und vergleicht die Körperhaltungen der Monarchen in Abbildung 2.*

4 *Der polnische König zeigt in Abbildung 2 auf die göttliche Gerechtigkeit. Was will er damit zum Ausdruck bringen?*

Das Ende des polnischen Staates

Friedrich II. sah in den dazugewonnenen Gebieten „eine ausgezeichnete und sehr vorteilhafte Erwerbung", um die er sich in den nächsten Jahren auch kümmerte.

Über 12 000 Kolonisten wurden in den teilweise nur schwach bevölkerten Gebieten angesiedelt, mehr als fünfzig Dörfer gegründet. Überall entstanden Schulen, um die Ausbildung zu fördern und damit auch bessere Arbeitskräfte zu bekommen.

Nur gut zwanzig Jahre später griffen die drei Großmächte erneut in Polen ein, das 1793 gezwungen wurde, weitere Gebiete abzutreten. Drei Jahre später wurde ganz Polen besetzt und aufgeteilt:

Polens Staatsgebiet und Bevölkerung

Jahr	1000 km²	Mio. Einwohner
1770	735	11,8
1772	525	7,3
1793	215	3,2
1795	0	0

Die polnische Bevölkerung bewahrte trotz der Teilungen ihre gemeinsame Sprache, ihre Kultur und ein Bewusstsein der Zusammengehörigkeit. Mehrfach erhoben sich die Polen gegen die Fremdherrschaft, doch alle Aufstände wurden blutig niedergeschlagen.

Es dauerte 123 Jahre bis zur Wiederherstellung des polnischen Staates im Jahr 1918.

5 *Vergleicht die Karte (Abb. 1) mit den Zielen, die Friedrich II. in der Quelle 1 nennt.*

6 *Fasst das Schicksal Polens anhand des Textes und der Tabelle oben zusammen.*

1795/96: *Ganz Polen wird durch die Großmächte Österreich, Russland und Preußen besetzt und aufgeteilt.*

Methode: Mit Karten arbeiten

1 **Die Teilungen Polens im 18. Jahrhundert.**

Was zeigt eine Geschichtskarte?

Neben den geographischen Karten, die ihr aus dem Erdkundeunterricht kennt, gibt es auch Geschichtskarten.

Geschichtskarten zeigen entweder zu einem ganz bestimmten Thema einen Zustand in der Vergangenheit oder sie geben eine Entwicklung über einen bestimmten Zeitraum wieder. Man kann also mit Geschichtskarten genauso arbeiten wie mit den geographischen Karten. Man muss nur zusätzlich darauf achten, welcher Zeitabschnitt dargestellt ist.

Fragen an eine Geschichtskarte

Wenn man mit einer Geschichtskarte arbeitet, sind folgende Fragen wichtig:

1. *Welcher Zeitraum ist dargestellt?*
2. *Welches Gebiet ist dargestellt?*
3. *Welches Thema behandelt die Karte?*
4. *Welche Signaturen (Zeichen) oder Flächenfarben finden sich auf der Karte? Was bedeuten sie?*
5. *Kann man die Aussagen in der Karte in kurzen Sätzen zusammenfassen?*

1 *Beantwortet die Fragen für die Geschichtskarte oben.*

2 *Vergleicht die auf dieser Seite abgebildete Karte aus einem Geschichtsatlas mit der Schulbuchkarte auf Seite 36. Welche Gründe mag die unterschiedliche Darstellung haben?*

3 *Überlegt, was eine Geschichtskarte wie diese leistet, das ein darstellender Text nicht in gleicher Weise vermitteln kann. Was kann aber möglicherweise eine solche Karte wiederum nicht leisten?*

Zusammenfassung

„Der Staat bin ich" – Ludwig XIV., der Sonnenkönig
Der französische König Ludwig XIV. (1643–1715) beseitigte das Mitspracherecht der Stände. So konnte er eine absolute, unumschränkte Herrschaft ausüben. Äußeres Zeichen der Machtfülle war das Schloss in Versailles. Für die immensen Staatsausgaben entwickelte der Finanzminister Colbert das Wirtschaftssystem des Merkantilismus. Als Ludwig XIV. starb, hinterließ er dennoch ein total überschuldetes Land.

Das Zeitalter der Aufklärung
Im 18. Jahrhundert kam mit den Philosophen Montesquieu, Diderot und Kant eine Reformbewegung auf: die Aufklärung. In der Politik richteten sich die Aufklärer gegen die uneingeschränkte Macht des Königs und traten für Toleranz und Meinungsfreiheit ein. Das Handeln eines jeden sollte dabei vor allem von den Gesetzen der Vernunft bestimmt sein.

Preußens Aufstieg und Friedrich II.
Seit dem Jahr 1415 regierten in Brandenburg die Hohenzollern als Kurfürsten. Unter Kurfürst Friedrich Wilhelm (1640–1688) kam es zu einer Vereinheitlichung der Rechtsprechung und der Verwaltung der zerstreuten Landesteile. Sein Sohn Friedrich III. (1688–1713) ließ sich 1701 zum „König in Preußen" krönen. Der Name „Preußen" bürgerte sich bald für das gesamte Herrschaftsgebiet ein.
Unter Friedrich II., auch „der Große" genannt, wurden in Preußen Folter und Pressezensur abgeschafft oder doch eingeschränkt. Vor dem Gesetz, so betonte er, seien alle Menschen gleich. Gegenüber den unterschiedlichen Glaubensbekenntnissen zeigte er sich tolerant. Dennoch war er ein absolutistischer Herrscher, der sein Land mit nahezu uneingeschränkter Macht regierte. Diese Art des Königtums wird als aufgeklärter Absolutismus bezeichnet.
Um sein Herrschaftsgebiet zu erweitern, überfiel er 1740 Schlesien. Mit dem Siebenjährigen Krieg (1756 bis 1763) konnte Friedrich II. diese Eroberung endgültig sichern und Preußen wurde zur europäischen Großmacht.
Die drei Großmächte Preußen, Russland und Österreich-Ungarn teilten das Königreich Polen Ende des 18. Jahrhunderts unter sich auf.

1643–1715

Herrschaft des französischen Königs Ludwig XIV.

1713–1786

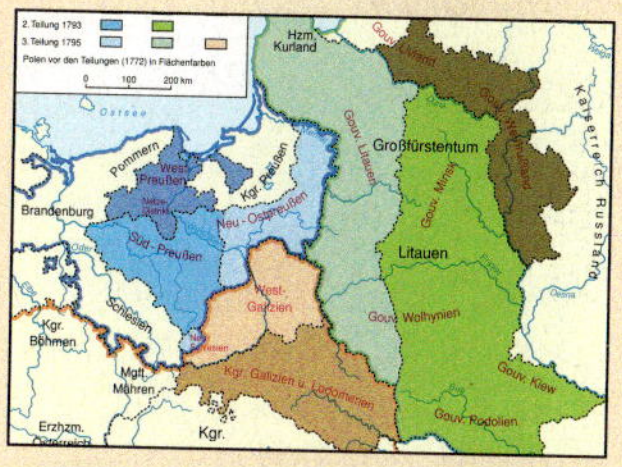

Aufstieg Preußens zur europäischen Großmacht.

18. Jahrhundert

Die Reformbewegung der Aufklärung verbreitet sich in Europa.

1740–1786

Unter Friedrich II., dem Großen, aufgeklärter Absolutismus in Preußen.

2. „Neue, freie Welt – Amerika"

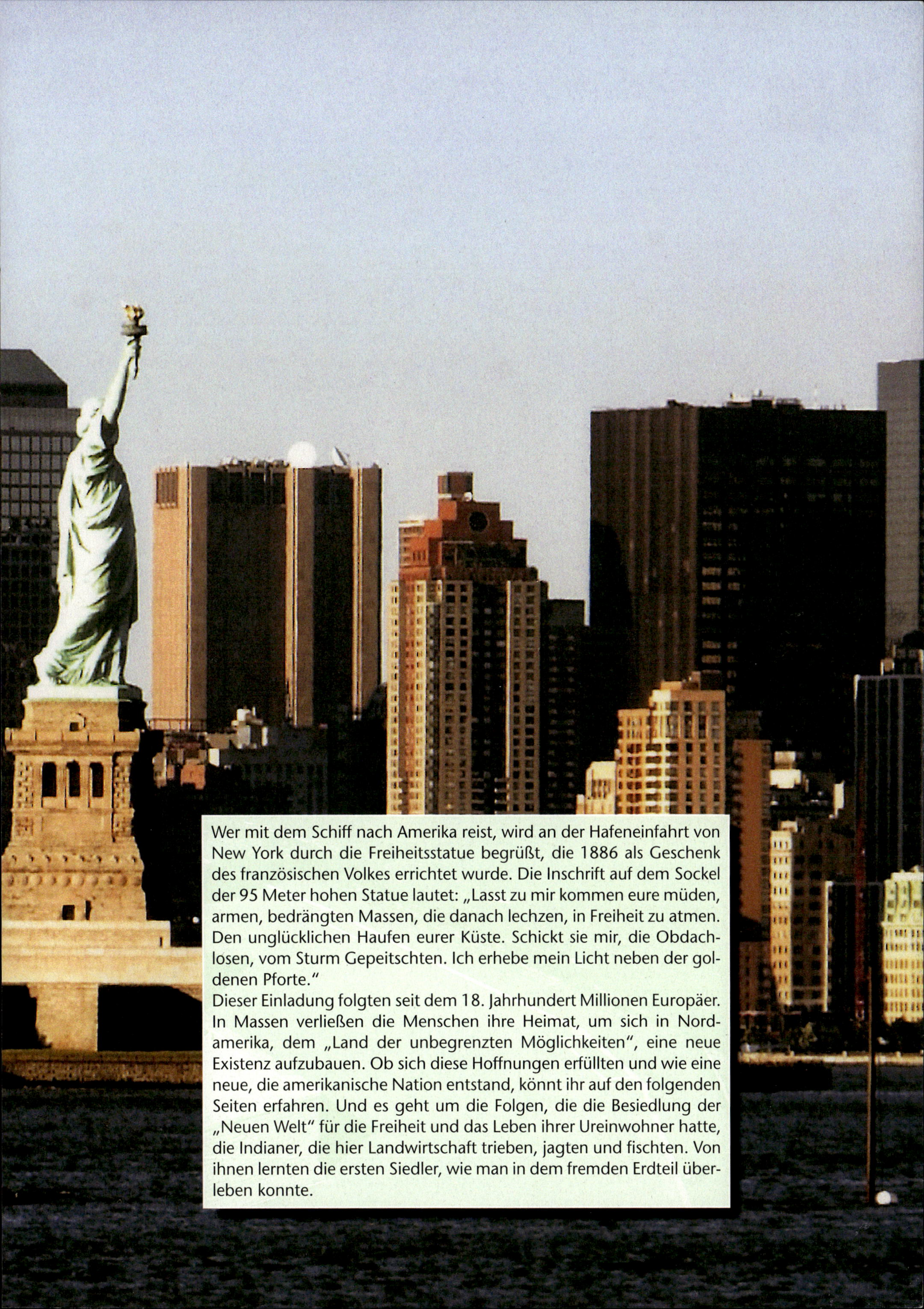

Wer mit dem Schiff nach Amerika reist, wird an der Hafeneinfahrt von New York durch die Freiheitsstatue begrüßt, die 1886 als Geschenk des französischen Volkes errichtet wurde. Die Inschrift auf dem Sockel der 95 Meter hohen Statue lautet: „Lasst zu mir kommen eure müden, armen, bedrängten Massen, die danach lechzen, in Freiheit zu atmen. Den unglücklichen Haufen eurer Küste. Schickt sie mir, die Obdachlosen, vom Sturm Gepeitschten. Ich erhebe mein Licht neben der goldenen Pforte."

Dieser Einladung folgten seit dem 18. Jahrhundert Millionen Europäer. In Massen verließen die Menschen ihre Heimat, um sich in Nordamerika, dem „Land der unbegrenzten Möglichkeiten", eine neue Existenz aufzubauen. Ob sich diese Hoffnungen erfüllten und wie eine neue, die amerikanische Nation entstand, könnt ihr auf den folgenden Seiten erfahren. Und es geht um die Folgen, die die Besiedlung der „Neuen Welt" für die Freiheit und das Leben ihrer Ureinwohner hatte, die Indianer, die hier Landwirtschaft trieben, jagten und fischten. Von ihnen lernten die ersten Siedler, wie man in dem fremden Erdteil überleben konnte.

Die ersten Kolonisten

1 **Englische Kolonien in Nordamerika.**

Neuenglandkolonien

Auch wenn die Macht des Königs in England durch das Parlament kontrolliert wurde, frei waren die Menschen deshalb noch lange nicht. Wer sich z. B. nicht zur englischen Staatskirche bekannte, musste mit Verfolgung rechnen. Viele Menschen wanderten deshalb seit Beginn des 17. Jahrhunderts nach Übersee aus. 1607 gründeten englische Siedler Jamestown, die erste englische Niederlassung in Nordamerika (Abb. 1).

1607: Engländer gründen Jamestown, die erste dauerhafte Siedlung an der Ostküste Nordamerikas.

Die Ureinwohner des Landes, die Indianer, halfen ihnen in der ersten Zeit. Sie überließen ihnen Land und schenkten ihnen Lebensmittel. So heißt es in dem Tagebuch des Siedlers E. Winfield:

Q ... 25. Juni 1607. Ein Indianer kam zu uns mit einer Friedensbotschaft des Häuptlings. Sie wollten unsere Freunde sein. Und wir sollten in Frieden säen und ernten können. ...

Die Landstriche, in die die Siedler kamen, waren von Indianervölkern besiedelt, die hier Landwirtschaft trieben, jagten und fischten. Von ihnen lernten die Siedler, wie man in dem fremden Erdteil überleben konnte. Weitere Siedler folgten bald:

- 1629 kamen die in England religiös verfolgten Puritaner mit der „Mayflower" nach Amerika und landeten in Plymouth.
- Am Hudson siedelten die Niederländer unter Peter Stuyvesant. Sie kauften im Jahr 1626 die Insel Ma-na-hat-an (Manhattan = himmlische Erde) von den Indianern für Glasperlen und rotes Tuch im Wert von 24 Dollar. Die Siedlung erhielt den Namen „Nieuw Amsterdam", von England wurde sie unter dem Namen New York übernommen.
- Vertriebene englische und irische Katholiken begründeten Maryland.
- Angehörige der Sekte der Quäker besiedelten 1682 unter Führung von William Penn das nach ihm benannte „Pennsylvania". William Penn hat seine Glaubenslehre auf zwei Reisen in den Jahren 1671 und 1677 auch in Deutschland verkündet.
- Der Bericht William Penns über das freie und christliche Leben in Amerika bewog im Jahr 1683 dreizehn Familien in Krefeld die Überfahrt zu wagen. Sie landeten in Philadelphia und gründeten die Siedlung „Germantown".

Es dauerte nicht lange, bis diesen deutschen Auswanderern weitere folgten: Im Laufe der letzten 300 Jahre suchten über sieben Millionen Deutsche in Amerika eine neue Heimat.

1 *Vergleicht die Karte 1 mit einer Karte der USA in eurem Atlas.*

2 *Stellt eine Liste der 13 Kolonien in der Reihenfolge ihrer Gründung auf.*

3 *Beschreibt die Menschen in Abbildung 2 (Kleidung, Gesten ...). Überlegt, warum sie in dieser Ordnung marschieren und was die beiden an der Spitze des Zuges besprechen.*

Die ersten Kolonisten

2 **Puritaner auf dem Weg zur Kirche im 17. Jahrhundert.** Gemälde, 1867.

3 **William Penns Friedensvertrag mit den Indianern von 1682.** Lithographie,19. Jahrhundert.

In dem Buch „Poor Richard's Almanack" beschrieb Benjamin Franklin die Vorstellungen der Puritaner von einem gottgefälligen Leben. In dem Bestseller aus dem Jahr 1733 heißt es unter anderem:

Early to bed and early to rise, makes a man healthy, wealthy and wise.

Well done is better than well said.

A ploughman on his legs is higher than a gentleman on his knee.

At the working man's house hunger looks in, but dares not to enter.

4 *Untersucht das Verhältnis zwischen den frühen Siedlern und den Indianern in der Abbildung 3. Vergleicht mit dem, was ihr über ihre spätere Geschichte wisst.*

5 *Versucht die Aussprüche in der Randspalte zu übersetzen. Besprecht, was sie über das Leben der Siedler aussagen.*

Das Leben in den Kolonien

1 Siedler in Amerika. Das Haus einer Siedlerfamilie in Custer County (Nebraska). Foto, 1886.

Bevölkerungsentwicklung in den USA von 1800 bis 1860:

1800: 5,3 Mio.
1820: 9,6 Mio.
1840: 17,0 Mio.
1860: 31,5 Mio.

Auswanderung:
In aller Welt leben die Nachkommen von Europäern, die im 19. und 20. Jahrhundert über den Hamburger Hafen nach Nord- und Südamerika, Australien und Afrika auswanderten.
Das bevorzugte Ziel waren die USA – rund vier Millionen Auswanderer traten die Fahrt über den Atlantik von Hamburg aus an (vgl. auch S.144).

„Jeder kann sich hier niederlassen"

Wie die 13 Familien aus Krefeld, so zogen in den nächsten Jahrhunderten Millionen Menschen aus ganz Europa nach Amerika. Besonders in Zeiten bitterer Armut und Unterdrückung sahen sie in der Auswanderung ihre letzte Chance. Der Entschluss, die Heimat zu verlassen, bedeutete für die Auswanderer zunächst einmal eine lange, strapaziöse und häufig auch lebensgefährliche Seereise anzutreten. Und nach der Ankunft in der Neuen Welt machten Krankheiten, das ungewohnte Klima und Hunger den Einwanderern vor allem in den ersten Monaten das Leben sehr schwer. Das zeigte sich auch bei den 13 Familien aus Krefeld. Statt „Germantown" nannten einige diese Niederlassung zunächst „Armentown". Doch schon ein Jahr später hatte sich die Situation gebessert. Feste Fachwerkhäuser waren inzwischen errichtet worden, umgeben von kleinen Blumen- und Gemüsebeeten. Die Bewohner von Germantown hielten Kontakt mit ihrer alten Heimat. Ihre Berichte machten auf die Daheimgebliebenen großen Eindruck. Weitere Siedler folgten. Einer von ihnen schrieb im Jahr 1760:

Q1 … Es gibt so viel gutes Land, das noch unbestellt ist, dass ein jung verheirateter Mann ohne Schwierigkeiten ein Stück Grund und Boden erwerben kann, auf dem er mit Frau und Kindern ein zufrieden stellendes Auskommen hat. Die Steuern sind so niedrig, dass er sich darum keine Sorgen machen muss. Die Freiheiten, die er genießt, sind so groß, dass er sich wie ein Fürst auf seinen Besitzungen fühlen kann. Jeder kann sich hier niederlassen, kann bleiben, seinem Gewerbe nachgehen, auch wenn seine religiösen Grundsätze noch so merkwürdig sind. Und er wird durch die Gesetze so in seiner Person und in seinem Eigentum geschützt und genießt solche Freiheiten, dass man von einem Bürger hier geradezu sagen kann, er lebe in seinem Haus wie ein König. …

Es gab aber auch Einwanderer, deren Hoffnungen sich nicht sogleich erfüllten. So schrieb im Jahr 1879 Heinrich Kreuzfeld an seinen Bruder Johann:

Q2 … Die meisten Europäer denken, dass Amerika das Land ist, wo Milch und Honig fließt. Keineswegs, es ist hier so schlecht, wenn nicht schlechter wie in Europa. Ich bin seit zwei Jahren nicht mehr im Geschäft. Ich und mein Kompagnon mussten den Fruchthandel und das Warenlager-Geschäft aufgeben wegen Mangel an Mitteln und zu großer Konkurrenz.
Im Frühjahr werde ich ins Eisgeschäft gehen, den Wirten, Brauern, Metzgern usw. das

Was ist ein Amerikaner?

2 **Aus dem Neu-Ruppiner Bilderbogen, um 1838.**

3 **Aus dem Neu-Ruppiner Bilderbogen, um 1838.**

nötige Eis zu liefern. Bitte, lieber Johann, schicke mir einstweilen so viel Geld, wie du kannst. Bitte, schicke es sofort. …

1 *Vergleicht die beiden Berichte miteinander. Was wird in dem Bericht aus dem Jahr 1760 (Q1) besonders lobend erwähnt, auf welche Probleme macht der Brief (Q2) aufmerksam?*

Viele Nationalitäten – eine Nation?

Die 13 Kolonien unterstanden den englischen Gesetzen, die in London gemacht wurden. Alle Siedler galten rechtlich als Engländer. Doch England war fern und viele Probleme verlangten eine rasche Lösung. So gab es in den Kolonien auch eine Art Selbstverwaltung. In den Siedlerversammlungen berieten und beschlossen gewählte Vertreter die gemeinsamen Probleme und legten für alle gültige Regelungen fest.
Die Selbstverwaltung, aber auch der Kampf ums tägliche Leben ließ die Menschen aus den verschiedenen Nationen bald zu einer eigenen Nation zusammenwachsen. Ein Einwanderer schrieb 1782:

Q3 … Was ist eigentlich ein Amerikaner, diese neue Art Mensch? Er ist kein Europäer und auch nicht Nachkomme eines Europäers. Er ist eine seltsame Mischung, die es nirgendwo auf der Welt gibt. Ich kenne einen Mann, dessen Großvater Engländer war, dessen Frau Holländerin war, dessen Sohn eine Französin heiratete und dessen vier Söhne wiederum Frauen von vier verschiedenen Nationalitäten haben. Er ist ein Amerikaner. …

2 *Wertet die Statistik in der Randspalte auf dieser Seite aus. Erstellt eine Liste der Herkunftsländer und ordnet sie nach der Größe der Einwandererzahlen.*
3 *Überlegt, wie aus Angehörigen ganz verschiedener Nationen in kurzer Zeit Amerikaner wurden.*
4 *Vermutet, welche Folgen sich aus der wachsenden Einwohnerzahl ergaben (Statistik in der linken Randspalte).*

Herkunft der Menschen in den Kolonien, 1790.

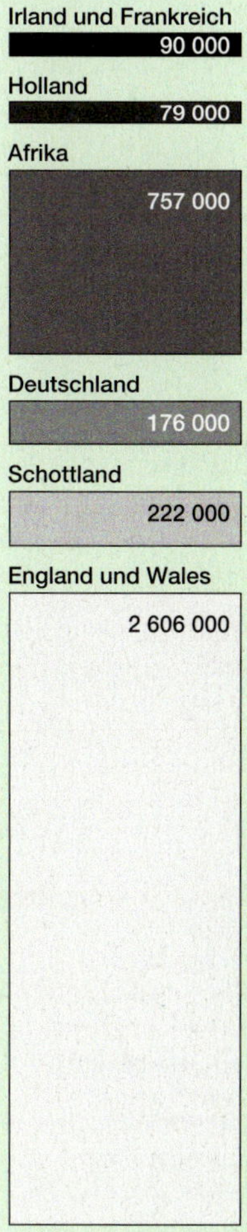

Wem gehört das Land?

1 **Goldgräber in Kalifornien.** Stich, 1848.

2 **Plakat einer Eisenbahngesellschaft, die Siedlern Land anbietet.**

Auf dem Zug nach Westen

Für die zahllosen Siedler reichte das Land in den ersten Kolonien schon bald nicht mehr aus. Immer weiter drangen sie deshalb nach Westen vor und trafen dabei auf zahlreiche Indianerstämme. Fast 500 Indianervölker lebten um 1800 in Nordamerika. Die drei wichtigsten Gruppen waren:
- die Ackervölker im nordöstlichen Waldland,
- die Jägervölker in den Prärien,
- die Bauern- und Hirtenvölker im Südwesten.

Über sie schrieb Hugh Henry Brackenridge, ein bekannter amerikanischer Dichter und Schriftsteller, im Jahr 1772:

Q1 … Ich bin weit davon entfernt, auch nur im Traum anzunehmen, dass die Indianer ein Recht auf Land haben könnten, von dem sie seit Jahrtausenden keinen anderen Gebrauch machen als die Tiere. Es ist deshalb undenkbar, dass sie einen Anspruch auf Land haben. Sie müssen deshalb – und das ist Gottes Wille – von diesem Land vertrieben werden. … Indianer haben das Aussehen von Menschen …, aber wie sie uns im Augenblick entgegentreten, erscheinen sie eher als Tiere, teuflische Tiere. … Wer käme schon auf den Gedanken mit Wölfen, Klapperschlangen, Jaguaren und Koyoten über Garantien für Eigentum an Land zu verhandeln. Es gilt, sie zu dezimieren*. …

1 *Aus Quelle 1 wird die Einstellung vieler Siedler zu den Indianern deutlich. – Stellt die wichtigsten Aussagen zusammen und besprecht die Einstellung der Weißen zu den Indianern. Berücksichtigt hierzu auch die Abbildung 2.*

Macht geht vor Recht: Das Beispiel der Nez Percé

Die Nez Percé waren ein kleines Indianervolk, das auf dem Columbia-Plateau (in den heutigen USA-Staaten Idaho und Oregon) von der Pferdezucht lebte. Um 1850 ließen sich Siedler am Rand des Nez-Percé-Gebiets nieder. Sie forderten von den Indianern: „Verkauft uns weite Teile eures Landes. Einen Rest des Landes lassen wir euch als Reservation*. Wir bieten euch außerdem 200 000 Dollar."
Die Indianer gaben nach. Doch 1861 wurde in dem Territorium, das den Nez Percé geblieben war, Gold gefunden. Schon im Sommer kamen 10 000 Weiße in das Gebiet der

Reservation*: *Siedlungsräume, die den Indianern durch die Regierung zugewiesen wurden. Im Verhältnis zu ihren früheren Territorien waren dies enge und ungünstig gelegene Gebiete. Zudem wurden sie nun von amerikanischen Beamten beaufsichtigt, den „Indian Agents".*

dezimieren*: *große Verluste beibringen; in ihrer Zahl stark verringern.*

Goldgräber, Siedler und Indianer

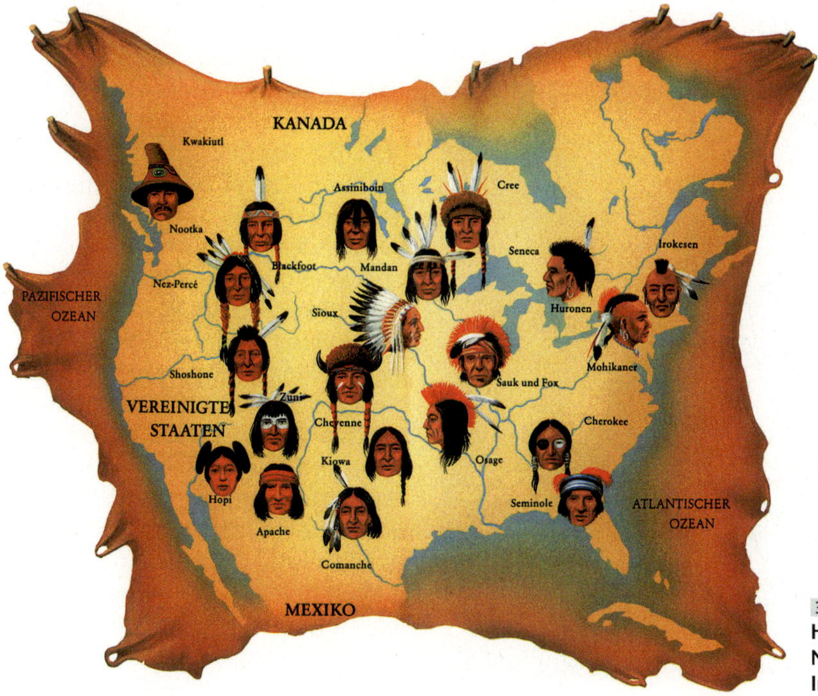

3 Lebensraum, Haartrachten und Namen der wichtigsten Indianerstämme.

Indianer. Die USA setzten wieder eine Verhandlung an und die Indianer sollten einen Vertrag unterschreiben. Wieder sollten sie dieses Land an die Regierung verkaufen. Voller Erbitterung antwortete darauf der Häuptling:

Q2 … Ich habe nie gesagt, dass das Land mir gehört und dass ich damit tun könne, was mir beliebt. Nur der kann über Land verfügen, der das Land geschaffen hat. … Ich habe einige der großen weißen Häuptlinge gefragt, woher sie das Recht haben, dem Indianer zu sagen, er müsse sich an einem bestimmten Platz aufhalten, während er die weißen Männer hingehen sieht, wo es ihnen gefällt. Sie können mir keine Antwort geben. …

Gewaltsam wurden die Nez Percé vom amerikanischen Militär in eine Reservation gebracht. Die Häuptlinge wurden gezwungen, einen Vertrag zu unterschreiben, der ihnen nur noch ein Zehntel ihres Landes ließ. Dafür sollten sie Nahrung, Kleidung und Schulen von den Weißen erhalten.

Eine Gruppe junger Indianer überfiel nun aus Enttäuschung und Wut Ansiedlungen der Weißen, die daraufhin das Militär zur Unterstützung herbeiholten. Nun hetzte das Militär die Nez Percé unerbittlich. In fünf großen Schlachten konnten die Indianer siegen, doch immer neue Truppen folgten ihnen. Am Ende mussten sie vor der Übermacht kapitulieren und General Miles versprach, die Überlebenden in ihre Heimat zurückzubringen. Aber statt in ihre Berge wurden sie in die Wüste geschafft, wo viele starben.

1878 wurden die Reste des Volkes nach Oklahoma in eine Reservation gebracht. In ihre Heimat durften sie nicht zurückkehren.

Ähnlich wie den Nez Percé erging es auch den anderen Indianervölkern. Lebten vor der Kolonialisierung noch mehr als 1 Million Indianer in den USA, so waren es zu Beginn des 20. Jahrhunderts nur noch 200 000, denen bestimmte Reservate zugewiesen worden waren. Sie kämpfen noch heute um ihre Rechte und um Entschädigung für die geraubten Länder.

2 *Besprecht das Verhalten der Weißen und der Nez Percé. Berichtet in der Klasse, was ihr über Indianer wisst. Seht euch dazu auch die Stammesnamen auf der Abbildung 3 an.*

*Indianer jagten **Bisons**. Sie waren das Hauptnahrungsmittel der Prärieindianer. Darüber hinaus lieferte der nordamerikanische Büffel das Material für die verschiedensten Gebrauchsgegenstände von der Zeltplane bis zur Schlittenkufe. Doch während Anfang des 19. Jahrhunderts auf den Großen Ebenen der USA noch 50 Millionen dieser Tiere lebten, waren es im Jahr 1889 nur noch 635 Bisons. Weiße Berufsjäger und Siedler hatten das wichtigste Tier in dieser Landschaft ausgerottet.*

US-Kavallerist und Indianer. Lithographie von A. Paul Weber.

Indianer heute:
Heute leben etwa zwei Millionen Indianer und Ureinwohner Alaskas in den Vereinigten Staaten (das entspricht 0,8 % der Gesamtbevölkerung). Etwa ein Drittel der indianischen Gesamt-Bevölkerung lebt in Reservationen, bzw. in deren unmittelbarer Nachbarschaft.

Zum Weiterlesen: Der Weg der Tränen

1 „Der Weg der Tränen" zeigt die Vertreibung der Cherokee aus ihrer Heimat.
Gemälde von Robert Lindneux, 1942.

Die Vertreibung der Cherokee

Die Heimat der Cherokee waren die Gebirgstäler der südlichen Appalachen. 1827 gab sich der Stamm nach dem Vorbild der Vereinigten Staaten eine Verfassung, die einen gewählten Oberhäuptling, einen Senat und ein Repräsentantenhaus vorsah. Zivil- und Strafgesetze wurden verabschiedet und ein oberster Gerichtshof eingerichtet.

Um diese Zeit entwickelte sich die Nation der Cherokee zu einem nahezu perfekten Sozial- und Wohlfahrtsstaat, in dem es keine Arbeitslosigkeit und keine Armut gab. Es entstanden Schulen, Kirchen, Hospitäler und Bibliotheken. Baumwollspinnereien, Ziegeleien und Bergwerke wurden von den Indianern betrieben. Sogar eine Porzellanfabrik wurde von ihnen gegründet.

Vielleicht wurde den Cherokee jedoch gerade diese Anpassung an die Kultur der weißen Amerikaner zum Verhängnis. Der beträchtliche Wohlstand der Stammesangehörigen erweckte den Neid ihrer weißen Nachbarn. Als in Georgia Gold gefunden wurde, war dies für die Weißen ein willkommener Vorwand, die Umsiedlung der Cherokee zu verlangen.

1830 unterzeichnete Präsident Andrew Jackson das Indianer-Umsiedlungsgesetz. Es half nichts, dass ein begabter Redner unter den Cherokee, John Ross, sich leidenschaftlich gegen die Umsiedlung aussprach.

Es half nichts, dass das Oberste Gericht gegen die Verschickung der Cherokee entschied und dass sich bekannte Persönlichkeiten für sie einsetzten.

Acht Jahre wehrte sich der Stamm mit allen ihm zur Verfügung stehenden politischen und rechtlichen Mitteln gegen die Enteignung und die Abschiebung in die wasserarme Steppe von Oklahoma.

1838 bestand Präsident Martin van Buren ungeachtet aller Proteste darauf, die Aussiedlung durchführen zu lassen. Damit begann der „Weg der Tränen".

Der Bundesstaat Georgia zwang die Cherokee dazu, ihren Landbesitz zu Schleuderpreisen zu verkaufen. Viele ihrer Häuser und Besitzungen wurden geplündert. Soldaten begannen die Cherokee-Familien zusammenzutreiben und sie in Sammellager zu schleppen. Da sie schlecht mit Lebensmitteln versorgt und zu einem Dasein unter katastrophalen Wohnverhältnissen gezwungen wurden, starben bereits viele Indianer in diesen hastig errichteten Lagern. ...

Der erste erzwungene Treck nach Oklahoma brach im Frühjahr 1838 auf und war bis in den Sommer unterwegs. Auf der Wegstrecke über 800 amerikanische Meilen litten die Menschen vor allem unter der Hitze.

Ein zweiter Zug folgte im Herbst und Winter 1838 während der Regenzeit. Die Wagen blieben häufig im Schlamm stecken. Die Temperaturen bewegten sich um den Gefrierpunkt. Es schneite heftig. Eisstürme setzten ein. Während der Wartezeit in den Sammellagern und auf den zwei Zügen starben insgesamt 4000 Cherokees, fast ein Viertel des gesamten Stammes.

Epidemien von Cholera, Typhus und Masern, die während des Aufenthalts im Indianerterritorium ausbrachen, forderten weitere Opfer.

Weitere Informationen über die Cherokee und viele andere Indianerstämme findet ihr in dem Buch von Frederik Hetmann: Indianer. Ravensburger Buchverlag.

Werkstatt Geschichte: Leben im Wigwam

1 **Langhaus der Irokesen.** Buchillustration.

3 **Wickiup der Apachen.** Buchillustration.

2 **Tipi der Sioux-Indianer.** Buchillustration.

4 **Häuser der Pueblo-Indianer.** Buchillustration.

1 *Beschreibt die Hausformen der Indianer.*
2 *Was sagen die verschiedenen Hausformen über die Lebens- und Wirtschaftsweise der Stämme aus, die sie bewohnten?*
3 *Informiert euch mithilfe von Lexika und Büchern über die genannten Indianerstämme. Weitere Informationen bekommt ihr z. B. aus dem Buch von R. Crummenerl und P. Klaucke: Das große Arena-Buch der Indianer. Arena Verlag.*

Der Kampf um die Unabhängigkeit

1 **Die Boston Tea Party.** Als Indianer verkleidete Kolonisten werfen englische Teelieferungen über Bord. Lithographie, 1846.

1773:
Boston Tea Party.
Aus Protest gegen britischen Zoll auf Teeeinfuhren stürmen amerikanische Kolonisten als Indianer verkleidet drei Schiffe und werfen die Teeladung in das Wasser des Bostoner Hafens.

Selbstbewusste Kolonisten

Die Selbstverwaltung der Kolonien, die Anstrengungen um die Erschließung des Landes sowie der gemeinsame Kampf gegen die Indianer hatten unter den Siedlern ein Gemeinschaftsgefühl entstehen lassen. Sie waren stolz auf ihre Leistungen und sie waren selbstbewusst. Adlige, denen sie zu gehorchen hatten, gab es hier nicht. Jeder – so lautete die allgemeine Überzeugung –, der sich anstrengt, Mut beweist und vorwärts kommen will, kann es zu Ansehen und Wohlstand bringen; insofern waren sie alle gleich.

Von England trafen zudem Nachrichten über die „Glorreiche Revolution" ein, die den Bürgern mehr politische Freiheit und Gleichheit vor dem Gesetz brachte. Sollte das, was im Mutterland rechtens war, nicht auch in den Kolonien möglich sein? – An dieser Frage entzündete sich ein Streit zwischen den Kolonisten und dem englischen Mutterland mit weit reichenden Folgen.

„No taxation without representation"

Die englische Staatskasse litt wegen der Kriege mit Frankreich unter ständiger Geldnot. Geld aber, so meinte das englische Parlament, könnte man aus den Kolonien holen, denen es wirtschaftlich sehr gut ging. So wurden die Kolonisten mit immer neuen Steuern belegt. Vor allem auf Rohstoffe und Fertigwaren, die aus England in die Kolonien kamen, wurden Zölle erhoben. Das ging den amerikanischen Bürgern zu weit. Sie verweigerten schließlich jede Zahlung mit dem Hinweis, dass sie im englischen Parlament nicht vertreten seien: „No taxation without representation", so hieß es bald auf zahlreichen Kundgebungen. Außerdem beschlossen die Siedler, keine englischen Waren mehr zu kaufen.

1 *Beschreibt die Abbildung 1.*

2 *Stellt Vermutungen auf, warum die Bürger den „Indianern" zujubelten.*

Englische Untertanen in Amerika?

Die „Boston Tea Party"

Wie stark der Widerstand in der Bevölkerung gegenüber England war, sollte sich schon bald zeigen. Als die englische Regierung Ende September 1768 zwei Regimenter nach Boston schickte, verweigerten die Bürger den Soldaten Quartier.

Als englische Soldaten von Amerikanern in Boston mit Knüppeln und Schneebällen bedrängt wurden, erschossen die Soldaten fünf Zivilisten. In den Kolonien sprach man nun vom „Bostoner Blutbad".

Der Widerstand gegen das Mutterland nahm weiter zu und erfasste jetzt alle 13 Kolonien. Die englische Regierung lenkte ein und nahm die Steuern zurück. Es blieb allein die Teesteuer. Mit ihr wollte England zeigen, dass man das Recht habe, zu jeder Zeit beliebige Steuern von den Kolonien zu erheben. Dadurch wurde der Teezoll auch für die Kolonisten zu einer Grundsatzfrage.

Als im Dezember 1773 drei Teeschiffe im Hafen von Boston landeten, schlichen 50 Männer, Tomahawks in den Händen und die Gesichter gefärbt wie Indianer, an den Kai, wo die Schiffe vertäut waren. Sie überwältigten die Schiffswachen und warfen die gesamte Teeladung ins Hafenwasser.

Die Antwort Englands ließ nicht lange auf sich warten. Neue Truppen wurden in die Kolonien gesandt. Der Hafen von Boston wurde geschlossen. Dies stellte für die Bevölkerung eine besondere Härte dar, da Tausende von Familien von ihm lebten.

3 *Beschreibt und begründet das Verhalten der englischen Regierung und der Siedler. Hätte es andere Möglichkeiten gegeben, um den Konflikt zu lösen?*

Vom Widerstand zur Rebellion

Die Maßnahmen der britischen Regierung hatten indessen nicht den gewünschten Erfolg, da alle Kolonien zusammenstanden. Es kam zu einem Krieg der amerikanischen Siedler gegen die britischen Truppen, der von 1775 bis 1783 dauerte. Oberbefehlshaber der amerikanischen Truppen wurde George Washington. Angeheizt wurde die Empörung in der Bevölkerung durch eine Flugschrift, die Thomas Paine im Jahr 1776 mit dem Titel „Common Sense" („was jeder für vernünftig hält") herausgab:

Q … Die Zeit der Debatten ist vorbei. Waffen als letztes Mittel entscheiden den Streit. Der König hat das Schwert gewählt und der Kontinent hat die Herausforderung angenommen. Aber, werden einige fragen, wo ist der König von Amerika. Ich will es euch sagen, Freunde: Dort oben regiert Er und richtet keine Verheerung der Menschheit an wie das königliche Untier. … [Hier aber] setzte man feierlich einen Tag fest zur öffentlichen Bekanntmachung der Verfassung, um der Welt zu zeigen, dass in Amerika das Gesetz König ist. …

4 *Erklärt die Bedeutung des Satzes „In Amerika ist das Gesetz König". Vergleicht mit dem Anspruch der absolutistischen Herrscher in Europa.*

5 *Beschreibt die drei Soldaten auf der Abbildung 2.*
Erklärt den Titel des Bildes und die Absicht des Künstlers.

2 **Der Geist von 1776.** Gemälde von A. M. Willard (1836–1918).

1775–1783: *Nordamerikanischer Unabhängigkeitskrieg.*

Im Unabhängigkeitskrieg kämpften die ca. 3 Millionen Siedler unter der Führung George Washingtons gegen die britische Kolonialarmee, worunter sich 17 000 zum Teil unzuverlässige, von ihren Landesherren verkaufte Söldner aus Hessen und Braunschweig befanden.
Weitere Gegner waren englandtreue Amerikaner und einige mit England verbündete Indianerstämme.

Von den Kolonien zu den Vereinigten Staaten

1 Der amerikanische General Nathan Heard verliest die amerikanische Unabhängigkeitserklärung vor den Truppen. Buchillustration.

Flagge der dreizehn vereinigten Staaten von Nordamerika aus den Jahren 1775 und 1789.

Die Kolonien werden unabhängig

Der Krieg in Amerika wurde immer heftiger. Um ein gemeinsames Vorgehen der 13 Kolonien abzusprechen, trafen sich im Mai 1775 die Vertreter der Kolonisten zu einem Kongress.

Die Vertreter waren von Bürgerversammlungen gewählt worden. Im Kongress war man sich nicht einig, ob man sich ganz von England lösen sollte. Noch im Herbst 1775 waren fünf Kolonien für ein Zusammengehen mit England, die anderen wollten sich selbstständig machen.

Flugblätter und Kriegsmeldungen beeinflussten die öffentliche Meinung dahin gehend, dass immer mehr Menschen für eine gänzliche Trennung von England eintraten.

In den einzelnen Kolonien wurden die Anhänger Englands vertrieben. So konnte die Unabhängigkeit der 13 Kolonien von England beraten und am 4. Juli 1776 erklärt werden.

__4. Juli 1776:__ Unabhängigkeitserklärung der dreizehn nordamerikanischen Kolonien.

In der Unabhängigkeitserklärung hieß es:

Q ... Folgende Wahrheiten erachten wir als selbstverständlich: Alle Menschen sind gleich geschaffen. Sie sind von ihrem Schöpfer mit unveräußerlichen Rechten ausgestattet. Dazu gehören Leben, Freiheit und Streben nach Glück.

Zur Sicherung dieser Rechte sind unter den Menschen Regierungen eingesetzt, die ihre rechtmäßige Macht aus der Zustimmung der Regierten herleiten.

Wenn eine Regierungsform diese Zwecke gefährdet, ist es das Recht des Volkes, sie zu ändern oder abzuschaffen und eine neue Regierung einzusetzen ... Demnach verkünden wir, die im Allgemeinen Kongress der Vereinigten Staaten von Amerika versammelten Vertreter, feierlich: ... dass diese vereinigten Kolonien freie und unabhängige Staaten sind und von Rechts wegen sein müssen, dass sie losgelöst sind von aller Pflicht gegen die britische Krone, dass jede politische Verbindung zwischen ihnen und dem Staate Großbritannien ein für allemal aufgehoben ist. ...

1 *Fasst die Gründe zusammen, die die Kolonisten dazu brachten, die Unabhängigkeit zu erklären.*

2 *Überlegt, welche Rechte für Frauen und Sklaven gesichert werden.*

3 *Erläutert, womit die Einsetzung von Regierungen begründet wird.*

4 *Versucht zu begründen, warum die Unabhängigkeitserklärung ein „revolutionärer" Text ist.*

Wie soll der neue Staat geordnet werden?

1787:
Die Verfassung der USA wird am 4. März verabschiedet. Zwei Jahre später wird George Washington der erste Präsident der USA.

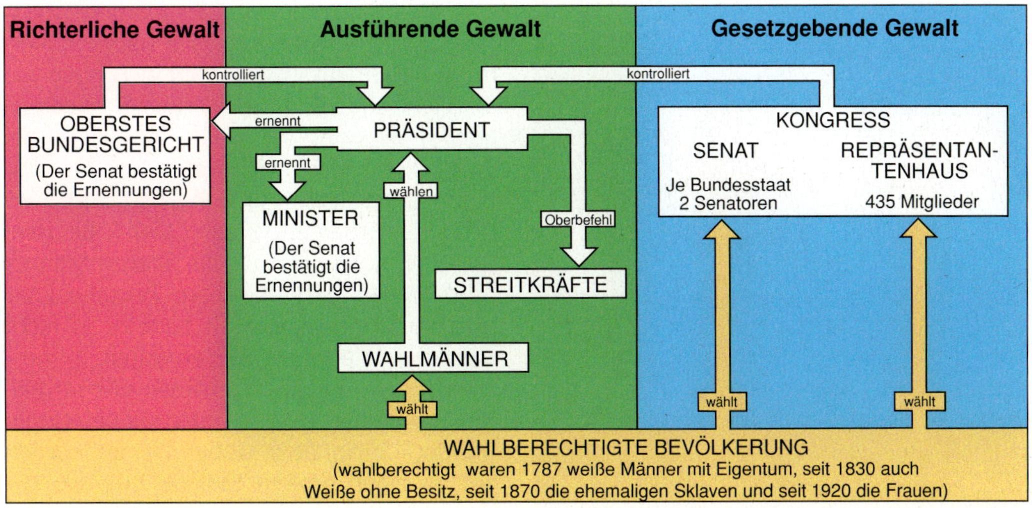

2 Die Verfassung der Vereinigten Staaten von Amerika.

Ein Staat ohne König

Nach der Gründung der „Vereinigten Staaten" im Jahr 1776 musste die Unabhängigkeit erst gegen die im Land stehende englische Armee erkämpft werden. Dies gelang nach vielen schweren Kämpfen unter der Leitung von George Washington und mithilfe der Franzosen, der alten Gegner der Engländer. 1783 musste England die Unabhängigkeit der 13 ehemaligen Kolonien anerkennen.

Gleichzeitig stellte sich für den neuen Staat die Frage, wie er geführt und geordnet werden sollte. Dabei waren zwei wichtige Punkte zu klären:

- Wie der Name es besagt, waren die USA ein Staat, der aus vielen einzelnen Staaten bestand, den ehemaligen Kolonien. Jede dieser einzelnen Kolonien hatte eine eigene Regierung; jetzt aber brauchte man auch eine Zentralregierung für das ganze Land.
- In der Unabhängigkeitserklärung war festgehalten worden, dass das Volk selbst seine Vertreter wählen sollte, die das Land regieren. Wie aber sollte ein solcher Staat, den es noch nirgends gab, aussehen?

5 *Zu den beiden oben angesprochenen Punkten passen die Begriffe „Bundesstaat" und „Demokratie". Erklärt beide Begriffe. Nennt weitere Bundesstaaten der USA.*

Die Verfassung der Vereinigten Staaten

Um den neuen Bundesstaat zu organisieren, sandten die einzelnen Staaten ihre Vertreter nach Philadelphia.

In langen Beratungen suchte man nach den wichtigen Gesetzen, die das staatliche Leben regeln sollten; solche Regelungen bezeichnet man als „Verfassung".

Die amerikanische Verfassung, auf die man sich schließlich einigte und die heute noch in groben Zügen gilt, ist auf drei besonders wichtigen Grundsätzen aufgebaut:

- Alle Macht soll von Vertretern ausgeübt werden, die auf bestimmte Zeit vom Volk in ihr Amt gewählt werden.
- Die Macht im Staat ist dreigeteilt: in die gesetzgebende Macht, die die Gesetze beschließt, in die ausführende Macht, die die Gesetze in die Tat umsetzt, und in die richterliche Macht, die die Einhaltung der Gesetze überwacht (Gewaltenteilung).
- Die drei Teile der Macht kontrollieren sich gegenseitig; niemand darf an mehr als einem teilhaben.

6 *Versucht den Sinn der drei Grundsätze zu erklären.*

7 *Erklärt den Unterschied zwischen Demokratie und Diktatur.*

George Washington *(1732–1799), ein Veteran des britischen Kolonialkriegs gegen die Franzosen in Nordamerika, gehörte frühzeitig zu den Anführern der amerikanischen Unabhängigkeitsbewegung. Im Unabhängigkeitskrieg war er militärischer Oberbefehlshaber der gegen das englische Mutterland aufständischen Kolonien, die dank der massiven Unterstützung Frankreichs 1781/83 den Sieg erringen konnten. 1787 Mitglied des Verfassungskonvents, wurde er 1789 zum ersten Präsidenten der USA gewählt. Nach zwei Amtszeiten zog er sich ins Privatleben zurück.*

Menschenrechte – nicht für Sklaven

„Am I not a woman and a sister?" Das Motiv findet sich auf der Rückseite einer Medaille, die seit 1834 durch Gegner der Sklaverei in England und in Amerika verbreitet wurde.

Sezessionskrieg: *der Bürgerkrieg in den USA 1861–65, der durch wirtschaftliche, politische und soziale Gegensätze zwischen Nord- und Südstaaten vor allem in der Sklavenfrage ausgelöst wurde. Im Norden war die Sklaverei abgeschafft worden, während die Südstaaten in der Sklavenhaltung die Grundlage ihres Wirtschaftssystems sahen. Nach der Wahl des Sklavengegners Abraham Lincoln 1860 zum Präsidenten der USA gründeten die elf Südstaaten 1861 einen eigenen Staatenbund. Die Nordstaaten führten daraufhin einen verlustreichen Krieg um die Einheit der Nation und besiegten die Südstaaten.*

1 Ein in einem Netz gefangen gehaltener Sklave an der Küste Kongos, der darauf wartet, verschifft und verkauft zu werden. Foto, 19. Jahrhundert.

Sklaven werden wie Vieh behandelt

Von Anfang an verlief die wirtschaftliche Entwicklung in den Südstaaten anders als in den Nordstaaten: Im Norden entwickelte sich – begünstigt durch reichhaltige Kohlen- und Eisenerzlager – schon bald eine umfangreiche Industrie. Große Städte entstanden, in denen Handel, Handwerk und große Betriebe zu Hause waren.

Im Süden gab es nur wenig Industrie, dafür aber große Plantagen. Angebaut wurden Reis, Zuckerrohr, Tabak und Baumwolle. Während der Sommermonate herrschte hier ein drückend heißes und schwüles Klima, das die weißen Farmer nur schwer ertrugen.

Wie früher schon die Spanier in Südamerika, holten die Siedler daher Sklaven ins Land, die die Schwerstarbeit auf den Baumwollfarmen leisten sollten. Die Sklaven wurden in Westafrika von berufsmäßigen Sklavenjägern zusammengetrieben, in langen Märschen an die Küste und von dort per Schiff nach Amerika gebracht. In Amerika angekommen, wurden die Sklaven auf großen Auktionen versteigert. Der ehemalige Sklave Solomon Northrop beschreibt in seinen Erinnerungen aus dem Jahr 1835 den Verlauf einer Sklavenauktion:

Q … Mr. T. Freeman, Veranstalter des Sklavenmarktes in New Orleans, begab sich am frühen Morgen zu seinem „Vieh". Bei dem gewohnten Fußtritt für die älteren Männer und Frauen und manchem Peitschenknall für die jüngeren Sklaven dauerte es nicht lange, bis alle auf den Beinen waren.
Zuerst wurden wir angewiesen uns sorgfältig zu waschen. Dann wurden wir neu eingekleidet – billig, aber sauber. Darauf wurden wir in einen großen Saal geführt, wo der „Markt" stattfinden sollte. Dann trafen die Kunden ein um Freemans „neuen Warenposten" zu besichtigen. Freeman ließ uns den Kopf heben, während die Kunden unsere Hände, Arme und Körper abtasteten, uns herumdrehten und sich unsere Zähne zeigen ließen. An diesem Tag wurden die meisten Sklaven verkauft. Ein Mann kaufte auch den kleinen Randall. Seine Mutter Eliza rang die Hände und weinte laut. Sie bat den Mann, sie selbst auch zu kaufen. Der Mann antwortete, dass er dazu nicht in der Lage sei. …

Die meisten Sklaven lebten unter menschenunwürdigen Bedingungen. Ihre Besitzer behandelten sie wie eine Sache.

Strafen – für das geringste Vergehen oder aus reiner Willkür – gehörten zum Alltag der Sklaven. Der Katalog der Strafen reichte vom Essensentzug bis zur Markierung mit Brenneisen. Vor allem die Peitsche wurde von den Verwaltern auf den Plantagen oder von extra dafür eingesetzten „Auspeitschern" verwendet.

Erst 1865 wurde die Sklaverei in den USA verboten.

1 *Nennt die Sorgen der Mutter, deren Kind allein verkauft wird.*

2 *Berichtet anhand der Quelle, wie der Sklavenhandel vor sich gegangen ist.*

3 *Vergleicht die Behandlung der Sklaven mit den Forderungen der amerikanischen Unabhängigkeitserklärung.*

Zusammenfassung

Amerika – neue freie Welt
Zahlreiche Menschen, die in Europa religiös oder politisch unterdrückt wurden oder in wirtschaftliche Schwierigkeiten geraten waren, wanderten nach Amerika aus. Virginia wurde die erste von insgesamt 13 englischen Kolonien. Die Auswanderer nahmen das Risiko einer strapaziösen und gefährlichen Reise auf sich, um für sich eine neue Heimat zu suchen. Die gemeinsamen Bemühungen um die Bewältigung der zahlreichen Probleme ließen die Einwanderer schon bald zu einer neuen, der amerikanischen Nation zusammenwachsen.

Die Gründung eines demokratischen Staates
England versuchte seine Staatskasse auf Kosten der Kolonien aufzufüllen. Als die Kolonien sich dagegen wehrten (Boston Tea Party) und stärkere Mitspracherechte verlangten, schickte England Truppen nach Amerika. Es kam zum Krieg, der von 1775 bis 1783 dauerte. Bereits am 4. Juli 1776 erklärten die Kolonien ihre Unabhängigkeit vom Mutterland. Im Jahr 1789 gaben sich die 13 Gründerstaaten eine eigene Verfassung, in die – erstmals in der Geschichte – das Prinzip der Gewaltenteilung aufgenommen wurde.

Menschenrechte – nicht für alle
Um für die vielen Einwanderer genügend Land zu haben, wurden die Gebiete im Westen der USA immer mehr erschlossen. Die hier lebenden Indianer wurden meist gewaltsam vertrieben und in Reservationen zwangsweise umgesiedelt. Noch schlimmer erging es den Sklaven, die man aus Westafrika einführte. Erst 1865 wurde die Sklaverei in den USA verboten. – Geblieben ist bis heute die Benachteiligung der schwarzen Bevölkerung in vielen Bereichen des täglichen Lebens in den USA.

Zum Nachdenken

1 *Erzählt die in den Bildern dargestellte Geschichte. Besprecht, welche Erfahrung der Indianer ihr zugrunde liegt.*

1607

Engländer gründen Jamestown, die erste dauerhafte Siedlung an der Ostküste Nordamerikas.

1775–1783

Nordamerikanischer Unabhängigkeitskrieg.

1787

Verabschiedung der Verfassung der USA.

1865

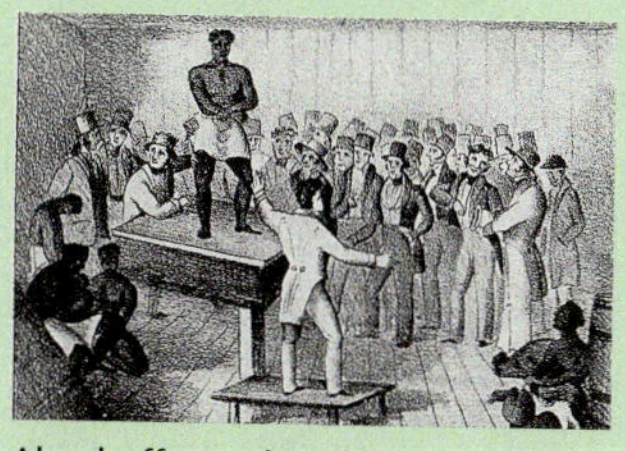

Abschaffung der Sklaverei in den USA.

3. Die Französische Revolution

„Freiheit, Gleichheit und Brüderlichkeit!“ forderten rund 20 000 Männer und Frauen, die am 14. Juli 1789 durch Paris zogen. Schließlich versammelte sich die aufgebrachte Volksmenge vor der Bastille, dem verhassten Stadtgefängnis, und forderte den Kommandanten zur Übergabe auf. Es kam zu einer Schießerei und nun schleppten die wütenden Angreifer Gewehre und Kanonen herbei. Als sich die eingeschüchterten Verteidiger ergeben wollten, wurden sie einfach niedergemetzelt. Den abgeschlagenen Kopf des Kommandanten spießte man auf eine Stange und trug ihn im Triumphzug durch die Stadt.
Die Erstürmung der Bastille versetzte Paris in einen Freudentaumel und bis heute wird der 14. Juli in ganz Frankreich als Geburtsstunde der Demokratie und der Menschen- und Bürgerrechte gefeiert. Sie gilt als das wichtigste Ereignis der „Grande Révolution“, mit der die tausendjährige Königsherrschaft ihrem Ende zuging. Doch der König, der sich nur etwa 30 Kilometer entfernt in seinem Schloss in Versailles aufhielt, erkannte nicht die Bedeutung des Aufstands. Er notierte am Abend in sein Tagebuch: „Juli 1789. 14. nichts.“

Am Vorabend der Revolution

1 Der von den Steuern und Feudallasten erdrückte dritte Stand. Zeitgenössischer Stich.

Revolution
(lat. = Umwälzung): der meist gewaltsame Umsturz einer bestehenden politischen und gesellschaftlichen Ordnung.

Lebenshaltungskosten in Frankreich 1789.

Es kosteten:

ein Vier-Pfund-Brot:	*14,5 Sous*
0,5 Liter Wein	*5,0 Sous*
Miete täglich	*3,0 Sous*
250 g Fleisch	*5,0 Sous*

Ein Bauarbeiter verdiente am Tag in Paris ca. 18 Sous.

Ludwig XVI.
(geb. 1754, hingerichtet 1793).

Verschwendung am Hof – Hungerrevolten im Land

Im Jahr 1774 wurde Ludwig XVI. König von Frankreich. Wegen der Verschwendungssucht seiner Vorgänger übernahm Ludwig einen total verschuldeten Staat. Ganz Frankreich erhoffte sich nun eine Wende zum Guten: Würde der neue König die Staatsschulden tilgen und die Steuern senken? Würde er das ausschweifende Leben am Hof beenden? Doch die Hoffnungen wurden enttäuscht. Ludwig XVI. interessierte sich nicht für die Fachgespräche mit seinen Ministern. Lieber hielt er sich in seiner Schlosserwerkstatt auf oder ging auf die Jagd. Wie seine Vorgänger gab er das Geld mit vollen Händen aus und der Adel tat es ihm nach. Immer häufiger erschienen nun in Frankreich Flugschriften, die sich gegen die Vorherrschaft des Adels richteten und die die Unzufriedenheit im Land schürten. So hieß es in einer Flugschrift aus dem Jahr 1788:

Q1 … Steht auf gegen den Klerus, den Adel. Duldet nicht, dass ungefähr 600 000 Menschen vierundzwanzig Millionen das Gesetz aufzwingen! Völker, denkt an die Lasten, die ihr tragt. Schaut euch um nach den Palästen, den Schlössern, die gebaut sind mit eurem Schweiß und euren Tränen! Vergleicht eure Lage mit der dieser Prälaten und Großen. Sie nennen euch Gesindel! Lasst sie erkennen, dass Gesindel diejenigen sind, die auf eure Kosten leben und sich mästen an eurer Arbeit. …

Die Missernten der letzten Jahre hatten zu Hungersnöten und zu einer Verteuerung der Lebensmittel geführt. In den Städten kam es zu Volksaufläufen. Handwerker und Arbeiter stürmten die Bäckerläden in Paris.

1 *Bauern, Arbeiter und Handwerker sprechen über das Flugblatt. Welche Folgerungen könnten sie daraus ziehen?*

2 *Vergleicht Q1 mit der Abbildung 1. Welche Sätze aus Q 1 passen zu der Karikatur?*

3 *Seht euch den Verdienst des Bauarbeiters und die damaligen Lebenshaltungskosten in Paris an (Randspalte). Für welche notwendigen Ausgaben fehlte ihm das Geld?*

Die Krise des Absolutismus

2 **Café der Patrioten. Überall in den Cafés und in den Salons wurde über eine politische Neuordnung diskutiert.** Zeitgenössisches Gemälde.

Der Adel – eine gottgewollte Einrichtung?
Unruhen gab es nicht nur unter Arbeitern und Handwerkern. Auch Rechtsanwälte und Ärzte, Kaufleute und Gutsbesitzer sprachen sich immer deutlicher gegen ein absolutistisches Herrschaftssystem aus, das den Staat in den Ruin führte. Überall, auf den öffentlichen Plätzen wie in den Cafés, debattierten Menschen über Politik, über die Ideen der Aufklärung und der amerikanischen Unabhängigkeitserklärung von 1776. In ihr hieß es: „Alle Menschen sind von Natur aus frei und gleich an Rechten geboren.“ Eine solche Freiheit gab es aber in Frankreich noch nicht. Gegen die massive Kritik setzte sich der Adel mit einer Schrift zur Wehr:

Q2 … Die Garantie der persönlichen Steuerfreiheit und der Auszeichnungen, die der Adel zu allen Zeiten genossen hat, sind Eigenschaften, die den Adel besonders hervorheben; sie können nur dann angegriffen werden, wenn die Auflösung der allgemeinen Ordnung erstrebt wird. Diese Ordnung hat ihren Ursprung in göttlichen Institutionen: die unendliche und unabänderliche Weisheit hat Macht und Gaben ungleichmäßig verteilt. …

In einem zeitgenössischen Theaterstück sagt hingegen ein Diener zu seinem adligen Herrn:

Q3 … Weil Sie ein großer Herr sind, bilden Sie sich ein, auch ein großer Geist zu sein. Geburt, Reichtum, Stand und Rang machen Sie stolz. – Was taten Sie denn, mein Herr, um so viele Vorzüge zu verdienen? Sie gaben sich die Mühe, auf die Welt zu kommen; das war die einzige Arbeit Ihres ganzen Lebens. …

4 *Stellt fest, welche Vorteile der Adel für sich in Anspruch nimmt. – Wie begründet er seine bevorzugte Stellung?*
5 *Spielt eine Szene: Ein Adliger antwortet auf die Vorwürfe seines Kammerdieners (Q3).*

Von der Finanz- zur Staatskrise
Im Jahr 1788 stand der französische König Ludwig XVI. vor einer katastrophalen Situation. Die Schuldenlast des Staates hatte sich in den letzten 15 Jahren verdreifacht und betrug nun 5 Milliarden Livres.
Die notwendigen Ausgaben waren beträchtlich höher als die Steuereinnahmen. Der dritte Stand war weitgehend verarmt und litt schon jetzt unter den hohen Abgaben und Steuern. Um Geld aufzutreiben, hatte der König versucht Steuern auch vom Adel und von der Geistlichkeit zu erheben, die sich aber weigerten ihre ererbten Vorrechte aufzugeben.
6 *Berechnet mithilfe der Angaben im Text und in der Randspalte, wie viele Jahre der französische Staat zur Tilgung seiner Schulden benötigen würde, wenn er nur Einnahmen wie 1788 hätte, aber keine Ausgaben.*

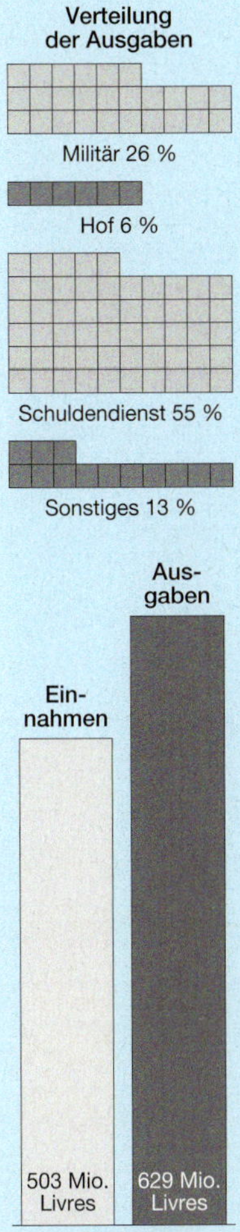

Der französische Staatshaushalt im Jahr 1788.

Der Beginn der Revolution

1 **Als die Einberufung der Generalstände für den Mai 1789 bekannt wird, versammeln sich in jeder Gemeinde die Einwohner, um dem Brauch entsprechend ihren Beschwerdebrief zu verfassen.** Buchillustration.

Generalstände*: *Versammlung der Vertreter der drei Stände von ganz Frankreich seit dem Beginn des 14. Jahrhunderts. Sie wurden in der Zeit des Absolutismus nicht einberufen. Die Generalstände hatten vor allem das Recht der Steuerbewilligung. Nur wer Besitz hatte, durfte an der Wahl der Abgeordneten teilnehmen.*

Erster Stand: 300 Abgeordnete

Zweiter Stand 300 Abgeordnete

Dritter Stand 600 Abgeordnete

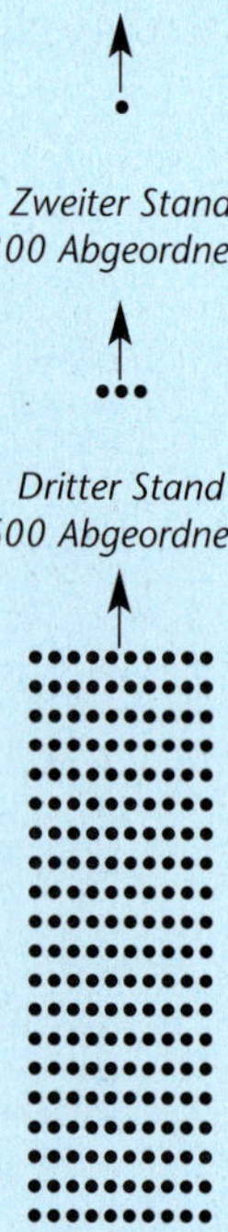

• = 120 000 Einwohner

Der König beruft die Generalstände* ein

Der dritte Stand weitgehend verarmt, das Land dem Bankrott nahe, keine Lösung der Finanzkrisen in Sicht – das war die Situation Frankreichs zu Beginn des Jahres 1789.
In dieser verzweifelten Lage beschloss Ludwig XVI. die Vertreter aller drei Stände nach Versailles einzuberufen. Gemeinsam sollten sie über eine Lösung der Finanzkrise beraten, gemeinsam nach einer Lösung suchen. Am 5. Mai 1789 – so ließ er es im ganzen Land von den Kanzeln verkünden – treffen sich die Abgeordneten in Versailles. Im Februar und März fanden die Wahlen statt.

Der erste Stand (120 000 Geistliche) wählte 300 Abgeordnete.
Der zweite Stand (350 000 Adlige) wählte 300 Abgeordnete.
Der dritte Stand (24,5 Millionen Franzosen) wählte 600 Abgeordnete.

Schon Ende April trafen die ersten Abgeordneten in Versailles ein. Täglich brachten staubbedeckte Postkutschen Gruppen weiterer Abgeordneter aus dem ganzen Land herbei. In ihrem Gepäck führten die Vertreter des dritten Standes Beschwerdehefte mit, zusammengestellt von Bauern, Handwerkern, Landarbeitern und armen Landpfarrern. 60 000 Hefte waren es insgesamt. Alle enthielten immer wieder die gleichen Klagen wie: Die Abgaben sind zu hoch, die Bauern werden von ihren Grundherren wie Sklaven behandelt, viele sind dem Verhungern nahe. Die Beschwerdebriefe sollten dem König gezeigt werden. Doch auch die Adligen hatten Briefe verfasst, in denen sie mehrheitlich erklärten, dass sie „der Abschaffung der von den Vorfahren ererbten Rechte niemals zustimmen" würden.

1 *Berechnet, wie viele Abgeordnete den ersten und zweiten Stand vertreten hätten, wenn für diese Stände das gleiche Zahlenverhältnis gültig gewesen wäre wie für den dritten Stand.*

2 *Versetzt euch in folgende Situation: Vertreter des ersten und des zweiten Standes unterhalten sich über die Beschwerdehefte des dritten Standes. Spielt dazu eine kleine Szene.*

Von den Generalständen zur Nationalversammlung

2 **20. Juni 1789: Der Schwur im Ballhaus.** Gemälde von J. Louis David, um 1790.

Wer vertritt das Volk?

Alle Abgeordneten waren vollzählig versammelt, als am 5. Mai 1789 der König in einem Saal seines Schlosses die Sitzung der Generalstände eröffnete. Gespannt warteten vor allem die Vertreter des dritten Standes darauf, wie der König auf die Beschwerdehefte und die darin enthaltenen Forderungen reagieren würde. Doch der König sprach nicht von Reformen, er wünschte nur die Zustimmung zu neuen Steuern. Nach dem König sprach der Finanzminister noch drei Stunden über die Staatsschulden. Dann wurden die Abgeordneten entlassen. Sie sollten jetzt – jeder Stand für sich – über die Steuervorschläge des Königs beraten und abstimmen. Jeder Stand hätte dabei eine Stimme. Gegen diese Anordnung des Königs wehrten sich die Abgeordneten des dritten Standes. Sie verlangten eine gemeinsame Beratung aller Abgeordneten und eine Abstimmung nach Köpfen. Doch der König und fast alle Abgeordneten des ersten und zweiten Standes lehnten diese Forderungen ab.

Am 17. Juni 1789 erklärten schließlich die Abgeordneten des dritten Standes:

Q … Wir sind die Vertreter von 24 Millionen Franzosen. Wir sind die einzigen und wahren Vertreter des ganzen französischen Volkes. Deshalb geben wir unserer Versammlung den Namen „Nationalversammlung". Wir werden Frankreich eine Verfassung geben, die allen Franzosen die gleichen Rechte garantiert. …

3 *Begründet, warum der dritte Stand das Recht für sich in Anspruch nahm, sich zur Nationalversammlung zu erklären.*

Der Schwur im Ballhaus

Als der König aus Empörung über das Vorgehen des dritten Standes den Sitzungssaal sperren ließ, versammelten sie sich in einer nahe gelegenen Sporthalle, dem so genannten Ballhaus. Hier schworen die Abgeordneten am 20. Juni 1789, sich nicht zu trennen, bis sie eine Verfassung für Frankreich verabschiedet hätten.

Als der König versuchte die Nationalversammlung aufzulösen, riefen die Abgeordneten ihm zu: Die „Versammelte Nation empfängt keine Befehle."

Von der Entschlossenheit des dritten Standes beeindruckt, gab der König nach. Am 27. Juni 1789 forderte er die anderen beiden Stände auf, sich der Nationalversammlung* anzuschließen. Damit war das Ende der alten Ständeversammlung gekommen.

5. Mai 1789:
Der König eröffnet die Sitzung der Generalstände in Versailles.

17. Juni 1789:
Die Versammlung der Vertreter des dritten Standes erklärt sich zur Nationalversammlung.

27. Juni 1789:
Der König empfiehlt den Vertretern der anderen beiden Stände den Anschluss an die Nationalversammlung.

Nationalversammlung*:
verfassunggebende Versammlung von Abgeordneten, die die ganze Nation repräsentiert.

Der dritte Stand erhebt sich

1 **Das Erwachen des dritten Standes.** Karikatur, 1789.

14. Juli 1789: *Eine große Menschenmenge stürmt in Paris die Bastille.*

Eine blau-weiß-rote ***Kokarde****, *das Abzeichen der Revolutionäre.*

Der Sturm auf die Bastille

Die Pariser Bevölkerung verfolgte die Ereignisse in Versailles voller Ungeduld. Hunger herrschte seit Wochen in der Stadt. Die ersten Hungertoten hatte man schon begraben müssen. Es kam der Verdacht auf, Adlige würden in großen Mengen Getreide aufkaufen, um den dritten Stand gefügig zu machen.

Alle Hoffnungen richteten sich daher auf die Abgeordneten der Nationalversammlung. Sie hatten gezeigt, dass sie sich für die Bevölkerung einsetzen wollten. Umso größer war die Wut der Bevölkerung, als sie erfuhr, dass der König Truppen um Paris zusammenzog, fast 20 000 Mann. Sie sollten, so hieß es, die Abgeordneten vertreiben. In ganz Paris ertönte daher der Schrei: „Zu den Waffen!" – Man brach die Läden der Waffenhändler auf. Alle Glocken läuteten Sturm. Stühle, Tische, Fässer, Pflastersteine wurden auf die Straße geworfen, um Barrikaden zu errichten.

Am 14. Juli 1789 versammelte sich die Menge vor der Bastille, dem verhassten Stadtgefängnis. Man forderte den Kommandanten zur Übergabe auf. Er lehnte ab und ließ sofort das Feuer eröffnen; mehr als 100 Menschen wurden getötet. Die Belagerer schleppten daraufhin Kanonen herbei. Als sich die Verteidiger ergeben wollten, wurden der Kommandant und einige Soldaten ermordet. Seinen Kopf spießte man auf eine Stange und trug ihn im Triumphzug durch die Stadt. Politische Gefangene fand man in den Kerkern jedoch nicht.

Ludwig XVI. zog daraufhin die Truppen vollständig aus der Umgebung ab. Am 17. Juli kam er selbst nach Paris. Im Rathaus heftete er sich das Abzeichen der Revolutionäre an, die blau-weiß-rote Kokarde*. Blau und Rot waren die Farben der Stadt Paris, Weiß die Farbe des Königshauses. Dies – so versicherte der König – sei ein Zeichen für den ewigen Bund zwischen ihm und seinem Volk.

1 *Lest nochmals nach, was der König bis jetzt gesagt oder angeordnet hatte. – Wie schätzt ihr seine Aussage von einem ewigen Bund zwischen ihm und dem Volk ein?*

2 *Stellt euch vor, ihr wärt damals Reporter gewesen. Verfasst einen kurzen Zeitungsbericht, in dem ihr die Stimmung in der Bevölkerung beschreibt.*

Die Revolution ergreift das Land

Die Nachricht von der Erstürmung der Bastille verbreitete sich wie ein Lauffeuer in ganz Frankreich. Sie löste vor allem bei den Bauern große Freude aus. Seit Monaten hatten sie auf die Beantwortung ihrer Beschwer-

„Der König nach Paris!"

2 Tausende von Frauen ziehen von Paris nach Versailles. Sie fordern vom König Brot und die Unterschrift unter die Beschlüsse der Nationalversammlung. 5. Oktober 1789. Zeichnung eines Unbekannten.

dehefte gewartet. Nichts war geschehen. Die Erstürmung der Bastille war für sie das Zeichen, jetzt ebenfalls selbst zu handeln. Die Bauern verweigerten die weitere Zahlung von Abgaben und Steuern. Sie bewaffneten sich mit Sensen, Dreschflegeln, Mistgabeln und Jagdgewehren, drangen gewaltsam in die Schlösser ihrer Grundherren ein und verbrannten alle Urkunden, in denen von Leibeigenschaft, Abgaben und Frondiensten die Rede war.

Die Nationalversammlung beschloss in einer stürmischen Nachtsitzung vom 4. auf den 5. August 1789:

Q ... 1. Die Leibeigenschaft wird abgeschafft.
2. Die Gerichtsbarkeit des Grundherrn wird beseitigt.
3. Die Sonderrechte für die Jagd, Taubenschläge und Gehege werden aufgehoben.
4. Der Zehnte und andere Rechte des Herren können in Geld entrichtet oder durch Geldzahlungen abgelöst werden.
5. Mit Beginn des Jahres 1789 sind alle Bürger gleich steuerpflichtig. ...

Daraufhin beruhigte sich zunächst die Lage auf dem Land.

3 *Erklärt die Behauptung: Die Beschlüsse dieser Sitzung waren die Sterbeurkunde für die alte Gesellschaftsordnung.*

Die Nationalversammlung forderte den König auf, ihre Beschlüsse zu unterschreiben. Ludwig XVI. weigerte sich mit der Bemerkung: „Nie werde ich einwilligen, meine Geistlichen und meinen Adel zu berauben." Gleichzeitig zog er wieder Truppen in der Nähe von Versailles zusammen. Die Empörung hierüber war bei der Pariser Bevölkerung grenzenlos. Hinzu kamen Wut und Enttäuschung darüber, dass sich die Versorgung mit Brot noch immer nicht gebessert hatte.

Der König: Freund oder Feind der Revolution?

Am Morgen des 5. Oktober 1789 versammelten sich zahlreiche Frauen vor dem Rathaus von Paris. Wieder einmal gab es kein Brot. Spontan beschlossen sie nach Versailles zu ziehen. Über 7000 Frauen waren es schließlich, die sich auf den Weg machten: Brot und Unterschrift des Königs – so lauteten ihre Forderungen. Am Abend erreichten sie Versailles, am folgenden Morgen drangen sie in das Schloss ein. Immer lauter wurden die Rufe: „Der König nach Paris!" Ludwig XVI. gab nach. Abends trafen die Massen mit dem König in Paris ein. Man rief: „Wir bringen den Bäcker*, die Bäckerin und den kleinen Bäckerjungen." Dies war der letzte Tag des Königs im Schloss Versailles, dem Zentrum des französischen Absolutismus. Er unterschrieb die Beschlüsse der Nationalversammlung.

4 *Welche Hoffnungen drücken sich in dem Ruf aus: „Wir bringen den Bäcker!"?*

5 *Erklärt, warum gerade so viele Frauen an dem Marsch nach Versailles teilnahmen.*

4./5. August 1789: *Die Nationalversammlung beschließt die Abschaffung der Leibeigenschaft und die Aufhebung aller Privilegien.*

Bäcker*: *Das Volk von Paris gab dem König den Spitznamen „der Bäcker", der Königin Marie Antoinette, einer Tochter Maria Theresias, den Spitznamen „die Bäckerin", weil diese auf den Hinweis, dass es in Paris kein Brot mehr zu essen gibt, gesagt haben soll: „Dann sollen die Leute doch Kuchen essen."*

„Freiheit, Gleichheit und Brüderlichkeit"

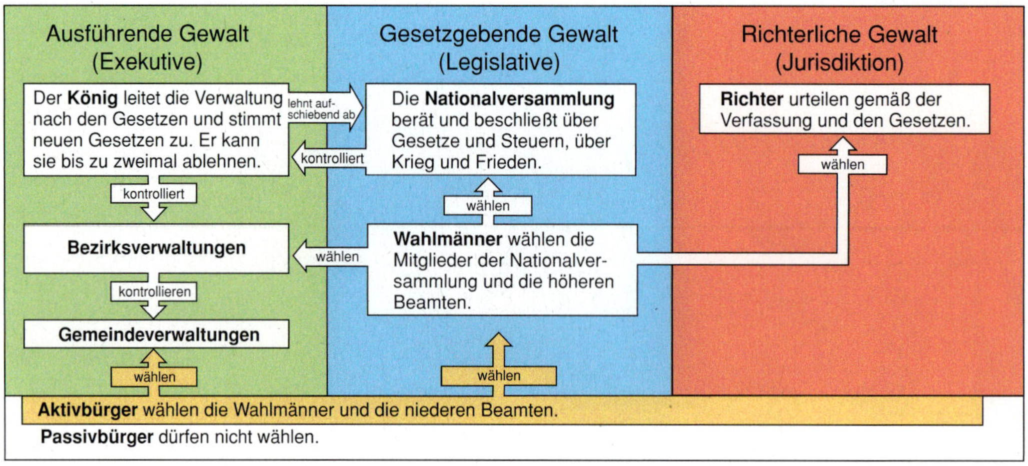

1 **Der Staatsaufbau Frankreichs nach der Verfassung von 1791.**

Die Erklärung der Menschen- und Bürgerrechte

Drei Wochen nach der Aufhebung der Vorrechte des Adels verkündete die Nationalversammlung die Menschen- und Bürgerrechte. Freiheit (liberté), Gleichheit (égalité) und Brüderlichkeit (fraternité) sollten die Grundlage für die neue Verfassung und für eine neue Form des Zusammenlebens bilden. Am 26. August 1789 wurden die Menschen- und Bürgerrechte in Frankreich bekannt gegeben:

26. August 1789: Erklärung der Menschen- und Bürgerrechte.

Q1 … Die Menschen werden frei und gleich an Rechten geboren und bleiben es.
2. … Diese Rechte sind: Freiheit, Eigentum, Sicherheit und Widerstand gegen Unterdrückung.
3. Der Ursprung jeder Herrschaft liegt beim Volk. …
4. Die Freiheit besteht darin, alles tun zu können, was einem anderen nicht schadet.
6. Alle Bürger haben das Recht, an der Gestaltung der Gesetze persönlich oder durch ihre Vertreter mitzuwirken.
10. Niemand darf wegen seiner Ansichten oder Religion bestraft werden. …
11. Die freie Mitteilung der Gedanken und Ansichten ist eines der kostbarsten Menschenrechte. Daher kann jeder Bürger frei sprechen, schreiben, drucken. …

1 *Stellt den genannten Rechten gegenüber, gegen welche vorherigen Zustände sie sich wendeten.*

2 *Überlegt, welche Rechte bereits für euch als Schüler wichtig sein könnten.*

Die Macht des Königs wird eingeschränkt

Im Jahr 1791 wurde endlich auch die neue Verfassung verkündet. Der Titel für Ludwig XVI. lautete jetzt: „Durch Gottes Gnade und die Verfassungsgesetze König der Franzosen". Damit löste die konstitutionelle, das heißt an die Verfassung gebundene Monarchie* die absolute Monarchie ab. Zu den Wahlen zugelassen wurden die so genannten Aktivbürger. Das waren etwa vier Millionen Franzosen, die über ein bestimmtes Mindesteinkommen verfügten. Etwa drei Millionen Bürger wurden dadurch vom Wahlrecht ausgeschlossen. Diese Einschränkung des Wahlrechts führte zu heftigen Auseinandersetzungen. In einem Zeitungsartikel hieß es:

Konstitutionelle Monarchie*: *Bezeichnung für eine Herrschaftsform, bei der die Macht des absoluten Königs durch eine Verfassung (= Konstitution) eingeschränkt wird.*

1791: *Die neue Verfassung wird verkündet. Frankreich wird eine konstitutionelle Monarchie.*

Q2 … Aber was meint ihr eigentlich mit dem so oft gebrauchten Wort „Aktivbürger"? Die aktiven Bürger, das sind die Eroberer der Bastille, das sind die, welche den Acker bestellen, während die Nichtstuer im Klerus und bei Hofe trotz ihrer Riesenbesitzungen weiter nichts sind als kümmerliche Pflanzen. …

3 *Beschreibt anhand von Schema 1, was sich mit der Verfassung von 1791 gegenüber der Zeit des Absolutismus verändert hat.*
4 *Diskutiert, welche Begründung es für das eingeschränkte Wahlrecht geben könnte.*

Werkstatt Geschichte: Auch Kinder haben Rechte

Welche Rechte sind euch am wichtigsten?

1 *Ordnet die Zahlen den Buchstaben zu.*

2 *Jeder Schüler und jede Schülerin gibt den fünf Rechten, die für ihn/sie am wichtigsten sind, je einen Punkt. Sammelt das Ergebnis an der Tafel und erstellt für eure Klasse eine Hitliste der Rechte.*

3 *Stellt mithilfe der Abbildungen auf dieser Seite (Spiel-)Karten her. Mischt die Karten gut durch und verteilt die verschiedenen Rechte untereinander.*

4 *Nun soll jeder für das Recht, das ihm zugefallen ist, eine kleine Rede halten. Eine Sprecherin oder ein Sprecher der Gegenseite versucht diese Argumente zu widerlegen.*

1. Recht auf Nahrung
2. Recht auf Gleichberechtigung von Mann und Frau
3. Recht auf gesunde Umwelt
4. Recht auf Frieden
5. Recht auf Liebe
6. Recht auf Anerkennung
7. Recht auf Freiheit
8. Recht auf Wahlen
9. Recht auf medizinische Betreuung
10. Recht auf Demonstrationsfreiheit
11. Recht auf Religionsfreiheit
12. Recht auf Arbeit
13. Recht auf Gleichheit vor Gericht
14. Recht auf Meinungsfreiheit
15. Recht auf Bildung
16. Recht auf Asyl als Flüchtling
17. Recht auf gleichen Lohn für gleiche Arbeit

E =

C =

O =

N =

B =

K =

P =

G =

Q =

A =

F =

M =

I =

D =

H =

J =

L =

Frankreich wird Republik

1 **Die Verhaftung König Ludwigs XVI. auf der Flucht 1791.** Zeitgenössischer farbiger Stich eines Unbekannten.

Republik
(lat. res publica = die öffentliche Sache): Begriff für eine Staatsform mit einer gewählten Regierung, in der das Volk oder ein Teil des Volkes die Macht ausübt.

Die königliche Familie auf der Flucht

Am 20. Juni 1791 um Mitternacht floh der König, als Kammerdiener verkleidet, zusammen mit seiner Familie heimlich aus Paris. Sein Ziel war die deutsche Grenze. Vor ihm waren schon mehr als 40000 Adlige ins Ausland geflohen, die meisten nach Deutschland. Sie wollten sich nicht damit abfinden, keine Vorrechte mehr zu haben. Vom Ausland aus bereiteten sie den Kampf gegen die Revolution vor. Mit den geflohenen Adligen wollte sich der König verbünden. Sein Ziel war es, mit einer Armee nach Paris zurückzukehren, um die absolute Macht wieder an sich zu reißen. Nur einen Tag später konnte man in Paris auf Plakaten lesen:

Q1 … Mitteilung an die Bürger, dass ein fettes Schwein aus den Tuilerien entflohen ist. Wer ihm begegnet, wird gebeten, es in seinen Stall zurückzubringen. Eine angemessene Belohnung wird er dafür erhalten. …

Eine Pariser Zeitung schrieb am gleichen Tag:

Q2 … Volk, da hast du die Treue, die Ehre und die Religion der Könige. Misstraue ihren Eiden! In der letzten Nacht hat Ludwig XVI. die Flucht ergriffen. … Der absolute Machthunger, der seine Seele beherrscht, wird ihn bald zu einem wilden Mörder machen. Bald wird er im Blute seiner Mitbürger waten, die sich weigern, sich unter sein tyrannisches Joch zu beugen. …

Noch am gleichen Abend wurde der König auf der Flucht erkannt und gezwungen nach Paris zurückzukehren. Als er am 25. Juni 1791 wieder in Paris eintraf, war es totenstill. Schweigend standen die Soldaten rechts und links der Straße, die Gewehre nach unten gekehrt.

1 *Beschreibt die Vorgänge auf der Abbildung 1. Achtet auch auf die Haltung und den Gesichtsausdruck des Königs und der übrigen Personen.*

2 *Beschreibt die Gefühle und Stimmungen, die in den Quellen 1 und 2 ausgedrückt werden. Was wird dem König vorgeworfen?*

22. April 1792:
Die französische Nationalversammlung erklärt den verbündeten europäischen Mächten den Krieg.

Die Revolution in Gefahr

Die Gefahr für die Französische Revolution war mit der Rückkehr des Königs aber noch nicht beseitigt. Die übrigen europäischen Herrscher fürchteten nämlich, dass die Revolution auch auf ihre Länder übergreifen könne. Preußen und Österreich schlossen ein Militärbündnis gegen die Revolution. Um ihren Gegnern zuvorzukommen, erklärte die Nationalversammlung am 22. April 1792 den verbündeten europäischen Mächten den Krieg. Die französischen Soldaten zogen mit großer Begeisterung in diesen Krieg, aber sie waren

Europäische Fürsten bedrohen Frankreich

2 **Auszug der Freiwilligen aus Paris 1792.** Man singt die Marseillaise. Gemälde von Edouard Detaille, 1907.

schlecht ausgebildet. Es kam zu Niederlagen. Die gegnerischen Truppen drangen in Frankreich ein.
Nun suchte man nach Schuldigen.
Angeblich hatte die Königin den feindlichen Generälen den französischen Feldzugsplan zugespielt. Außerdem erklärte der gegnerische Oberkommandierende, dass er nur deshalb Krieg führe, um dem König wieder zu seinen Rechten zu verhelfen. Die Wut des Volkes gegen den König als einen Feind der Revolution kannte jetzt keine Grenzen mehr. Im August 1792 stürmte die Menge das Schloss. Der König floh in die Nationalversammlung. Hier wurde er für abgesetzt erklärt und verhaftet.

„Ludwig muss sterben, weil das Vaterland leben muss"

Noch am gleichen Tag wurden Neuwahlen ausgeschrieben. Bei dieser Wahl sollten jetzt alle Bürger stimmberechtigt sein. Nur einen Monat später, im September 1792, trat die neue Nationalversammlung zusammen. Sie bezeichnete sich jetzt als Nationalkonvent.
Den größten Einfluss in diesem Konvent hatte eine Gruppe besonders radikaler Abgeordneter, die Jakobiner*. Einer ihrer mächtigsten Männer war Robespierre. Er wollte die Revolution mithilfe von Terror endgültig durchsetzen. Schon in seiner ersten Sitzung am 21. September verkündete der Nationalkonvent das Ende der Monarchie und erklärte Frankreich zur Republik. Im Dezember befasste sich der Konvent mit dem Schicksal des Königs. Robespierre hielt eine leidenschaftliche Rede:

Q3 … Was mich angeht, so verabscheue ich die Todesstrafe, und für Ludwig habe ich weder Hass noch Liebe, nur seine Missetaten verabscheue ich. Aber ein König, dessen Name allein schon für unsere Nation den Krieg bedeutet, stellt für das öffentliche Wohl eine Gefahr dar. Mit Schmerz spreche ich die verhängnisvolle Wahrheit aus: Es ist besser, dass Ludwig stirbt, als dass 100 000 tugendhafte Bürger umkommen: Ludwig muss sterben, weil das Vaterland leben muss. …

Am 17. Januar wurde mit 387 zu 334 Stimmen das Todesurteil gefällt. Vier Tage später wurde Ludwig hingerichtet. Frankreich stand nun als Republik im Krieg gegen die europäischen Monarchien.

3 *Sammelt Argumente für und gegen die Verurteilung des Königs.*

4 *Nehmt Stellung zu Quelle 3 und tauscht eure Meinung darüber aus.*

Die erste Strophe der Marseillaise
Voran, Kinder des Vaterlandes! / Der Tag des Ruhmes ist da! / Trotzen wir der Tyrannei, / da sich das blutige Banner erhebt. / Hört ihr im Lande / die blutgierigen Söldner schnauben? / Sie sind greifbar nahe / und schlachten unsere Söhne und Frauen! / Zu den Waffen! Bürger, schließt die Reihen! / Marschieren wir, damit ihr unreines Blut unseren Boden tränkt!
(1792)

Jakobiner*:
ein politischer Klub während der Französischen Revolution, dessen Mitglieder sich erstmals in dem ehemaligen Pariser Kloster St. Jacob trafen. Nach der Abspaltung der gemäßigten Gruppe der Girondisten wurde der Name nur noch für radikale Republikaner verwandt.

21. Januar 1793:
Hinrichtung Ludwigs XVI. Frankreich wird Republik.

Die Schreckensherrschaft

1793:
Mit der Einrichtung der Revolutionsgerichte und dem „Gesetz über die Verdächtigen" beginnt die „Schreckensherrschaft", eine Zeit des Terrors und der Willkür.

1 **„Hier ruht ganz Frankreich". Robespierre richtet als letzter Überlebender den Henker hin.** Flugblatt, 1793.

Sansculotten*
(franz. = ohne Kniehosen): Bezeichnung für Pariser Revolutionäre, die aus den Unterschichten stammten. Sie trugen lange Hosen, um sich auch in der Kleidung vom Adel zu distanzieren.

Der Terror beginnt: „Wer nicht für uns ist, der ist gegen uns"

Der König hingerichtet, die französischen Truppen auf der Flucht vor feindlichen Heeren und immer wieder Hungersnöte – Frankreich kam nicht zur Ruhe. Viele Menschen wandten sich daher von der Revolution und den Revolutionären ab. In einem Brief aus dieser Zeit heißt es:

Q1 … Es wird aufgerufen, sich freiwillig zur Armee gegen die Preußen zu melden. Tausende tun das. Bald werden die ersten 40 000 Mann abmarschieren. Sie sind voller Begeisterung. Aber sie fragen sich: „Was wird geschehen, wenn wir weg sind?" Es gibt Tausende von Gegnern der Revolution in Paris. Werden diese Gegner nicht unsere Abwesenheit benutzen, um unsere Frauen und Kinder zu ermorden? …

Eine demokratische Verfassung wurde ausgearbeitet, aber nicht in Kraft gesetzt.
Um die Schwierigkeiten zu lösen, übertrug der Nationalkonvent die Macht auf zwei Ausschüsse:

- Die Mitglieder des Wohlfahrtsausschusses waren zuständig für die Versorgung der Bevölkerung, die Errichtung von Rüstungsbetrieben, für das Militär und die Polizei.
  Vorsitzender dieses Ausschusses wurde Robespierre, der gegenüber den wahren oder auch nur angeblichen Gegnern der Republik keine Gnade kannte.
- Der Sicherheitsausschuss hatte die Aufgabe, „Feinde der öffentlichen Ordnung" aufzuspüren und verhaften zu lassen.

Beide Ausschüsse wurden von den Jakobinern beherrscht. Unterstützung fanden sie vor allem bei den Kleinbürgern, die man auch als Sansculotten* bezeichnete.
Einige unbedachte Äußerungen genügten bereits, um als Feind der Republik zu gelten. Am 11. Oktober 1793 erließ der Sicherheitsausschuss folgende Bekanntmachung:

Q2 … Merkmale zur Kennzeichnung von Verdächtigen
1. Wer Versammlungen des Volkes durch hinterhältige Reden und Zwischenrufe stört.
2. Wer die Großpächter und habgierigen Händler bedauert, gegen die Maßnahmen ergriffen wurden.
3. Wer dauernd die Worte Freiheit, Republik und Vaterland im Munde führt, aber mit ehemaligen Adligen verkehrt und an ihrem Schicksal Anteil nimmt.
4. Wer die republikanische Verfassung mit Gleichgültigkeit aufgenommen hat. …

1 *Vergleicht diese Liste mit den Artikeln 10 und 11 in der Erklärung der Menschenrechte (vgl. S. 64).*

Vor dem Revolutionsgericht

Noch im gleichen Jahr wurde ein besonderes Revolutionsgericht gebildet, das die Feinde der Republik aburteilen sollte. Gegen seine Entscheidungen gab es keine Einspruchsmöglichkeiten. In einem zeitgenössischen Bericht heißt es:

Die Revolution frisst ihre Kinder

2 **Verhör vor dem Revolutionsgericht.** Zeitgenössische Darstellung, 1792.

Q3 … Verhöre und Verteidigungen gibt es nicht mehr. Zeugen werden keine vernommen. Wer im Gefängnis sitzt, ist bereits zum Tode verurteilt.
Der öffentliche Ankläger kommt kaum mehr zur Ruhe. In einem Raum neben seinem Büro wirft er sich nachts für einige Stunden auf die Pritsche, um dann aufgeschreckt wieder an den Schreibtisch zu wanken. … Es gibt Verhandlungen, wo 100 oder 150 Angeklagte schon vor der Verhandlung als schuldig in die Listen eingetragen wurden. … Der eine Richter vertreibt sich die Zeit damit, Karikaturen der Angeklagten zu zeichnen, andere sind oft betrunken. …

Ein Mitglied des Wohlfahrtsausschusses erklärte später: „Wir wollten nicht töten, um zu töten. Wir wollten unsere Vorstellungen um jeden Preis durchsetzen."
Ungefähr 500 000 Menschen wurden verhaftet, etwa 40 000 hingerichtet, darunter auch Kinder von zehn bis zwölf Jahren.

2 *Erklärt, welche Kritik die Abbildungen 1 und 2 an dem Vorgehen der Jakobiner und an dem Revolutionsgericht zum Ausdruck bringen.*

3 *Diskutiert, warum eine Einspruchsmöglichkeit gegen Gerichtsurteile notwendig ist.*

Der Erfolg der Revolutionstruppen und das Ende des Terrors

Durch die Einführung der allgemeinen Wehrpflicht im Jahr 1793 war die Stärke der französischen Truppen auf über 900 000 Soldaten angewachsen. Damit waren sie ihren Gegnern zahlenmäßig überlegen, die sie im Jahr 1794 endgültig aus Frankreich vertreiben konnten. Die Revolution schien gerettet. Die Mehrzahl der Abgeordneten im Nationalkonvent sah jetzt in der Fortführung der Schreckensherrschaft keinen Sinn mehr. Am 27. Juli 1794 ließen sie Robespierre verhaften und bereits am nächsten Tag hinrichten.
Nur ein Jahr später – im Jahr 1795 – beschloss der Nationalkonvent die dritte Verfassung der Revolution. Als Erstes wurde die Gewaltenteilung wieder eingeführt. Außerdem erhielten die Bürger mit höherem Einkommen auch wieder größere Rechte bei den Wahlen. Die eigentlichen Regierungsgeschäfte wurden einem Direktorium von fünf Konventsmitgliedern übertragen. Den wirtschaftlichen Verfall konnte aber auch diese Regierung nicht aufhalten. Das Direktorium wurde daher bei der Bevölkerung immer unbeliebter. Schließlich konnte die allgemeine Ordnung nur noch mithilfe des Militärs aufrechterhalten werden.

4 *Erklärt, warum das Direktorium als Erstes wieder die Gewaltenteilung einführte.*

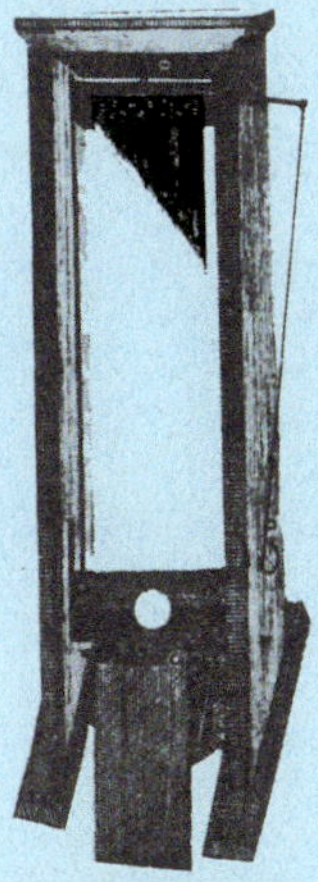

*Die **Guillotine**, von Dr. Louis erfunden und von Dr. Guillotin für den Vollzug der Todesstrafe vorgeschlagen, erlangte während der Schreckensherrschaft traurige Berühmtheit. An einem Tag wurden einmal 54 Enthauptungen in 28 Minuten durchgeführt.*

Werkstatt Geschichte: Der Tod eines Königs

1 Paris, 21. 1. 1793. Die Hinrichtung des französischen Königs Ludwigs XVI. Die Rekonstruktionszeichnung enthält 20 Fehler bzw. Gegenstände, die erst später entstanden oder erfunden wurden.

Auf Fehlerjagd
Am 21. 1. 1793 wurde der französische König von den Revolutionären in Paris hingerichtet.
Unser Zeichner hat dieses Ereignis festgehalten (Abb. 1).
Doch ist er kein Experte für Geschichte. Daher sind ihm einige Fehler unterlaufen, die ihr nun – als Reisende durch die Geschichte – aufspüren sollt. Es geht um insgesamt 20 zeitverschobene Gegenstände, die erst nach 1793 erfunden wurden, die also nicht in das Bild und die Zeit passen.

So findet ihr die Fehler
1 *Lest den Text „Paris, 21. 1. 1793".*
2 *Sucht auf der Abbildung 1 die 20 zeitverschobenen Gegenstände und löst das Silbenrätsel.*
3 *Vergleicht eure Lösung mit der Lösung im Anhang (S. 257).*
Hier findet ihr auch weitere Informationen zur Geschichte der zeitverschobenen Gegenstände.

Paris, 21. Januar 1793
Reisender, du befindest dich in Paris an einem kalten Januarmorgen des Jahres 1793. In Kürze wird eine Hinrichtung stattfinden. In dem dunstigen Morgenlicht erscheint das Gesicht des Verurteilten unter der Guillotine besonders blass. Er öffnet den Mund zum Sprechen. Doch sofort beginnt jeder Trommler auf dem Platz laut loszutrommeln, sodass die letzten Worte des Königs untergehen. Der Lärm ist ohrenbetäubend. Aber selbst wenn die Menge die Rede hören könnte, würde sie kaum eine Rettung versuchen. Dafür ist es längst zu spät.

Werkstatt Geschichte: Der Tod eines Königs

Seit beinahe vier Jahren gibt es in Frankreich eine Revolution. Das Land hatte früher unter der Herrschaft des Königs und der reichen Adligen gestöhnt, die im Luxus lebten, während die meisten Menschen des Volkes unter bitterer Armut litten. Als der König daranging, die Steuern zu erhöhen, um seine Kriege im Ausland zu finanzieren, revoltierte das Volk. Einer der ersten Akte des Aufruhrs war der Sturm auf das Bastille-Gefängnis im Jahr 1789, der zum Ausbruch der Französischen Revolution führte.

Die imposanten Gebäude rundum sind mit Brettern vernagelt und diejenigen Reichen, die sich in Sicherheit bringen konnten, halten sich hinter verschlossenen Türen verborgen. Es ist nicht der Reichtum an sich, der den Zorn und Hass der Revolutionäre aufgestachelt hat, sondern die Tatsache, dass das Wohlleben der wenigen Reichen mit dem Elend der vielen erkauft wird. Die rund um den Platz wehenden Fahnen werden dir bekannt vorkommen. Die Revolutionäre zeigen ihre Unterstützung für die Sache durch das Tragen roter Kappen mit einer blauweißen Rosette. Die blau-weiß-rote Fahne ist noch

heute die Nationalflagge Frankreichs, genannt die Trikolore.

Unter dem Dröhnen der Trommeln wartet die berühmte Guillotine auf ihr königliches Opfer. Auch die Welt wartet. Zwar gibt es Rundfunk und Fernsehen noch nicht, doch die Zeitungen sind zu einem wichtigen Mittel für die schnelle Verbreitung von Nachrichten geworden. Diese Nachrichten verstärken das bereits vorhandene Gefühl in der ganzen westlichen Welt, dass die einfachen Menschen und nicht nur die Reichen und Mächtigen das Recht haben, über ihre Regierung und ihr Leben zu entscheiden. Die Revolutionäre um dich herum verleihen ihrem Glauben Ausdruck mit dem Ruf nach „Freiheit, Gleichheit, Brüderlichkeit".

In wenigen Sekunden wird die Nachricht vom Tod des Königs aus Paris bis in die entferntesten Winkel Europas und der weiteren Welt hinausdringen. Jedenfalls so schnell, wie ein Reiter auf einem guten Pferd sie tragen kann. Täglich werden große wissenschaftliche Entdeckungen gemacht, doch für die merkwürdigen Funken mit dem Namen Elektrizität ist noch keine nützliche Verwendung gefunden. Und auch die Revolutionierung von Industrie und Verkehr durch die kürzlich erfundene Dampfmaschine steht noch bevor.

Weitere Fehlerrätsel findet ihr in dem Buch von Nicola Baxter und Mike Taylor: Auf Fehlerjagd quer durch die Geschichte. Christians-Verlag, München.

Silbenrätsel

alarm - an - an - ball - band - band - base - ben - bur - chen - cher - de - fern - fla - ham - ge - ge - ge - ge - ge - gel - gen - ger - häu - hoch - hun - il - ka - ka - ke - kehrs - kehrs - ket - kran - la - la - laut - leit - lei - lus - ma - me - mi - meln - mos - müt - ne - nen - ni - nis - park - pla - ra - rät - rock - sche - schi - seh - ser - spre - sprech - steel - te - te - ter - ther - ton - trier - trom - uhr - ver - ver - wehr - ze - zei - zin

Kopiert diese Seite. Aus den Silben könnt ihr dann die Begriffe herausfinden, die die 20 zeitverschobenen Gegenstände bezeichnen.

Frauen fordern Rechte

1 Sitzung eines Frauenclubs. Gouache von B. Lesueur aus der Revolutionszeit.

Frauen in der Revolution
Die politische und rechtliche Stellung der Frauen verbesserte sich auch zu Beginn der Französischen Revolution nicht.
Beim Sturm auf die Bastille (vgl. S. 62) waren sie noch im Hintergrund geblieben, wenngleich zeitgenössische Beobachter vereinzelt schon von aktivem Eingreifen von Frauen berichten.
Der 5. Oktober 1789 zeigte ihre aktive Rolle in der Anfangsphase der Revolution dann ganz deutlich: Tausende Frauen zogen nach Versailles um den König nach Paris zu holen (vgl. S. 63).

Frauen fordern politische Mitbestimmung
Seit 1789 wurden in vielen Städten Frauenclubs gegründet. Der Frauenclub in Dijon setzte sich aktiv für politische Rechte der Frauen ein. Als der Chefredakteur Prudhomme diesen Club in seiner Zeitung angriff, antworteten die Dijoner Republikanerinnen (10. Februar 1793):

Q1 … Bürger Prudhomme, was erwartet Ihr eigentlich für einen Gewinn für die Republik aus Eurer Kritik? … Ihr richtet sie im Wesentlichen gegen die Frauen aus Lyon und Dijon. … Von allen Staatsformen ist die Republik diejenige, die der Natur am nächsten ist. Und weil in dieser Staatsform jedes Individuum ein. … Bestandteil des Ganzen ist, muss es also zum Wohl der Republik beitragen. Daraus folgt zwangsläufig, dass die Frauen, die Teil der Gesellschaft sind, alles in ihrer Macht Stehende für die Gesellschaft tun müssen. … Um dies auf vorteilhafte und sichere Art und Weise zu erreichen, hieß es sich zusammenzuschließen, denn was können schon die voneinander isolierten Individuen erreichen? … In ihren Versammlungen konnte der Wetteifer, Gutes zu tun, aufkommen und sich verbreiten …; wieder ist es diese Gesellschaft von Bürgerinnen, die eine Hilfswerkstatt eingerichtet hat, wo seit 15 Monaten 300 arbeitslose Frauen weben. … Euch zufolge … scheint es unnütz, dass Frauen lesen können. … Wollt Ihr die Frauen also in einem Zustand der Naivität … halten? … Seid also gerecht, Männer, die Ihr von Aufklärung nur so strotzt, und verurteilt nicht die Frauen, wenn sie an Euren Rechten teilhaben. …
Blandin-Demoulin, Präsidentin der Gesellschaft der Freundinnen der Republik … Dijon.

Die Unterdrückung der Frauenbewegung
Gegen die Forderung von Frauen nach Mitwirkung in der Politik wandten sich 1793 zahlreiche Abgeordnete der Nationalversammlung. Durch Gesetz wurden Clubs und Vereine von Frauen verboten. Politisch aktive Frauen wurden verfolgt und hingerichtet.

1 *Führt ein Streitgespräch zwischen einer Dijoner Republikanerin und einem Abgeordneten, der die Beteiligung von Frauen in der Politik ablehnt.*

Frauen fordern Rechte

2 **Olympe de Gouges.** Zeitgenössische Darstellung.

Olympe de Gouges – Kämpferin für die Rechte der Frauen

Olympe de Gouges (1748–1793) verbrachte ihre Jugendjahre als uneheliches Kind einer Handwerkerstochter und eines Adligen in Montauban in Südwestfrankreich. Sie wurde mit 16 Jahren zwangsverheiratet. Der verhasste Mann starb bald. Olympe übersiedelte nach Paris, wo sie als allein stehende Frau mit Kind lebte. Sie betätigte sich schriftstellerisch, verfasste politische Schriften und kommentierte die Tagespolitik. Mit dem beginnenden Terror der Revolutionsdiktatur (vgl. S. 68/69) kritisierte sie den gewaltsamen Fortgang der Revolution immer schärfer. Deswegen wurde sie schließlich wie viele andere Männer und Frauen angeklagt, zum Tode verurteilt und am 3. November 1793 hingerichtet. Ihre bekannteste Schrift ist die „Erklärung der Rechte der Frau und der Bürgerin" von 1791:

Q2 *Artikel I*

Die Frau ist frei geboren und bleibt dem Manne gleich an Rechten. Die sozialen Unterschiede dürfen allein im Gemeinwohl begründet sein.

Artikel II

Ziel und Zweck jedes politischen Zusammenschlusses ist der Schutz der natürlichen und unveräußerlichen Rechte sowohl der Frau als auch des Mannes. Diese Rechte sind: Freiheit, das Recht auf Eigentum, Sicherheit und besonders das Recht auf Widerstand gegen Unterdrückung. …

Artikel VI

Das Gesetz soll Ausdruck des allgemeinen Willens sein. Alle Bürgerinnen und Bürger sollen persönlich oder durch ihre Vertreter an seiner Gestaltung mitwirken. Es muss für alle gleich sein. …

Artikel X

Niemand darf wegen seiner Meinung, auch wenn sie grundsätzlicher Art ist, verfolgt werden. Die Frau hat das Recht das Schafott* zu besteigen. Sie muss gleichermaßen das Recht haben die Rednertribüne zu besteigen. …

Artikel XI

Die freie Gedanken- und Meinungsäußerung ist eines der kostbarsten Rechte der Frau, denn diese Freiheit ermöglicht das offene Bekenntnis zur Vaterschaft an ihren Kindern. …

Artikel XVI

Eine Gesellschaft, in der die Garantie der Rechte nicht gesichert und die Trennung der Gewalten nicht festgelegt ist, hat keine Verfassung. …

Artikel XVII

Das Eigentum gehört beiden Geschlechtern, seien sie vereint oder getrennt. …

Schafott*: *ein Gerüst für Hinrichtungen.*

2 *Vergleicht die Quelle mit den Bestimmungen aus den Menschen- und Bürgerrechten in der Quelle auf Seite 64. Was ist ähnlich, wo liegen Unterschiede?*

3 *Überprüft, ob man die Menschen- und Bürgerrechte auf Seite 64 als „Männerrechte" bezeichnen kann. Zieht dazu eure Ergebnisse aus Arbeitsauftrag 2 heran.*

Der Aufstieg Napoleons

Hahn? Elefant? Löwe? Die Wahl des Wappentiers für das Kaiserreich war Anlass für eine heftige Diskussion im Staatsrat. Im letzten Augenblick wählte Napoleon den Adler, der an das Wappen Karls des Großen und an die Feldzeichen der Römer erinnerte.

1799–1814: Napoleon herrscht – zunächst als Konsul, seit 1804 als Kaiser – über Frankreich.

1 **Napoleon Bonaparte als Erster Konsul im Jahr 1799.** Gemälde von Antoine Jean Gros.

Napoleon: Vom unbekannten Offizier zum Kaiser der Franzosen

Nach dem Sturz Robespierres kehrte in Frankreich wieder Ruhe ein. Die Bevölkerung war allmählich der ständigen politischen Auseinandersetzungen überdrüssig. Man wollte lieber dem gewohnten Alltagsleben nachgehen. Voller Erstaunen schrieb ein junger Mann aus Korsika, der sich zu dieser Zeit in Paris aufhielt, an seinen Bruder:

Q1 … Man lebt hier ziemlich ruhig. Im Theater wird ein wenig Lärm um die Melodien gemacht, die nach der Marseillaise klingen. Die Jugend scheint dieses Lied nicht zu wollen. Dieses Volk gibt sich dem Vergnügen hin: Tänze, Theaterstücke, Frauen, die hier die schönsten der Welt sind, werden zur Hauptsache. Wohlhabenheit, Luxus, guter Umgangston, alles ist zurückgekehrt. An die Schreckensherrschaft erinnert man sich nur wie an einen Traum. Was mich angeht, so bin ich zufrieden; mir fehlt nur der Kampf. …

Der junge Mann hieß Napoléon Bonaparte. Er wurde am 15. August 1769 auf Korsika geboren. Im Alter von 9 Jahren wurde er auf eine Schule nach Frankreich geschickt. Da er nur schlecht Französisch sprach, galt er unter seinen Mitschülern nicht viel. Mit 15 Jahren besuchte er die Pariser Militärschule. Aufgrund seiner hervorragenden Kenntnisse schloss er bereits nach einem Jahr die Ausbildung ab und wurde – noch 16-jährig – zum Offizier ernannt.

Napoleon schloss sich von Anfang an den Revolutionären an. In den Kriegen führte er seine Soldaten durch Geschick und persönlichen Mut von Sieg zu Sieg. Schnell wurde er zum General befördert.

Im Jahr 1796 erhielt er die Führung über eine Armee, die in Oberitalien gegen die Österreicher kämpfen sollte. Wiederum hatte er Erfolg. Die Soldaten waren von ihm restlos begeistert und verehrten ihn.

Voller Selbstbewusstsein erklärte Napoleon 1797 einem Diplomaten:

Q2 … Glauben Sie vielleicht, dass ich eine Republik begründen will? Welcher Gedanke! Das ist eine Wahnvorstellung, in die die Franzosen vernarrt sind, die aber auch wie so manches andere vergehen wird. Was die Franzosen brauchen, das ist Ruhm, die Befriedigung ihrer Eitelkeiten; aber von Freiheit, davon verstehen sie nichts. Das Volk braucht einen Führer, einen durch Ruhm und Siege verherrlichten Führer, und keine Theorien übers Regieren, keine Phrasen und Reden der Ideologen.

Der Frieden liegt nicht in meinem Interesse. Sie sehen ja, was ich jetzt in Italien bin. Ist der Friede geschlossen und ich stehe nicht mehr an der Spitze des Heeres, so muss ich auf die Macht und auf die hohe Stellung, die ich erworben habe, verzichten.

Ich möchte Italien nur verlassen, um in Frankreich eine ebensolche Rolle zu spielen, wie sie mir hier zufällt. Dieser Augenblick ist aber noch nicht gekommen.

1 *Gebt mit eigenen Worten wieder, welches Ziel Napoleon anstrebte.*

2 *Napoleon sagte: Das Volk braucht einen Führer. Was meint ihr dazu?*

General Bonaparte beendet die Revolution

2 Die Kaiserkrönung Napoleons. Napoleon krönt seine Frau, nachdem er sich selbst zum Kaiser gekrönt hatte. Gemälde von Jacques-Louis David, 1804.

Kaisertum
Nachdem Napoleon Kaiser war, führte er ein königliches Hofzeremoniell ein. Er vergab Adelstitel und ließ sich 1810 von seiner Frau scheiden um die Tochter des österreichischen Kaisers zu heiraten. In seiner Suche nach Ruhm ließ er den 15. August (seinen Geburtstag) durch Papst Pius VII. zum Saint-Napoléon-Tag erheben (frz. saint = heilig).

Napoleon I. – ein französischer Kaiser

Unbeirrbar verfolgte Napoleon sein Ziel, in Frankreich die gleiche Stellung zu erlangen, wie er sie bei der Armee hatte.

Am 9. November 1799 drang er mit seinen Soldaten in das Parlamentsgebäude ein, setzte die Regierung ab und übernahm selbst die Regierungsgewalt.

Zu den wichtigsten Maßnahmen Napoleons gehörte die Reform der Rechtsprechung.

Zu seiner Zeit gab es noch mehr als 300 verschiedene Gesetzessammlungen, nach denen ein Fall vor Gericht entschieden werden konnte. Napoleon ersetzte sie durch ein einziges großes Gesetzeswerk, den so genannten Code Napoléon*.

Damit wurde die Forderung der Revolution nach Gleichheit aller Bürger vor dem Gesetz verwirklicht. Dieses Gesetzbuch wurde auch zur Grundlage des Bürgerlichen Gesetzbuches in Deutschland.

Auch andere Ergebnisse der Revolution blieben unter seiner Herrschaft erhalten, so

- das Recht aller Bürger auf persönliche Freiheit,
- der Schutz des Eigentums,
- die Besteuerung nach dem Vermögen des Steuerpflichtigen.

Die wirtschaftliche Lage verbesserte sich zusehends. Das Verkehrsnetz wurde weiter ausgebaut, große Ausgaben wurden gemacht zum Aufbau einer starken Industrie, die zudem durch hohe Einfuhrzölle geschützt wurde. Nach weiteren militärischen Erfolgen ließ sich Napoleon im Jahr 1804 von seinen Anhängern zum Kaiser der Franzosen ausrufen.

3 *Betrachtet Abbildung 2 und überlegt, was sie über die Herrschaft Napoleons aussagt.*

4 *Erstellt eine Tabelle. Schreibt in die linke Spalte, was von der Französischen Revolution unter Napoleon bestehen blieb, in die rechte Spalte, was verändert wurde bzw. wegfiel.*

Code civil/
Code Napoleon*:
Die Gesetzessammlung trat 1804 in Kraft und bildete einen der Hauptpfeiler, auf denen Napoleons Macht ruhte. Seine 2281 Artikel sicherten unter anderem die in der Revolution erworbenen Freiheiten und Rechte und dienten den meisten europäischen Staaten als Vorbild.

Werkstatt Geschichte: Die Revolution als Rollenspiel

1 *Versetzt euch in die abgebildeten Figuren aus der Französischen Revolution. Überlegt, was sie am Ende der Revolution empfunden haben könnten und wie sie die Revolution beurteilten.*

2 *Schreibt auf, was in den „Denkblasen" der Figuren stehen könnte.*

3 *Spielt ein Gespräch zwischen den abgebildeten Figuren. Thema: Soeben wurde bekannt, dass Napoleon zum Kaiser gekrönt wurde.*

Zusammenfassung

Verschwendung am Hof – Hunger im Land

Obwohl der Staat, den Ludwig XVI. übernahm, hoch verschuldet war, gab er nicht weniger Geld als seine Vorgänger aus. Das Volk litt unter der hohen Abgabenlast, um die Ausgaben des Staates zu finanzieren. Immer häufiger erschienen Flugblätter, die darauf hinwiesen, dass das Volk frei und alle Menschen gleich seien. Schließlich war Ludwig XVI. nicht mehr in der Lage, seine enormen Ausgaben zu decken.

Die bürgerliche Revolution

In dieser Notlage berief der König die Vertreter der drei Stände ein, um sich höhere Steuern bewilligen zu lassen. Die Vertreter des dritten Standes erklärten sich zur Nationalversammlung, da sie mehr als 95 Prozent der Bevölkerung vertraten. Bald darauf erklärten Adlige und Geistliche vor der Nationalversammlung den Verzicht auf ihre Privilegien. Im August 1789 wurden die Menschenrechte verkündet. Seit dem Fluchtversuch des Königs 1791 galt er als gefährlichster Feind der Revolution. Am 17. Dezember 1792 wurde er auf Beschluss des Nationalkonvents hingerichtet.

Von der Republik zum Kaiserreich

Die Revolution schien von vielen Seiten bedroht. Um ihre Ziele zu verwirklichen, gingen die Revolutionäre deshalb immer radikaler vor. Die Schreckensherrschaft der Jakobiner fand erst mit der Hinrichtung von Robespierre ein Ende. 1795 stellte eine neue Verfassung die Dreiteilung der Gewalten wieder her. Ein Direktorium führte die Regierungsgeschäfte.

Der Aufstieg Napoleons

Die Unfähigkeit des Direktoriums, die wirtschaftliche Lage zu verbessern, weckte bei vielen Franzosen den Wunsch nach einem starken Mann. Diese Chance nutzte Napoleon, der 1799 die Macht an sich riss und sich im Jahr 1804 zum Kaiser ausrufen ließ.

Zum Nachdenken

Die Nationalversammlung beschloss 1792 die Einführung einer neuen Zeitrechnung: das Jahr 1 der Republik. Die Tage erhielten neue Bezeichnungen, die Monate wurden nach jahreszeitlichen Arbeiten oder Wettererscheinungen benannt.

1 *Überlegt, was diese Maßnahmen bewirken sollten.*

14.7.1789

Sturm auf die Bastille.

1791

Die Nationalversammlung verabschiedet die neue Verfassung.

1792/93

Frankreich erklärt den verbündeten europäischen Mächten den Krieg. Beginn der Schreckensherrschaft.

9.11.1799

General Bonaparte übernimmt die Macht und beendet die Revolution.

4. Europa und Napoleon

Den Aufstieg und den Fall Napoleons zeigt diese deutsche Karikatur von 1814. Nach seinem Tod sollte der französische Kaiser in der Hölle schmoren – das wünschte der Zeichner dem Herrscher und viele Deutsche und Europäer teilten seine Meinung. Dabei waren die französischen Truppen von der Bevölkerung der eroberten Gebiete zunächst begrüßt worden, als sie neue Freiheiten und die Reform überlebter Verhältnisse versprachen. Doch die Herrschaft Napoleons wurde von den Völkern bald als Unterdrückung empfunden. Warum dies so war, wie Napoleon Europa veränderte und warum er seine Macht wieder verlor, darum geht es in dem folgenden Kapitel …

Frankreichs Expansion in Europa

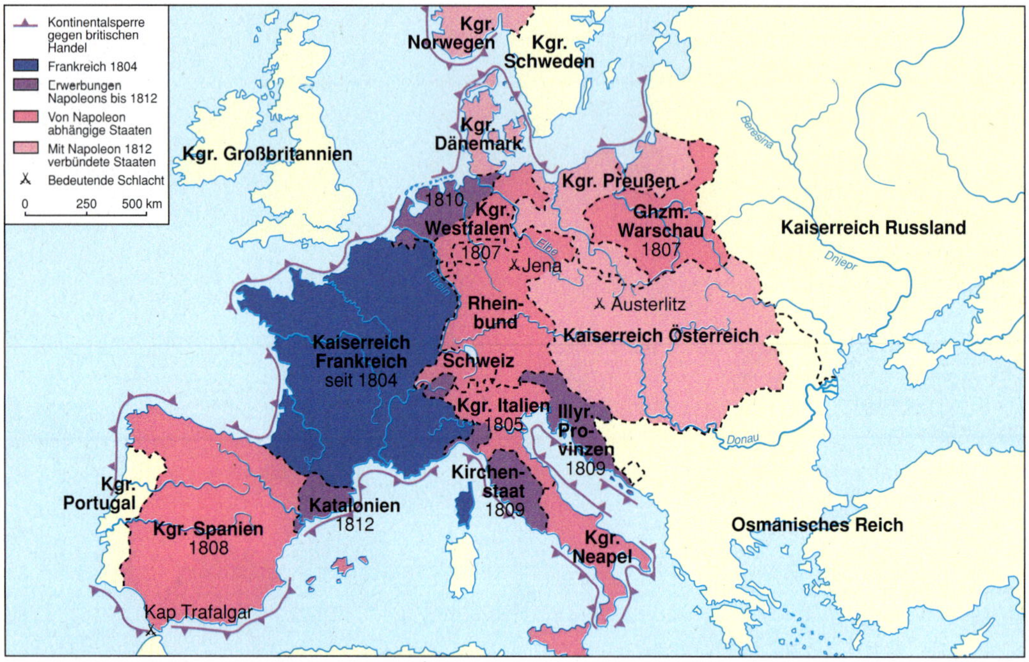

1 Europa unter der Herrschaft Napoleons.

*Der Engländer **Horatio Nelson** litt an der Seekrankheit, galt aber dennoch als der beste Admiral der „Royal Navy", der damals mächtigsten Flotte der Welt. Der unerbittliche Gegner der Franzosen musste seine Entschlossenheit zum Kampf teuer bezahlen. 1794 verlor er ein Auge, 1797 einen Arm; er starb 1805 bei Trafalgar, als er seine Matrosen zum Sieg führte.*

„Aus allen Völkern Europas muss ich ein Volk machen"

Mit der Krönung im Jahr 1804 trug nun zum ersten Mal seit über 900 Jahren nicht mehr ein deutscher Herrscher die Kaiserkrone, sondern der Franzose Napoleon. Und Napoleon ließ von Anfang an keinen Zweifel daran, dass er der Kaiser in ganz Europa sei. Über seine außenpolitischen Ziele sagte er:

Q … Europa wird nicht zur Ruhe kommen, bevor es nicht unter einem einzigen Oberhaupte steht, unter einem Kaiser, der Könige als seine Beamte hat und der seinen Generalen Königreiche gibt.
Wir brauchen ein europäisches Gesetz, einen europäischen Gerichtshof, eine einheitliche Münze, die gleichen Gewichte und Maße. Wir brauchen dieselben Gesetze für ganz Europa. … Aus allen Völkern Europas muss ich ein Volk machen und aus Paris die Hauptstadt der Welt. …

1 *Nennt die Ziele Napoleons, die er in der Quelle anspricht, und stellt einen Bezug zur Abbildung 1 her.*

2 *Ein „Vereintes Europa" ist auch heute ein wichtiges politisches Ziel. Berichtet, was ihr darüber wisst.*

Wirtschaftskrieg gegen England

Napoleons Truppen eilten von Sieg zu Sieg. Mit ihrem Ruf „Friede den Hütten, Krieg den Palästen" konnten sie die Bevölkerung der eroberten Gebiete zunächst sogar für Napoleon begeistern. Es dauerte nicht lange, bis ganz Mitteleuropa unterworfen war (Abb. 1). Nur England vermochten Napoleons Soldaten nicht zu erobern. Eine französische Kriegsflotte wurde im Jahr 1805 von dem englischen Admiral Nelson bei Trafalgar sogar vernichtend geschlagen.

Um England dennoch gefügig zu machen, entschloss sich der Kaiser zu einem Wirt-

Frankreichs Expansion in Europa

2 **Kontinentalsperre.** Englische Waren werden verbrannt. Frankfurt a. M., 1810.

schaftskrieg. Im Jahr 1806 verordnete Napoleon die Kontinentalsperre: Er verbot den europäischen Ländern jeglichen Handel mit England. Um dieser Maßnahme Nachdruck zu verleihen, kontrollierten französische Beamte und Soldaten immer wieder Geschäfte und Haushalte. Alle Waren und Gegenstände, die aus England oder den englischen Kolonien stammten, wurden beschlagnahmt. Vor den Städten wurde die Beute in großen Scheiterhaufen verbrannt. Die Briten wehrten sich gegen diese Maßnahmen. Sie kaperten alle europäischen Schiffe, die sie auf See antrafen. Der europäische Kontinent war damit abgesperrt. Seefahrt und Fernhandel kamen zum Erliegen. Während sich England jedoch neue Absatzmärkte in Südamerika erschließen konnte, litt der Kontinent unter mangelnden Absatzmöglichkeiten bei Getreide und Holz. In Deutschland fehlten bald der englische Stahl und die Werkzeuge, die daraus hergestellt wurden. Es blieben zudem die Kolonialwaren aus, die man bisher aus England bezogen hatte, wie Kaffee, Tee, Zucker, Gewürze und Baumwolle. Viele Menschen wurden arbeitslos. Sein Ziel, England wirtschaftlich niederzuringen, erreichte Napoleon jedoch nicht.

3 *Nennt die Folgen der Kontinentalsperre für Matrosen, Kaufleute, Handwerker oder Hausfrauen. – Überlegt, wie die Stimmung gegen Napoleon dadurch beeinflusst werden konnte.*

3 **Französische Soldaten kontrollieren am Stadttor von Leipzig, dem Hauptumschlagplatz der Schmuggler, ob die Waren aus Großbritannien stammen.** Zeitgenössische Darstellung.

21.11.1806:
Napoleon erlässt die ***Kontinentalsperre*** *gegen England.*

Großbritannien reagierte darauf 1807 unter anderem mit der ***Blockade der Elbe.*** *Vor allem über das ebenfalls 1807 von den Engländern besetzte Helgoland begann ein reger Schmuggel mit Kolonialwaren an die Westküste Schleswig-Holsteins. Der Schmuggel wurde jedoch zunehmend hart bestraft.*
Die Blockade fügte Altona und Hamburg schweren wirtschaftlichen Schaden zu.
Die Kontinentalsperre endete 1814.

Napoleon verändert Deutschland

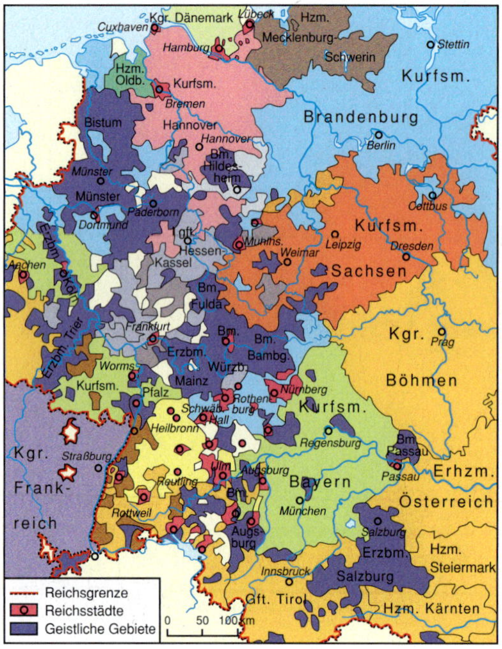

1 Mitteleuropa vor 1789.

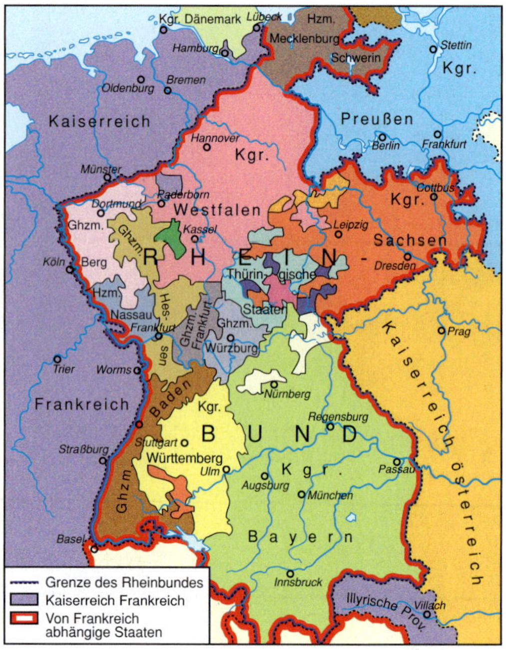

2 Mitteleuropa zwischen 1806 und 1815.

Säkularisation*: *(lat. saeculum = Welt): Der Begriff bezeichnet die Überführung von Kirchengütern in weltlichen Besitz. Säkularisationen fanden z. B. während der Reformation, der Französischen Revolution und in Europa unter Napoleon statt.*

Rheinbund*: *Im Jahr 1806 traten 16 deutsche Reichsstädte und Fürstentümer aus dem Deutschen Reich aus. Sie gründeten den Rheinbund, dessen Schutzherr Napoleon war.*

Drei Millionen Menschen erhalten neue Herrscher

Mit dem siegreichen Vordringen der französischen Truppen begann eine völlige Umgestaltung des Deutschen Reiches. Schon im Jahr 1801 hatten die deutschen Fürsten sich damit einverstanden erklärt, dass die von Napoleons Soldaten eroberten Gebiete links des Rheins auf Dauer zu Frankreich gehören sollten. Für deutsche Fürsten, die hierdurch Gebietsverluste erlitten, wurde eine Entschädigung vereinbart. Nach zweijährigen Beratungen stand das Ergebnis fest:

- Enteignung aller geistlichen Landesherren; ihre Gebiete wurden an weltliche Fürsten verteilt, dieser Vorgang wird Säkularisation* genannt.
- Fast alle Reichsstädte und zahllose Kleinstaaten wurden ebenfalls mächtigeren Territorialherren zugeordnet.

Etwa 300 kleine Herrschaftsgebiete verschwanden so von der Landkarte.

Drei Millionen Menschen wurden neuen Herrschern unterstellt. Später erhob Napoleon die Fürsten von Bayern und Württemberg zu Königen.

1 *Vergleicht die Karten 1 und 2 und beschreibt die Veränderungen.*

2 *Vergleicht Karte 2 mit einer heutigen Karte Deutschlands. Welche heutigen Bundesländer sind schon erkennbar?*

Das Ende des Deutschen Reiches

Im Jahr 1806 schlossen sich 16 deutsche Fürsten mit ihren neuen Gebieten unter der Vorherrschaft Napoleons zum Rheinbund* zusammen. Die Rheinbundstaaten erkannten Napoleon als ihren Schutzherrn an. Sie verpflichteten sich, Frankreich im Bedarfsfall mit Truppen zu unterstützen. Gleichzeitig erklärten sie ihren Austritt aus dem „Heiligen Römischen Reich Deutscher Nation".

Auf diese Nachricht hin und unter dem Druck Napoleons verzichtete Franz II. auf die deutsche Kaiserkrone und nannte sich nur noch „Kaiser von Österreich". Das war das Ende des Heiligen Römischen Reiches Deutscher Nation nach einer tausendjährigen Geschichte.

Französisches Recht in Deutschland

In vielen Staaten des Rheinbundes wurde zwischen 1806 und 1810 der „Code civil" – seit

Der Triumph über Preußen

3 **Napoleon zieht am 27. Oktober 1806 in das vom König verlassene Berlin ein.** Zeitgenössische Darstellung.

1804 auch „Code Napoléon" genannt – eingeführt (vgl. S. 75). Zahlreiche Artikel des Zivilgesetzbuches waren durch die Ideen der Französischen Revolution beeinflusst, wie z. B. Freiheit des Eigentums, die Abschaffung des Zunftzwangs oder die Gleichheit der Bürger vor dem Gesetz. Viele Menschen im Rheinland und anderswo begrüßten das neue, einheitliche Recht.

3 *Besprecht, welche Vorteile die Einführung des „Code civil" mit sich brachte.*

Preußen am Ende?

Außerhalb des Rheinbundes verblieben fast nur noch Preußen und Österreich. Doch auch diese beiden Großmächte wurden von Napoleon vernichtend geschlagen: Österreich 1805 und 1809, Preußen 1806 in der Doppelschlacht von Jena und Auerstedt. Noch bevor Napoleon am 27. Oktober 1806 in Berlin einrückte, besuchte er das Grab Friedrichs des Großen in Potsdam. Als Zeichen seines Triumphes ließ er dessen Degen, Orden und Schärpe nach Paris bringen. Im Friedensvertrag von Tilsit (1807) musste der preußische König alle Gebiete westlich der Elbe abtreten sowie die in den polnischen Teilungen (vgl. S. 36 f.) erworbenen Gebiete. Außerdem blieb Preußen weiterhin von der französischen Armee besetzt und musste Kriegsentschädigungen und Requisitionen* bezahlen. Preußens führende Rolle in Europa schien bendet.

4 *Lest die Bekanntmachung des Berliner Stadtkommandanten. Was sagt sie aus? Was überrascht euch?*

Der König hat eine Bataille verlohren. Jetzt ist Ruhe die erste Bürgerpflicht. Ich fordere die Einwohner Berlins dazu auf. Der König und seine Brüder leben!

Berlin, den 17. October 1806.

Graf v. d. Schulenburg.

4 **Aufruf des Gouverneurs von Berlin, Graf Wilhelm von der Schulenburg, 1806.**

Requisitionen*
Beschlagnahmungen für Heereszwecke.

14. 10. 1806:
Vernichtende Niederlage Preußens in Jena und Auerstedt gegen das französische Heer.

1807:
Der Frieden von Tilsit besiegelt den Zusammenbruch Preußens.

1806/07:
Die Franzosen besetzen Mecklenburg und Vorpommern.

Reformen in Preußen

1 **Der preußische Minister und Reformer Karl Freiherr vom und zum Stein.** Gemälde.

1807:
Beginn des Reformwerks: Preußische Bauern werden befreit.

„Eine Revolution im guten Sinne"

Preußen besiegt, seine Armee vernichtend geschlagen, die Landfläche fast halbiert. Wie hatte dies nur passieren können – so fragten sich jetzt verantwortliche Politiker, und sie wussten auch die Antwort: Die meisten Bürger fühlten sich für ihren Staat nicht verantwortlich. Ob sie unter der Herrschaft eines französischen Kaisers oder eines preußischen Königs lebten, war ihnen eigentlich gleichgültig. In ihrem Leben veränderte sich dadurch nichts. Mehr noch: Als Napoleon im Oktober 1806 in Berlin einmarschierte wurde er von zahlreichen Menschen freudig begrüßt. Viele Politiker in Preußen traten daher für umfassende Reformen ein.
Der preußische Staat sollte völlig umgestaltet werden. Aus Untertanen sollten Staatsbürger werden, die bereit waren, sich für diesen Staat einzusetzen. Karl August von Hardenberg (1750–1822), einer der führenden Reformer, schrieb im Jahr 1807, nur ein Jahr nach der Niederlage:

Q1 … Der Wahn, dass man der Französischen Revolution am sichersten durch Festhalten am Alten entgegentreten könne, hat geradezu dazu beigetragen, diese Revolution zu fördern. …
Eine Revolution im guten Sinne – das ist unser Ziel. Demokratische Grundsätze in einer monarchischen Regierung: Dieses scheint mir die angemessene Form für den gegenwärtigen Zeitgeist. …

1 *In Preußen herrschten weitgehend ähnliche Zustände wie in Frankreich vor der Revolution. Stellt Vermutungen an, was Hardenberg mit seiner Forderung nach einer „guten Revolution" gemeint haben könnte.*

Preußische Bauern werden befreit

Zu den Befürwortern einer Reform gehörte auch der Reichsfreiherr Karl vom und zum Stein. Der König ernannte ihn am 30. September 1807 zum Ersten Minister. Nur wenige Tage später, am 9. Oktober 1807, wurde das Gesetz über die Bauernbefreiung verabschiedet („Oktoberedikt"). Bauern, die in Preußen einem Gutsherrn unterstanden, durften bis dahin ihr Land nicht verlassen. Sie mussten ihren Grundherrn um Erlaubnis bitten, wenn sie heiraten wollten, und konnten von ihm mit dem Land verkauft werden. Jetzt waren sie freie Leute, da das Gesetz alle Gutsuntertänigkeit in Preußen abschaffte.
Sie mussten ihrem Gutsherrn allerdings eine Entschädigung zahlen, indem sie ihm bis zur Hälfte ihres Landes abgaben. Der verbliebene Rest reichte oft nicht zur Ernährung der Familie aus. Viele Bauern verdingten sich deshalb als Landarbeiter, gingen in die Städte oder wanderten in die USA aus.
Das Oktoberedikt sah auch die freie Berufswahl für alle Stände vor. Durch die Einführung der Gewerbefreiheit wurde dieser Teil der Reform allerdings erst im Jahr 1811 umgesetzt. Ziel der Reform war es, die Wirtschaft anzukurbeln und damit die Finanzkraft des Staates zu stärken:

Q2 … § 2 Jeder Edelmann ist, ohne allen Nachteil seines Standes, befugt, bürgerliche Gewerbe zu betreiben; und jeder Bürger oder Bauer ist berechtigt, aus dem Bauern-

Neue Rechte für die Untertanen?

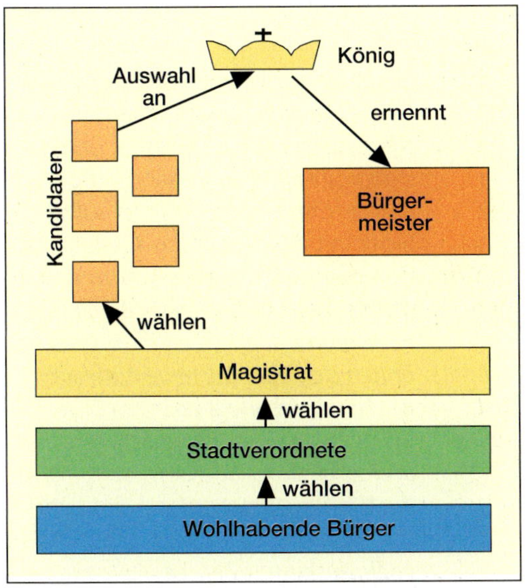

2 **Die neue Städteordnung nach Stein.**

3 **Feierliche Amtseinführung der ersten preußischen Stadtverordnetenversammlung in der Berliner Nicolaikirche am 6. Juli 1809.** Kolorierter Stich.

in den Bürger- und aus dem Bürger- in den Bauernstand zu treten. …

2 *Mehrere Bauern unterhalten sich über das Oktoberedikt. Was könnten sie gesagt haben?*
3 *Überlegt, welche Vor- und welche Nachteile mit der Gewerbefreiheit verbunden waren.*

Die Bürger sollen sich selbst verwalten

Dem Ziel, aus Untertanen freie und verantwortungsvolle Bürger zu machen, diente auch die im November 1809 verkündete Städteordnung.
Mit diesem Gesetz erhielten die Städte ihre Selbstverwaltung zurück, die sie in der Zeit des Absolutismus verloren hatten. Nicht mehr vom König eingesetzte Beamte, sondern die Bürger selber sollten durch ihre Abgeordneten die Stadt verwalten.
Wählen durfte allerdings nur, wer ein Haus besaß oder mehr als 200 Taler im Jahr verdiente. Das waren z. B. in Berlin von ungefähr 150 000 Einwohnern nur etwa 10 000 Bürger.
4 *Erklärt mithilfe der Abbildung 2 die Bedeutung der Städteordnung für die Selbstverwaltung der Bürger.*

Das Volksheer ersetzt die Söldnerarmee

Die französischen Revolutionssoldaten waren von Sieg zu Sieg geeilt, weil sie für ihr Vaterland kämpften. Anders die preußische Armee: Hier dienten viele Söldner, die mit falschen Versprechungen angelockt und dann zum Kriegsdienst gepresst worden waren. Wer konnte, versuchte zu fliehen. Im Krieg hatte das Heer versagt. Deshalb wurde jetzt auch eine Heeresreform durchgeführt. Aus dem Söldnerheer wurde ein Volksheer, indem man die allgemeine Wehrpflicht verordnete. Die Prügelstrafe und das Spießrutenlaufen wurden ebenso abgeschafft wie die Vorrechte des Adels. Jeder tüchtige Soldat konnte Offizier werden. Der Militärdienst galt jetzt als „Ehrendienst an Staat und Nation“.
Die Reformer waren überzeugt, dass nur gut ausgebildete Bürger ihre Pflichten und Rechte wahrnehmen könnten, und gestalteten das Unterrichtswesen neu. Viele Volksschulen und Gymnasien wurden gebaut, die Ausbildung der Lehrer verbessert. In Berlin wurde die Friedrich-Wilhelms-Universität eröffnet.
5 *Schreibt die wichtigsten Punkte der preußischen Reformen auf (Oberbegriffe) und erklärt diese.*

1808:
Die neue Städteordnung tritt in Kraft und stärkt die Selbstverwaltungsrechte der Bürger.

1813:
Einführung der allgemeinen Wehrpflicht.

Geschichte vor Ort: Bauernbefreiung im Norden

1 **Das Eingangstor von Gut Hasselburg.** Foto.

Erste Versuche in Schleswig und Holstein

In den Herzogtümern Schleswig und Holstein hatte man schon lange vor den Napoleonischen Kriegen schrittweise mit der Entlassung der Bauern aus der Leibeigenschaft, der „Bauernbefreiung", begonnen. Die Überlegungen, die dahinter steckten, hatten jedoch weder mit Vaterlandsliebe noch mit Menschenfreundlichkeit zu tun.

Die Gründe waren fast immer wirtschaftliche Vorteile für die Herrschaft. Schon 1688 hatte ein Gutsherr die Leibeigenschaft auf seinen Gütern aufgehoben, war aber durch Gerichtsurteile gezwungen worden, diese Maßnahme rückgängig zu machen. 1739 begann Hans Rantzau damit, die Bauernstellen seines Gutes Ascheberg in Pachtstellen umzuwandeln. Über seine Erfahrungen mit diesem Verfahren veröffentlichte er rund 30 Jahre später eine Denkschrift. Im Zuge der Aufklärung (vgl. S. 24) fing man zudem verstärkt an, darüber nachzudenken, ob es rechtens sei, dass ein Gutsherr weitgehend über das Leben seiner Leibeigenen bestimmen durfte.

Die Verkopplung

Bis die Leibeigenschaft jedoch überall im Land aufgehoben wurde, dauerte es noch eine ganze Weile. Zunächst wurden um 1770 die Flurgemeinschaften aufgelöst. Bis dahin hatten die Bauern an jedem Feld der Dorfgemeinschaft einen kleinen Streifen als ihren Anteil.

Gemeinsam wurde beraten, wann welches Feld mit welcher Saat bestellt wurde. Nun wurden die Felder neu vermessen und die Güte des Bodens bestimmt.

In langen, oft zähen Verhandlungen wurde der Boden der Gemeinde entsprechend der Größe und Güte des bisherigen Anteils so neu verteilt, dass jeder zusammenhängende Äcker erhielt (Verkopplung).

Um die neuen Flurgrenzen auf Dauer sichtbar zu machen, wurden Wälle angelegt und bepflanzt, die bis heute erhaltenen Knicks. Auch die Allmende wurde vermessen und den Hofgrößen entsprechend aufgeteilt. Durch diese Maßnahmen sollte die Eigeninitiative und das Gewinnstreben der Bauern gefördert werden.

1 *Ein junger, ehrgeiziger Bauer und ein älterer Bauer ohne Kinder unterhalten sich über die neue Aufteilung der Felder. Überlegt euch, wie die beiden zu diesem Thema stehen, und spielt dann das Gespräch.*

2 *Alte Flurnamen, also z. B. Namen von Feldern und Wiesen, geben heute noch Auskunft über die ehemalige Nutzung oder Güte dieser Gebiete. Sucht in eurer Gegend nach solchen Flurnamen.*

Das Ende der Leibeigenschaft

Die Frage der Aufhebung der Leibeigenschaft wurde im Jahr 1797 von der schleswig-holsteinischen Ritterschaft beraten. Man kam zu dem Entschluss, die Bauern innerhalb der nächsten acht Jahre aus dieser Bindung zu entlassen. Sie sollten danach ihren Hof verlassen können, wenn sie es wünschten, und nicht mehr an die Scholle gebunden sein. Das Land gehörte jedoch weiter dem Gutsherrn. Seine Nutzung musste durch Pachtabgaben oder Dienste bezahlt werden. Bestand der Gutsherr auf Geldzahlungen, so konnte der Bauer sich schnell verschulden oder sein Pachtland ganz an den Herrn verlieren. Auf dem Papier jedoch waren alle Bauern ab dem 1. Januar 1805 frei. An der rechtlichen Stellung zwischen Gutsbesitzern und Bauern änderte sich sonst jedoch recht wenig.

Die Gerichtsbarkeit der Gutsherren und ihre Verpflichtung, den Bewohnern ihrer Gutsbezirke im Notfall beizustehen, blieben erhalten.

Geschichte vor Ort: Bauernbefreiung im Norden

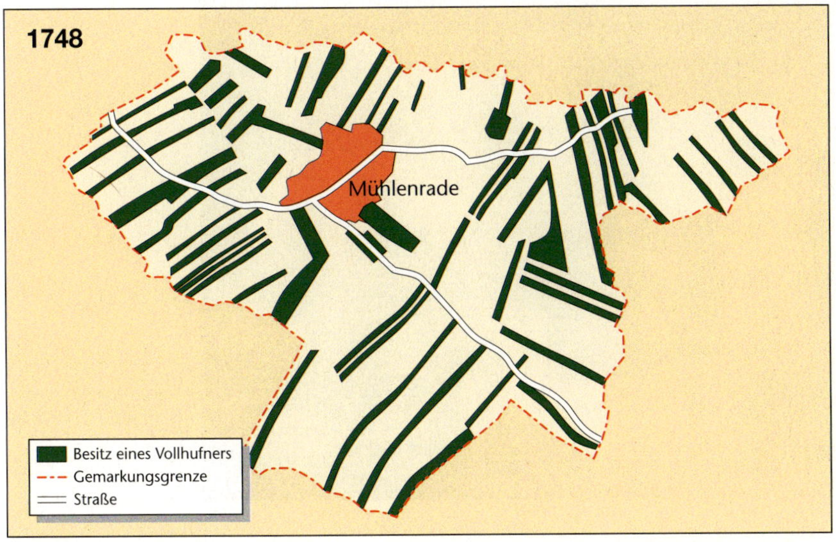

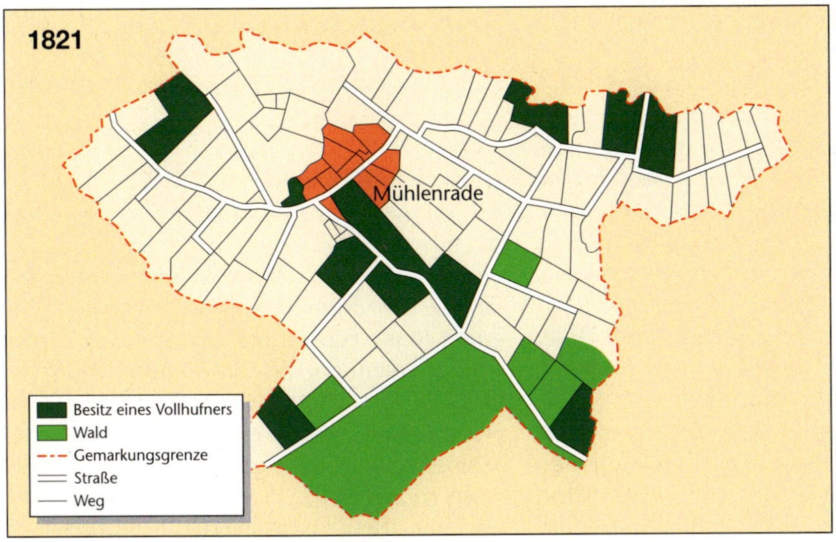

2 / 3 **Mühlenrade vor und nach der Verkopplung.**

3 *Ein Gutsbesitzer sieht nicht ein, weshalb es gut sein soll, die Bauern aus der Leibeigenschaft zu entlassen. Zwei andere versuchen ihn von den Vorteilen zu überzeugen. Der eine hat vor, seine eigene Ackerfläche zu vergrößern, der andere hat doppelt so viele Menschen in seinem Gutsbezirk wohnen, wie er bräuchte, um das Land zu bestellen.*

Die Entwicklung in Mecklenburg

In Mecklenburg ging die Bauernbefreiung erst später vonstatten. Die seit 1654 gesetzlich verankerte Leibeigenschaft wurde erst 16 Jahre später als in Schleswig und Holstein und elf Jahre später als in Preußen umgesetzt. 1820 beschlossen, erhielten die Bauern zu Ostern 1821 ihre persönliche Freiheit. Anders als in Schleswig und Holstein wurde damit aber auch die Verpflichtung ihrer damaligen Herren aufgehoben, für den Lebensunterhalt ihrer ehemaligen Leibeigenen zu sorgen. So kam es schnell zur Verelendung eines großen Teils der Landbevölkerung, weil es durch eine starke Bevölkerungszunahme nicht mehr genügend Arbeit für alle gab. Vielen blieb nichts anderes übrig, als auszuwandern oder sich als Wanderarbeiter durchzuschlagen, die zur Erntezeit für Tage oder Wochen dort angestellt wurden, wo es gerade besonders viel Arbeit gab. Zur Flurbereinigung und Verkopplung kam es in Mecklenburg erst ab 1833.

4 *Erkundigt euch, ob es auch in eurer Gegend Güter gibt oder gegeben hat. Findet heraus, wie groß der Gutsbezirk früher war und was aus ihm geworden ist. Wer bewirtschaftet heute das Land?*

4 **Illustration zu „Kein Hüsung".**
Zeitgenössische Darstellung.

Die Freiheitskriege

Der Gastwirt **Andreas Hofer** ist die Seele des Tiroler Aufstands gegen Napoleon. Als Kämpfer für „Gott, den österreichischen Kaiser und das Vaterland" wird er 1810 erschossen.

Guerilla (span. = kleiner Krieg): Typisch für Guerillakriege ist die so genannte Nadelstichtaktik. Es werden kurze, schnelle Angriffe gegen die an Zahl überlegenen gegnerischen Truppen ausgeführt. Die bessere Ortskenntnis kommt den Angreifern dabei entgegen. Sie ziehen sich nach dem Angriff sofort wieder zurück und tauchen mit neuen Überraschungsaktionen an einer anderen Stelle wieder auf.

1 **Französische Soldaten erschießen Aufständische in Spanien 1808.** Gemälde von F. de Goya, 1814.

„Die Gärung ist auf dem höchsten Grad angelangt"

Im Jahr 1811 stand Napoleon auf dem Höhepunkt seiner Macht. Unumschränkter Herrscher war er über Frankreich, die deutschen Staaten und weite Teile Europas. Vereinzelte Widerstände in Spanien, Österreich oder auch in Preußen nahm er nicht ernst. Von so einem braven Volk – so meinte er damals – habe er nichts zu befürchten.

Warnend schrieb ihm sein Bruder Jérôme, den er zum König von Westfalen gemacht hatte:

Q1 … Ich weiß nicht, Sire, unter welchem Gesichtspunkt Ihre Generale und Agenten die öffentliche Meinung in Deutschland betrachten. Wenn sie von Unterwerfung, Ruhe und Schwäche sprechen, so täuschen Sie sich, Eure Majestät. Die Gärung ist auf dem höchsten Grad angelangt: Falls ein Krieg mit Russland ausbrechen sollte, werden alle zwischen Rhein und Oder gelegenen Gegenden der Schauplatz einer ausgedehnten und lebhaften Erhebung werden. Die Verzweiflung der Völker, die nichts mehr zu verlieren haben, da ihnen alles genommen wurde, ist zu fürchten. …

Napoleon nahm von den Warnungen seines Bruders keine Notiz. Im Gegenteil – die deutschen Staaten wurden erneut aufgefordert, noch mehr Soldaten zu stellen und Steuern zu zahlen, um einen Krieg gegen Russland führen zu können.

Moskau in Flammen

Es gab nur noch einen mächtigen Herrscher in Europa, der sich den Anordnungen Napoleons widersetzte – Zar Alexander I. von Russland. Unbekümmert trieb er auch weiterhin einen regen Handel mit England. Napoleon musste erkennen, dass das Handelsverbot für England keine Gefahr darstellte, solange der Handel über Russland weiterlief. So entschloss er sich, auch gegen Russland in den Krieg zu ziehen.

Im Jahr 1812 marschierte er mit seiner Großen Armee in Russland ein. Sie bestand aus fast 600 000 Soldaten, darunter etwa 160 000 Deutsche. Napoleon hatte gehofft, in einer großen Schlacht zu einem schnellen Sieg zu kommen, doch die russische Armee wich immer weiter zurück. Mit Gewaltmärschen versuchte Napoleon die russischen Truppen einzuholen. Für die Soldaten bedeutete dies wochenlanges ermüdendes Marschieren und schon auf dem Vormarsch wurde die Verpflegung knapp. Die Russen verbrannten bei ihrem Rückzug sämtliche Vorräte, sodass das nachfolgende Heer Na-

Der Untergang der „Grande Armée"

2 **Der Rückzug der „Großen Armee".** Zeitgenössische Federzeichnung von Adam Klein.

poleons fast nichts zu essen vorfand. Nach zweieinhalb Monaten erreichten die ersten Truppen des Kaisers endlich Moskau, wo die „Grande Armée" ihr Winterquartier beziehen wollte. Doch die Stadt bot den Soldaten ein gespenstisches Bild. Die Bewohner hatten Moskau verlassen. Proviant für die Truppen war nicht vorhanden. Wenige Tage nach dem Einzug Napoleons zündeten russische Soldaten Moskau an. Fast die ganze Stadt wurde durch den Brand zerstört.

„Mit Mann und Ross und Wagen"

Napoleon musste den Rückzug befehlen. Halb verhungert und von eisiger Kälte geschwächt, traten die Soldaten den langen Heimweg an. Nun gingen die russischen Truppen zum Angriff über. Sie zwangen Napoleon, sich auf den Wegen zurückzuziehen, auf denen seine Armee nach Russland hineinmarschiert war. Aber hier waren alle Vorräte vernichtet, alle Häuser verbrannt. Ungezählte Soldaten kamen um.

Auf dem Rückzug musste das Heer über die Beresina. Der Fluss war von Eisschollen bedeckt und unpassierbar. Hier zerbrachen die Reste des großen Heeres. Ein Augenzeuge berichtete:

Q2 … Und die Tausende … sahen einzig in der schmalen Brücke, die nur wenige zugleich passieren konnten, den Weg zu ihrer Rettung. Alles drängte gegen die Brücke. Hunderte, die schon die Brücke erreicht zu haben glaubten, wurden in die Flut gedrängt und fanden hier das Ende … Jede Spur von Ordnung, … jedes menschliche Gefühl hatte aufgehört. Nur den einen Gedanken klar denkend: Du musst dich retten, koste es, was es wolle. Die Führer einiger Kanonen brachen sich schonungslos mit denselben Bahn durch die gedrängten Haufen, ohne danach zu sehen, dass ihr Weg über Menschen ging. …

Von etwa 600 000 Soldaten kehrten nur etwa 30 000 zurück. Zerlumpt, ausgemergelt, viele todkrank, so erreichten sie die deutsche Grenze. Ein 18-jähriger Schüler schrieb damals ein Gedicht, das in ganz Deutschland berühmt wurde: „Mit Mann und Ross und Wagen, so hat sie Gott geschlagen …".

1 *Stellt Vermutungen darüber an, wie die Menschen in den deutschen Staaten auf diese Niederlage reagiert haben könnten.*

2 *Versetzt euch in die Situation nach Napoleons Niederlage und entwerft ein Flugblatt aus der Sicht eines deutschen Napoleonsgegners.*

1812/13:
Napoleons Krieg gegen Russland endet mit dem Untergang der „Grande Armée".

Napoleon und der russische Winter. Lithographie von A. Paul Weber.

Völkerschlachtdenkmal in Leipzig. *Foto.*

Nationalbewusstsein*:
Als Nationalbewusstsein wird das im 19. Jahrhundert aufkommende Denken bezeichnet, das für die Angehörigen einer Nation einen gemeinsamen Staat als die bestmögliche politische Organisationsform fordert.

März 1813:
Der König von Preußen, Friedrich Wilhelm III., erklärt Frankreich den Krieg.

Gebhardt Leberecht ***Fürst Blücher*** *(1742–1819) stammt aus Rostock. Er war seit 1813 Oberkommandierender der preußischen Armee und hatte entscheidenden Anteil am militärischen Sieg über Napoleon.*

Preußen erklärt Napoleon den Krieg

1 **Völkerschlacht bei Leipzig. Kampf vor dem „Grimmaischen Tor" am 19. Oktober 1813.** Gemälde von E. W. Straßberger.

Die preußischen Befreiungskriege

Mit der vernichtenden Niederlage Napoleons war der Augenblick gekommen, den die Menschen in ganz Europa herbeigesehnt hatten. Der Freiheitskampf brach in voller Stärke los. Ein neues Nationalbewusstsein* wurde vor allem in Deutschland zur beherrschenden Kraft des Widerstands gegen Napoleon.
In einem Aufruf an alle Deutschen hieß es:

Q1 … Nicht Bayern, nicht Braunschweiger, nicht Hannoveraner, nicht Hessen, nicht Holsteiner, nicht Österreicher, nicht Preußen, nicht Sachsen und nicht Schwaben. Alles, was sich deutsch nennen darf – nicht gegeneinander, sondern: Deutsche für Deutsche. …

Trotz der vernichtenden Niederlage Frankreichs im russischen Feldzug konnte der preußische König nur widerwillig zum Krieg gegen Napoleon bewegt werden. Die öffentliche Stimmung drängte jedoch zum Kampf gegen Frankreich.
An den Universitäten wurde die nationale Stimmung geschürt. Tausende junger Leute meldeten sich freiwillig zum Kriegsdienst und Dichter feierten den bevorstehenden Krieg gegen Napoleon als „heiligen Krieg".
Schließlich konnte sich auch Friedrich III. der nationalen Begeisterung nicht mehr entziehen. Nach längerem Zögern folgte der König von Preußen dem Drängen seiner Ratgeber. Im März 1813 erklärte Preußen den Krieg an Frankreich.
Über die Stimmung in Preußen zu diesem Zeitpunkt schrieb der russische Offizier Friedrich von Schubert:

Q2 … Es wurden … Freiwillige aufgerufen, die Untertanen beschworen, alle möglichen Opfer zu bringen, um das Vaterland vom Joche der Franzosen zu befreien, und diese Aufforderung fiel nicht auf taube Ohren. Alles strömte herbei. Der Landmann verließ seinen Pflug und stellte sich mit seinen Söhnen, um gegen den Feind zu fechten; die Jugend verließ die Universitäten, die Schulen, Beamte ihre einträglichen Posten …; jeder brachte, was er an Geld oder Geldeswert hatte. …

1 *Erklärt den Begriff „Nationalbewusstsein" mithilfe der Worterklärung in der Randspalte und der Quelle 1.*
2 *Erklärt anhand von Quelle 2 folgende Behauptung: „Aus Untertanen wurden Bürger".*

Die Völkerschlacht bei Leipzig

2 **Einschiffung Napoleons nach Elba am 28. April 1814.** Zeitgenössischer Kupferstich.

Napoleons Herrschaft wird abgeschüttelt

Vor der Kriegserklärung an Frankreich hatte der König von Preußen ein Neutralitätsabkommen mit Russland abgeschlossen. Österreich, England und Schweden traten dem Bündnis gegen Frankreich bei.

Napoleon selbst zögerte keinen Augenblick, mit eilig zusammengezogenen Soldaten nach Deutschland zu ziehen, um den Widerstand im Keim zu ersticken. Zur entscheidenden Schlacht kam es im Oktober 1813 bei Leipzig.

Am 14. Oktober 1813 traf Napoleon hier mit einer Armee von fast 200 000 Soldaten ein. Zwei Tage später begann der Kampf mit einer stundenlangen Kanonade auf beiden Seiten, die – wie ein Beobachter schrieb – die Erde erbeben ließ. Nach vier Tagen erbitterter Kämpfe – 100 000 Soldaten starben allein in dieser Schlacht – hatten die Alliierten* den Sieg errungen. Die Fürsten des Rheinbundes sagten sich von Napoleon los. Die verbündeten Heere konnten Napoleon aus Deutschland vertreiben und am 1. Januar den Rhein überschreiten.

Ein halbes Jahr später zogen preußische und russische Truppen in Paris ein und zwangen Napoleon abzudanken. Er wurde auf die Mittelmeerinsel Elba in die Verbannung geschickt. Die Macht übernahm jetzt König Ludwig XVIII., ein Bruder des hingerichteten Ludwig XVI.

„Der letzte Flug des Adlers"

Napoleon kehrte 1815 noch einmal nach Frankreich zurück. Völlig unerwartet landete er mit 1000 Soldaten in Südfrankreich. Die Bevölkerung jubelte ihm zu, die Truppen liefen zu ihm über und Ludwig XVIII. floh, als Napoleon Paris erreichte.

Erneut konnte er ein Heer aufstellen, wurde aber 1815 in der Schlacht von Waterloo im heutigen Belgien von einem englisch-preußischen Heer endgültig besiegt. Abermals musste Napoleon abdanken. Man brachte ihn auf die kleine Insel St. Helena im Südatlantik, wo er 1821 starb.

3 *Wiederholt nochmals die wichtigsten Etappen von Napoleons Aufstieg und Fall. – Seht euch dazu auch die Karikatur auf der Auftaktseite 78/79 an.*

4 *Stellt die Ursachen für Napoleons Untergang zusammen.*

Ernst-Moritz Arndt *(1769–1860), patriotischer Dichter und Historiker der Befreiungskriege gegen Napoleon. Er wurde in Groß Schoritz (Insel Rügen) geboren und lehrte unter anderem an der Universität Greifswald.*

Der Dichter und Freiheitskämpfer ***Theodor Körner*** *wurde 1813 in Wöbbelin beigesetzt. Er wurde am 26. August 1813 bei einem Scharmützel des Lützow'schen Freikorps mit Truppen Napoleons in der Nähe von Lützow tödlich verwundet. Das Theodor-Körner-Museum in Wöbbelin erinnert an die Lützower Jäger und Theodor Körner.*

14. 10. 1813: *Völkerschlacht bei Leipzig.*

Alliierte*: *Verbündete.*

1815: *Schlacht bei Waterloo und Verbannung Napoleons nach St. Helena.*

Geschichte vor Ort: Befreiungskriege im Norden

1 **Norddeutschland 1812.**

Das Departement der Elbmündungen

Die letzte Phase der französischen Okkupation im Norden wurde 1806 durch die Kontinentalsperre gegen England eingeleitet. Napoleon verkündete anschließend die Vereinigung der Küsten- bzw. küstennahen Gebiete von Holland bis Lübeck mit dem französischen Kaiserreich.

Das Gebiet wurde durch kaiserliches Dekret vom 18. Dezember 1810 in zehn Departments eingeteilt. Das Departement der Elbmündungen bildete die nördliche Spitze des Kaiserreichs und umfasste vier Arrondissements: Hamburg, Lübeck, Lüneburg und Stade.

Lützower Jäger – die „schwarzen Gesellen"

Als Traditionsverband gibt es sie immer noch – die Lützower Jäger mit ihrer markanten schwarzen Bekleidung, schwarz, weil es damals der billigste Uniformstoff war. Die Lützower Jäger waren einer der zahlreichen freiwilligen Verbände, die sich nach dem Aufruf des preußischen Königs Friedrich Wilhelm III. „An mein Volk" im März 1813 und dem Beginn der Befreiungskriege bildeten. Ihr Gründer war der preußische Adlige Adolf von Lützow. Die Truppe war demokratisch organisiert – die Offiziere wurde von der Mannschaft gewählt. Unter den Kämpfern fanden sich einige bekannte Persönlichkeiten der deutschen Geschichte wie „Turnvater Ludwig Jahn" und Theodor Körner (siehe Seite 91).

„Das Volk steht auf, der Sturm bricht los ..."

So versuchte der Freiheitskämpfer und Dichter Theodor Körner, auf seinem Feldlager in Büchen an der Grenze zwischen den Herzogtümern Lauenburg und Mecklenburg im August 1813 die Stimmung im Volk anzuheizen. Die Freiheitskriege erreichten in den Sommertagen 1813 auch Norddeutschland. Vom Osten und Süden her strömten Lützower Jäger, russische Kosaken und Tiroler Büchsenschützen in das Kampfgebiet östlich von Hamburg. Zu ihnen gesellten sich Freiwillige aus dem Umland sowie aus Hamburg. Unter General von Tettenborn rüsteten sich die Aufständischen zum Kampf mit der Besatzung. In Hamburg hielten sich weiterhin französische Truppen – etwa 30 000 Mann Infanterie und 2700 Reiter sowie über 100 Feldgeschütze unter dem Oberbefehl von Marschall Louis Davout auf.

1 *Erläutert die Karte.*

2 *Stellt die Vor- bzw. die Nachteile für die Wahl von Offizieren durch die einfachen Soldaten dar.*

Geschichte vor Ort: Befreiungskriege im Norden

2 **Ankunft der Lützower Jäger in Lauenburg.** Gemälde von Murjahn.

Das Gefecht bei Lauenburg/Elbe
Nach dem Scheitern des Friedenskongresses von Prag im August 1813 traten die Kämpfe in eine neue, nun entscheidende Phase.
Die Franzosen ergriffen die Initiative. Marschall Davout sollte von Hamburg aus gegen Mecklenburg, Pommern und Berlin vorgehen.
Am 17. August kam es zum Gefecht bei Lauenburg, als alliierte Truppen den Durchmarsch der französischen Soldaten zu verhindern suchten. Drei Tage dauerten die Kämpfe, die sich auf dem Elbhang vor der Stadt Lauenburg abspielten.
Es gelang den Franzosen, den Durchbruch endlich zu erzwingen. Die Zahl der Toten und Verwundeten auf beiden Seiten betrug fast 600.

Marschall Davout in einem Brief an Napoleon am 20. August 1813:

Q1 ... Der General Pecher hat Widerstand in Lauenburg gefunden, aber die Position genommen. Ich habe mich am 18. an diesen Punkt begeben. Der Feind hielt Redouten [Schanzen] vor der Stadt besetzt. Ich habe einen nächtlichen Angriff des 3. Bataillons vom 30. Regiment machen lassen, welcher einen vollständigen Erfolg hatte. Dieses Bataillon ist in die Redouten eingedrungen, inmitten ihres Feuers, ist gegen die Stadt vorgerückt, ohne einen Schuss zu tun. ... Unser Verlust betrug 4 oder 5 Mann tot, 100 Verwundete, doch fast alle leicht. Der Feind, eingeschüchtert, hat die Dunkelheit benutzt, um sich nach allen Richtungen hin zu retten. ...

Der Dichter Theodor Körner in seinem „Lied der schwarzen Jäger" (1813):

Q2
Ins Feld! Ins Feld!
Die Rachegeister mahnen.
Auf, deutsches Volk, zum Krieg!
Ins Feld, ins Feld!
Hoch flattern unsre Fahnen;
Sie führen uns zum Sieg.

Klein ist die Schar; doch groß ist
das Vertrauen
Auf den gerechten Gott.
Wo seine Engel ihre Festen bauen,
Sind Höllenkünste Spott.

Gebt kein Pardon! Könnt ihr das
Schwert nicht heben,
So würgt sie ohne Scheu
Und hoch verkauft den letzten
Tropfen Leben!
Der Tod macht alle frei.

Noch trauern wir im schwarzen
Rächerkleide
Um den gestorbnen Mut.
Doch fragt man euch, was dieses
Rot bedeute:
Das deutet Frankenblut.

Mit Gott! – Einst geht, hoch über
Feindesleichen,
Der Stern des Friedens auf;
Dann pflanzen wir ein weißes
Siegeszeichen
Am freien Rheinstrom auf.

3 *Die Quelle 1 beschreibt eine Kriegsepisode aus französischer Sicht. Was könnte ein Angehöriger der „Freiheitskämpfer" entgegnet haben?*
4 *Lest das Gedicht von Theodor Körner (Q2). Diskutiert, ob man heute auch so über den Krieg schreiben würde.*

Ein neue Ordnung für Europa?

1814/15:
Wiener Kongress.

Fürst Klemens von Metternich *(1773–1859): ab 1809 Innenminister in Österreich, danach Staatskanzler. Er stellte in der österreichischen und europäischen Politik entscheidende Weichen.*

Die ***Landesfarben*** *von Mecklenburg-Vorpommern sind Blau-Weiß-Gelb-Weiß-Rot.*
Für den mecklenburgischen Teil stehen die Farben Ultramarin-Gelb-Zinnoberrot. Herzog Friedrich Franz I. legte am 26. März 1813 die Farben Blau-Gelb-Rot als Landesfarben für Mecklenburg-Schwerin fest. Ultramarin-Blau-Weiß steht für Vorpommern.

1 **Europa 1815.**

Fürsten und Diplomaten befestigen in Wien die alte Ordnung

Napoleons Truppen waren geschlagen, seine Herrschaft zusammengebrochen. Wie sollte es jetzt weitergehen? Um diese Frage zu lösen, luden die Siegermächte Österreich, Russland, England und Preußen die Fürsten Europas zu einem Kongress nach Wien ein. Die Herrscher oder ihre Gesandten von fast 200 Staaten, Herzog- und Fürstentümern folgten der Einladung.

Jene Fürsten, die von Napoleon vertrieben worden waren, forderten jetzt die Rückgabe ihrer Gebiete. Gemeinsames Ziel aller Teilnehmer war es, die alte Ordnung wiederherzustellen.

Der Wiener Kongress begann am 18. September 1814. Über neun Monate zogen sich die Beratungen hin. Unter dem Vorsitz des österreichischen Staatskanzlers Fürst Metternich einigte man sich auf folgende Grundsätze:

- Keine der fünf europäischen Großmächte (Frankreich, Großbritannien, Österreich, Preußen, Russland) soll ein Übergewicht über eine andere Macht bekommen. Nur so könne man den Frieden sichern.
- Die von Napoleon beseitigten Monarchien werden wiederhergestellt.
- Frankreich wird wieder Königreich in den Grenzen von 1789.
- Preußen wird um die Rheinprovinz, Westfalen und Teile von Sachsen vergrößert.
- Die Vormachtstellung Frankreichs in Europa soll dauerhaft beseitigt werden. Deshalb werden an seinen Grenzen starke Staaten geschaffen: Die Niederlande und Belgien werden zu einem Königreich vereinigt.

Länder und Provinzen, Städte und Grenzstreifen wurden während der Verhandlungen zwischen den Fürsten hin und her geschoben. An die Folgen für die betroffenen Menschen dachte niemand.

Die Fürsten beharrten darauf, über das Schicksal der Völker allein bestimmen zu können.

1 *Beschreibt die Gebietsveränderungen für Preußen und Österreich anhand der Karte.*

2 *Stellt Vermutungen an, wie die Menschen auf die Beratungen des Wiener Kongresses reagiert haben könnten.*

Wiener Kongress und Deutscher Bund

2 **Der Deutsche Bund (1815–1866).**

Nationale Einheit oder Deutscher Bund?
Das Deutsche Reich war 1806 zerbrochen. Viele Deutsche hofften jetzt, dass nun endlich die Einheit Deutschlands geschaffen würde. In einem Flugblatt hieß es damals:

Q … Europas Fürsten haben Deutschland von der Knechtschaft unter Napoleon befreit. Jetzt beraten sie in Wien. Welcher wahre Deutsche kann jetzt träge und schläfrig abwarten, was werden wird? Wer fühlt jetzt nicht voller Begeisterung, dass der Zeitpunkt da ist, wo der Deutsche an der Donau und am Rhein den an der Elbe und Weser als einen Mitbruder umarmen möchte?
Jetzt ist die Zeit, wo die Herrscher erkennen, dass die Völker nicht um ihretwillen, sondern sie um der Völker willen da sind. Jetzt ist die Zeit, wo nicht mehr wie bisher den Menschen die Hälfte des Arbeitsschweißes abgepresst wird, um elende Höflinge, … kostbare Jagden, die Menge unnützer Schlösser und eine Kriegsmacht zu unterhalten, die nicht dem Schutz des Vaterlandes dient, sondern nur … für die Großmannssucht des Herrschers. Diese Zeiten – wer zweifelt daran – sind vorbei. …

Der Verfasser des Flugblattes irrte sich. Die Großmächte wollten kein mächtiges deutsches Reich. Auch die deutschen Fürsten wollten keinen starken deutschen Kaiser über sich haben.
So schuf man nur einen losen Deutschen Bund mit 35 Fürstentümern und vier freien Städten (Hamburg, Bremen, Lübeck und Frankfurt am Main). Die Gesandten der Fürsten bildeten die Bundesversammlung, auf der Beschlüsse nur mit Zweidrittelmehrheit gefasst werden konnten.
Ob die Beschlüsse dann auch tatsächlich durchgeführt wurden, lag im Ermessen der Einzelstaaten.

3 *Spielt folgende Szene: Der Verfasser der Flugschrift nimmt an den Beratungen der Fürsten teil. Was wird er sagen und was werden ihm die Fürsten antworten?*

4 *Beschreibt die Abbildung 2. Achtet auf Kleidung, Gesten und Haltung der Menschen und auf die Einrichtung. Stellt einen Bezug her zu den Aussagen in der aufgeführten Quelle.*

1815:
Die 39 deutschen Einzelstaaten schließen sich im Deutschen Bund zusammen.

Mit dem Wiener Kongress fällt Vorpommern an Preußen. Die Mecklenburger Herzöge werden zu Großherzögen ernannt.

Methode: Arbeiten mit Karikaturen

1 **„Der korsische Kreisel voll in Fahrt."** Karikatur von George Cruikshank, 1814.

Was ist eine Karikatur?
Das Wort Karikatur kommt aus dem Italienischen und bedeutet so viel wie „überladen" oder „übertragen". Eine Karikatur ist ein Spott- oder Zerrbild. Sie gibt menschliche, gesellschaftliche, politische oder wirtschaftliche Handlungen übertrieben wieder. Damit will sie den Blick auf ein besonderes Ereignis richten.

„Der korsische Kreisel" als Beispiel
Napoleon wird in dieser Karikatur (Abb. 1) als Kreisel von Herrschern und Marschällen mit Peitschen ins Rotieren gebracht. Von links sind zu sehen: der preußische Feldherr Blücher, der schwedische König, der russische Zar, der österreichische Kaiser und der britische Feldherr Wellington.

Der Kreisel wird entschlüsselt
Mithilfe folgender Arbeitsschritte könnt ihr die Bedeutung der Karikatur (Abb. 1) herausfinden.

1 *Beschreibt, wie Napoleon sowie die Herrscher und Heerführer dargestellt sind. Achtet dabei auf Kleidung, Ausrüstung und Bewegung.*
2 *Tragt zusammen, was ihr über den Ausgang der Kriege Napoleons wisst.*
3 *Zeigt an Beispielen, wie der Zeichner den Niedergang der „Großen Armee" darstellt.*
4 *Findet heraus, wodurch Napoleon lächerlich gemacht wird.*
5 *Überlegt, welche Absicht der Zeichner mit der Karikatur verfolgte. Er wollte sicher mehr, als nur Napoleon lächerlich machen.*

Karikaturen deuten
Grundsätzlich helfen euch folgende Arbeitsschritte, wenn ihr eine Karikatur deuten wollt:

1. Betrachtet die Karikatur genau und schildert euren ersten Eindruck.
2. Beschreibt Einzelheiten der Abbildung. Haltet fest, was ihr noch nicht erkennen könnt.
3. Achtet auf Textelemente wie z. B. Bildunterschriften und versucht herauszufinden, ob sich die Texte auf bestimmte Gegenstände oder Personen beziehen.
4. Versucht herauszufinden, worum es bei der Karikatur geht: Was ist das Thema der Abbildung.
5. Formuliert, was mit der Karikatur ausgedrückt werden soll. Welche Meinung nimmt der Zeichner zum Thema ein?

Zusammenfassung

Frankreichs Expansion in Europa

Nachdem Napoleon seine Macht als Kaiser von Frankreich gefestigt hatte, verfolgte er konsequent sein Ziel, Herrscher über ganz Europa zu werden. Im Jahr 1803 wurde unter seinem Einfluss die Neugliederung des Deutschen Reiches eingeleitet. Mit der Gründung des Rheinbundes, in dem sich die Fürsten Mittel- und Westdeutschlands unter der Führung Napoleons zusammenschlossen, wurde das alte Reich aufgelöst. Von der politischen Landkarte Deutschlands verschwanden über 300 Reichsritterschaften, geistliche Fürstentümer usw. In Preußen wurden nach der Niederlage bei Jena und Auerstedt die schon längst überfälligen Reformen durchgeführt: Bauernbefreiung und Gewerbefreiheit. Städte- und Heeresreform bereiteten den Neuaufstieg des Landes vor.

Die Befreiungskriege

Der Widerstand gegen die Herrschaft Napoleons regte sich seit 1808 überall in Europa. Napoleons Überfall auf Russland leitete schließlich seinen Untergang ein. Von den etwa 600 000 Soldaten der „Großen Armee“ kehrten nur 30 000 in ihre Heimat zurück. Nun schlossen Preußen, Russland, Schweden und Österreich ein Bündnis gegen Frankreich. Ein neues Nationalbewusstsein wurde vor allem in Deutschland zur beherrschenden Kraft des Widerstands gegen Napoleon. Nach der Niederlage in der Völkerschlacht bei Leipzig (14. 10. 1813) musste Napoleon abdanken. Nach der verlorenen Schlacht bei Waterloo wurde er 1815 auf die Insel St. Helena verbannt, wo er 1821 starb.

Wiener Kongress und Deutscher Bund

Viele Deutsche hatten gegen Napoleon und für die Einheit Deutschlands gekämpft. Auf dem Wiener Kongress im Jahr 1815 wurde aber beschlossen, die Aufteilung des Deutschen Reiches in kleinere und größere Fürstentümer beizubehalten. Die Fürsten gründeten lediglich einen „Deutschen Bund“ aus 35 Fürstentümern und vier Stadtstaaten.

Zum Nachdenken

Napoleon wird heute von vielen Menschen als große Person verehrt.

1 *Was spricht für, was gegen eine solche Verehrung Napoleons?*

1806

Vernichtende Niederlage der Preußen gegen das französische Heer bei Jena und Auerstedt.

1807

Die Bauernbefreiung leitet die Reformen in Preußen ein.

1812/13

Untergang der „Großen Armee“ in Russland. Beginn der Befreiungskriege.

1814/15

Wiener Kongress und Gründung des Deutschen Bundes.

5. Demokratischer Aufbruch in Deutschland

In der Nacht vom 18. auf den 19. März 1848 ging das Volk in Berlin auf die Barrikaden. Ein verlustreicher Kampf gegen das Militär begann. Schließlich musste der preußische König den Barrikadenkämpfern nachgeben. Er ließ die Truppen aus Berlin abziehen und gestattete Pressefreiheit, Versammlungsfreiheit und Wahlen für eine Volksvertretung. Den gefallenen Freiheitskämpfern erwies der König die letzte Ehre, als diese auf dem Schlossplatz in Berlin aufgebahrt wurden. Dabei trug er eine Armbinde in Schwarz-Rot-Gold, den Farben der Revolution.

Schlagartig änderte sich mit dem Sieg des Volkes das politische Treiben in der preußischen Hauptstadt. Keine Parlamentsdebatte, die nicht von den Berlinern durch Sympathie- oder Missfallenskundgebungen kommentiert wurde, durch Demonstrationen und Umzüge, freche Plakate und scharfsinnige Flugschriften. Doch auch in München, in Paris oder Wien bestimmten zu dieser Zeit debattierende Straßenklubs, Volksfeste und Volksversammlungen, politische Puppenspiele und Straßentheater das Straßenbild. In ganz Europa hatte sich im Frühjahr 1848 das Volk gegen die Fürsten erhoben. Wie es dazu kam und ob der „Völkerfrühling“ für die alten Mächte und den Absolutismus das Ende bedeutete, könnt ihr in diesem Kapitel erfahren.

Aufbruch zur Freiheit?

1 Wartburgfest. Etwa 500 Studenten gedachten im Oktober 1817 der Völkerschlacht bei Leipzig und dem Beginn der Reformation (1517) mit einem Fest auf der Wartburg. Holzstich, um 1880.

Oktober 1817: *Wartburgfest zum Gedenken an den Beginn der Reformation und die Völkerschlacht bei Leipzig.*

Friedrich Ludwig Jahn *(1778–1852) richtete 1811 den ersten Turnplatz in Berlin ein. „Turnvater Jahn" gilt bis heute als der Begründer des allgemeinen Volkssports zur körperlichen Ertüchtigung und zur vormilitärischen Erziehung der Jugend. Er lebte von 1835 bis zu seinem Tod in Freyburg an der Unstrut.*

Studenten auf der Wartburg

Von den Beschlüssen der Fürsten auf dem Wiener Kongress waren viele Menschen enttäuscht (vgl. S. 95). Sollten sie dafür ihr Blut vergossen haben, waren dafür Hunderttausende in den zahlreichen Schlachten gefallen, dass jetzt alles so blieb wie vorher? Viele Bürger schlossen sich nun den Liberalen an. Die „Liberalen" verlangten:

- eine Verfassung für jedes Land,
- die Anerkennung der Menschenrechte,
- die Beteiligung der Bürger an den politischen Entscheidungen.

Die Unzufriedenheit mit den bestehenden politischen Verhältnissen brachten vor allem die Studenten zum Ausdruck. Sie hatten sich 1815 in Jena zur Deutschen Burschenschaft zusammengeschlossen. Die Farben ihrer Verbindung waren Schwarz-Rot-Gold.

Zwei Jahre später luden die „Jenaische Burschenschaft" und die Burschenschaft „Teutonia zu Halle" für Oktober 1817 zu einer Gedenkfeier auf die Wartburg ein. Gedacht werden sollte der Reformation und des vierten Jahrestages der Schlacht bei Leipzig. Aus allen deutschen Landen kamen die Studenten herbei. Man sprach von der Freiheit, der deutschen Einheit, von den Toten, die hierfür gefallen waren, und traf sich abends zu einem langen feierlichen Fackelzug. Einige Studenten entzündeten nach der Feier noch ein Feuer, in das sie die Zeichen der Fürstenherrschaft warfen: eine preußische Polizeivorschrift, einen Husarenschnürleib und Bücher, die die Herrschaft der Fürsten verherrlichten (Abb. 1).

1 *Warum erschien den Studenten gerade die Wartburg und die Völkerschlacht geeignet zu sein, um gegen die bestehenden Verhältnisse zu protestieren?*

Die Reaktion der Fürsten

Für die Herrschenden war der Wunsch nach mehr Freiheit nichts anderes als ein Aufruf zur Gesetzeslosigkeit. Sie wollten Ruhe und Ordnung. Die deutschen Burschenschaften wurden deshalb 1819 auf der Ministerkonferenz in Karlsbad verboten. Die Universitäten wurden mit einem Netz von Spitzeln überzogen. Zeitungen und Flugblätter unterlagen einer strengen Zensur. In Deutschland herrschte jetzt die Furcht vor Bespitzelung, Verhören und Verhaftungen. Die Fahndungslisten der Polizei wurden immer länger. Die Gefängnisse füllten sich mit Professoren und Studenten. Zu den Verhafteten zählte auch der „Turnvater Jahn". Er hatte bereits 1811 dazu aufgerufen, einen deutschen Nationalstaat zu errichten. Dafür erhielt er jetzt ohne Prozess sechs Jahre Haft.

2 *Beschreibt, was der Zeichner der Karikatur (Abb. 2) über die Zustände in Deutschland sagen will. – Erfindet für das Bild eine eigene Unterschrift.*

Unterdrückung und Protest

2 **„Der Denker-Club".** Karikatur, um 1820.

„Freiheit, Recht und Einheit" – das Hambacher Fest

Die Bürger ließen sich auf Dauer trotz aller Schikanen nicht kleinkriegen. Im Jahr 1832 versammelten sich über 30 000 Demonstranten beim Schloss Hambach in der Pfalz. Sie trugen schwarz-rot-goldene Fahnen (Randspalte). Es war die erste politische Massenversammlung in Deutschland. Die Redner nahmen in Hambach kein Blatt vor den Mund.
Der badische Politiker Siebenpfeifer rief den Massen zu:

Q ... Vaterland – Freiheit – ja! Ein freies deutsches Vaterland – dies ist der Sinn des heutigen Festes, dies die Worte, den Verrätern der deutschen Nationalsache die Knochen erschütternd. Seit das Joch des fremden Eroberers abgeschüttelt, erwartet das deutsche Volk von seinen Fürsten die verheißene Wiedergeburt; es sieht sich getäuscht.
Die Natur der Herrschenden ist Unterdrückung, der Völker Streben ist Freiheit. Es wird kommen der Tag, wo ... der Bürger nicht in höriger Untertänigkeit den Launen des Herrschers, sondern dem Gesetz gehorcht, wo ein gemeinsames deutsches Vaterland sich erhebt. ...

Die Bilder regierender Fürsten wurden verbrannt, die Teilnehmer sangen: „Fürsten zum Land hinaus, jetzt kommt der Völkerschmaus!".

3 *Vermutet, wen der Politiker Siebenpfeifer meint, wenn er von „Verrätern der deutschen Nationalsache" und dem „fremden Eroberer" spricht.*

4 *Benennt die Forderungen, die der Redner stellt. Welche Vorwürfe erhebt er gegen die Fürsten?*

Die Unterdrückungsmaßnahmen werden verschärft

Wie schon zuvor, so antworteten die Fürsten auch jetzt mit noch härteren Unterdrückungsmaßnahmen. Die Zensur der Presse wurde weiter verschärft, die Rede- und Versammlungsfreiheit aufgehoben.
Erneut wanderten Hunderte ins Gefängnis, Tausende flohen ins Ausland, vor allem nach Amerika.

Die schwarz-rot-goldene Fahne wurde schon 1815 von der Jenaer Burschenschaft benutzt. Sie wurde in den folgenden Jahren zum Symbol der nationalen und demokratischen Bewegung in Deutschland.

Geschichte vor Ort: Der Fall „Fritz Reuter"

1 **Fritz Reuter.** Selbstporträt, 1837.

Reuterstadt Stavenhagen

Fritz Reuter wurde 1810 als Sohn eines Stadtrichters in Stavenhagen geboren. Er studierte in Jena und war dort aktives Mitglied einer Burschenschaft. Als es im Januar 1833 zu Schlägereien zwischen verschiedenen Studentenverbindungen kam, schritt die Polizei ein und die Mitgliedschaft in diesen studentischen Vereinigungen wurde verboten. Reuter trat aus seiner Verbindung aus und verließ Jena, um zunächst wieder einige Zeit bei seinem Vater in Stavenhagen zu verbringen. Als es im April 1833 zu einem Putschversuch deutscher Studenten in Frankfurt kam, hatte Reuter nichts damit zu tun. Doch im Juni 1833 wurde vom Bundesrat eine Zentraluntersuchungsbehörde eingesetzt, die es sich zur Aufgabe machte, Studenten mit revolutionären Gedanken, die in Burschenschaften Mitglied waren, aufzuspüren und zu verhaften.

Mitgefangen, mitgehangen

Als Reuter im Oktober 1833 sein Studium in Berlin fortsetzen wollte, wurde er verhaftet. Obwohl er als Mecklenburger in Preußen ein Ausländer war und sein Landesvater sich mehrfach für seine Freilassung einsetzte, war der preußische König nicht dazu bereit. 1837, nach fast vier Jahren Haft, erfuhr Reuter das Urteil: Ohne Verhandlung und Begründung war er zum Tode verurteilt und zu 30 Jahren Festungshaft begnadigt worden. Nach fünfeinhalb Jahren, die Reuter in verschiedenen Festungen verbrachte, gelang es dem mecklenburgischen Herzog Paul Friedrich, die Auslieferung Reuters nach Mecklenburg zu erwirken. Der preußische König bestand jedoch darauf, dass Reuter nicht von seinem Herzog begnadigt werden durfte. Doch konnte ihm dieser die Haft in seiner Heimat leichter machen. Reuter erhielt die Erlaubnis, die Festung Dömnitz, in der er inhaftiert war, tagsüber zu verlassen.

Keine Freiheit für Reuter

Als der preußische König Wilhelm III. 1840 starb, wurden alle politischen Gefangenen Preußens vom neuen König amnestiert. Reuter jedoch, der in Mecklenburg einsaß, war offenbar vergessen worden. Wie er dennoch freikam, schilderte er in seiner Autobiografie „Ut mine Festungstid":

Q1 … Fridrich Wilhelm III. sturw 1840, un was sin Sœhn was, Fridrich Wilhelm IV. let 'ne Amnestie för all de Demagogen utgahn, un in de Zeitungen stunn tau lesen, wo sei allentwegen fri kamen wiren; œwer mi hadden sei vergeten; ick müsst ruhig wider sitten; de Preußen dachten nich an mi, un de Meckelnbörger dürwten mi nich gahn laten. Ach wat sünd mi de vir Wochen lang worden! – Eines Dags œwer – ick was een beten utgahn – kamm mi en Unteroffizirer nah tau lopen: „Herr Reuter, Sei sœlen fix nah den Herrn Gerichtsrath Blankenberg kamen, för Sei is wat ankamen; Sei kamen fri." – Ick gung taurügg, ick gung an en swartet Stakettengelänner vörbi, de deipe Nahmiddagssünn schinte grell dörch de swarten Stäw' dat fung an mi för de Ogen tau flirren: ick müsst mi fast hollen. Ick kam tau den Gerichtrath, hei œwergaww mi en Schriwen: „Hir, Sei sünd fri, Sei kœnen, as Sei gahn un stahn, von de Festung gahn, Keiner hett Sei wat tau befehlen." – Un dor stunn 't; Paul Fridrich hadd 't up sin eigen Hand dahn, ahn de Preußen tau fragen, un as ick acht Dag 'all bi min ollen Vader tau Disch satt, kamm en schönen Breif von den Herrn Justizminister Kamptz, worin de em meldte, ick würd nu ok bald an 't Hus kamen. Ja, 't was recht fründlich von em, blot dat 't en beten tau lat kamm.

2 **Fritz-Reuter-Gedenkhalle in der Festung Dömitz, in der Fritz Reuter 1839/40 inhaftiert war.** Foto, 2003.

1 *Verfasst einen Brief, den Reuter nach seiner Freilassung an seinen Landesherrn geschrieben haben könnte.*

Methode: Historische Lieder analysieren

1 Noten und Text der ersten Strophe des Liedes „Die Gedanken sind frei".

Die „Macht des Liedes"
Es gibt verschiedenste Arten von Liedern. Sie sind für unterschiedliche Anlässe gedacht und haben eine darauf jeweils „zugeschnittene" Form. Märsche etwa sind in der Regel so stark rhythmisiert und mit so knapp geschnittenen Versen versehen, dass sie eine größere Gruppe von Menschen, also zum Beispiel ein Trupp Soldaten, während des Marschierens noch gut mitsingen kann. Ähnliches gilt für Hymnen, Vereins- oder Arbeiterlieder: Große Menschenmengen sollen gemeinsam singen können. Durch mitreißende Melodien und aufpeitschende Texte soll überhaupt erst ein Zusammengehörigkeitsgefühl entstehen.
Ihr kennt das sicher auch aus eigener Erfahrung: Ein gemeinsam gesungenes Wanderlied auf dem Klassenausflug, ein beim Konzert zusammen mit Tausenden anderen Fans gesungener Hit, ein beim Bundesligaspiel im Fanblock gegröhltes Vereinslied – all das fördert das Gruppengefühl und verleiht der gemeinsamen Sache sozusagen „eine" Stimme.
Nicht anders ist das bei vielen historischen Liedern, die ebenfalls im Rahmen politischer, militärischer oder gesellschaftlicher Massenveranstaltungen gesungen wurden. Im Folgenden sind zwei berühmte Beispiele aus der Zeit des Vormärz beziehungsweise der deutschen Revolution von 1848 abgedruckt.

Das Lied der Deutschen
Hoffmann von Fallersleben (1841)

Deutschland, Deutschland über alles,
Über alles in der Welt,
Wenn es stets zum Schutz und Trutze
Brüderlich zusammenhält,
Von der Maas bis an die Memel,
Von der Etsch bis an den Belt –
Deutschland, Deutschland über alles,
Über alles in der Welt!

Deutsche Frauen, deutsche Treue,
Deutscher Wein und deutscher Sang
Sollen in der Welt behalten
Ihren alten schönen Klang,
Uns zu edler Tat begeistern
Unser ganzes Leben lang –
Deutsche Frauen, deutsche Treue,
Deutscher Wein und deutscher Sang!

Einigkeit und Recht und Freiheit
Für das deutsche Vaterland!
Danach lasst uns alle streben
Brüderlich mit Herz und Hand!
Einigkeit und Recht und Freiheit
Sind des Glückes Unterpfand –
Blüh im Glanze dieses Glückes,
Blühe, deutsches Vaterland!

Die Gedanken sind frei
Volksweise (19. Jahrhundert)

Die Gedanken sind frei,
wer kann sie erraten,
sie fliehen vorbei
wie nächtliche Schatten.
Kein Mensch kann sie wissen,
kein Kerker einschließen –
es bleibet dabei:
Die Gedanken sind frei!

Ich denke, was ich will
und was mich beglücket,
doch alles in der Still
und wie es sich schicket.
Mein Wunsch, mein Begehren
kann niemand verwehren.
Es bleibet dabei:
Die Gedanken sind frei!

Und sperrt man mich ein
im finsteren Kerker,
das alles sind rein
vergebliche Werke;
denn meine Gedanken
zerreißen die Schranken
und Mauern entzwei:
Die Gedanken sind frei.

1 *Lest beide Liedtexte und überlegt, bei welcher Gelegenheit sie gesungen worden sein könnten.*
2 *Erklärt mit eigenen Worten, was die Aussage dieser Lieder ist.*
3 *Überlegt, auf welche konkreten historischen Vorgänge bzw. Themen sich die Lieder beziehen.*

Biedermeier

1 **„Mein Nest ist das Best".** Zeichnung von Karl Ludwig Richter (1803–1884).

Biedermeier*:
Bezeichnung für den bürgerlichen Lebensstil zwischen 1815 und 1848. Enttäuscht von der Wiederherstellung der alten Ordnung, die die Bürger aus der Politik verdrängte, zogen sich die Menschen ins Privatleben zurück, um hier Erfüllung zu finden. Der Begriff war einem Pseudonym entlehnt, unter dem die Dichter Kussmaul und Eichrodt in den Jahren 1855–57 Gedichte veröffentlichten. Diese waren der naiven und unfreiwillig komischen Lyrik des schwäbischen Lehrers S. F. Sauter (1766–1846) nachgebildet, der in Gedichten die Geborgenheit des häuslichen Glücks pries. So wurde das Pseudonym „Biedermeier" zunächst gleichbedeutend mit einem literarischen Stil und schließlich mit der Zeit, in der dieser geprägt worden war.

Vormärz:
wird abkürzend die Zeit von 1815 bis 1848 genannt, die in Deutschland der Revolution im März 1848 vorausging.

„Die Menschen ziehen sich zurück"

1 *Beschreibt, welchen Eindruck die Abbildungen 1 und 2 auf euch machen.*

Der Wunsch nach einem großen, geeinten Deutschland hatte sich auf dem Wiener Kongress nicht erfüllt. Auch die Forderung der Bürger nach mehr Mitbestimmung war von den Fürsten abgelehnt worden. Sie sahen in der Bevölkerung nicht mündige Bürger, sondern bloße Untertanen, die regiert werden mussten.

Das Ergebnis des Wiener Kongresses löste daher vor allem in Deutschland Verbitterung aus. Nachdem sich viele Bürger in den Befreiungskriegen aus patriotischer Begeisterung dem Kampf gegen Napoleon angeschlossen hatten, wurden nun ihre Hoffnungen auf politische Veränderungen enttäuscht.

Die deutschen Fürsten waren nur daran interessiert, die vornapoleonischen Machtverhältnisse wiederherzustellen und wenn möglich Gebietsgewinne für ihre Territorien zu machen. Innenpolitische Reformen oder gar die Überwindung der Kleinstaaterei wurden verworfen. Es stellte sich daher für viele Menschen die Frage, wofür man überhaupt gekämpft hatte, wofür so viele Menschen hatten sterben müssen. Nur wenige zogen aus diesen Überlegungen die Konsequenz, sich in den oppositionellen Gruppen zu engagieren (vgl. S. 100). Die meisten kamen vielmehr zu einem resignierenden Ergebnis: Alle Opfer waren vergebens gewesen. Der Einsatz in politischen Dingen schien sich nicht zu lohnen. Die Mächtigen machten doch, was sie wollten.

Viele Menschen zogen sich daher in die eigenen vier Wände zurück und wollten von der Politik nichts mehr wissen. Außerdem fürchteten sie die Bespitzelung durch fürstliche Beamte. Nach den schweren Kriegsjahren genossen sie nun die stille Behaglichkeit und Zurückgezogenheit des eigenen Heimes. Die Resignation angesichts der eigenen Machtlosigkeit wurde zum Ideal eines zufriedenen Lebens stilisiert. Diese Lebenseinstellung der Zufriedenheit im Privaten, Beschaulichen und betont Unpolitischen wurde später als „Biedermeier*" bezeichnet.

Weil man sich aus politischen Gründen mit der Gegenwart nicht angemessen auseinander setzen konnte, beschäftigte man sich mit der Vergangenheit. Die Gebrüder Grimm sammelten in dieser Zeit die deutschen Volksmärchen. Andere schrieben die alten Volkslie-

Bürger oder Untertan?

2 **„Kreidefelsen auf Rügen.“** Gemälde von Caspar David Friedrich.

der auf, die auch heute noch gesungen werden. Auf diese Weise wurde alles vermieden, was einen Bürger in Konflikt mit den Herrschenden hätte bringen können.
Gottfried Kinkel, ein Schriftsteller, beschrieb diese Lebenseinstellung des typischen „Biedermeiers“ mit folgenden treffenden Versen:

Q

… Stets nur treu und stets loyal
Und vor allem stets zufrieden.
So hat Gott es mir beschieden.
Folglich bleibt mir keine Wahl.
Ob des Staates alte Karren
Weise lenken oder Narren,
Dieses geht mich gar nichts an;
Denn ich bin ein Untertan.

Jeder Untertan und Christ
Weiß den Dienst und dass daneben
Mit dem Staat sich abzugeben
Keineswegs ersprießlich ist.
Wer nicht herrscht, hört zu den Dummen.
Also warum sollt ich brummen?
Dieses geht mich gar nichts an.
Denn ich bin ein Untertan,
ein Untertan!

Der Rückzug ins Private zeigte sich auch in der Bildenden Kunst.
Einen Namen in der Malerei machten sich vor allem der in Greifswald geborene Caspar David Friedrich (1774–1840) und Ludwig Richter (1803–1884). Beide waren in Dresden tätig, das zu den Zentren der deutschen Romantik* zählte.
In den Bildern Richters (Abb. 1) kommen seine Liebe zum Kleinen und Nahen, der Hang zur Idylle und seine Volksverbundenheit zum Ausdruck. Caspar David Friedrich war hingegen ein Vertreter der Romantik. Die Romantiker bemühten sich vor allem um den Ausdruck von Gefühlen und ließen in ihren Bildern ein tiefes Empfinden für die Natur erkennen.

2 *Beschreibt mithilfe des Gedichts und der Abbildungen den Wandel im politischen Leben und den Rückzug des Bürgertums ins Private.*

3 *Die Begriffe „Biedermeier“ und „Vormärz“ (linke Randspalte) stehen für die gleiche Epoche der deutschen Geschichte und bezeichnen doch zwei verschiedene historische Entwicklungen. Versucht in einer Tabelle die Unterschiede und Gemeinsamkeiten stichpunktartig zusammenzufassen.*

Romantik*: *Von Deutschland ausgehende geistige Bewegung in der Zeit von 1790 bis 1830. Die Flucht aus der Wirklichkeit in eine Welt des Gefühls und der Fantasie, die Natur und die Rückbesinnung auf die Vergangenheit standen im Zentrum der romantischen Malerei, Literatur und Musik.*

Großherzogin Alexandrine von Mecklenburg mit ihren Kindern. Gemälde von Friedrich Wilhelm Schadow, um 1825.

Caspar David Friedrich *(1774–1840): Dem Maler wurde zeitlebens keine große Anerkennung zuteil. Seine romantischen, oft mystischen Landschaftsbilder schienen immer weniger in die neue Zeit des Realismus und des Biedermeier zu passen.*

1793: *Gründung von Heiligendamm als erstes deutsches Seebad.*

Methode: Bildinterpretation

1 **„Der Sonntagsspaziergang".** Gemälde von Carl Spitzweg, 1841.

2 **„Die Familie des Berliner Schlossermeisters C. F. A. Hauschild, Stralauer Straße 49".** Gemälde von Eduard Gärtner, 1843.

Mehr als nur Illustration?
Die Arbeit mit Bildern als Geschichtsquellen ist euch ja bereits bekannt. Meistens aber handelt es sich dabei um so genannte Historienbilder, also Gemälde oder Zeichnungen, die ein historisches Ereignis oder eine historische Persönlichkeit darstellen. Was ist aber mit Bildern wie den auf dieser Doppelseite abgebildeten? Haben auch sie einen Wert als historische Quelle? Sind es bloße Illustrationen? Schließlich stellt keines dieser vier Gemälde ein konkretes historisches Ereignis dar. Und auch die abgebildeten Personen sind entweder unbedeutend oder reine Genrefiguren.

Der „Zeitgeist" wird fassbar
Bilder wie diese sind „Kinder ihrer Zeit". Sie geben in gewisser Weise die Stimmung der Menschen damals wieder. Man nennt das zuweilen den „Zeitgeist". Insofern sind solche Bilder wertvolle historische Quellen, weil sie dem Betrachter einen Einblick in das „Seelenleben" ihrer Entstehungszeit geben. Da das aber nur schwer fassbar ist, muss man sich bei dieser Bildinterpretation der gleichen strengen Methode bedienen wie bei den Historienbildern.

1 *Welche Stimmung erzeugen diese vier Bilder bei euch?*
2 *Diese Gemälde stammen alle aus der Biedermeierzeit. Inwiefern sind sie hierfür typisch?*
3 *Welche Rolle spielt der Familienvater?*
4 *Welche Aufgaben haben die Frauen in den Bildern?*

3 **„Mondaufgang am Meer".** Gemälde von Caspar David Friedrich, 1832. Der Maler wurde in Greifswald geboren.

4 **„Die gute alte Zeit". Das Innere einer Bürgerwohnung im Biedermeierstil.** Um 1835.

Die Revolution von 1848

1 **Revolutionen in Europa 1848/49.**

März 1848: Revolutionäre Aufstände in Europa. In Paris, Wien und Berlin treten die alten Regierungen zurück. Die Forderung nach Parlamenten, die eine Verfassung beraten sollen, wird erfüllt.

Paris gibt das Signal für Erhebungen in Europa: Das Volk verjagt die Könige

Im Februar 1848 kam es in Paris zu Massendemonstrationen gegen den König und seine Regierung. Die Menschen forderten ein neues Wahlrecht.
Nur wer über ein hohes Einkommen verfügte, durfte zur Wahl gehen. Den aufgebrachten Bürgern rief ein Minister zu: „Werdet doch reiche Leute."
Die Arbeiter, Tagelöhner und Handwerker fühlten sich hierdurch verhöhnt. Sie stürmten Ende Februar 1848 den Königspalast. Der König musste gehen, die Republik wurde ausgerufen. Dies war das Signal zu zahlreichen Revolutionen in ganz Europa.
In Deutschland gaben viele Fürsten den Forderungen der Aufständischen sofort nach. Sie versprachen, Verfassungen ausarbeiten zu lassen und sich für die Einberufung eines Nationalparlaments einzusetzen. Der Großherzog Leopold von Baden schrieb an den König von Preußen:

Q1 … Meine Zugeständnisse sind teils von zweckmäßiger Art, teils von untergeordneter, teils von keiner nachträglichen Bedeutung. Die erste Aufgabe war, das Land zu beruhigen und zusammenzuhalten. …

1 *Stellt mithilfe der Karte fest, in welchen Städten im Frühjahr 1848 Aufstände ausbrachen.*
2 *Überlegt mithilfe der Quelle, wie ernst gemeint die Zugeständnisse des Großherzogs sind.*

Barrikadenkämpfe in Berlin – Höhepunkt der Märzrevolution

Die Nachrichten von der Revolution in Paris und den erfolgreichen Erhebungen in anderen deutschen Staaten führten in Berlin zu zahlreichen politischen Versammlungen. Auf ihnen forderten die Arbeiter von der Regierung Maßnahmen gegen die Arbeitslosigkeit. Bürger, Studenten und Arbeiter verlangten zudem gemeinsam Presse- und Redefreiheit, Versammlungsfreiheit, Amnestie der politischen Gefangenen, eine freiheitliche Verfassung und eine allgemeine deutsche Volksvertretung.
Die Lage spitzte sich immer mehr zu. Der preußische König war zunächst nicht bereit, den Forderungen nachzugeben. Er wehrte sich gegen eine geschriebene Verfassung: „Zwischen mich und mein Volk soll sich kein Blatt Papier drängen." Um die politischen Versammlungen auseinander zu treiben, ließ der König sogar Truppen in die Stadt ein-

Das Volk geht auf die Barrikaden

2 Barrikadenkämpfe in Berlin, 18./19. März 1848. Aus der Bleiverglasung von Fenstern werden Kugeln gegossen. Farblithographie von F. C. Nordmann, 1848.

rücken. Aber die Protestierenden ließen sich dadurch nicht einschüchtern. König Friedrich Wilhelm IV. gab schließlich nach und versprach dem Land eine Verfassung zu geben.
Um ihrem König für die Zusage einer Verfassung zu danken, versammelten sich am 18. März 1848 etwa 10 000 Berliner vor dem Schloss.
Plötzlich fielen – vermutlich aus Versehen – zwei Schüsse. Die Bürger fühlten sich betrogen. In aller Eile bauten sie Straßenbarrikaden. Auf den Barrikaden wehten schwarz-rot-goldene Fahnen. Mit den primitivsten Waffen wurden die gut ausgebildeten Armeeeinheiten abgewehrt. Schließlich wurde das Militär zurückgezogen.
Am folgenden Tag wurden von den Bürgern die Leichen von 150 Barrikadenkämpfern vor das Schloss getragen. Der König wurde gezwungen, sich vor den Särgen der Gefallenen zu verneigen. Mit einer schwarz-rot-goldenen Binde am Arm musste er durch die Straßen reiten. Am Abend erließ er einen Aufruf:

Q2 … Ich habe heute die alten deutschen Farben angenommen und mich und mein Volk unter das ehrwürdige Banner des Deutschen Reiches gestellt. Preußen geht fortan in Deutschland auf. …

Die Revolution sollte den Berlinern große und kleine Freiheiten bescheren. Von nun an durfte auf der Straße geraucht werden, Presse- und Versammlungsfreiheit ließen ein lebhaftes öffentliches Leben zu. Berlin wurde mit Flugblättern, Maueranschlägen und Plakaten überschwemmt, politisch Gleichgesinnte schlossen sich in „Klubs" zusammen, den Vorläufern der politischen Parteien. Hatte die Revolution damit auch in Berlin endgültig gesiegt? Eine Antwort mussten die nächsten Monate geben.

3 *Erläutert, was ihr von dem Aufruf des Königs (Q2) haltet.*

4 *Überlegt, was es bedeutet, wenn der König von Preußen die Farben Schwarz-Rot-Gold annimmt.*

Abreibungen von Grabplatten auf dem Friedhof der Märzgefallenen im Berliner Friedrichshain. Bei den Straßenkämpfen kamen etwa 200 Menschen ums Leben, meist Handwerker, Arbeiter und Studenten.

18./19. März 1848: *Die Berliner Bevölkerung erzwingt in Straßenkämpfen den Abzug des Militärs. Der preußische König bekennt sich zu demokratischen Reformen und der deutschen Einigung.*

Die erste deutsche Nationalversammlung

Johann Heinrich von Thünen *(1783–1850) zählt zu den Mitbegründern der landwirtschaftlichen Standorttheorie. Auf seinem Gut in Tellow bei Teterow beteiligte er die Gutsarbeiter am Gewinn des Betriebs. Thünen wurde für die Frankfurter Nationalversammlung nominiert, aber durch Krankheit an der Reise gehindert.*

Exkursionstipp: *Thünen-Museum in Tellow.*

18. Mai 1848: *Die erste Sitzung der deutschen Nationalversammlung in der Paulskirche in Frankfurt am Main.*

28. März 1849: *Verabschiedung der Reichsverfassung durch die Nationalversammlung.*

1 **Blick in die Frankfurter Nationalversammlung.** Da kein Saal der Stadt groß genug war, um die Abgeordneten aufzunehmen, wurde die Paulskirche zum Tagungsort gewählt. Auf der Rednertribüne unter der Darstellung der Germania steht der Parlamentspräsident Heinrich von Gagern. Kolorierter Stich, 1848.

Die Abgeordneten in der Paulskirche

Noch im Frühjahr 1848 wurden überall in Deutschland die Regierungen zum Rücktritt gezwungen. Erstmalig fanden in diesem Land allgemeine und gleiche Wahlen zu einer verfassunggebenden Versammlung statt. Frauen hatten allerdings kein Wahlrecht. Etwa zwei Drittel von den 600 Abgeordneten waren Akademiker, vor allem Professoren, Beamte, Juristen und Ärzte. Die übrigen Abgeordneten waren Vertreter der Wirtschaft, wie z. B. Gutsbesitzer, Kaufleute und Industrielle. Arbeiter fehlten in dem Parlament, das am 18. Mai 1848 in Frankfurt am Main zu seiner ersten Sitzung zusammentrat. Ein Abgeordneter berichtete von der ersten Sitzung:

Q1 ... Anfangs gab es in der Nationalversammlung noch keine Parteien. Jeder Abgeordnete sprach nur für sich selbst und stimmte auch so ab, wie er allein es für richtig hielt. So zogen sich die Verhandlungen in die Länge, da zu jedem Thema zahllose Abgeordnete sich zu Wort meldeten. Erst im Verlauf der Zeit lernten sich die Abgeordneten untereinander besser kennen und schlossen sich zu Gruppierungen zusammen. Nach den Sitzen, die sie einnahmen, unterschied man sie bald in rechte, linke und liberale Abgeordnete, je nach ihrem politischen Selbstverständnis. ...

Als ihre wichtigste Aufgabe sah die Nationalversammlung die Ausarbeitung einer Reichsverfassung an, die dann am 28. März 1849 verabschiedet wurde. In der Verfassung wurden die Grundrechte festgelegt:

Q2 ... § 137 Vor dem Gesetz gilt kein Unterschied der Stände. Der Adel als Stand ist aufgehoben. Alle Standesvorrechte sind abgeschafft.

§ 138 Die Freiheit der Person ist unverletzlich.

§ 139 Die Wohnung ist unverletzlich.

Ein König will kein Kaiser werden

April 1849:
Die Nationalversammlung wählt den preußischen König zum „Kaiser von Deutschland“.
Der König lehnt ab und die Nationalversammlung löst sich auf.

2 **Andere Zeiten – andere Sitten!** Karikatur, 1849.

§143 Jeder Deutsche hat das Recht, durch Wort, Schrift, Druck oder bildliche Darstellung seine Meinung frei zu äußern.
§161 Die Deutschen haben das Recht, sich friedlich und ohne Waffen zu versammeln; einer besonderen Erlaubnis bedarf es nicht. …

1 *Begründet, warum für die Frankfurter Nationalversammlung die Bezeichnung „Gelehrtenparlament“ aufkam.*
2 *Besprecht, warum die Abgeordneten als Erstes die Grundrechte ausarbeiteten.*

Der Preußenkönig lehnt die Kaiserkrone ab
Die Nationalversammlung diskutierte lange Zeit die Frage, ob das Deutsche Reich eine Republik oder eine Monarchie sein sollte. Man entschied sich schließlich für die Wahl eines Kaisers, der gemeinsam mit dem Parlament die Gesetze erlassen sollte.
Doch wer sollte Kaiser werden? Zwei Möglichkeiten boten sich an: die Schaffung eines großen Deutschen Reiches unter der Führung Österreichs oder die „kleindeutsche“ Lösung ohne Österreich unter der Führung Preußens. Man einigte sich auf die kleindeutsche Lösung unter der Führung Preußens. „Kaiser der Deutschen“ sollte Friedrich Wilhelm IV. von Preußen werden. Doch der preußische König lehnte ab. Selbstbewusst schrieb er im Februar 1849:

Q3 … Diese Krone ist nicht die tausendjährige Krone „deutscher Nation“, sondern eine Geburt des scheuseligen Jahres 1848. … Untertanen können keine Krone vergeben. … Mit Gottes Hilfe werden wir „oben“ wieder „oben“ und „unten“ wieder „unten“ machen. Das ist es, was vor allem Not tut. …

Mit dieser Reaktion des preußischen Königs hatten die Volksvertreter nicht gerechnet. Die meisten Abgeordneten traten nun aus der Nationalversammlung aus, die über keinerlei Machtmittel verfügte, um ihre Beschlüsse durchzusetzen: Die Armee, Polizei und Beamtenschaft standen auf der Seite der Fürsten.
Nur 100 Abgeordnete blieben zusammen und gründeten Anfang Mai in Stuttgart ein Rumpfparlament, das allerdings noch im Juli durch württembergische Truppen aufgelöst wurde.

3 *Warum boten die Frankfurter Abgeordneten dem preußischen König die Kaiserkrone an?*
4 *Nennt die Gründe für die Ablehnung der Kaiserkrone durch Friedrich Wilhelm IV. (Q3).*
5 *Erklärt, auf welche historischen Ereignisse die Karikatur (Abb. 2) anspielt.*
Wie urteilt der Zeichner über den Verlauf der Revolution?

Das Scheitern der Revolution

Juni bis Oktober 1848: Österreichische Truppen schlagen Aufstände in Wien, Prag und Oberitalien nieder.

Dezember 1848: Gewaltsame Auflösung der preußischen Nationalversammlung durch Friedrich Wilhelm IV.

Mai 1849: Erhebungen für die Reichsverfassung in den deutschen Kleinstaaten werden durch preußische Truppen niedergeworfen. Die Fürsten schränken das Wahlrecht und andere Grundrechte ein.

Im Revolutionsjahr 1848 zogen es Graf von Hahn und seine Frau vor, die Unruhen in Mecklenburg vom fernen Nizza zu beobachten. Als sie im Herbst 1849 auf ihr Schloss zurückkehrten, dokumentierten die Gutsinspektoren ihre Unterwürfigkeit so: Sie spannten die Pferde vom gräflichen Wagen aus und sich selbst davor. Fritz Reuter geißelte die Rückständigkeit in seinem Heimatland so: „Paragraph I: Allens bliwwt bi'n Ollen. Paragraph 2: Nix war'd ännert."

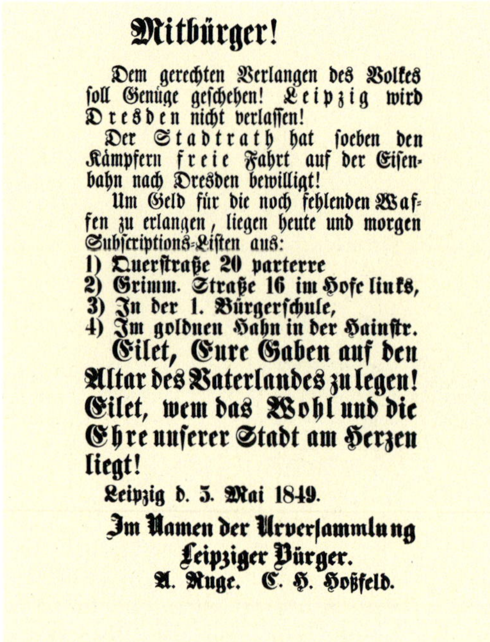

Mitbürger!

Dem gerechten Verlangen des Volkes soll Genüge geschehen! Leipzig wird Dresden nicht verlassen!

Der Stadtrath hat soeben den Kämpfern freie Fahrt auf der Eisenbahn nach Dresden bewilligt!

Um Geld für die noch fehlenden Waffen zu erlangen, liegen heute und morgen Subscriptions-Listen aus:

1) Querstraße 20 parterre
2) Grimm. Straße 16 im Hofe links,
3) In der 1. Bürgerschule,
4) Im goldnen Hahn in der Hainstr.

Eilet, Eure Gaben auf den Altar des Vaterlandes zu legen! Eilet, wem das Wohl und die Ehre unserer Stadt am Herzen liegt!

Leipzig d. 5. Mai 1849.

Im Namen der Urversammlung Leipziger Bürger.
A. Ruge. C. H. Hoßfeld.

1 **Aufruf zur Unterstützung der Dresdner Aufständischen zur Verteidigung der Revolution.** Leipzig, 5. Mai 1849.

2 **Sächsische Aufständische werden in Gefangenschaft geführt.** Neu-Ruppiner Bilderbogen, 1849.

Die Fürsten wollen die Macht zurück

Während die Frankfurter Nationalversammlung tagte, schlugen österreichische Truppen revolutionäre Erhebungen in Prag, Oberitalien und Wien nieder. Die führenden Revolutionäre wurden hingerichtet – auch Robert Blum, ein Abgeordneter der Frankfurter Nationalversammlung, der mit den Wiener Arbeitern und Handwerkern gegen die kaiserlichen Truppen gekämpft hatte. Ministerpräsident Fürst Schwarzenberg löste den verfassunggebenden Reichstag auf und verfügte eine neue Verfassung. Auch in Preußen begann noch 1848 die Gegenrevolution. Im September berief Friedrich Wilhelm IV. einen Ministerpräsidenten, der mithilfe der Armee für Ruhe und Ordnung sorgen sollte. Berlin wurde durch 40 000 Soldaten unter Führung General Wrangels besetzt. Noch im Dezember löste der König die preußische Nationalversammlung auf. Preußen wurde vom Zentrum der Märzrevolution zur führenden Kraft der Gegenrevolution in Deutschland.

1 *Überlegt, wie die Revolutionäre auf diese Entwicklung reagieren konnten.*

Aufstände für die Reichsverfassung – Dresden in Aufruhr

Im Frühjahr 1849 versuchten revolutionäre Bürger durch Aufstände doch noch die Anerkennung der Verfassung durchzusetzen. Zu solchen Aufstandsbewegungen kam es in Dresden und Elberfeld, im Rheinland und in Süddeutschland (vgl. Karte S. 108).

In Sachsen hatte der sächsische Landtag am 8. April 1849 für die Annahme der Reichsverfassung gestimmt. Noch am gleichen Tag löste König August II. den Landtag auf und auch die Proteste der Bevölkerung konnten ihn nicht umstimmen.

Als bekannt wurde, dass die Regierung preußische Truppen angefordert hatte, kam es zu gewaltsamen Unruhen.

Am 4. Mai – der König und seine Minister waren aus Dresden geflohen – bildeten demokratische Bürger eine provisorische Regierung. In einem Bericht aus unserer Zeit heißt es:

M … Binnen weniger Stunden wuchsen in Dresdens Altstadt 108 Barrikaden empor. Handwerker und Arbeiter türmten Steine und Holzstühle auf. Frauen und Kinder tru-

Die Fürsten stellen die alte Ordnung wieder her

3 Rundgemälde von Europa 1849. Die Revolutionäre werden verjagt: vom preußischen König in die Schweiz gefegt, vom französischen Herrscher nach Amerika verschifft. In Frankfurt a. M. verkümmert eine parlamentarische Vogelscheuche.

gen zerschlissene Fußmatten, alte eiserne Kochtöpfe und durchgelegene Strohsäcke zusammen. Künstler wie Gottfried Semper und Richard Wagner standen an der Seite der Aufständischen …

Am 5. Mai begannen die Kämpfe mit den preußischen Truppen. 5000 Soldaten kreisten die Altstadt ein. Ihnen gegenüber standen etwa 3000 schlecht bewaffnete Aufständische, die nach blutigen Barrikadenkämpfen am 9. Mai aufgeben mussten. Die provisorische Regierung wurde entmachtet. Zahlreiche Aufständische wurden erschossen und die Zuchthäuser des Landes füllten sich mit verurteilten Teilnehmern der Maiaufstände.

Die Wiederherstellung der alten Ordnung
Nicht nur in Dresden, auch in den anderen deutschen Ländern wurden die Aufstände durch preußische Truppen blutig niedergeschlagen. Zahlreiche Revolutionäre wurden hingerichtet oder zu hohen Zuchthausstrafen verurteilt. Vor dem Zugriff der Polizei flüchteten viele Menschen ins Ausland, vor allem nach Amerika. Die Fürsten dagegen stellten in den Ländern die alte Ordnung wieder her. Sie behinderten die Arbeit der Landesparlamente und schränkten das Wahlrecht ein. Friedrich Wilhelm IV. erließ für Preußen ohne weitere Absprache mit den gewählten Vertretern des Volkes eigenmächtig eine Verfassung, die dem König eine starke Stellung einräumte. 1850 vereinbarten Preußen und Österreich die Wiederherstellung des alten Deutschen Bundes (vgl. S. 95).
Die von der Nationalversammlung in Kraft gesetzten Grundrechte wurden 1851 durch den neu zusammengetretenen Frankfurter Bundestag aufgehoben. Einer der Revolutionäre, Johann Jakoby, schrieb 1849 an einen Freund:

Q … [Die Revolution] … hat die Lehre erteilt, dass jede Revolution verloren ist, welche die alten, wohl organisierten Gewalten neben sich fortbestehen lässt. …

2 *Beschreibt mithilfe der Abbildung 3 den Verlauf und die Folgen der Gegenrevolution.*
3 *Erklärt die Aussage von Jakoby (Q). Besprecht, ob ihr dieser Aussage zustimmen könnt.*

Der deutsche Michel und seine Kappe im Jahr 1848. Karikatur, 1848.

Kronprinz Wilhelm von Preußen*, genannt der Kartätschenprinz (1797–1888): Kartätschen waren mit Bleikugeln gefüllte Artilleriegeschosse, die sehr schwere Verletzungen hervorriefen. Kronprinz Wilhelm ließ die Barrikaden mit Kartätschen zusammenschießen.*

Werkstatt Geschichte: Wir würfeln Barrikaden

Habt ihr das Kapitel gründlich gelesen? Dann überprüft doch einmal, wer das beste Gedächtnis hat: Jeder entscheidet, welche Antwort er für die richtige hält. Besprecht danach eure Antworten und gebt euch für jede richtige Antwort einen Punkt. Wer ist Sieger?

1 *Der Begründer der deutschen Turnbewegung war zugleich ein Vorkämpfer für die Einheit Deutschlands. Sein Name lautet:*

- Helmut Kohl
- Siebenpfeifer
- Friedrich Ludwig Jahn

2 *1817 gedachten etwa 500 Studenten der Reformation und der Völkerschlacht bei Leipzig. Das Fest ging in die Geschichte ein als:*

- Hambacher Fest
- Osterfest
- Wartburgfest

3 *Das Buch, in dem Fritz Reuter seine Haftzeit beschrieb, hat den Titel:*

- Ut mine Festungstid
- Der Gefangene von Zenda
- Lewwer duad üs Slaav

4 *Name des schwäbischen Dichters, der die Behaglichkeit des häuslichen Glücks pries?*

- Grimm
- Richter
- Biedermeier

5 *Welcher Maler der Romantik wurde in Greifswald geboren?*

- Ludwig Richter
- Carl Spitzweg
- Caspar David Friedrich

6 *Wer gab das Signal zu einer allgemeinen Erhebung im Europa des Jahres 1848?*

- die Pariser Februarrevolution
- Aufstände in Baden
- Berliner Barrikadenkämpfer

7 *Welcher Ausspruch stammt von dem preußischen König Friedrich Wilhelm?*

- Dieses geht mich gar nichts an, denn ich bin ein Untertan.
- Fürsten zum Land hinaus, jetzt kommt der Völkerschmauß.
- Gegen Demokraten helfen nur Soldaten.

8 *Wie viele Berliner versammelten sich am 18. März 1848 vor dem Berliner Schloss?*

- 1 000
- 10 000
- 100 000

9 *Vor wem verneigte sich Friedrich Wilhelm IV. am 21. März 1848?*

- vor seiner Gemahlin, die ihren fünfzigsten Geburtstag feierte
- vor den Abgeordneten der preußischen Nationalversammlung, die in Berlin tagte
- vor den Särgen der gefallenen Barrikadenkämpfer, die vor seinem Schloss aufgebahrt waren

10 *Wie hieß die Kirche, die zum Tagungsort für die erste deutsche Nationalversammlung wurde?*

- Paulskirche
- Gedächtniskirche
- Nikolaikirche

11 *Die Verfassung, die die Nationalversammlung 1849 verabschiedete, beinhaltete:*

- das Wahlrecht für Frauen
- einen Katalog mit Grundrechten
- das Ende der Monarchie

12 *Die deutsche Schutzgöttin, die ihr auf Seite 110 findet, heißt:*

- Bavaria
- Germania
- Alemannia

13 *Die Nationalversammlung macht König Wilhelm IV. im April 1849 ein Angebot. Was wurde dem König angeboten?*

- die Kaiserkrone
- ein Ministeramt
- eine angemessene Altersversorgung, falls er freiwillig als König von Preußen abdanke

14 *In welcher Stadt kam es im Mai 1849 zu Erhebungen für die Reichsverfassung?*

- Frankfurt
- Potsdam
- Dresden

Zusammenfassung

Streben nach Freiheit
Gegen die Beschlüsse auf dem Wiener Kongress protestierten Handwerksgesellen, Bürgersöhne und vor allem auch Studenten. Sie forderten Einheit und Freiheit wie z. B. auf dem Wartburgfest (1817) und auf dem Hambacher Fest (1832). – Diese Liberalen wurden von den Fürsten verfolgt und häufig zu harten Gefängnisstrafen verurteilt. Der Wunsch nach mehr Freiheit konnte aber dadurch nicht unterdrückt werden.

Die Revolution 1848
Viele Menschen lebten zu Beginn des 19. Jahrhunderts in großer Armut. Ihre Unzufriedenheit mit den politischen Verhältnissen brach sich schließlich Bahn, als infolge von Missernten noch Hungersnöte ausbrachen. Es kam zu Revolten, die durch Soldaten niedergeschlagen wurden. Ausgehend von Paris, wo im Februar 1848 der König vertrieben und eine Republik ausgerufen wurde, breitete sich die Revolution über ganz Europa aus, so in Italien, Ungarn, Österreich und in Deutschland. Die deutschen Revolutionäre forderten immer wieder die Abschaffung der Adelsvorrechte, politische Mitbestimmung und die Einheit Deutschlands.

Die Frankfurter Nationalversammlung
Sie ging aus allgemeinen und gleichen Wahlen hervor. Die Nationalversammlung beschloss die erste gemeinsame deutsche Verfassung. Ferner beriet sie darüber, welche Staaten dieses geeinte Deutschland bilden sollten. Mit knapper Mehrheit entschied man sich für die kleindeutsche Lösung, also ohne Österreich. Dem preußischen König Friedrich Wilhelm IV. bot man die Kaiserkrone an, die dieser empört ablehnte.

Das Scheitern der Revolution
Während die Frankfurter Nationalversammlung tagte, schlugen österreichische Truppen revolutionäre Erhebungen in Prag, Oberitalien und Wien im Sommer und Herbst 1848 nieder. Das war das Signal für die Gegenrevolution. Auch der preußische König ließ Berlin von Soldaten besetzen und löste die preußische Nationalversammlung im Dezember 1848 auf. Mit der Ablehnung der Kaiserkrone durch den preußischen König war auch die Arbeit der Nationalversammlung gescheitert. Mit Waffengewalt wurden die Abgeordneten auseinander gejagt. Die alten Mächte eroberten ihre verlorenen Machtpositionen wieder zurück.

1817/1832

Wartburgfest und Hambacher Fest.

März 1848

Die Revolution in Frankreich breitet sich über ganz Europa aus.

18. Mai 1848

Eröffnung der deutschen Nationalversammlung in der Frankfurter Paulskirche.

28. April 1849

Der preußische König lehnt die Wahl zum Kaiser ab.

6. Die industrielle Revolution

Im 19. Jahrhundert wandelte sich das Leben der Menschen in Deutschland und vielen anderen Ländern grundlegend. Der Siegeszug neuer Techniken und Maschinen veränderte den Alltag, das Denken und Handeln der Menschen in Europa. Es entstanden neue soziale Gruppen und Probleme: Fabrikbesitzer, Angestellte und vor allem Arbeiter, die oft unter unmenschlichen Bedingungen in den Fabriken arbeiten und in den Städten leben mussten. Auf den folgenden Seiten könnt ihr erfahren, wie diese Revolution in England begann und schließlich Europa erfasste – mit all ihren positiven wie negativen Folgen für das Leben der Menschen.

Anfänge der industriellen Produktion

1250 1300 1350 1400 1450 1500 1550 1600 1650 1700 1750 1800 1850 1900 1950

Der Engländer **Jethro Tull.**

1 Heimarbeiterinnen in England um 1770. Wolle wird zu Garn verarbeitet. Die Fäden werden zunächst auf dem Spinnrad gesponnen und dann auf eine Garnwinde gewickelt. Buchillustration.

Die Sämaschine, die der Engländer Jethro Tull im Jahr 1701 erfand.

Die Revolution beginnt in England

Im Jahr 1845 schrieb Friedrich Engels, ein deutscher Fabrikant, in seinem Buch über „Die Lage der arbeitenden Klasse in England“:

Q … Vor 60/80 Jahren ein Land wie alle anderen, mit kleinen Städten, wenig und einfacher Industrie und einer verhältnismäßig großen Ackerbaubevölkerung. Und jetzt: Ein Land wie kein anderes, mit einer Hauptstadt von dreieinhalb Millionen Einwohnern, mit großen Fabrikstädten, mit einer Industrie, die die ganze Welt versorgt und die fast alles mit den kompliziertesten Maschinen macht, mit einer fleißigen, intelligenten Bevölkerung, von der zwei Drittel von der Industrie in Anspruch genommen werden und die aus ganz anderen Klassen besteht, ja, die eine ganz andere Nation mit anderen Sitten und Bedürfnissen bildet als damals. …

1 *Informiert euch in einem Lexikon über das Leben von Friedrich Engels.*

Voraussetzungen der industriellen Revolution

Wie hatte es zu diesen raschen Veränderungen kommen können und warum gerade in England? Auf diese Frage gibt es mehrere Antworten:

– Eine wichtige Voraussetzung war die Steigerung der Ernteerträge durch bessere Anbaumethoden und neue Maschinen. So erfand z. B. der Engländer Jethro Tull im Jahr 1701 die Sämaschine, mit der die Körner gleichmäßig in die Erde gesät werden konnten.
– Neue Früchte aus Nordamerika wie die Kartoffel, aber auch Tomaten und Erbsen ergänzten die Versorgungsmöglichkeiten. Bessere Ernährung sowie ein höheres Maß an Sauberkeit und Hygiene in den Haushalten führten zu einem Bevölkerungsan-

Anfänge der industriellen Produktion

2 Die „Spinning Jenny" von 1764. – Drehte man das Rad, zogen und drehten die Spindeln die Wolle automatisch zu Fäden. Ein Mensch konnte daran so viel Garn spinnen wie acht Leute mit herkömmlichen Spinnrädern. Buchillustration.

stieg. Zwischen 1700 und 1850 nahm in England die Bevölkerung um das Dreifache zu.

- Je mehr Menschen es gab, desto größer wurde der Bedarf an Kleidung aller Art, vor allem an preisgünstigen Stoffen. Die Garnproduktion der etwa 700 000 Heimarbeiterinnen (Abb. 1) reichte jetzt nicht mehr aus.
- Wegen der großen Nachfrage nach preisgünstigen Stoffen suchten Großhändler und Unternehmer jetzt nach technischen Möglichkeiten, die Produktion zu erhöhen und gleichzeitig preiswerte Waren zu produzieren.
- Technische Erfindungen und die notwendigen Industriebauten kosteten viel Geld. Doch daran herrschte kein Mangel, denn Kaufleute und Adlige hatten im Übersee- und Sklavenhandel große Reichtümer erworben und konnten die Arbeiten von Technikern und Ingenieuren finanzieren.

Innerhalb nur einer Generation veränderte sich so in England die Arbeitswelt: Von der Heimarbeit, die auch nur in der „Freizeit" ausgeübt werden konnte, kam es jetzt zur Vollarbeitszeit in großen Fabriken* mit oft mehreren hundert Arbeitern und Arbeiterinnen.

2 *Erläutert, warum man hier von einer „Revolution" spricht.*

3 *Erklärt in eigenen Worten, warum es zunächst in England zur industriellen Revolution kam. Berücksichtigt dabei die Abbildungen 1 und 2.*

Die „Spinning Jenny"

Im Jahr 1761 schrieb die „Gesellschaft zur Förderung des Handwerks und der Manufakturen" einen Wettbewerb aus. Fünfzig Pfund Sterling sollte derjenige erhalten, dem die Erfindung einer Maschine gelänge, „die sechs Fäden Wolle, Flachs, Hanf oder Baumwolle gleichzeitig spinnt, sodass nur eine Person zur Bedienung nötig ist".

Den Preis gewann schließlich James Hargreaves (1740–1778). Im Jahr 1764 stellte er seine Maschine, die er nach seiner Tochter „Spinning Jenny" nannte, der Öffentlichkeit vor. Mit dem Preisgeld richtete er sich eine kleine Werkstatt ein, die von aufgebrachten Webern und Spinnern der Umgebung jedoch schon bald gewaltsam zerstört wurde.

4 *Die Weber und Spinner rotten sich zusammen, um das Haus von Hargreaves zu überfallen. Was könnten sie gesagt haben?*

Fabrik*
(lat. fabrica = Werkstätte):
Großbetrieb mit oft mehreren hundert Arbeitern und Arbeiterinnen und maschineller Fertigung von Erzeugnissen. Der Aufstieg der Fabriken und der Niedergang des Heimgewerbes begann in England 1770 mit der Erfindung der „Spinning Jenny". Die Heimarbeiter mussten sich nun als Lohnarbeiter bei den Fabrikbesitzern verdingen.

„Mit Volldampf in die Zukunft"

1 **Die von James Watt 1769 konstruierte Dampfmaschine.** Illustration.

James Watt *(1736–1819). Gemälde, 1792.*

1824: *Inbetriebnahme der ersten Dampfmaschine in Schleswig-Holstein durch die Gebrüder Renck in Neumünster.*

Abschied vom Webstuhl

Mit den neuen Spinnmaschinen, die zudem ständig verbessert wurden, gab es Garn im Überfluss. Die Webereibesitzer verlangten daher nach leistungsfähigeren Webstühlen, um das Garn auch verarbeiten zu können. Edmund Cartwright (1743–1823), ein Landpfarrer, war es schließlich, der im Jahr 1785 die ersten mechanischen Webstühle konstruierte, die schon bald von Dampfmaschinen angetrieben wurden.

Dampfmaschinen gab es schon seit 1698, aber sie brachten nur geringe Leistung bei gleichzeitig sehr hohem Energieverbrauch. Den Durchbruch schaffte erst James Watt (1736–1819) im Jahr 1769 mit einer Dampfmaschine, die die zehnfache Leistung eines Pferdes erbrachte (10 PS = 10 Pferdestärken). 1810 gab es allein in England schon über 5000 Dampfmaschinen. In den Bergwerken wurden sie zur Förderung der Kohle eingesetzt, sie standen in Wasserwerken, trieben Mühlen an und auf den Feldern zogen sie die schweren Stahlpflüge. Sie fehlten natürlich auch nicht bei den Spinn- und Webmaschinen und in der Landwirtschaft. Für die ländlichen Textilarbeiter und Textilarbeiterinnen entstand durch die Fabriken eine mächtige Konkurrenz. Wie der Konkurrenzkampf ausging, zeigt die folgende Tabelle:

	Kraftgetriebene Webstühle	Ländliche Weber
1810	–	250 000
1813	2 400	–
1820	14 150	250 000
1829	55 500	–
1833	100 000	–
1850	250 000	40 000
1860	–	3 000

(– = keine Angaben vorhanden)

1 *Beschreibt die an der Tabelle deutlich werdende Entwicklung im Textilgewerbe. Stellt die Zahlenangaben zeichnerisch dar.*

2 *Sucht nach Gründen für diese Entwicklung.*

Dampf in Bewegung

Waren die ersten Dampfmaschinen noch so schwer, dass man sie nicht von der Stelle bewegen konnte, so baute bereits 1769 der Franzose Nicolas Joseph Cugnot einen Dampf-

Dampfmaschinen im Einsatz

2 **Dampfgetriebene Pflüge konnten auf großen, ebenen Feldern am besten eingesetzt werden.**
Rekonstruktionszeichnung.

wagen, dessen Wasser- und Brennstoffvorräte allerdings nur für eine Fahrt von 15 Minuten ausreichte. Nachdem dieser an einer Mauer zerschellte, wurde dieses Projekt nicht weiterverfolgt. Englische Techniker bauten leistungsfähigere Dampffahrzeuge, scheiterten aber an dem entschiedenen Widerstand von Fuhrunternehmern, Hufschmieden, Sattlern und Besitzern von Pferdestationen. Als es auch noch zu einigen Verkehrsunfällen kam, erließ das englische Parlament 1836 das „Anti-Dampfwagen-Gesetz". Die „pferdelosen mechanischen Wagen" durften nicht schneller als vier englische Meilen in der Stunde fahren. Außerdem musste 100 Meter vor jedem Dampfwagen ein Mann vorausgehen und durch das Schwenken einer roten Fahne die Fußgänger und Pferdefuhrwerke vor der „Gefahr" warnen. Dieses Gesetz war bis 1895 in Kraft und verhinderte die Weiterentwicklung der Straßenfahrzeuge.

Umso erfolgreicher waren die Dampflokomotiven des englischen Konstrukteurs George Stephenson (1781–1848). Im Jahr 1825 wurde die erste Bahnlinie der Welt zwischen den Bergwerken in Darlington und der Hafenstadt Stockton-on-Tees eröffnet. Für die 15 Kilometer lange Strecke brauchte die Lokomotive mit 34 Wagen insgesamt 65 Minuten.

Wie keine andere Erfindung dieser Zeit hat die Dampflokomotive die Welt verändert. Menschen und ungeheure Warenmengen konnten jetzt in kurzer Zeit große Strecken überwinden, Rohstoffe konnten in die Industriezentren gebracht und die Bevölkerung in den Großstädten jederzeit mit ausreichenden Lebensmitteln versorgt werden.

Der Dampfmaschine folgten im 19. Jahrhundert noch zahlreiche andere bedeutende Erfindungen und Entdeckungen:

Benz · Edison · Fulton · Daimler · Koch · Liebig · Otto · Pasteur · Siemens · Stephenson · Daguerre · Watt
Glühbirne · Cholerabekämpfung · Entdecker der Bakterien · erstes Automobil · Dynamo · Viertaktmotor · Kunstdünger · Benzinmotor · Dampfmaschine · Fotografie · Lokomotive · Dampfschiff

3 *Ordnet den Erfindern die jeweilige Erfindung zu. Nehmt ein Lexikon zu Hilfe.*

George Stephenson *baute seine erste Dampflokomotive 1814. Das Nachfolgemodell, die Rocket, war mit einer Höchstgeschwindigkeit von 47 km/h als erstes Fahrzeug schneller als ein Pferd.*

Zum Weiterlesen: Fabriken überall

Eine Baumwollfabrik
Die Textilindustrie wurde durch die Einführung von Maschinen, die mit Wasser- und Dampfkraft angetrieben wurden, völlig umgestaltet. Anfang des 19. Jahrhunderts wurde in dieser Fabrik die Baumwolle zuerst gekämmt um die Fasern zu strecken. Die Baumwollfasern wurden dann mit einer Spinnmaschine zu Fäden zusammengedreht und auf Spulen gewickelt. Der Antrieb aller Maschinen erfolgte zentral über ein riesiges Wasserrad und ein System von Zahnrädern und Wellen, die viele Gefahren für die reichen beweglichen Teile Schutzschilde oder Sicherheitsbremsen. Oftmals mussten Kinder, da sie klein und gelenkig waren, unter die surrenden Spinnmaschinen kriechen und gerissene Fäden knoten. Kein Wunder, dass sie oft schwer und manchmal sogar tödlich verunglückten.

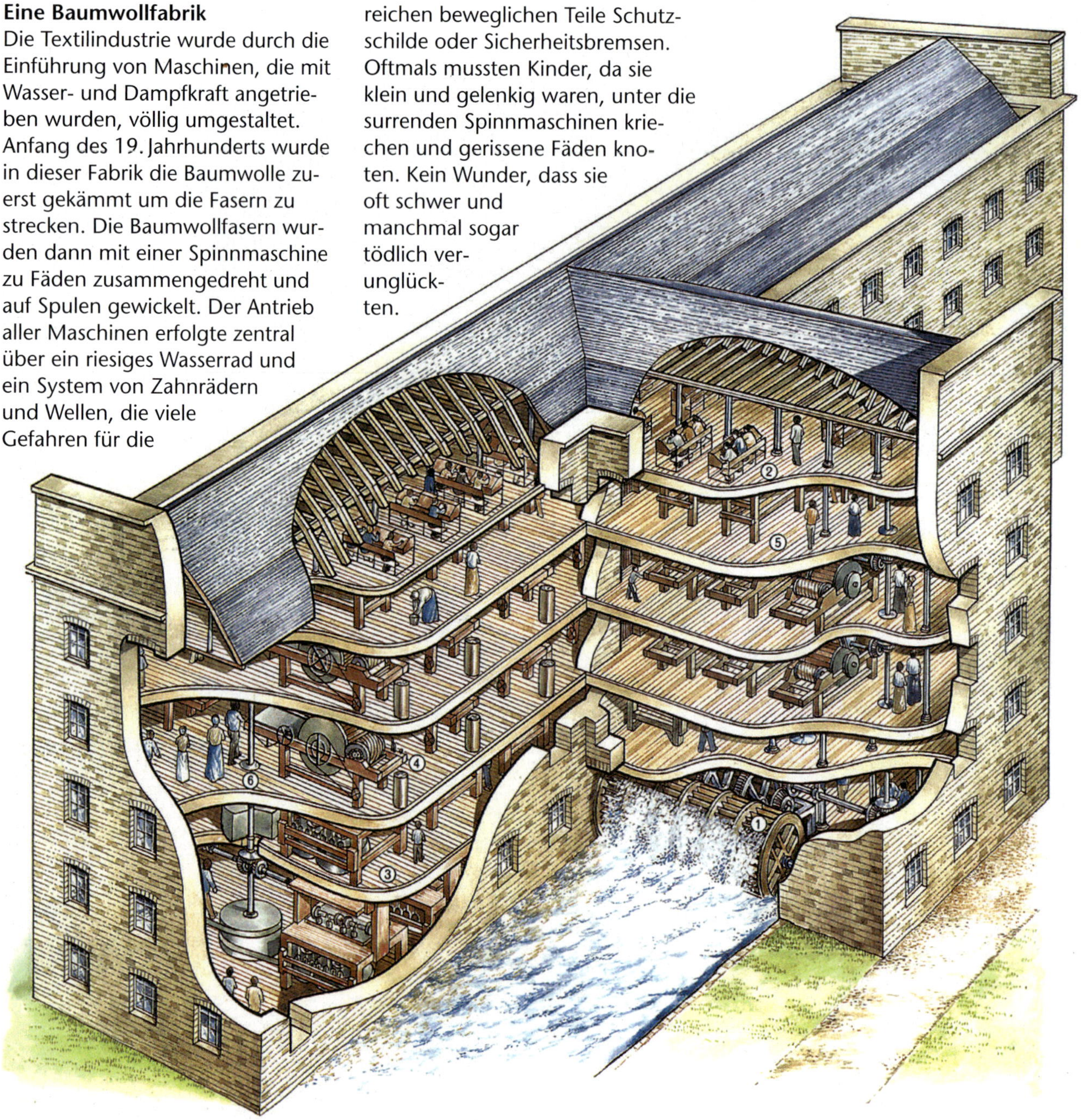

Arbeiter bargen. Breite, lange Treibriemen und Räder, die sich schnell drehten, waren überall in der Fabrik zu finden, aber keine der Maschinen hatte trotz dieser zahl-

Weitere Informationen findet ihr in dem Buch von Andrew Langley: Die Entwicklung der Industrie. Karl Müller Verlag.

1 Wasserrad
2 Schulzimmer
3 Spinnmaschinen
4 Kämmmaschinen
5 Spul- und Wickelmaschinen
6 Treibriemen

Zum Weiterlesen: Fabriken überall

Eisen und Kohle
Zwischen 1770 und 1860 stieg die Kohleproduktion in Großbritannien von sechs Millionen auf 66 Millionen Tonnen. Kohle war als Brennstoff unerlässlich für den Betrieb der Dampfmaschinen und für die Eisengewinnung. Und ohne Eisen (und später Stahl) hätte es z. B. keine Eisenbahnschienen, keine Ozeandampfer und keine Werkzeugmaschinen gegeben.
Mit der steigenden Nachfrage brachten die Kohlenbergwerke ihren Eigentümern hohe Gewinne, denjenigen aber, die in den Bergwerken arbeiten mussten, brachten sie nur Elend, Krankheit und oft sogar den Tod.

Hüttenarbeiter schieben einen glühend heißen Barren unter den Dampfhammer.

Gefahren im Bergwerk
Zuerst wurde Kohle im Tagebau gefördert, aber später musste tiefer gegraben werden. Man legte senkrechte Schächte an, von denen aus dann seitwärts waagerechte Stollen in die Kohlenflöze getrieben wurden. Je tiefer die Schächte und Stollen ins Erdinnere reichten, umso häufiger kam es vor, dass sich Wasser darin ansammelte. Viele Bergleute mussten ihre ganze Schicht lang im Wasser stehend arbeiten.
Erst Anfang des 18. Jahrhunderts wurde das Wasser abgepumpt. Viele andere Gefahren lauerten auf die Kumpel. Gase aus dem Erdinnern konnten sich entzünden und zu Explosionen führen, Schächte und Stollen einstürzen.
Der Kohlenstaub führte bei den Bergarbeitern zu Asthma- und Lungenkrankheiten.
Die Arbeit selbst war hart, lang und schlecht bezahlt.

Ein Pferd wird in einem speziellen Geschirr in den Schacht hinuntergelassen. Grubenpferde zogen die Loren über die Gleise in den Stollen.

Kinderarbeit in einem englischen Steinkohlenbergwerk.
Lithographie, 1884.

Folgen der Industrialisierung in England

1 Häuser mit separaten Kellerwohnungen in Merthyr Tydfil (Wales).

In den Abwasserkanälen der englischen Großstädte wimmelte es von ***Ratten****. Manche Männer verdienten sich damit ihren Lebensunterhalt, diese Ratten zu fangen. Gelegentlich verkauften sie lebendige Ratten an Leute, die mit ihren Hunden Jagd darauf machten.*

1835:
Aus einem kleinen Stoffhandel wird das Kendals in Manchester zum ersten Kaufhaus in Europa mit Stoff- und Modeangebot und einer kleinen Teestube.

Die Lage der Arbeiter

Um 1700 lebten in England 85 Prozent der Bevölkerung auf dem Land; etwa 150 Jahre später waren es nur noch 40 Prozent. Millionen Menschen waren in dieser Zeit vom Land in die Städte abgewandert.

Die Mechanisierung in der Landwirtschaft hatte sie arbeitslos gemacht. In den Industriestandorten suchten sie jetzt als ungelernte Arbeiter ihren Lebensunterhalt zu verdienen. Ihre Unterkünfte waren klein, dunkel und feucht.

Rheuma, Gicht und andere Krankheiten gehörten zu ihrem Alltag.

Der Verdienst war schlecht, denn es gab genügend Menschen, die bereit waren, auch für einen geringen Lohn zwölf Stunden und mehr am Tag zu arbeiten; Frauen und Kinder mussten ebenfalls mitarbeiten.

War die Auftragslage schlecht, wurden die Arbeiter sofort entlassen; eine Arbeitslosenunterstützung gab es nicht. In einem Bericht des Ingenieurs Max Eyth aus dem Jahr 1861 heißt es:

Q … Was die Industrie Gutes und Böses leistet, lernt man in Manchester kennen. Den Hauptreichtum des Bezirks erzeugen die Millionen Spindeln seiner Baumwollindustrie. Reichtum! Nirgends in England habe ich bis jetzt eine so bleiche, kranke, von Elend und Unglück angefressene Bevölkerung gesehen, wie sie hier aus den niederen, rauchigen Häusern herausgrinst oder auf den engen, staubigen Gassen der ärmeren Viertel herumliegt …! Töricht wäre es trotzdem, der Industrie einen Vorwurf daraus zu machen. Sie ist und bleibt das einzige Mittel, die 500 000 Menschen hier, die Millionen in England auch nur auf dieser Stufe des Lebens zu erhalten. Nicht die Industrie hat das Hässliche geschaffen, das ihr anhaftet. …

1 *Erläutert den Bericht von Max Eyth. Was müsste sich nach eurer Meinung ändern, damit sich die Arbeiter „aus diesem Schmutz herausarbeiten" können?*

2 *Vergleicht diesen Bericht mit jenem von Friedrich Engels (vgl. S. 118).*

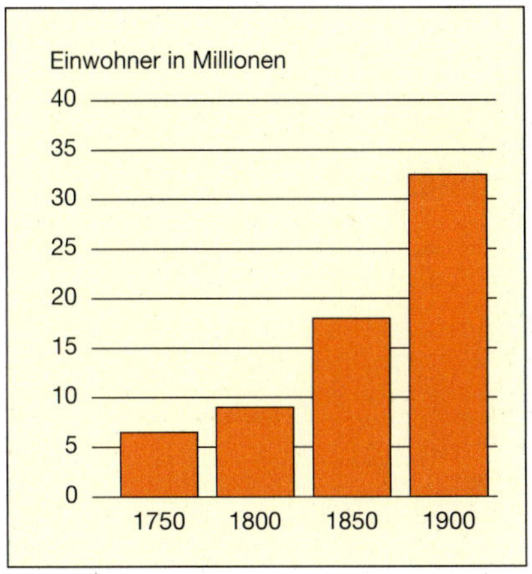

1 **Bevölkerungsentwicklung in England und Wales 1750–1900.** Säulendiagramm.

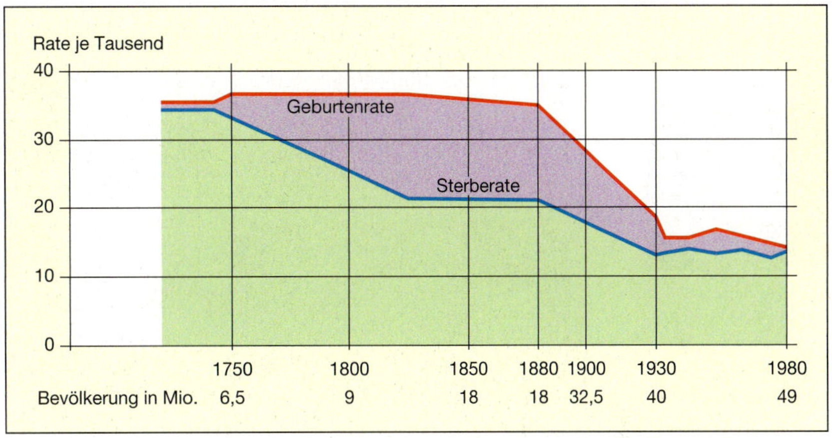

2 **Geburten- und Sterberate in England und Wales 1750–1900.** Kurvendiagramm.

Wir arbeiten mit Statistiken und Grafiken

Immer wieder arbeiten wir im Geschichtsunterricht mit Statistiken und Grafiken. Sie sollen uns helfen historische Entwicklungen darzustellen und zu vergleichen. Wie das funktioniert und was dabei zu beachten ist, könnt ihr hier am Beispiel der Bevölkerungsentwicklung in Europa erarbeiten.

In Europa lebten um 1750 etwa 140 Millionen Menschen; um 1900 waren es bereits 450 Millionen. In nur 150 Jahren hatte sich die Bevölkerungszahl Europas mehr als verdreifacht. Ein derartig rasches Bevölkerungswachstum war etwas völlig Neues. Wir sprechen daher von einer Bevölkerungsexplosion. Das erste Land, in dem sich dieser Bevölkerungswandel vollzog, war England (Grafik 1). Es gibt für diese Entwicklung vor allem zwei Ursachen:

- Infolge der verbesserten medizinischen Versorgung und der höheren Ernteerträge durch den Einsatz von Landmaschinen ging in England seit 1750 die Sterblichkeit stark zurück.
- Die Geburtenrate aber blieb weiterhin gleich hoch (Grafik 2).

Man kann diese Entwicklung in England und Wales aufzeigen, indem man für jedes Jahr seit 1750 genaue Angaben macht über die Geburten- und Todesfälle sowie die Bevölkerungszahl insgesamt; das wäre dann eine Statistik. Besonders übersichtlich wäre dies indessen nicht. Viel anschaulicher ist eine zeichnerische Darstellung, eine Grafik. Es gibt aber ganz unterschiedliche Grafiken.

Das ***Säulendiagramm*** (Grafik 1) zeigt uns einen ganz bestimmten Zustand zu einem bestimmten Zeitpunkt.

Das ***Kurvendiagramm*** (Grafik 2) gibt hingegen eine Entwicklung wieder. Das ist z. B. wichtig, wenn man die Entwicklung in England mit jener in Deutschland vergleichen möchte (Tabelle, Abb. 3).

Seit 1800 ging die Sterblichkeit in Deutschland fast gleichmäßig von 28 pro 1000 Einwohner auf 16 pro 1000 Einwohner im Jahr 1900 zurück. Die Geburtenrate sank im gleichen Zeitraum von 40 auf 27 je Jahr und 1000 Einwohner.

Jahr	Bevölkerungszahl
1750	20 Millionen
1800	23 Millionen
1850	35 Millionen
1900	56 Millionen

3 **Bevölkerungsentwicklung in Deutschland 1750–1900.** Statistik.

1 *Tragt die Angaben zur Bevölkerungsentwicklung in Deutschland in ein Säulendiagramm ein.*

2 *Zeichnet mithilfe der Angaben zu der Geburtenrate und der Sterberate ein Kurvendiagramm.*

3 *Vergleicht euer Ergebnis mit den Grafiken 1 und 2. Gibt es Unterschiede? Wie sind sie zu erklären?*

4 *Versucht selbst eine Grafik zu erstellen. Ein Beispiel: Die Bevölkerungsentwicklung in eurem Wohn- oder Schulort zwischen 1750 und 1900. Besorgt euch die entsprechenden Angaben im Rathaus und erstellt mit ihrer Hilfe ein Säulendiagramm und ein Kurvendiagramm.*
- *Welchen Unterschied stellt ihr zur Entwicklung in England fest?*
- *Welche Fragen ergeben sich daraus?*

Industrielle Revolution in Deutschland

1833/34:
Gründung des deutschen Zollvereins.

***Albrecht Daniel Thaer** (1752–1828): Begründer der wissenschaftlichen Landwirtschaft in Deutschland Mit dem Gut Möglin an der Oder unterhielt er einen Musterbetrieb.*

*Mecklenburg und Vorpommern gehörten im 19. Jahrhundert zu den ärmsten Gebieten in Deutschland, waren gar zum Paradebeispiel für **Rückständigkeit** geworden. Die Großgrundbesitzer besaßen das meiste Land und sie hatten das Sagen. Das Bildungsniveau war niedrig, auf den Dörfern saßen meist alle Kinder der ersten bis achten Klasse in einem Raum zusammen und erhielten vom Dorflehrer Unterricht.*

Tipp:
Das Freilichtmuseum Alt-Schwerin zeigt eine typische Gutsanlage sowie eine Dorfschule aus der Zeit um 1910.

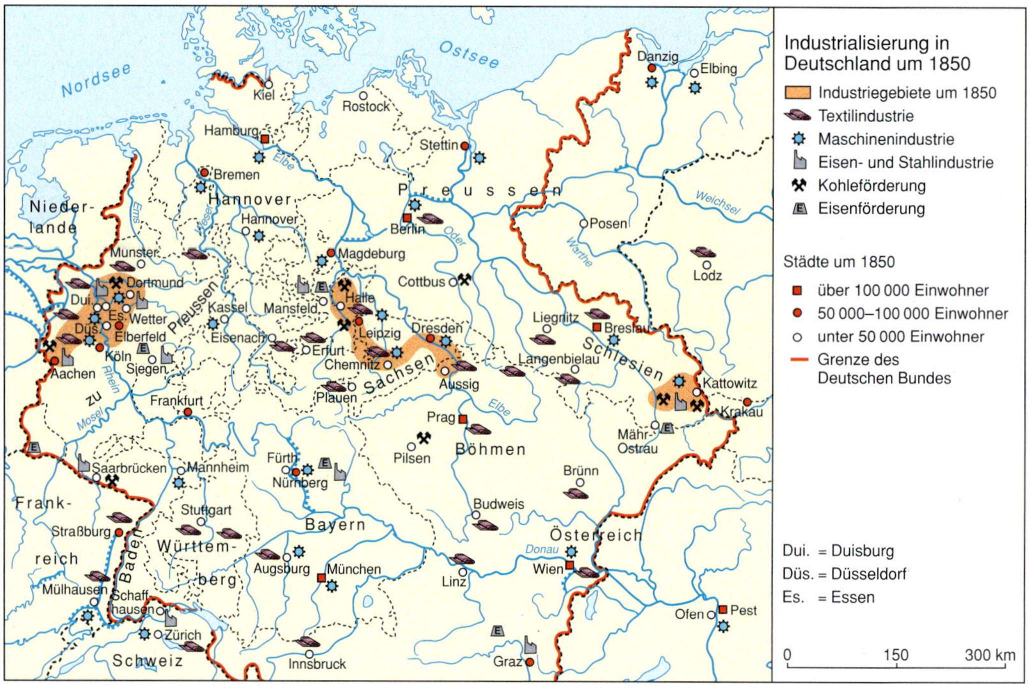

1 **Industrialisierung in Deutschland um 1850.**

Deutschland – ein rückständiges Land?

Die industrielle Revolution begann in Deutschland erst spät. Deutschland besaß im Unterschied zu England keine Kolonien, die billig Rohstoffe liefern konnten. Es fehlten ihm damit auch lohnende Absatzmärkte. Auch im Deutschen Reich selber verhinderten die zahllosen Zölle, die unterschiedlichen Währungen und Gewichte in den Einzelstaaten einen großen einheitlichen Wirtschaftsraum.

Im Jahr 1819 klagte der Wirtschaftswissenschaftler Friedrich List:

Q1 … Um von Hamburg nach Österreich, von Berlin in die Schweiz zu handeln, hat man zehn Staaten zu durchschneiden, zehn Zollordnungen zu studieren, zehnmal Durchgangszoll zu bezahlen. Trostlos ist dieser Zustand für Männer, welche wirken und handeln möchten. …

Nur fünfzehn Jahre später waren diese Hindernisse beseitigt: In der Nacht zum 1. Januar 1834 fielen in fast allen deutschen Staaten die Zollschranken. Um Mitternacht setzten sich die wartenden Wagen der Kaufleute unter dem Jubel der Bevölkerung in Bewegung. Diesen Fortschritt für die Händler und Reisenden hatte die Regierung von Preußen in langen Verhandlungen mit den anderen deutschen Staaten erreicht. Unter preußischer Führung schlossen sich in den Jahren 1833/34 fast alle deutschen Länder zu einem „Deutschen Zollverein" zusammen. Der Vertrag enthielt zwei weitere wichtige Bestimmungen:

- Die Regierungen führten ein gleiches Münz-, Maß- und Gewichtssystem in ihren Ländern ein.
- Jeder Einwohner des Gebietes des deutschen Zollvereins darf sich in jedem deutschen Staat des Zollvereins Arbeit suchen.

1 *Erklärt den Satz: Die wirtschaftlichen Erfordernisse förderten die deutsche Einheit.*

Die Eisenbahn – Motor der Industrialisierung

Nur knapp zwei Jahre nach der Gründung des deutschen Zollvereins fuhr „Deutschlands erste Eisenbahn mit Dampf" am 7. Dezember 1835 die sechs Kilometer lange Strecke von

„Mit Volldampf hinterher"

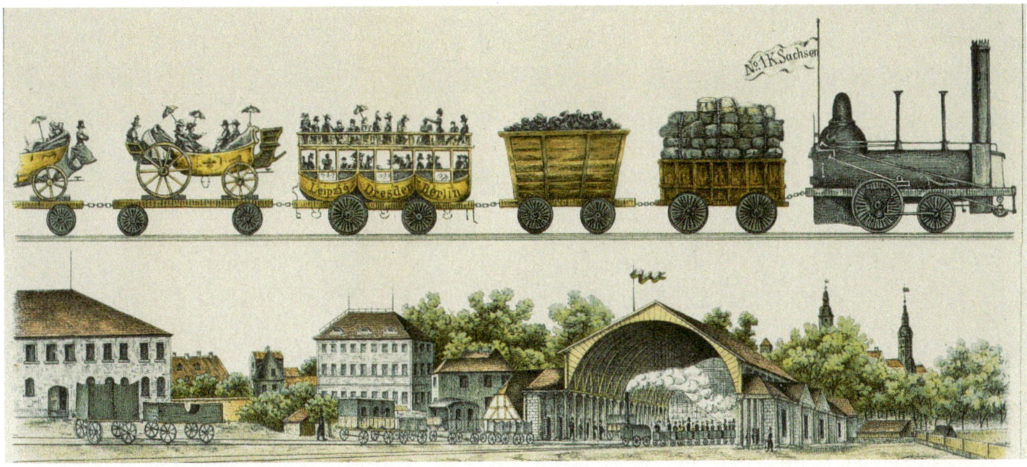

2 **Der erste sächsische Eisenbahnzug und der erste Bahnhof der Eisenbahn in Leipzig.** Lithographie nach einer Zeichnung von Friedrich List, 1838.

Nürnberg nach Fürth. Drei Jahre später wurde die Linie Potsdam–Berlin in Betrieb genommen. Etwas unwillig meinte der preußische König Friedrich Wilhelm III. dazu:

Q2 ... Die Ruhe und Gemütlichkeit leidet darunter. Kann mir keine große Seligkeit davon versprechen, ein paar Stunden früher von Berlin in Potsdam zu sein. Zeit wird's lehren. ...

Im Jahr 1836 begann die „Leipzig-Dresdner Eisenbahn-Compagnie" mit dem Bau einer 115 km langen Fernstrecke zwischen Leipzig und Dresden. So wie hier wurde in vielen deutschen Staaten der Ausbau des Schienennetzes zügig vorangetrieben, von etwa 200 km im Jahr 1837 auf über 40 000 km um 1880.
Die Bahn diente zunächst hauptsächlich dem Personenverkehr und führte zu erheblich verkürzten Reisezeiten.
Der erste Frachtbrief stammt aus dem Jahr 1836 für den Transport von zwei Bierfässern von Nürnberg nach Fürth. In den nächsten Jahren und Jahrzehnten gewann der Transport von Gütern jedoch immer größere Bedeutung. Vor allem die Kohle- und Erzvorkommen in Oberschlesien, im Ruhrgebiet oder Saarland konnten jetzt schnell mit den großen Industriestandorten verbunden werden. Dies erst ermöglichte den raschen Ausbau des Kohlenbergbaus und der Eisen- und Stahlindustrie, die in Deutschland zu den wichtigsten Industriezweigen wurden.
Durch den Ausbau ihres Schienennetzes wurde aber auch die Bahn selbst zur vielleicht wichtigsten Triebkraft bei der Industrialisierung.
In einer heutigen Darstellung heißt es:

M ... Mit der Vielzahl seiner technischen Bereiche, wie Lokomotiven- und Wagenbau, Oberbau (Bettung und Gleis), Tunnel- und Brückenbau, Hochbau (Bahnhöfe, Lokomotiven- und Wagenhallen, Wasserstationen u. a.), Signalsicherungs- und Nachrichtenwesen, entwickelte sich der Eisenbahnbau innerhalb weniger Jahre zu einem führenden Wirtschaftszweig. ...

Voller Bewunderung meinte Friedrich List: „Der Zollverein und das Eisenbahnsystem sind siamesische Zwillinge", denn beide strebten gemeinsam danach, „die deutschen Stämme zu einer reichen und mächtigen Nation" zu machen.

2 *Erklärt den Zusammenhang zwischen dem Eisenbahnbau und der Industrialisierung in Deutschland. Vergleicht mit der Entwicklung in England.*

3 *Findet mithilfe der Karte (Abb. 1) heraus, wo Deutschlands wichtigste Industriegebiete lagen.*

Döschdamper:
Fahrbare Dampfmaschinen wurden seit Ende des 19. Jahrhunderts in der Landwirtschaft eingesetzt. Die Dampfmaschinen trieben über Riemen Dreschkästen, Schnitzelwerke und Häcksler an. Sie waren meist im Besitz von Lohnunternehmern. Weil sie in der Regel zu schwer für den Einsatz auf dem Feld waren, arbeiteten sie überwiegend auf den Hofstellen.

Internettipp:
www.freilichtmuseum-sh.de

Der Wirtschaftswissenschaftler ***Friedrich List*** *(1789–1846) war ein wichtiger Vorkämpfer der deutschen Eisenbahnen und des Zollvereins.*

Gottlieb Daimlers Motorrad, 1885. Zu einer der grundlegenden Erfindungen des 19. Jahrhunderts gehörte zweifellos der Verbrennungsmotor.

Otto Lilienthal *(1848–1874) wurde in Anklam geboren. Er untersuchte den Vogelflug und baute einen Flugapparat, mit dem er 1891 seinen ersten Gleitflug unternahm. Bei einem Flugversuch stürzte er tödlich ab.*

Tipp:
Otto-Lilienthal-Museum Anklam.

Einwohnerzahlen von Kiel und Rostock:

Kiel	
1900	*107 000*
1910	*211 000*
1918	*243 000*
Rostock	
1890	*44 409*
1925	*77 667*

Museumsbahnen in Mecklenburg-Vorpommern und Schleswig-Holstein:
Bad Doberan – Kühlungsborn
Klütz – Grevesmühlen
Lauterbach – Göhren
Schwichtenberg – Uhlenhorst
Hamburg-Bergedorf – Krümmel
Kappeln – Süderbrarup
Schönberg – Schönberger Strand

Kohle und Eisen – Triebkräfte der Industrie

1 **Kohlengewinnung mit dem Abbauhammer.** Foto, um 1920.

2 **Kohlengewinnung mit dem Schrämlader.** Foto, 1977.

1 *Beschreibt beide Arbeitsplätze.*
2 *Erläutert die Veränderungen für die Bergarbeiter. Überlegt auch, worin die Arbeitsbedingungen ähnlich geblieben sind.*

Bergbau im Ruhrgebiet

In England war der Anstoß zur Industrialisierung von der Textilindustrie ausgegangen. In Deutschland wurden der Steinkohlenbergbau und die Eisenindustrie zum wichtigsten Antrieb. In der vorindustriellen Zeit wurden Metalle mithilfe von Holzkohle erzeugt und verarbeitet. Die Eisenerzbergwerke und Eisenhütten deckten hauptsächlich den Bedarf an Eisenwaren in der Umgebung. Wurde das Holz aus den vorhandenen Waldbeständen knapp, musste auch die Eisenproduktion eingeschränkt werden.
Im Tal der Ruhr war Steinkohle lange Zeit von Bauern im Nebenerwerb abgebaut worden. Das geschah im Stollenabbau an den Hängen des Ruhrtals. Nach 1815 förderte der preußische Staat in seinen Provinzen Rheinland und Westfalen den Steinkohlenbergbau. Etwa fünfzehn Jahre später gelang der Übergang vom Stollen- zum Tiefbau. 1835 hatten einige Schächte bereits 200 m Tiefe. Dampfmaschinen übernahmen die Entwässerung und Belüftung der Gruben.

Die Kohlenbergwerke verdrängten die Nebenerwerbsbetriebe der Bauern im Ruhrtal. Die Bergarbeit wurde zu einer industriellen Arbeit. Sie war besonders hart und anstrengend. Männliche Jugendliche durften erst ab 16 Jahren unter Tage beschäftigt werden. Manche Zechenbesitzer beachteten diese Bestimmung nicht. Außerdem stellten sie viele Jugendliche ein, weil diese als Arbeitskräfte billiger waren als die erwachsenen Arbeiter.
Weitere wichtige Steinkohlenreviere gab es in Deutschland an der Saar und in Oberschlesien.

3 *Errechnet den Anteil der Steinkohlenförderung des Ruhrbergbaus an der Förderung von Steinkohle in Deutschland (in %) und stellt die Ergebnisse grafisch dar.*
4 *Zieht Schlüsse über die Bedeutung des Ruhrbergbaus in diesem Zeitraum.*

Steinkohlenförderung 1860–1910 (in Mio. Tonnen)

	Deutschland	davon: Ruhrgebiet
1860	12,3	4,4
1880	42,2	22,5
1900	109,3	60,1
1910	151,1	89,1

Kohle und Eisen – Triebkräfte der Industrie

3 **In der Gussstahlfabrik Krupp in Essen.** Foto, um 1900.

Eisen und Stahl aus dem Ruhrgebiet

5 *Beschreibt die Arbeitsplätze und vergleicht sie mit denen unter Tage.*

Um Eisen und Stahl zu erzeugen, musste aus dem Eisenerz das Eisen herausgeschmolzen werden. Lange Zeit wurde dafür Holzkohle verwendet. Die englische Konkurrenz, die mithilfe von Koks die Metallerzeugung kostengünstiger betrieb, spornte Unternehmer aus dem Ruhrgebiet an, die heimische Kohle zur Eisen- und Stahlproduktion zu verwenden. 1811 gründete Friedrich Krupp (1787 bis 1826) in Essen eine Gussstahlfabrik.

Bei der Londoner Weltausstellung im Jahr 1851 staunten die Besucher über eine riesige Gussstahlkanone und einen gewaltigen Stahlblock der Firma Krupp.

6 *Klärt mithilfe eines Lexikons die Begriffe Stahl und Koks.*

7 *Erklärt, warum mit Kohle, Eisen und Stahl die Industrialisierung vorangetrieben wurde.*

8 *Informiert euch über die Geschichte des Unternehmens Krupp. Zieht dazu Lexika und andere Literatur heran. Fertigt einen zusammenfassenden Bericht an.*

Kapital für das Ruhrgebiet

Die Steigerung der Steinkohlenförderung und der Eisen- und Stahlproduktion erforderte viel Geld. Meist konnte ein einzelner Unternehmer dieses Kapital nicht aufbringen. Deshalb wurden Aktiengesellschaften gegründet, bei denen viele Kapitalgeber ihr Geld zusammenlegten.

Hohe Gewinne auf die Aktienanteile lockten auch ausländische „Kapitalisten" in das Ruhrgebiet. Banken beteiligten sich mit Krediten an den Bergbau- und Hüttenunternehmen.

Gründung von Aktiengesellschaften und Banken

	Aktiengesellschaften	Banken
1850	4	2
1853	16	3
1856	90	9

Dr. Ernst Alban
(1791–1856) war von Beruf zunächst Augenarzt, bevor er sich dem Maschinenbau verschrieb. Er war der Begründer der ersten Maschinenbauanstalt in Mecklenburg und gilt als Bahnbrecher des Maschinenwesens in Deutschland. In Plau am See baute er 1840 eine moderne Maschinenfabrik und Eisengießerei. Hauptprodukte waren die Erfindung der Hochdruckdampfmaschine und die Entwicklung zahlreicher moderner Landmaschinen.

Tipp:
Das Dithmarscher Landesmuseum in Meldorf zeigt in anschaulichen Beispielen, wie der Einzug der Industriezeit das Leben in Dörfern und Städten veränderte.

Straßen:
Die meisten Straßen in Norddeutschland waren noch Anfang des 19. Jahrhunderts unbefestigt. Es gab nur wenige Chausseen, auch Kunststraßen genannt, die mit Kopfsteinpflaster befestigt waren. Erst ab etwa 1840 kam es zu einem verstärkten Ausbau von Haupt- und Nebenstraßen.

Geschichte vor Ort: Industrialisierung im Norden

Abwanderung in die Städte
Auch im Norden Deutschlands brachte die Industrialisierung große Veränderungen mit sich. Die Menschen, die wegen des starken Bevölkerungswachstums auf dem Land keine Arbeit mehr fanden, zogen als Fabrik- oder Hafenarbeiter auch in die Städte an der deutschen Ostseeküste. So wurden aus unbedeutenden Verwaltungsstädten wie Kiel oder Hansestädten wie Lübeck und Stralsund, die längst große Teile ihrer einstigen Macht eingebüßt hatten, moderne Industriestädte mit einer rasch wachsenden Bevölkerung. In der Landwirtschaft führte die Abwanderung der Landarbeiter in die Industriestädte zur Beschäftigung zahlreicher ausländischer, vor allem polnischer Saisonarbeiter auf den mecklenburgischen und pommerschen Gütern.

Der Norden unter Dampf
1842, nur sieben Jahre, nachdem in Deutschland die erste Eisenbahnstrecke in Betrieb genommen wurde, rollte auch in der preußischen Provinz Pommern der erste Zug. Die Linie Berlin–Stettin wurde 1842/43 in drei Teilabschnitten eröffnet. Von dort verbreiterte sich das Angebot in den nächsten Jahren zusehends und verband vor allem Hafenstädte bzw. Kur- und Badeorte mit der Hauptstadt Berlin.
Die erste Eisenbahnlinie in Holstein wurde 1844 eingeweiht. Die Strecke führte von Altona über Neumünster nach Kiel. Kurze Zeit später gab es einen Abzweiger von Neumünster nach Rendsburg. Und seit 1846 existierte eine Zugverbindung von Hamburg nach Berlin. Nachdem Schleswig-Holstein 1866 preußisch geworden war, wuchs das Eisenbahnnetz ganz erheblich.
Der Verlauf einer Strecke war oft entscheidend für die wirtschaftliche Entwicklung eines Ortes. Ein nahe gelegener Bahnhof konnte ein Anreiz sein, hier einen neuen Betrieb anzusiedeln, da so der Transport vereinfacht und die Frachtkosten reduziert wurden. Oft legte man Bahnhöfe zwischen zwei Orten an, um damit einen Kompromiss zu schließen. Einige Orte, wie z. B. „Klein Kummerfeld-Bahnhof", entstanden, wie der Name schon verrät, erst durch die Ansiedlung von Familien rund um den mitten auf freiem Feld angelegten Bahnhof. Die größeren Orte hingegen erhielten meist repräsentative Bahnhofsgebäude, die zunächst am Rand der Innenstadt lagen, bald aber mehr und mehr zum Zentrum wurden. Um den Passagieren ein bequemes, vor Wind und Wetter geschütztes Ein- und Aussteigen zu ermöglichen und gleichzeitig Abzugsmöglichkeiten für den Dampf der Lokomotiven zu schaffen, baute man hohe Glaskuppeln.

1 *Findet heraus, wo der zu eurer Schule am nächsten gelegene Bahnhof liegt. Seit wann besteht er?*
2 *Besorgt euch alte Fotos? Wie hat sich der Bahnhof verändert?*

1 **Eisenbahnnetz in Norddeutschland 1850 und 1885.**

Geschichte vor Ort: Eisenbahnen und Werften

Der Aufstieg Kiels

Bis Kiel 1864 preußische Flottenstation wurde, war es unbedeutend. Doch dann sollte diese Stadt rasant wachsen. Häfen wie Lübeck oder Stralsund waren im Mittelalter günstig gewesen, da sie geschützt lagen und deshalb nicht so schnell eingenommen werden konnten.
Doch für die modernen Schiffe des 19. Jahrhunderts boten sie nicht genügend tiefe Fahrrinnen. Dies war die große Stunde von Kiel.
Hatte die Kieler Förde im Mittelalter noch als zu offen und schutzlos gegolten, so bot sie jetzt optimale Bedingungen.
Da die anderen preußischen Häfen in West- und Ostpreußen lagen, war Kiel der einzige landeseigene Hafen, der in der Regel auch im Winter eisfrei und somit nutzbar blieb. Daher beschloss die preußische Heeresführung hier einen Marinestützpunkt zu errichten und verlagerte einen Teil ihrer Flotte von Danzig nach Westen. Zudem lag Kiel günstig für die Anlage eines Kanals zur Nordsee. Für den Bau des Kaiser-Wilhelm-Kanals (heute Nord-Ostsee-Kanal) konnte man den alten Eiderkanal sowie die Eider nutzen. So wurde die Stadt zudem zum Anfangs- oder Endpunkt der auch heute noch am häufigsten befahrenen künstlichen Wasserstraße der Welt.

1 **Die Howaldtswerke um 1890.** Foto.

2 **Werkshäuser der Howaldtswerke.** Foto.

Die Howaldts

Eine der Kieler Familien, die den Aufschwung der Stadt als Seehafen nutzte, war die Familie Howaldt. Bereits seit 1838 betrieb August Ferdinand Howaldt zusammen mit einem Partner eine Eisengießerei und Maschinenbau-Anstalt in Kiel.
Sein Sohn Georg gründete 1865, die Zeichen der Zeit nutzend, eine kleine Werft. Zusammen mit seinen Brüdern Hermann und Bernhard baute er diese Werft später aus und vereinigte sie mit der väterlichen Maschinenfabrik.
Bei den Howaldtswerken wurden fast ausschließlich moderne, maschinengetriebene Schiffe gebaut, die die Segelschiffe mehr und mehr verdrängten.
Da die Werft schnell wuchs und Facharbeiter benötigte, die, nachdem sie einmal angelernt waren, auch lange bleiben sollten, bauten die Howaldts Häuser für ihre Arbeiter und gründeten einen eigenen Arbeiterbauverein.

1 *Findet für eure Stadt heraus, wie sich die Einwohnerzahl um 1900 entwickelt hat.*

2 *Erkundigt euch nach der Lage der Werftindustrie heute.*

Geschichte vor Ort: Alfred Nobel

1 **Alfred Nobel (1833–1896).** Foto, um 1863.

Dynamit – eine explosive Geschichte

Im heutigen Geesthachter Ortsteil Krümmel an der Elbe machte der Schwede Alfred Nobel um 1865 eine Entdeckung, die die Welt veränderte: Er zähmte durch die Beimischung von Kieselgur das explosive Nitroglyzerin und entwickelte so einen „Sicherheitssprengstoff". Wegen seiner enormen Stärke nannte er ihn nach dem griechischen Wort „dynamis" für Kraft „Dynamit".
Statt zehn Sprenglöchern für Schwarzpulver reichte nun eines, um Erz aus Gestein, Kohle aus Flözen oder Tunnel aus dem Fels zu sprengen. Gebraucht wurde der neue Sprengstoff weltweit. Für den Straßen-, Eisenbahn- und Kanalbau sowie für die Bergwerke erwies sich Dynamit als ein wahres „Wundermittel". Ohne Dynamit hätte es die industrielle Revolution – wie wir sie kennen – nicht gegeben. In Krümmel ließ Nobel die erste und lange Zeit größte Dynamitfabrik der Welt errichten.
Die Verwendung des Dynamits für das Militär ließ nicht lange auf sich warten. Im Deutsch-Französischen Krieg 1870/71 belieferte Nobel beide Seiten mit Sprengstoffen.
Nach der Entwicklung des Ballistids, eines rauchlosen Pulvers, im Jahr 1877 beherrschte Nobel auch den Markt für die militärische Anwendung des Dynamits.

2 **Die Fabrik Krümmel bei Beginn der Fabrikation 1865/1866.** Holzstich.

Dem Erfinder waren die Folgen seiner Arbeit für eine „moderne Kriegführung" bewusst. Er dachte jedoch, dass die Steigerung der Zerstörungskraft der Waffen dazu führen würde, dass Staaten aus „Vernunftgründen" keinen Krieg mehr führen würden.

Die Pulverkammer Deutschlands

1877 gründete ein in Süddeutschland beheimateter Pulverhersteller eine Pulverfabrik in Düneberg, nur einige Kilometer elbaufwärts von Krümmel. Diese beiden Fabriken gingen über die Jahre eine enge Zusammenarbeit ein. In Krümmel wurde der Sprengstoff hergestellt, der in Düneberg zu Pulver verarbeitet wurde. Im Ersten Weltkrieg arbeiteten an die 20 000 Menschen, darunter „Pulverfrauen", Pendler aus Hamburg und Kriegsgefangene in der „Pulverkammer Deutschlands".
Für Alfred Nobel bildete die Fabrik in Krümmel den Grundstock für ein weltweites Wirtschaftsimperium. Er forschte unablässig – er erhielt über 350 Patente – und war an Firmengründungen auf dem gesamten europäischen Kontinent und in den USA beteiligt. Er wurde zu einem der reichsten Unternehmer des Industriezeitalters, dem „Dynamit-König".

1 *Beschreibt Abbildung 2.*

2 *Informiert euch in der Bücherei oder im Internet über den Einsatz von Sprengstoffen heute. Berücksichtigt dazu auch die Abbildungen 3 und 4.*

3 **Vorbereitung von Sprengungen beim Tunnelbau.** Kolorierter Holzstich, 1885.

4 **Arbeiterinnen in einer Munitionsfabrik beim Umgang mit Dynamit.** Foto, 1900.

Alfred Nobel – eine „unglückliche Figur"?
Alfred Nobel (1833–1896) sagte am Ende seines Lebens über sich:

Q1 Alfred Nobel – erbärmliches Geschöpf, hätte bei seinem Eintritt in dieses Leben von einem menschenfreundlichen Arzt erstickt werden sollen. Hauptverdienste: die Fingernägel sauber zu halten und keinem zur Last zu fallen. Die größten Fehler: keine Familie zu haben, keine frohe Laune und guten Magen. Höchster Anspruch: nicht lebendig begraben zu werden. Größte Sünde: betet den Mammon nicht an. Bedeutende Ereignisse in seinem Leben: keine. ...

Dieses kleine Selbstporträt könnte zu einer Dichterpersönlichkeit gehören, tatsächlich spricht einer der ersten „Global Players" des 19. Jahrhunderts: Er war einer der erfolgreichsten Unternehmer seiner Zeit, der aber in seinen Briefen Verachtung für alles „Kaufmännische" zugab; der als Fabrikant von für die Militärs gut einsetzbaren Sprengstoffen zugleich Kontakte zur entstehenden Friedensbewegung unterhielt; der als Erfinder auch Autor von Gedichten und Dramen war.
Als Besitzer eines Wirtschaftsimperiums hinterließ Alfred Nobel ferner ein berühmtes Testament, aus dem die wohl bekannteste Auszeichnung der Welt geworden ist: der Nobelpreis. Er wurde 1901 zum ersten Mal verliehen.

3 *Ermittelt die Preisträger der Nobelpreise im letzten Jahr.*

4 *Alfred Nobels Glaube lautete sinngemäß: Frieden schaffen durch mehr Waffen. Begründet diese Ansicht der gegenseitigen Abschreckung mit eigenen Worten.*

5 **Nobelpreismedaille.** Foto.

Methode: Ein Besuch im Industriemuseum

Industriemuseen in Schleswig-Holstein und Mecklenburg-Vorpommern
In Industriemuseen werden Gegenstände aus der Zeit der Industrialisierung gesammelt und ausgestellt, wie z. B. Webstühle, Dampfmaschinen oder Eisenbahnen.
Häufig finden sich auch Gegenstände und Dokumente aus dem Alltag der Menschen: vom Waschbrett bis zum Fahrrad, vom Lohnbuch bis zur Kücheneinrichtung. Auch ganze Industrieanlagen und Fabriken werden als technische Denkmäler erhalten oder wiederhergestellt.
In Schleswig-Holstein und Mecklenburg-Vorpommern sind reine Industriemuseen selten. Dafür haben aber viele größere Museen eine Abteilung, die sich mit dem Alltagsleben der Menschen zur Zeit der industriellen Revolution beschäftigt.

1 **Industriemuseum Elmshorn: Erkundung einer Lederbügelmaschine.** Foto, 2000.

2 **Industriemuseum Elmshorn: Erkundung einer Dampfmaschine.** Foto, 2000.

3 **Industriemuseum Elmshorn: Im Kolonialwarenladen.** Foto, 2000.

Wie findet ihr das richtige Museum?
Um ein solches Museum in eurer Nähe zu finden, könnt ihr euch entweder an die nächste Touristeninformation wenden oder selbst im Internet recherchieren. Neben den allgemeinen Suchmaschinen helfen euch diese Adressen:
www.museen-sh.de oder
www.museum-mv.de.
Wenn ihr nun auf die Homepage des Museums geht, das euch interessiert und in eurer Nähe liegt, erfahrt ihr schon viel darüber, was man dort sehen kann, und ob es spezielle Angebote für Schulklassen gibt.

Wie bereitet ihr euren Besuch vor?
Je besser ihr euch auf den Besuch im Museum vorbereitet, desto mehr habt ihr davon. Überlegt also vorher, was euch besonders interessiert und was ihr machen möchtet. In manchen Museen kann man nach Absprache mit den Museumspädagogen selbst etwas ausprobieren, um am eigenen Leib zu erfahren, wie das Leben vor über 100 Jahren war. In anderen gibt es Filme oder Dias, Fragebögen oder interessante Führungen zu speziellen Themen. Mithilfe von Internet und Telefon kann eine kleine Arbeitsgruppe von euch schon vorab klären, wann das Museum geöffnet hat, wie hoch der

Methode: Ein Besuch im Industriemuseum

Eintrittspreis ist und welche Möglichkeiten euch geboten werden. Je genauer ihr eure Wünsche beschreibt, desto besser kann man sich im Museum darauf einstellen. Wenn etwas jedoch nicht möglich sein sollte, so erfahrt ihr es rechtzeitig und seid hinterher nicht enttäuscht.

Was unternehmt ihr im Museum?
Was ihr genau im Museum macht, hängt natürlich vor allem von den örtlichen Gegebenheiten ab und davon, ob es Museumspädagogen gibt, die euch ein fertiges Programm liefern, oder ob ihr euch die Ausstellung allein anseht.
Für Schüler ist es oft langweilig, sich einen Glaskasten nach dem anderen anzuschauen. Deshalb ist es ratsam, kleine Gruppen zu bilden. Jede Gruppe beschäftigt sich mit einem Teil der Ausstellung genauer und erzählt den anderen dann nur, was an ihrem Bereich besonders interessant war. So müsst ihr nicht alles selbst lesen und werdet zu „Fachleuten" für ein begrenztes Spezialgebiet.

5 **Nachgestellte oder -gebaute Einrichtungen wie dieser Gewürzladen im Kulturhistorischen Museum Stralsund machen Geschichte anschaulich.** Foto.

Wie wertet ihr euren Besuch aus?
Schon bevor ihr losfahrt, solltet ihr euch darüber im Klaren sein, was ihr hinterher mit euren neuen Erkenntnissen machen wollt. Wenn ihr eine kleine Ausstellung oder Informationstafel für die Schülerinnen und Schüler der anderen Klassen eurer Schule plant, so ist es wichtig, die Aufgaben vorher zu verteilen.
Wer ist für die Bilder zuständig und muss also eine Fotokamera mitnehmen? Wer schreibt die Texte? Worüber soll genau berichtet werden?
Unter Umständen wollt ihr euren Bericht auf die Homepage eurer Schule stellen, in der Schülerzeitung veröffentlichen oder beim Elternabend präsentieren. Informiert euch vorher, was dann jeweils speziell zu beachten ist.

4 **Kniehebelpresse von 1842, ausgestellt im Kulturzentrum Rendsburg.** Foto.

6 **Technische Kulturdenkmäler: Die Leuchttürme von Kap Arkona auf Rügen** Foto.

Die Gesellschaft ändert sich

1 **Ein Fabrikbesitzer besichtigt mit Gästen einen Betrieb.** Foto, um 1900.

Kapital*:
ein Vermögen, das im Wirtschaftsprozess eingesetzt wird, damit es sich möglichst schnell und stark vermehrt. Unterschieden wird zwischen Geldkapital und Produktivkapital (Maschinen, Produktionsstätten).

Fabrikbesitzer – die neuen Fürsten?
Innerhalb weniger Jahrzehnte veränderte die Industrialisierung die Machtverhältnisse in der Gesellschaft.
In der Ständegesellschaft besaß der Adel durch sein Eigentum an Grund und Boden eine Führungsstellung.
In der entstehenden Industriegesellschaft wurde der Besitz von Kapital* wichtiger.
Eine neue gesellschaftliche Schicht entstand neben der alten: das Wirtschaftsbürgertum. Deutlich wird dieser Wandel auch in einem Nachruf der „Schlesischen Zeitung" auf August Borsig:

Q … Der Tod Borsigs, des Fürsten der Berliner Industrie, gehört nicht zu den leichtesten Schicksalsschlägen dieser verhängnisvollen Zeit. … sein Tod erschreckt die gedankenlose Menge ebenso sehr als der Tod bekannter Heerführer und Staatsmänner … Wenn Borsigs Tod Berlin in eine allgemeine Aufregung versetzte, so verbreitete er in Moabit, dem eigentlichen Fürstentum dieses großen Industriellen, geradezu Entsetzen. …

1 *Erklärt die Bezeichnung Borsigs als „Fürst" und von Moabit als „Fürstentum".*

2 *Sprecht über folgende Aussage: „Der Geldadel ersetzte im 19. Jahrhundert den Geburtsadel."*

Die Arbeiter – eine neue Klasse?
Die großen Fabriken zogen immer mehr Arbeitskräfte an. Zu Hunderttausenden verließen Landarbeiter und Bauern, die nicht genügend Land besaßen, mit ihren Familien die Dörfer. Sie zogen in die Städte in der Hoffnung, Arbeit zu finden. Schon 1882 stellten die über 10 Millionen Arbeiter die Hälfte der Erwerbstätigen in Deutschland. Die Arbeiter und Arbeiterinnen in der Industrie bildeten nach ihrer Herkunft und Ausbildung keine einheitliche Gruppe. Da gab es zunächst die gelernten Arbeiter. Sie hatten entweder ein Handwerk bei einem Handwerksmeister oder in der Fabrik einen Beruf wie Schlosser oder Dreher oder Stahlkocher gelernt. Die ungelernten Arbeiter besaßen keine Berufsausbildung. Oft hatten sie vorher als Tagelöhner in der Landwirtschaft gearbeitet. Neben den ungelernten und den gelernten Arbeitern entstand im Laufe der Industrialisierung die Gruppe der angelernten Arbeiter. Zu ihnen zählten die meist weiblichen Arbeitskräfte im Textilgewerbe, die besonders schlecht bezahlt

Kapitalisten, Angestellte und Proletarier

2 **Arbeiter der AEG.** Foto, um 1900.

wurden. Trotz dieser Unterschiede hatten alle Arbeiter eines gemeinsam: Sie besaßen zunächst nichts weiter als ihre Arbeitskraft, die sie gegen Lohn dem Fabrikherrn zur Verfügung stellten. „Proletarier*“ wurde zur geläufigen Bezeichnung für diese Menschen. Auch die Arbeiter selbst entwickelten allmählich das Bewusstsein, aufgrund des gemeinsamen Schicksals als Klasse* zusammenzugehören.

3 *Tragt die Merkmale der verschiedenen Arbeitergruppen zusammen. Erkundet, ob es diese Unterscheidung auch heute noch gibt.*

Mit Anzug und weißem Hemd – die Angestellten

In jeder größeren Fabrik fiel Verwaltungsarbeit an, die von Buchhaltern, Schreibern und Kassierern erledigt wurde. Für die Produktion brauchte man neben Arbeitern auch Ingenieure, Werkmeister und Zeichner. Sie alle wurden „Angestellte“ genannt. Ihre hervorgehobene Stellung konnte man schon an der Kleidung – Anzug und weißes Hemd – ablesen. Gegenüber den Arbeitern und Arbeiterinnen genossen die Angestellten Vergünstigungen, wie z. B. kürzere Arbeitszeiten, bezahlten Urlaub oder Gewinnbeteiligungen.

3 **Angestellte.** Foto, um 1906.

4 *Beschreibt mithilfe der Abbildungen 1–3 die Merkmale und die Unterschiede der neuen Schichten.*

Proletarier*
(lat. proles = Nachkommenschaft): Im 19. Jahrhundert Bezeichnung für die Lohnarbeiter, die nichts als ihre Arbeitskraft besitzen.

Klasse*:
Bezeichnung für die Angehörigen einer Gruppe mit gleichen wirtschaftlichen Verhältnissen, insbesondere in Bezug auf den Besitz von Produktionsmitteln (Fabriken, Maschinen usw.).

Der Wandel der Arbeitswelt

1 **Französische Karikatur über die Industriearbeit.** Um 1910.

Strenge Fabrikordnungen, Arbeitsbücher und ständige Kontrollen sollten die Arbeiter an die neuen Arbeitsbedingungen anpassen. Die Lohnauszahlung fand in den Großbetrieben am Freitagabend vor Arbeitsschluss statt. Aus dem Lohnbüro kam ein Angestellter mit weißem Kragen und Krawatte und brachte das Geld. Der Meister oder Vorarbeiter bezahlte dann jedem Arbeiter die errechnete Lohnsumme aus.

Der Fabrikant als Herr im Haus

Der „Berliner Volkskalender" schrieb nach dem Tod des Fabrikanten Borsig:

Q1 ... Er [Borsig] übte ein Regiment unerbittlicher Strenge, wo es sich um Rechtlichkeit und Pflichterfüllung handelte. Pünktlichkeit, Fleiß und Redlichkeit waren die einzigen Fürsprecher bei ihm. Das Gegenteil hatte die augenblickliche Entlassung ohne Ansehen der Person zur Folge. ...

So wie Borsig forderten alle Fabrikanten von den Arbeitern und Arbeiterinnen harte Disziplin und die Unterordnung unter eine strenge Fabrikordnung. Das war ihrer Meinung nach notwendig, um die Arbeiter an die neuen Arbeitsbedingungen zu gewöhnen. Anders z. B. als in den kleinen Handwerksbetrieben bestimmten jetzt die Maschinen den Arbeitsablauf. Wurden sie frühmorgens angestellt, mussten alle Arbeiter an ihrem Arbeitsplatz sein. Kontrolliert wurde die Arbeitszeit vom Pförtner, bei dem alle Arbeiter eine Marke abzugeben hatten. Bei Strafe verboten waren „unnötiges Herumlaufen" in den Werkstätten, Rauchen und Alkohol. Widerspruch gegen die Anordnung des Meisters konnte die sofortige Entlassung nach sich ziehen. Die Arbeit an den Maschinen erforderte ständige Aufmerksamkeit und war oft eintönig. Früher hatte ein Handwerker sein Produkt völlig selbstständig anzufertigen. Jetzt aber musste ein Fabrikarbeiter bei der Herstellung eines Produkts oft nur wenige oder sogar nur einen einzigen Handgriff ausführen. Die Fließbandarbeit entstand.

1 *Beschreibt die Karikatur. Überlegt, was der Zeichner wohl mit dieser Darstellung von industrieller Arbeit aussagen wollte.*

2 *Diskutiert, worin die Vorteile und die Nachteile der Fabrikarbeit lagen.*

Arbeiten ohne Ende ...

Gegessen wurde gemeinsam in der werkseigenen Kantine oder auch nur schnell in den Pausen zwischendurch.

Die Licht- und Luftverhältnisse in den schmutzigen und engen Fabrikhallen waren schlecht. Von allen Seiten dröhnte der Maschinenlärm und die Arbeiter konnten sich oft nur schreiend verständigen. Die Zahl der Unfälle in den Fabriken war hoch. Überall gab es offene Getriebe oder frei laufende Treibriemen, aber keine der Maschinen hatte Schutzbleche oder Sicherheitsbremsen.

Einen eindrücklichen Bericht von den Arbeitsbedingungen gibt Ernst Abbe, der Mitinhaber der Zeiss-Werke in Jena. Er erzählt von seinem Vater aus der Zeit um 1850:

Der Wandel der Arbeitswelt

2 **Mittag bei der Firma Borsig.** Gemälde, um 1911.

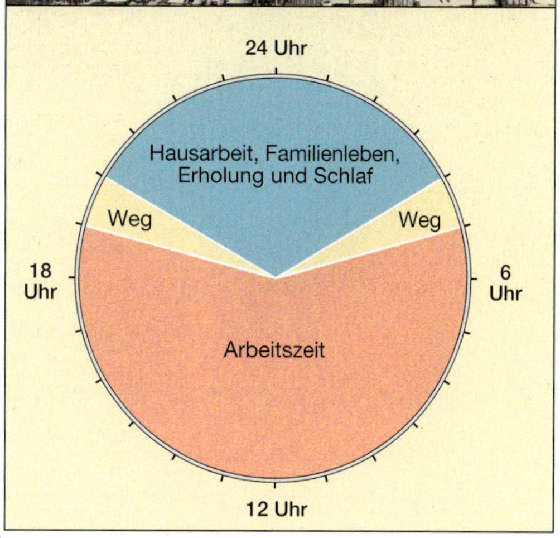

3 **Tagesablauf eines Arbeiters.**

Q2 ... Die Arbeitszeit währte 14 bis 16 Stunden. Eine Mittagspause gab es nicht. An eine Maschine gelehnt oder auf eine Kiste gekauert, verzehrte mein Vater sein Mittagessen aus dem Henkeltopf mit aller Hast, um mir dann den Topf geleert zurückzugeben und sofort wieder an die Arbeit zu gehen. Mein Vater war eine Hünengestalt von unerschöpflicher Robustheit, aber mit 48 Jahren in Haltung und Aussehen ein Greis, seine weniger starken Kollegen waren aber mit 38 Jahren Greise. ...

Und selbst über die Borsigwerke, die bessere Löhne zahlten und bessere Arbeitsbedingungen boten als viele andere Unternehmen, kursierte in der Berliner Arbeiterschaft um 1900 folgendes Gedicht:

M „Wer nie bei Siemens-Schuckert war,
Bei AEG und Borsig,
Der kennt des Lebens Jammer nicht,
Der hat ihn erst noch vor sich."

Kein Auskommen mit dem Einkommen

Doch trotz der langen Arbeitszeiten reichte der Lohn häufig kaum aus, um die Familien vor dem Verhungern zu bewahren. Da sehr viele Menschen Arbeit suchten, konnten die Unternehmer niedrige Löhne zahlen. Wer arbeitslos oder arbeitsunfähig wurde, erhielt keinerlei Unterstützung. Frauen und Kinder mussten in den meisten Familien mitarbeiten um die kümmerliche Existenz zu sichern.

3 *Seht euch Abbildung 3 an. – Was hat sich im Vergleich dazu bis heute geändert. – Zeichnet ein eigenes Schema mit euren Arbeits- und Freizeiten.*

Entwicklung der durchschnittlichen Arbeitszeit (ungefähr) auf dem Gebiet des Deutschen Reiches:
um 1800: 10 Std.
um 1850: 12 Std.
um 1880: 11 Std.
um 1900: 10 Std.

19. Oktober 1879:
*Thomas Alva **Edison** bringt eine Kohlenfadenlampe elektrisch zum Leuchten. Die Glühlampe brannte 40 Stunden ohne Unterbrechung. Als Erfinder der Glühlampe gilt Heinrich Goebel aus Springe in Niedersachsen. Die elektrische Beleuchtung änderte die Arbeitswelt gravierend.*

1881:
*Rudolph **Karstadt** eröffnet in Wismar ein „Tuch-, Manufactur- und Confectionsgeschäft".*

1896:
Mit dem Bau des Kaufhauses „Wertheim" in Berlin beginnt in Deutschland die Ära der großen Einkaufspaläste.

Kinder arbeiten in der Fabrik und im Bergbau

1 **Kinderarbeit in einer Baumwollspinnerei.** Foto, 1910.

2 **Kinderarbeit im Bergbau.** Foto, 1908.

Aus einem Gedicht von Thomas Scherr über Kinderarbeit um 1850:

Noch zählte ich acht
Sommer kaum,
Musst' ich verdienen
gehn,
Musst' dort in dem
Maschinenhaus
Stets auf die Spindeln
sehn,
Stand da gebannet
Jahr und Tag,
Und Tag und Nächte
gleich:
Drum welkten mir
die Lippen blau
und meine Wangen
bleich.

Billige Arbeitskräfte

Besonders in der Textilindustrie, aber auch im Bergbau arbeiteten Kinder, teilweise schon ab dem 6. Lebensjahr.

Für die Unternehmer waren Kinder und Jugendliche vor allem billige Arbeitskräfte. In einem Bericht über das Leben eines Fabrikkindes von 1853 heißt es:

Q1 … Jetzt [im Winter] kommt wieder die Zeit, wo jener arme Junge früh um 4, um 5 Uhr von dem Lager sich erheben und eine Stunde weit durch nasskaltes Gestöber in seine Fabrik eilen muss. Dort mit kurzer Rast für ein karges Mahl ist er beschäftigt den ganzen, ganzen langen Tag. Er arbeitet an einer Maschine, welche, Wellen von Staub aufjagend, mit rasenden Schlägen die Baumwolle zerklopft, auflockert. … Den ganzen langen, lieben Tag muss unser Junge in dieser mit dichtem Staub erfüllten Atmosphäre ausharren, sie einatmen, dieses bis in die Nacht hinein, bis 9–10 Uhr abends. Dann endlich heißt es „Stopp" und er eilt seine Stunde Weges nach Hause. …

1 *Lest Quelle 1 und stellt fest, wie lange der Junge täglich von zu Hause weg ist.*

Die Kinderarbeit wird eingeschränkt

Kritiker der Kinderarbeit verwiesen darauf, dass viele Kinder dauerhaft in ihrer Gesundheit geschädigt wurden und dass männliche Jugendliche nicht mehr für den Militärdienst tauglich waren. Gegen eine Einschränkung der Kinderarbeit wehrten sich hingegen die Fabrikanten. Nur durch die billige Arbeit der Kinder könnten sie mit ihren Waren auf dem Weltmarkt konkurrenzfähig bleiben. So dauerte es bis 1839, ehe die preußische Regierung durch ein Gesetz die Kinderarbeit einschränkte. Jetzt durften Kinder erst ab dem 10. Lebensjahr in Fabriken, Berg- und Hüttenwerken beschäftigt werden. Sie mussten nun eine dreijährige Schulzeit nachweisen sowie Kenntnisse im Lesen und Schreiben.

2 *Ein Fabrikant und ein Regierungsvertreter sprechen über Pläne zur Einschränkung der Kinderarbeit. Was könnten die beiden gesagt haben?*

Mutter – Hausfrau – Arbeiterin

3 **Arbeiterfamilie in ihrer Berliner Wohnung.** Der Mann und das älteste Mädchen (14 Jahre) fehlen auf dieser Aufnahme. Die Großmutter ist anwesend. Foto, 1907.

3 *Sammelt Material über Kinderarbeit bei uns und in den Entwicklungsländern und erstellt eine Wandzeitung. Kontaktadresse: Terre des Hommes, Ruppenkampstraße 11a, 49084 Osnabrück.*

Die Doppelbelastung der Frauen

Nur wenige Arbeiterfrauen konnten sich ausschließlich dem Haushalt und ihren Kindern widmen. Durch das geringe Einkommen ihrer Männer wurden sie zur Heim- oder Fabrikarbeit gezwungen.

So heißt es in einem Bericht der Gewerbeaufsicht aus dem Jahr 1899 über den Tagesablauf einer verheirateten Fabrikarbeiterin:

Q2 … Je nach der Entfernung der Wohnung von der Fabrik, nach dem Beginn der Fabrikarbeit und je nach dem Arbeitsbeginn des Mannes steht die Frau um 3½, 4, 4½ oder 5 Uhr auf. … Dann wird das Frühstück zubereitet …, das abends schon vorbereitete und angekochte Essen aufs Feuer gebracht … und in Blechtöpfe gefüllt. … Die Kinder werden dann angekleidet, zur Schule geschickt oder zur Hütefrau oder Kinderkrippe gebracht. Von da geht es zur Fabrik … Es gibt viele Arbeiterinnen, die täglich 10 bis 12 Kilometer zu Fuß zur Fabrik zurücklegen müssen. Ist die Entfernung zur Fabrik nicht so weit, eilt sie in der Mittagspause im Schnellschritt heim, macht Feuer, setzt die in Scheiben geschnittenen Kartoffeln auf, wärmt das vorher fertig gestellte Essen auf und isst mit den Angehörigen. … Abends dasselbe, Abendessen, Schularbeiten der Kinder, Flicken und Waschen der Kleider und Wäsche. Vorbereitung des Essens für den anderen Tag. Vor 9 Uhr abends endet der Arbeitstag nie, vor 10 Uhr selten und oft erst nach 11 Uhr. …

4 *Listet die Tätigkeiten der Fabrikarbeiterin (Q2) auf und nehmt zu ihrer Belastung Stellung.*

5 *Beschreibt die Küche auf der Abbildung 3. Vergleicht mit der Ausstattung heutiger Küchen.*

6 *Überlegt, wie ein Unternehmer die geringere Bezahlung von Frauen gerechtfertigt haben könnte (siehe die Tabelle in der Randspalte). Was würdet ihr ihm antworten?*

Gleicher Lohn für gleiche Arbeit?
Bei gleicher Arbeit erhielten die Fabrikarbeiterinnen einen geringeren Lohn als die Männer. In einer Baumwollspinnerei wurden 1888 folgende Schichtlöhne gezahlt:

gelernter Arbeiter 1,34 Mark

ungelernter Arbeiter 1,09 Mark

eine Arbeiterin 0,63 Mark

Städteboom und Wohnungselend

Bevölkerungszahl in Schleswig-Holstein:

Jahr	*Einwohner*
850	*230 000*
1225	*420 000*
1353	*270 000*
1460	*350 000*
1560	*420 000*
1662	*420 000*
1769	*553 000*
1803	*631 000*
1834	*800 800*
1850	*925 900*
1860	*1 002 000*
1880	*1 125 800*
1900	*1 379 000*
1910	*1 610 000*
1920	*1 485 000*
1939	*1 589 000*
1946	*2 573 180*
1971	*2 543 000*
1996	*2 742 300*
2001	*2 804 249*

(Zahlen zum Teil geschätzt)

1 **Elendsquartiere vor den Toren Berlins.** Holzstich, um 1872.

Spendenpostkarte zur Minderung der Wohnungsnot in Berlin. Gezeichnet von ***Käthe Kollwitz****, 1912.*

Auf engstem Raum: 6 Personen in einem Zimmer

Bedrückend für viele Arbeiterfamilien waren neben der Arbeitsbelastung und der ständigen Geldnot die engen und ärmlichen Wohnungen, in denen sie leben mussten.

Werner Sombert, ein Volkswirtschaftler, schrieb 1906 über die Wohnverhältnisse des Proletariats:

Q1 ... In den meisten deutschen Großstädten wohnt annähernd die Hälfte aller Menschen in Wohnungen, die nicht mehr als ein Zimmer umfassen. Überbevölkert nennt die Statistik eine Wohnung, wenn 6 Personen und mehr in 1 Zimmer, 11 Personen und mehr in 2 Zimmern hausen. Und selbst davon gibt es eine recht erkleckliche Anzahl. In Berlin nahezu 30 000, in Breslau 7000, in Chemnitz 50 000. ...

Zu Hunderttausenden hatten Landarbeiter und Bauern, die nicht genügend Land besaßen, mit ihren Familien die Dörfer verlassen. Die Bevölkerung Berlins wuchs allein in der Zeit zwischen 1800 und 1850 von 153 000 auf 430 000 Einwohner. Schon 20 Jahre später war die Millionengrenze erreicht. In der Stadt – so hofften viele – würden sie Arbeit und Brot finden. Doch eine Arbeitsstelle garantierte noch längst keine Wohnung. Und mit dem explosionsartigen Städtewachstum konnte die Bauwirtschaft nicht Schritt halten.

Angesichts der Wohnungsnot zimmerten sich kinderreiche Arbeiterfamilien am Stadtrand Berlins Hütten mit undichten Fenstern oder sie suchten in Kellern, Ställen und auf Dachböden Unterschlupf.

Wer konnte, zog mit seiner Familie in eine der großen „Mietskasernen". Hierbei handelte es sich um Wohnblocks, die von wohlhabenden Bürgern errichtet wurden, weil sie sich davon hohe Einnahmen versprachen. Diese Arbeiterwohnungen bestanden meist aus zwei Zimmern, in denen Familien von sechs bis zehn Personen lebten. In den Betten schliefen oft vier Kinder, zwei am Kopf- und zwei am Fußende.

Die Ausstattung der Wohnungen war dürftig. Der einzig beheizbare Raum war die Küche, die zugleich Wohnzimmer war. Wasserleitungen in den Wohnungen gab es noch nicht.

Städteboom und Wohnungselend

Zahlreiche Gutsbesitzer im Norden und Osten Deutschlands profitierten von den steigenden Agrarpreisen im Gefolge des Bevölkerungs- und Wirtschaftswachstums am Ende des 19. Jahrhunderts. Sie leisteten sich vielfach Herrenhäuser, die aufgrund ihrer Größe und ihres Prunks meist als „Schlösser" bezeichnet wurden.

2 **Mietskasernen um 1900.** Foto.

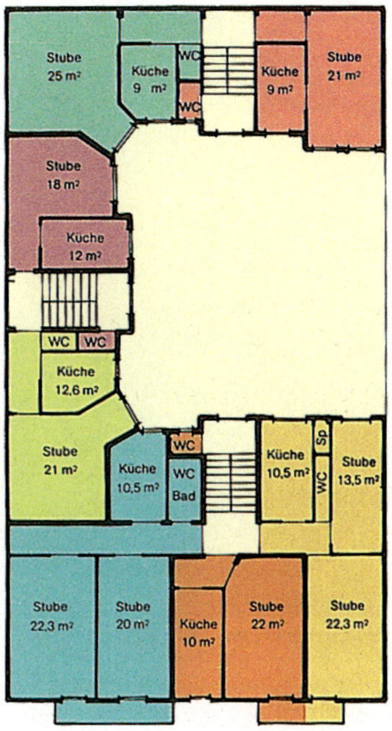

3 **Grundriss einer Berliner Mietskaserne.**

Von 1000 Wohnungen in Berlin verfügten noch 1880 nur 36 über ein Bad. Dennoch waren die Mieten unverhältnismäßig hoch. Da eine Wohnung mit Zimmer und Küche im Schnitt den Wochenlohn eines Arbeiters kostete, vermieteten viele Familie ein Bett oder einen Teil eines Bettes an einen allein stehenden jungen Mann oder eine junge Frau.
Diese Personen wurden „Schlafgänger" genannt. In einem Zimmer wurden oft drei oder vier von ihnen untergebracht.
Natürlich gab es auch Stadtbewohner, die alles andere als arm waren. Diese Leute wollten nicht in der verschmutzten Innenstadt leben und so bauten sie sich schöne Häuser in den Vororten der Städte.

1 *Beschreibt die Wohnungsverhältnisse mithilfe des Textes und der Abbildung 2. Vergleicht das Mobiliar mit heutigen Wohnungseinrichtungen.*

2 *Zeichnet den Grundriss eurer Wohnung und vergleicht mit Abbildung 3.*

3 *Überlegt, welche Folgen sich aus der Wohnsituation für das Familienleben ergaben.*

Familienleben und Fabrikindustrie

Über Auswirkungen der Fabrikindustrie auf das Familienleben berichtete R. Mohl 1835:

Q2 ... Nicht nur der Familienvater ist den ganzen Tag vom Hause entfernt, ohne sich der Erziehung und Beaufsichtigung seiner Kinder ... irgend widmen zu können, sondern häufig ist auch die Mutter ihrerseits ebenso lange täglich in derselben oder einer anderen Manufaktur beschäftigt. Sobald die Kinder irgend verwendbar sind ..., so werden auch sie aus dem Hause gestoßen; bis zu diesem Zeitpunkt aber sind sie ohne alle Aufsicht oder unter einer um eine Kleinigkeit gemieteten, welche schlimmer ist als gar keine. Nicht einmal zu dem gemeinschaftlichen Mahl versammelt sich die Familie immer. Die Entfernung des Fabrikgebäudes ... hält davon ab. ... Häufig dient die armselige und unwohnliche Hütte nur zum gemeinschaftlichen Ausschlafen. ...

4 *Stellt fest, worin R. Mohl (Q2) Gefahren für das Familienleben sah. Überlegt, ob es auch Vorteile gab.*

Schilder an der Haustür einer Bürgervilla in Berlin, um 1900.

Auswanderung nach Amerika

Tipp:
Zum Thema „Übersee-Auswanderung aus Schleswig-Holstein" bietet das Nordfriesische Museum Ludwig-Nissen-Haus in Husum eine sehenswerte Ausstellung.

1 Auswanderer setzen vom Festland auf ein Segelschiff über, das sie nach Amerika bringen soll. Gemälde von Antonie Volkmar, 1860.

American Line.
Plakat, 1920.

Plakat für die Deutsch-Australische Dampfschifffahrtsgesellschaft.
1880.

Plakat für die Hamburg-Südamerikanische Dampfschifffahrtsgesellschaft.
1921.

Auswanderung als letzte Chance?

Schon 1683 hatten die ersten deutschen Auswanderer in Amerika eine Siedlung gegründet, die sie „Germantown" nannten. Krankheiten, das ungewohnte Klima und Hunger machten den Einwanderern das Leben in den ersten Monaten sehr schwer. Bei manchen hieß ihre Siedlung daher zunächst einfach „Armentown". Doch allmählich besserte sich ihre Lage. Ihre Berichte machten auf die Daheimgebliebenen großen Eindruck. Immer mehr Menschen aus Deutschland folgten ihrem Beispiel.

Besonders in Zeiten bitterer Armut sahen viele Menschen in Europa in der Auswanderung nach Amerika ihre letzte Chance. Hungersnöte wie nach dem Dreißigjährigen Krieg oder Überbevölkerung und Arbeitslosigkeit im 19. Jahrhundert veranlassten Hunderttausende zur Massenauswanderung. Von den Behörden wurden sie manchmal regelrecht dazu gedrängt.

So wird über die Auswanderung vom Hotzenwald im Jahr 1851 berichtet:

Q1 … Die badischen Behörden sehen keinen anderen Ausweg, als die Hotzenwälder zur Auswanderung zu ermutigen. Die Staatskasse soll die Auswandungskosten übernehmen, da die Ausreisewilligen nicht einmal genügend Geld haben, um sich die für die Fahrt nötigen Kleider und Lebensmittel zu besorgen.

Im Mai 1851 verlassen allein aus der Pfarrei Herrischried und Rickenbach über 500 Menschen die Heimat, einem ungewissen Schicksal entgegen. Da die Kleider der Auswanderer fast durchweg „aus elenden Fetzen und Lumpen" bestehen und keiner ein paar ordentliche Schuhe besitzt, muss für sie gesammelt werden …

Die einzige Alternative zur Auswanderung bestand für viele darin, auf der Suche nach Arbeitsplätzen in die Industriegebiete zu ziehen. Diese Wanderungsbewegung innerhalb Deutschlands wird „Binnenwanderung" genannt. Auf diese Weise verdoppelte sich zum Beispiel die Einwohnerzahl Stuttgarts in den Jahren 1860 bis 1880 von 48 000 auf über 117 000.

1 *Spielt folgende Szene: Zwei Hotzenwälder diskutieren die Frage, ob sie bleiben, auswandern oder in eine Stadt mit Industriebetrieben ziehen sollen.*

Auswanderung nach Amerika

2 **Spuren der Einwanderung: deutsche Ortsnamen in den Südstaaten der USA.**

Viele Gründe – ein Ziel

Im Auftrag des württembergischen Königs wurden 1817 Auswanderer nach ihren Gründen gefragt:

Q2 … Michael Munz, verheiratet, sechs Kinder, ist ohne alles Vermögen: Ich weiß weiter keine Ursache anzugeben, weswegen ich auswandere, als dass ich bei dem gegenwärtigen schlechten Verdienst und bei der großen Teuerung meine Familie nicht erhalten kann. Ich habe Nachricht von Verwandten in Amerika, welche es dort gut haben.

Carl Minner, Schneider, 34 Jahre alt, hat ein Kind: Man kann sich eben nicht mehr ernähren, weil das Handwerk nicht mehr geht und die Teuerung zu groß ist.

Johannes Schäufele: Wenn in Schorndorf nicht bald eine Änderung gemacht wird, so wandert die halbe Stadt aus. Vom Oberamtmann bis auf den Bettelvogt drückt alles auf den Bürger und der Bürger darf nicht sprechen. Wenn man vor den Beamten kommt, so gibt es ein Donnerwetter über das andere.

Friedrich Gerstäcker, ein Reiseschriftsteller des 19. Jahrhunderts, beschrieb die Menschen auf einem Auswanderungsschiff:

Q3 … „Nach Amerika", flüstert der Verzweifelte, der hier am Rande des Verderbens dem Abgrund langsam, aber sicher entgegengerissen wurde. „Nach Amerika", sagt still und entschlossen der Arme, der mit männlicher Kraft, und doch immer und immer wieder gegen die Macht der Verhältnisse ankämpft. „Nach Amerika", lacht der Verbrecher nach glücklich verübtem Raub. Wir sehen sie ziehen: Gute und Böse, den Leichtsinnigen und den Spekulanten, den Bauern und Handwerker, den Gelehrten und den Arbeiter, den rechtschaffenen Bürger und den heimlichen Verbrecher – alle dem einen Ziel entgegen …

2 *Formuliert mit Hilfe der Berichte (Q1 bis 3) Ursachen und Motive für die Auswanderung.*

3 *Seht euch die Abbildung 1 an. Beschreibt die dargestellten Personen. Welche Hoffnungen, welche Ängste mögen sie gehabt haben?*

4 *Stellt mit Hilfe der Karte 2 in einer Liste zusammen, woher die deutschen Einwanderer kamen.*

Internettipps:
www.nissenhaus.de

www.hamburg.de/linktoyourroots/welcome.htm

Abschied mecklenburgischer Auswanderer. *Federzeichnung von Rudolf Suhrlandt (1781 bis 1862).*

Mecklenburger wandern aus.
Als nach der Abschaffung der Leibeigenschaft 1820/21 auch die „Fürsorgepflicht" der Landbesitzer wegfiel, verarmte die Landbevölkerung zusehends. Für viele war es unmöglich, das lebensnotwendige „Hüsung" zu erhalten. Trotz sparsamster Lebensweise wäre die Landbevölkerung nie in der Lage gewesen, eigenen Boden zu erwerben – der Traum eines jeden Landarbeiters.
Mitte bis Ende des 19. Jahrhunderts zogen viele Mecklenburger eine unsichere Zukunft ihrer vertrauten Heimat vor. Fast jeder dritte (!) Mecklenburger verließ seine Heimat, von ihnen kamen 90 Prozent aus ländlichen Gegenden.

Wer löst die soziale Frage?

1 **Werkstatt des Rauhen Hauses, das 1823 gegründet wurde.** Darstellung von 1845.

Soziale Frage*: *Bezeichnung für die Notlage und die ungelösten sozialen Probleme der Arbeiter im 19. Jahrhundert, die mit der Industrialisierung entstanden waren. Dazu zählten das Wohnungselend, unzumutbare Arbeitsbedingungen, Verelendung aufgrund niedriger Löhne und hoher Arbeitslosigkeit.*

Die Kirche greift ein

Angesichts des Elends, in dem die Arbeiter, ihre Frauen und Kinder leben mussten, stellte sich immer dringender die Frage: Was muss geschehen, um die menschenunwürdigen Lebensverhältnisse der Arbeiter zu beseitigen? Auf diese Frage, die man als „Arbeiterfrage" oder „soziale Frage*" bezeichnete, gab es im 19. Jahrhundert ganz unterschiedliche Antworten.

Schon in der ersten Hälfte des 19. Jahrhunderts setzten sich evangelische und katholische Geistliche mit diesem Problem auseinander. So gründete Heinrich Wichern (1808 bis 1881) bereits 1833 in Hamburg das „Rauhe Haus", in das er verwaiste und obdachlose Kinder aufnahm. Als 1848 der erste „Deutsche Evangelische Kirchentag" stattfand, sagte er in einer Ansprache:

Q1 … Ihr Männer der Kirche, denkt auch an die Not der Menschen außerhalb der Kirchenmauern! Überall, wo die Armen vor Not keine Kraft mehr haben, die Botschaft Christi zu hören, da müsst ihr eingreifen. Alles Predigen wird nichts helfen, wenn nicht zugleich für das leibliche Wohl unserer Brüder gesorgt wird. …

Großes Aufsehen erregte 1891 ein Rundschreiben von Papst Leo XIII. Er ermahnte darin nicht nur die Arbeiter zur treuen Pflichterfüllung, sondern auch die Arbeitgeber:

Q2 … Unehrenhaft und unmenschlich ist es, Menschen wie eine Ware nur zum eigenen Gewinn auszubeuten. … Zu den wichtigsten Pflichten der Arbeitsherren gehört es, jedem das Seine zu geben. … Dem Arbeiter den verdienten Lohn vorzuenthalten ist ein großes Verbrechen, das um Rache zum Himmel ruft. …

Besonders erfolgreich wirkte der Gründer der katholischen Gesellvereine, Adolf Kolping (1813–1865). Es gelang ihm in wenigen Jahren, überall im Deutschen Reich „Kolpinghäuser" gründen zu lassen, in denen wandernde Handwerksgesellen Unterkunft und Verpflegung fanden.

1 *Welche Voraussetzungen müssen nach Wichern (Q1) für eine wirksame Verkündigung des christlichen Glaubens gegeben sein?*

2 *Überlegt, wie Unternehmer oder Arbeiter auf den Satz in dem päpstlichen Rundschreiben „Jedem das Seine" reagieren?*

Lösungsversuche von Kirchen und Unternehmern

2 Gartenlaube in der ehemaligen Arbeitersiedlung „Borsigwalde" in Berlin. Mit dem Entschluss der Firmenleitung, ihr neues Werk am Stadtrand Berlins zu errichten, war auch der Bau einer Werkssiedlung für 4800 Arbeiter und 500 Angestellte der Borsigwerke verbunden. Foto, um 1900.

3 Laden für Werksangehörige im Siemens-Dynamowerk. Foto, um 1914.

Fürsorge der Unternehmer

Einzelne Unternehmer versuchten wenigstens in ihren Betrieben das Elend der Arbeiter zu mildern. Zu ihnen gehörte auch August Borsig, dessen Fürsorgeleistungen in der damaligen Zeit als sehr fortschrittlich galten. Der Fabrikherr zahlte seinen Arbeitern höhere Löhne als viele andere, er richtete für sie eine Kranken- und Sterbekasse ein zur Versorgung Hinterbliebener und senkte allmählich die Arbeitszeit auf zwölf Stunden täglich.

Diese Verbesserungen sollten, so sagte Borsig 1848, „nicht allein das Wohl der Arbeiter fördern, sondern auch das Fortbestehen der Fabrik sichern". Ähnlich wie Borsig handelte auch der Unternehmer Alfred Krupp, der für seine Beschäftigten Arbeitersiedlungen bauen ließ, Schulen gründete und Läden einrichtete, in denen die Werksangehörigen Lebensmittel günstig einkaufen konnten. Die Zeitung der „Social-Demokrat" schrieb hierzu 1865:

Q3 … Humanität einzelner Fabrikanten gegen ihre Arbeiter ist ohne Zweifel eine höchst nennenswerte Sache, aber mit der sozialen Frage haben diese Dinge nichts zu tun. Hierfür ist es ganz gleichgültig, ob es edle Fabrikanten gibt oder nicht, denn es handelt sich nicht darum, im Kleinen, sondern im Großen andere Zustände herzustellen, und nicht darum, die Gnade oder den guten Willen einzelner Fabrikanten in Anspruch zu nehmen, sondern die Rechte – man verstehe wohl! –, die Rechte der Arbeiter zu erkämpfen. …

3 *Welche Ziele verfolgte Borsig mit seinen Maßnahmen?*

4 *Spielt ein Gespräch zwischen Borsig oder Krupp und dem Verfasser des Zeitungsartikels.*

5 *Nennt Vor- und Nachteile der Fürsorgeleistungen von Arbeitgebern für die Arbeiter.*

Schnitt durch eines der um die Jahrhundertwende in Borsigwalde errichteten Häuser. Trotz des Neubaus blieben die Wohnverhältnisse eng. In jeder Etage lebte eine mindestens vierköpfige Familie. Von Vorteil waren der kurze Weg zur Arbeit und der kleine Garten hinter dem Haus, der zum Anbau von Gemüse vorgesehen war.

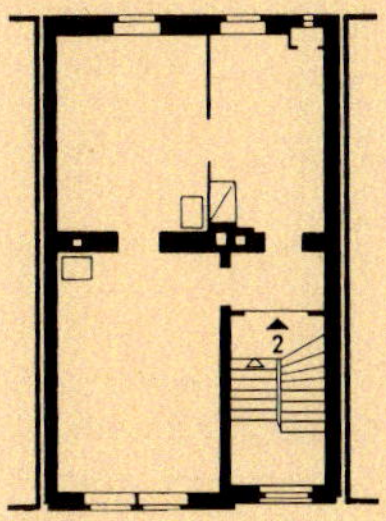

Dachgeschoss

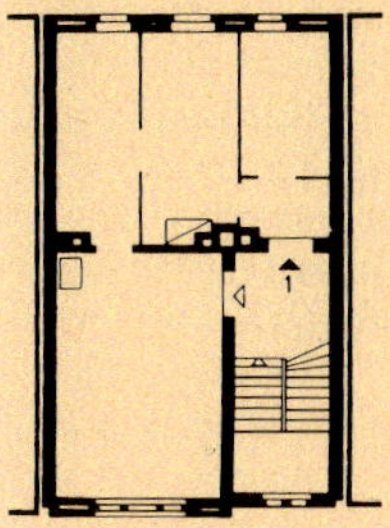

1. Obergeschoss

Streik und sozialer Protest

1 **Arbeiter beim Fabrikanten.** Ölgemälde von Stanislaw Lenz, 1895.

Solidarität:* *das Eintreten füreinander; Zusammengehörigkeitsgefühl.*

Gewerkschaften:* *Mitte des 19. Jahrhunderts schlossen sich zuerst in England Arbeiter zu Organisationen zusammen (Trade-Unions), die bessere Arbeitsbedingungen und Löhne anstrebten. Wichtigstes Druckmittel der Gewerkschaften war der Streik, d. h. die zeitweise Niederlegung der Arbeit. Als erste Gewerkschaftsverbände in Deutschland entstanden die der Tabakarbeiter (1865) und der Buchdrucker (1866).*

Alle Räder stehen still ...

1 *Beschreibt die Abbildungen 1 und 2. Achtet auf Bekleidung und Haltung der Personen.*
2 *Vermutet, was die Arbeiter sagen könnten.*
3 *Diskutiert, welche Möglichkeiten die Arbeiter damals hatten, um ihre Forderung gegenüber dem Fabrikanten durchzusetzen.*

Die Maßnahmen von Unternehmern und Kirchen reichten nicht aus, um die Notlage der Arbeiter entscheidend zu verbessern. Deshalb kam es immer wieder zu Streiks. Mit den Arbeitsniederlegungen versuchten die Arbeiter ihre Forderungen gegenüber den Unternehmern durchzusetzen. Die Streiks richteten sich vor allem gegen zu lange Arbeitszeiten, zu starke Belastung durch die Maschinenarbeit, zu niedrige Löhne und zu strenge Befehlsgewalt durch die Fabrikherren. Die Streiks zeigten den Arbeitern, dass sie nur zusammen stark genug waren, um ihre Forderungen zu verwirklichen. Solidarität* war die Grundvoraussetzung für die Verbesserung ihrer Lebensbedingungen. Schon 1824 schlossen sich deshalb Arbeiter in England zu so genannten Gewerkschaften* zusammen um gemeinsam für bessere Arbeitsbedingungen zu kämpfen. Obwohl die Gewerkschaften schon 1825 in Großbritannien zugelassen wurden, mussten viele Gewerkschaftsführer um ihr Leben fürchten. Noch 1834 verbannte man acht Landarbeiter aus der englischen Grafschaft Dorset wegen Gewerkschaftsgründung nach Australien.

4 *Betrachtet die Abbildung 3. Erläutert, was mit dem Text gemeint ist.*

Die Gewerkschaften

Auch in Deutschland entstanden ab 1848 Gewerkschaften, in denen die Arbeiter Erfahrungen austauschten und gemeinsame Aktionen vorbereiteten. Sie forderten vor allem:

- höhere Löhne,
- Beschränkung der täglichen Arbeitszeit auf zehn Stunden, bei Schwerarbeit auf acht Stunden,
- Schutz bei Krankheit, Unfall oder Arbeitslosigkeit.

Außerdem richteten die Gewerkschaften Streikkassen ein, aus denen Arbeiter und Familien bei längerfristigen Streiks unterstützt wurden. Derartige Zusammenschlüsse wurden in einzelnen deutschen Staaten erst ab 1861 zugelassen, in ganz Deutschland erst im Jahr 1872. Ein Arbeiter erinnerte sich an die Schwierigkeiten, die mit der Grün-

Die Proletarier organisieren sich

2 **Ein Streik bricht aus.** Gemälde von Robert Köhler, 1886.

dung seines Gewerkschaftsvereins verbunden waren:

Q … Mein Plan, einen Fachverein für meinen Beruf zu gründen, war schneller gedacht als ausgeführt. Die Polizei witterte hinter jeder Arbeitervereinigung revolutionäre Verbindungen. Auch war es nicht so einfach, meine Formerkollegen für den Plan zu begeistern; die Furcht vor Entlassung hielt viele zurück. Im Laufe der Jahre gelang es aber, eine Anzahl tüchtiger und treuer Kollegen zu gewinnen. … Um die Statuten unseres Vereins von der Polizei genehmigt zu erhalten, musste alles vermieden werden, was bei den Behörden Anstoß erregen konnte. Von Streik oder Lohnbewegung durfte im Statut nicht die Rede sein. Deshalb hieß es: „Der Zweck des Vereins ist die Ehre und das Interesse der Former und verwandter Berufsgenossen zu wahren." …

5 *Beschreibt die Schwierigkeiten der Arbeiter, die sich in Gewerkschaften organisierten.*
6 *Nennt die Ziele der Gewerkschaften damals.*
7 *Erkundigt euch, welche Gewerkschaften es heute gibt und wofür sie sich einsetzen.*

3 **Bildpostkarte der Gewerkschaften.** Um 1910.

Gewerkschaften und Arbeitskämpfe:
Im Deutschen Reich sind 2,5 Millionen Arbeiter (mehr als ein Viertel aller Arbeiter) in den freien Gewerkschaften organisiert, fast eine Million in der Sozialdemokratie.

Zahl der Arbeitskämpfe im Deutschen Reich:
1848: *49 Arbeitskämpfe*
1869: *152 Arbeitskämpfe*
1871: *158 Arbeitskämpfe*
1872: *352 Arbeitskämpfe*
1881: *15 Arbeitskämpfe*
1884: *60 Arbeitskämpfe*
1890: *390 Arbeitskämpfe*
1891: *226 Arbeitskämpfe*

Auf dem Weg zur Arbeiterpartei

1875:
Gründung der „Sozialistischen Arbeiterpartei Deutschlands", die ab 1890 „Sozialdemokratische Partei Deutschlands" hieß.

Produktionsmittel*:
Güter, mit denen produziert werden kann, z. B. Maschinen.

1 **Postkarte zum Wahlrecht.** Um 1912.

Die Entstehung der SPD
Die Gewerkschaften wollten die Arbeitsbedingungen der Arbeiterschaft verbessern, höhere Löhne und kürzere Arbeitszeiten erreichen. Das war Ferdinand Lassalle (1825–1864), einem Journalisten, zu wenig. Er gründete 1863 den Allgemeinen Deutschen Arbeiterverein (ADAV). Sein Ziel war das Wahlrecht für alle Arbeiter; diese sollten dann Abgeordnete wählen, die ihre Interessen im Parlament vertreten würden. Die Lösung der sozialen Frage erwartete Lassalle also vom Staat. Außerdem forderte die Partei die Verwaltung der Fabriken durch die Arbeiter. Eine zweite Arbeiterpartei wurde 1869 in Eisenach von dem Drechslermeister August Bebel (1840–1913) und dem Zeitungsredakteur Wilhelm Liebknecht gegründet. Anders als Lassalle setzte diese Partei ihre Hoffnungen zunächst auf eine Revolution. Im Jahr 1875 schlossen sich beide Parteien zur „Sozialistischen Arbeiterpartei Deutschlands" zusammen, die ab 1890 „Sozialdemokratische Partei Deutschlands" (SPD) heißt. Das Parteiprogramm der SPD enthielt unter anderem folgende Ziele:
- Allgemeines Wahlrecht für alle Staatsangehörigen vom 20. Lebensjahr an
- Direkte Gesetzgebung durch das Volk
- Verwandlung der Produktionsmittel* in gesellschaftliches Gemeingut
- Abschaffung aller sozialen Ungleichheit
- Verbot der Kinderarbeit
- Schutzgesetze für das Leben und die Gesundheit der Arbeiter

Die SPD wird stärkste Partei
Trotz des Verbots und der Verfolgung durch die kaiserliche Reichsregierung unter Bismarck wurde die SPD schnell zur stärksten Partei in Deutschland. Strittig blieb in der SPD jedoch bis ins 20. Jahrhundert die Frage, wie die im Parteiprogramm enthaltenen Ziele erreicht werden sollten. War es möglich, eine sozialistische Gesellschaft auf friedlichem Weg und durch Reformen durchzusetzen, oder konnte dies nur durch einen revolutionären Umsturz gelingen?

1 *Beurteilt die Forderungen der Sozialdemokratie aus der Sicht eines Unternehmers.*

Reform oder Revolution?

„Ein Gespenst geht um in Europa"

Im Jahr 1848 erschien eine Schrift mit dem Titel „Manifest der kommunistischen Partei":

Q1 ... Ein Gespenst geht um in Europa – das Gespenst des Kommunismus. ... Zweck der Kommunisten ist die Eroberung der politischen Macht durch das Proletariat ... Die Kommunisten erklären es offen, dass ihre Zwecke nur erreicht werden können durch den gewaltsamen Umsturz aller bisherigen Gesellschaftsordnung. Mögen die herrschenden Klassen vor einer kommunistischen Revolution zittern. Die Proletarier haben nichts zu verlieren als ihre Ketten. Sie haben eine Welt zu gewinnen.
Proletarier aller Länder vereinigt Euch! ...

2 **Karl Marx (1818–1883).** Koloriertes Foto.

Friedrich Engels (1820–1895). Koloriertes Foto.

1848: *Karl Marx und Friedrich Engels verfassen das „Manifest der kommunistischen Partei".*

Verfasser des Manifestes waren Karl Marx und sein Freund Friedrich Engels. Sie zählten zu den schärfsten Kritikern der sozialen Missstände und hatten mit ihren Schriften großen Einfluss auf die politische Diskussion innerhalb der Arbeiterparteien. Die wirtschaftlichen und politischen Veränderungen ihrer Zeit erklärten sie 1848 wie folgt:

Q2 ... Die ganze Gesellschaft spaltet sich mehr und mehr in zwei große, feindliche Lager, in zwei große, einander direkt gegenüberstehende Klassen – Bourgeoisie* und Proletariat. Am Anfang kämpfen die einzelnen Arbeiter, dann die Arbeiter einer Fabrik gegen den einzelnen Bourgeois, der sie direkt ausbeutet. ... Mit der Vereinigung der Arbeiter sind der Untergang der Bourgeoisie und der Sieg des Proletariats unvermeidlich. ...

Mit dem Zusammenschluss der Arbeiterschaft zu einer machtvollen revolutionären Bewegung würde sich – so Marx – das Proletariat von der Unterdrückung befreien, die politische Herrschaft an sich reißen und das Privateigentum an Produktionsmitteln abschaffen.

2 *Haltet fest, worin Marx und Engels die Lösung des Klassengegensatzes zwischen Bourgeoisie und Proletariat sahen.*

3 *Informiert euch in einem Lexikon über das Leben von Karl Marx.*

Kritik an den Lehren von Marx und Engels

Eduard Bernstein (1850–1932), führender Politiker der SPD, trat für eine Anpassung der Lehren von Marx und Engels an die veränderten Verhältnisse ein.
Im Jahr 1899 schrieb er, dass die Voraussagen von Marx und Engels nicht eingetroffen seien. Die Zahl der Besitzenden – so stellte er fest – sei nicht kleiner, sondern größer geworden. In den Industrieländern – so schrieb er außerdem – habe sich eine Entwicklung vollzogen, die so nicht voraussehbar gewesen sei:

- Es wurden Fabrikgesetze zum Schutz der Arbeiterinnen und Arbeiter erlassen.
- Die Gewerkschaften können ungehindert für die Verwirklichung ihrer Ziele kämpfen.
- Das Leben wurde allgemein eher demokratischer, d. h., auch die Arbeiter können in vielen Bereichen auf die politischen Entwicklungen Einfluss nehmen.
- Die Bourgeoisie ist mit dieser Entwicklung weitgehend einverstanden und bekämpft sie nicht.

Bernstein kam daher zu der Schlussfolgerung, dass die Notwendigkeit für einen großen Zusammenbruch der bisherigen Gesellschaftsordnung nicht mehr gegeben sei.

4 *Erläutert in eigenen Worten, warum Bernstein eine gewaltsame Lösung der sozialen Frage nicht mehr für notwendig hielt.*

Bourgeoisie*** *(franz. = Bürgertum): Bezeichnung für das Besitz- und Bildungsbürgertum, das im 19. Jahrhundert auch an politischem Einfluss gewann. Hierzu gehörten z. B. Unternehmer, Bankiers oder Professoren.*

Frauen kämpfen um ihre Rechte

Gesetz-Sammlung für die Königlichen Preußischen Staaten – Nr. 20 –

Wir, Friedrich Wilhelm, von Gottes Gnaden,
König von Preußen etc. ...,
verordnen für den ganzen Umfang der Monarchie,
... was folgt: ...

§ 8

Für Vereine, welche bezwecken politische Gegensätze in Versammlungen zu erörtern, gelten außer vorstehenden Bestimmungen nachstehende Beschränkungen:

a) Sie dürfen keine Frauenspersonen, Schüler und Lehrlinge als Mitglieder aufnehmen.

Frauenspersonen, Schüler und Lehrlinge dürfen den Versammlungen und Sitzungen solcher politischen Vereine nicht beiwohnen. Werden dieselben auf die Aufforderung des anweisenden Abgeordneten der Obrigkeit nicht entfernt, so ist Grund zur Auflösung der Versammlung oder der Sitzung (§ 5. 6) vorhanden.

1 **Auszug aus dem preußischen Vereinsgesetz von 1851.** Illustrierte Zeitung. Leipzig, 1890.

2 **Aufruf zum 4. internationalen Frauentag.** Der Berliner Polizeipräsident hielt die Schlagzeile für eine Beleidigung der Obrigkeit und verbot die Plakatierung, 1914.

Clara Zetkin wurde 1857 in Wiederau bei Rochlitz geboren. Seit ihrer Ausbildung am Lehrerinneninstitut in Leipzig betätigte sie sich in der sozialistischen Bewegung. Sie leitete die Frauenzeitschrift „Die Gleichheit" und zählte zu den Führungsfiguren der proletarischen Frauenbewegung.

„Frau und Arbeiter haben gemein, Unterdrückte zu sein"

So begann August Bebel sein Buch „Die Frau und der Sozialismus", das im Jahr 1879 veröffentlicht wurde. Er forderte darin die Frauen auf, die Gleichberechtigung im Berufsleben und in der Politik „Hand in Hand mit der proletarischen Männerwelt" durchzusetzen. Arbeiterinnen und Arbeiterfrauen sollten sich deshalb der Sozialdemokratie anschließen. Tatsächlich setzte sich die SPD als einzige Partei für das Frauenwahlrecht ein. Viele Frauen folgten daher dem Aufruf Bebels, wurden aber oft auch hier zunächst enttäuscht. So schrieb die Fabrikarbeiterin Adelheid Popp (1869–1939), die der Partei 1885 beitrat:

Q1 ... Nie hörte oder las ich von Frauen in Versammlungen und auch alle Aufforderungen meiner Partei-Zeitung waren immer nur an die Arbeiter, an die Männer gerichtet. ... Auch wurde in den Versammlungen nur für Männer gesprochen. Keiner der Redner wendete sich auch an die Frauen. Es schien alles nur Männerleid und Männerelend zu sein. ...

Die sozialdemokratische Frauenbewegung engagierte sich für die Interessen der Arbeiterinnen, indem sie neben dem Frauenwahlrecht auch kürzere Arbeitszeiten und gleiche Löhne für Männer und Frauen forderte. Seit Mitte der 1890er-Jahre nahmen die Frauen verstärkt an Arbeitskämpfen teil. In Berlin gab es den ersten großen Arbeitskampf im Februar 1896. Etwa 20 000 Beschäftigte der Konfektionsindustrie, unter ihnen eine große Anzahl Frauen, streikten für höhere Löhne und für die Anerkennung von Lohntarifen. Der Streik griff auch auf andere Städte über – nach Cottbus, Dresden, Erfurt, Halle und Stettin. Die Arbeiter und Arbeiterinnen erreichten in Berlin eine Lohnerhöhung bis zu 30 Prozent und die proletarische Frauenbewegung erlebte durch diese Aktionen einen gewaltigen Aufschwung.

1 *Spielt ein Streitgespräch zwischen einem Arbeiter und einer Arbeiterin über die Forderung nach gleichem Lohn für Männer und Frauen.*

Dürfen Mädchen auf das Gymnasium?

Andere Ziele hatte der bürgerliche „Allgemeine Deutsche Frauenverein", der 1865 in Leipzig gegründet worden war. Seine zentralen

Bürgerliche und proletarische Frauenbewegung

3 Zeitgenössische Karikatur zur Frauenbewegung.

Forderungen waren das Recht auf Arbeit und die Erweiterung der Erwerbstätigkeit für Frauen. So schrieb eine Frau, die aus einem begüterten Elternhaus kam, im Jahr 1863:

Q2 … Während man es für einen jungen Mann als eine Sache der Ehre ansieht, sich sein Brot zu erwerben, betrachtet man es als eine Art von Schande, die Töchter ein Gleiches tun zu lassen. Nimmt eine Kaufmannstochter, eine Professorentochter eine Stelle als Lehrerin, als Gesellschafterin oder als Kindergärtnerin an, so wird dieses Ereignis irgendwie beschönigt. Es heißt, sie haben eine so große Vorliebe für den Verkehr mit Kindern. …

Während die Frauen aus proletarischen Familien gezwungen waren für den kargen Lebensunterhalt der Familie mitzuarbeiten, durften Frauen aus bürgerlichen Verhältnissen ohne die Zustimmung ihrer Ehemänner keinem Gewerbe nachgehen. Und bis zum Ende des 19. Jahrhunderts war es Mädchen und Frauen verboten, das Gymnasium zu besuchen oder zu studieren. Viele Männer und Frauen teilten die Meinung, die Max Planck, Direktor eines Universitätsinstituts in Berlin, um 1900 äußerte:

Q3 … Man kann doch nicht stark genug betonen, dass die Natur selbst der Frau ihren Beruf als Mutter und Hausfrau vorgeschrieben hat und Naturgesetze unter keinen Umständen ohne schwere Schädigungen umgangen werden können. …

2 *Bewertet die Argumente Plancks zur Ablehnung des Frauenstudiums (Q3).*

3 *Stellt mithilfe von Q2 die Berufe fest, in denen bürgerliche Frauen arbeiten konnten.*

Erfolge der Frauenbewegung

Die Möglichkeiten der Frauenbewegung, ihre Forderungen durchzusetzen, wurden durch die preußische Regierung stark eingeschränkt. Das Vereinsgesetz von 1850 (Abb. 1) untersagte es den Frauen, sich in den Vereinen mit Politik zu beschäftigen. Doch sie gründeten die von der Polizei verbotenen Vereine immer wieder neu.

Um 1900 zählte der bürgerliche „Bund deutscher Frauenvereine" über 70 000 Mitglie-der. Als das preußische Vereinsgesetz 1908 aufgehoben wurde, durften Frauen sich zwar versammeln und Mitglied in einer Partei oder Gewerkschaft werden. Das Frauenwahlrecht wurde aber erst im Jahr 1918 eingeführt.

4 *Überlegt, wie die Frauen die Vereinsgesetze (Abb. 1) umgehen konnten.*

5 *Informiert euch über die Geschichte des Internationalen Frauentages (Abb. 2).*

6 *Nehmt mithilfe der Informationen dieser Doppelseite zur Aussage der Abbildung 3 Stellung.*

Nirgendwo erreichte die Frauenbewegung ein vergleichbar großes Ausmaß wie in England. „Suffragetten" nannte man hier die Frauen, die in England für das Frauenwahlrecht kämpften. Einige von ihnen bewiesen große Unerschrockenheit. Sie ließen sich an Palastgittern fesseln oder traten in den Hungerstreik. Emily Davidson opferte der Sache der Frauen ihr Leben und warf sich vor das Pferd des Königs.

Ein Generalstreik wird zum „Tag der Arbeit"

1 Titelblatt aus der Maifestnummer des „Süddeutschen Postillions" aus dem Jahr 1894.

2 „Auf, zum Feste all' herbei, Feiern wir den ersten Mai!" Aus: „Der wahre Jakob", 25. April 1899.

Der 1. Mai

1889 als einmaliger internationaler Kampftag für den Achtstundentag geplant, entwickelte sich der 1. Mai zum „Tag der Arbeit" und zum traditionellen Festtag der Arbeiter in aller Welt. So fanden am 1. Mai 1890 die ersten Maimanifestationen der Arbeiterbewegung in Argentinien, in den USA und in 18 europäischen Ländern statt. Allein in London demonstrierten etwa 300 000 Menschen und auch im Deutschen Reich folgten Zehntausende von Arbeitern dem Aufruf zu den Kundgebungen. Da in Preußen Festumzüge von der Polizei genehmigt werden mussten, was nur selten vorkam, verabredeten sich Arbeiter und Arbeiterinnen zu einem gemeinsamen „Ausflug ins Grüne". Ottilie Bader (1847 bis 1925), Fabrikarbeiterin, berichtet von der ersten Maifeier 1890 in Berlin:

1. Mai 1890: erste Maimanifestationen der Arbeiterbewegung.

Q ... Es war am Donnerstag, dem 1. Mai 1890. Man sah bereits in den frühen Vormittagsstunden sonntäglich gekleidete Gruppen von Arbeiterfamilien hinausziehen ins Freie. Wie war das nur möglich? An einem Arbeitstage wagten die Proletarierscharen nicht zu arbeiten, dem Unternehmer damit den Profit zu kürzen? Sie wagten zu feiern an einem Tage, der nicht von Staat oder Kirche als Feiertag festgelegt war? Es war (in Paris) vereinbart worden, dass in allen Ländern an die Regierungen Forderungen zum Schutz der Arbeiter gestellt und mit Nachdruck vertreten werden müssen. Die Arbeitszeit sollte verkürzt, Kinderarbeit verboten werden und anderes mehr. Dann erst würde der Arbeiter sich seiner Familie widmen können und dann endlich einmal auch Zeit finden, an seiner geistigen Fortbildung zu arbeiten. ...

Bis nach dem Ersten Weltkrieg galt die Arbeitsruhe am 1. Mai meist als Streik. Später wurde das Datum als Tag der Arbeit zum Feiertag erklärt.

1 *Lest den Bericht von Ottilie Bader (Q) und diskutiert über ihre Ansicht zu diesem Feiertag.*
2 *Informiert euch bei euren Eltern und Großeltern darüber, wie der 1. Mai in der DDR gefeiert wurde.*
3 *Sammelt Informationen (Plakate, Berichte, Informationsmaterial der Gewerkschaften), wie heute der 1. Mai begangen wird.*
4 *Gestaltet zum Thema „1. Mai – Tag der Arbeit" eine Wandzeitung.*

Zusammenfassung

Technische Neuerungen
Die Industrialisierung begann im 18. Jahrhundert in England. Technische Erfindungen wie z. B. Spinnmaschinen führten zu einem radikalen Wandel in der Textilindustrie: Wenige Menschen konnten mithilfe der neuen Maschinen jetzt schnell, preiswert und in großen Mengen Waren produzieren. Durch die Erfindung der Dampfmaschine und der Lokomotiven konnten die Waren in kurzer Zeit überallhin befördert werden. Die erste deutsche Eisenbahn fuhr 1853 von Nürnberg nach Fürth. Unter Führung Preußens hatten sich die deutschen Kleinstaaten schon ein Jahr zuvor zum Deutschen Zollverein zusammengeschlossen, d. h., es gab jetzt innerhalb dieses Zusammenschlusses keine Grenzen mehr, die den Warenverkehr behinderten.

Soziale Folgen der Industrialisierung
Mit der fortschreitenden Industrialisierung verlor die alte ständische Ordnung immer mehr an Bedeutung. An die Stelle des „Geburtsadels" trat der „Geldadel". Dazu gehörten vor allem die Unternehmer, die in ihren Fabriken oft mehrere tausend Menschen beschäftigten. Eine angesehene Stellung in der Gesellschaft besaßen auch die Angestellten, also Ingenieure, Buchhalter usw. Für die Arbeiter wurde die Bezeichnung „Proletarier" gebräuchlich. Ihre Arbeits- und Lebensbedingungen waren äußerst schlecht: Verelendung aufgrund niedriger Löhne und hoher Arbeitslosigkeit, unzumutbare Arbeitsbedingungen und menschenunwürdige Wohnverhältnisse zählten zu den ungelösten sozialen Problemen der Arbeiter.

Lösungsversuche zur sozialen Frage
Angesichts des Elends, in dem Arbeiter, ihre Frauen und Kinder leben mussten, fühlten sich die Kirchen (Wichern, Kolping u. a.) und verantwortungsbewusste Unternehmer (Borsig, Krupp u. a.) dazu aufgerufen, Verbesserungen durchzuführen. Für eine revolutionäre Lösung der sozialen Frage setzten sich dagegen Marx und Engels ein, die 1848 das „Kommunistische Manifest" veröffentlichten. Mit der Durchführung von Streiks, der Gründung von Gewerkschaften und schließlich von Arbeiterparteien durch Lassalle sowie Bebel und Liebknecht konnten die Arbeiter ihre Situation schrittweise verbessern und auch das Wahlrecht erkämpfen. Das Frauenwahlrecht wurde erst 1918 in Deutschland eingeführt.

18. Jahrhundert

England wird zum Mutterland der industriellen Revolution.

Um 1830

Beginn der Industrialisierung in Mitteleuropa und Deutschland.

1848

Marx und Engels veröffentlichen das Manifest der kommunistischen Partei.

1875

Gründung der Sozialdemokratischen Partei in Gotha.

7. Das Zweite Kaiserreich

Im Spiegelsaal des Versailler Schlosses versammelten sich am 18. Januar 1871 deutsche Fürsten und hohe Offiziere, um das Deutsche Reich zu gründen. Ihre Hochrufe galten dem preußischen König Wilhelm I., der soeben zum Kaiser dieses neuen Reiches ausgerufen wurde. Preußen hatte einen Krieg mit Frankreich provoziert, das vereinte deutsche Heer geleitet und den Sieg zur Kaiserproklamation genutzt. Vertreter des Volkes waren bei der Zeremonie in Versailles nicht anwesend. Mehr noch: Die deutschen Fürsten, allen voran Wilhelm I., hatten die Forderungen nach einem demokratischen deutschen Staat 1848/49 blutig unterdrückt und sie waren auch jetzt nicht bereit, die Macht und die Vorrechte des Adels einzuschränken. Sie gründeten ein Reich der Reichen, in dem ein großer Teil des deutschen Volkes um Recht und Freiheit betrogen wurde. Trotzdem wurde die Reichsgründung in Deutschland mit großen Festen gefeiert. Sie war für viele Menschen die Verwirklichung eines lang gehegten Wunsches. Große Verbitterung herrschte hingegen in Frankreich über die Ausrufung des Deutschen Kaiserreiches in der Residenz der französischen Könige. Das Gemälde befindet sich im Bismarck-Museum in Friedrichsruh.

Der deutsch-dänische Konflikt

Personalunionswappen. *Schleswig-Holstein und Dänemark werden als Hund und Katze dargestellt. Ziel der deutschen Nationalen war die Trennung der Herzogtümer von Dänemark und ihr Anschluss an einen deutschen Nationalstaat, den es noch nicht gab. Flugblatt, um 1840.*

1 Norddeutschland 1815.

„ewich ungedelt"

Im Mittelalter waren Schleswig und Holstein zwei unabhängige Herzogtümer. Zudem gehörte Holstein dem Heiligen Römischen Reich Deutscher Nation an, Schleswig jedoch nicht. Dennoch gab es sehr enge Verbindungen zwischen den beiden Territorien, da sie nicht nur ein und denselben Herrn hatten, sondern auch eine gemeinsame Ritterschaft, die Vertretung des Adels in beiden Herzogtümern. Als nun 1459 der über beide Gebiete regierende Adolf VIII. starb, kam es zu Erbstreitigkeiten, da jeweils unterschiedliche Personen erbberechtigt waren, der Adel aber einen gemeinsamen Landesherrn forderte. Schließlich einigte man sich 1460 auf den dänischen König Christian I., der dafür aber zusichern musste, dass die beiden Herzogtümer Schleswig und Holstein für immer ungeteilt zusammenbleiben sollten. Der Originalwortlaut des Ripener Vertrages lautete: „dat se bliven ewich tosamende ungedelt".

Schleswig – zwischen Deutschland und Dänemark

Holstein war auch weiterhin ein Teil des Deutschen Reiches. Schleswig hingegen stand zwischen Deutschland und Dänemark, was aber lange Zeit niemanden wirklich störte. Je nach Dorf und Familie sprach man Niederdeutsch oder Sönderjysk, den regionalen dänischen Dialekt. Regiert wurde man von der „Deutschen Kanzlei" in Kopenhagen. Erst durch das Aufkommen des Nationalgedankens zu Beginn des 19. Jahrhunderts stellte sich im Herzogtum Schleswig die Frage, ob man sich eigentlich als deutsch oder dänisch empfinde. Ein Versuch der dänischen Regierung, Dänisch als Kirch-, Schul- und Verwaltungssprache in ganz Schleswig zur Pflicht zu machen, scheiterte. In den 30er- und 40er- Jahren des 19. Jahrhunderts verschärfte sich der Konflikt zwischen deutschen und dänischen Schleswigern. Die eher dänisch empfindenden (Nord-) Schleswiger forderten eine Angliederung Schleswigs an das dänische Reich, das dann bis an die Eider gereicht hätte. Sie wurden deshalb „Eiderdänen" genannt. Die deutschgesinnten Bewohner (Süd-)Schleswigs sprachen sich für einen Beitritt ihres Herzogtums zum Deutschen Bund aus.

1 *Entwerft weitere Plakate für oder gegen eine Vereinigung Schleswigs mit Dänemark.*

Schloss Glücksburg *war von 1854 bis 1864 eine der Residenzen des dänischen Königs. Foto, 2002.*

Der deutsch-dänische Konflikt

Das ***Danewerk*** *war die südliche Grenzbefestigung des dänischen Reiches und bestand aus mehreren langen Wällen zwischen Schlei und Treene. 1160–80 wurde die* ***Waldemarsmauer*** *aus Ziegelsteinen errichtet, von der heute nur noch Reste zu betrachten sind. Foto.*

1848 – Revolution in Kiel

1848 bestieg ein neuer Herrscher den Thron Dänemarks. Eigentlich hatte Friedrich VII. den Herzogtümern eine recht freie Verfassung geben wollen, doch aus Angst vor einer Revolution, wie sie 1848 in Frankreich ausbrach, setzten sich in Kopenhagen die konservativen Kräfte durch. Die neuen dänischen Minister waren Vertreter des „eiderdänischen Programms". Um zu verhindern, dass sie den Anschluss Schleswigs an Dänemark durchsetzten, bildete sich in Kiel eine „provisorische Regierung" für Schleswig und Holstein. Sie kämpfte einerseits gegen die dänenfreundliche Politik Kopenhagens, andererseits auch um mehr demokratische Rechte und war somit Kopf der „Erhebung" gegen den noch immer absolutistisch geführten dänischen Staat.

Die provisorische Regierung in Kiel wurde bald von den Herrschenden in Berlin und Frankfurt anerkannt und gefördert, von Dänemark wurde sie aber bekämpft. Obwohl die neue Regierung die Unterstützung aller Soldaten aus Schleswig und Holstein hatte, konnte sie sich nicht gegen die dänischen Truppen durchsetzen und war auf die Hilfe preußischer Soldaten angewiesen. Die preußische Regierung zog ihre Truppen jedoch 1850, nach dem Eingreifen Englands in den Konflikt, zurück. Die auf sich allein gestellten Truppen Schleswig-Holsteins unterlagen am 25.7.1850 in der Schlacht bei Idstedt den dänischen Soldaten. Die Herzogtümer gerieten somit wieder unter die Herrschaft Friedrichs VII.

Schleswig, ein Teil Dänemarks?

Friedrich VII. versprach, die deutsche und die dänische Nationalität in Schleswig gleichberechtigt zu behandeln. Tatsächlich aber bemühte sich die Regierung in den nächsten Jahren besonders in den Gebieten Schleswigs, in denen sowohl Deutsch als auch Dänisch gesprochen wurde, das Deutsche zurückzudrängen. Deutsch durfte in der Schule nur noch als Fremdsprache unterrichtet und die Gottesdienste mussten in Dänisch abgehalten werden. Der Konflikt wurde weiter verschärft, indem für Dänemark und das Herzogtum Schleswig eine gemeinsame Verfassung erarbeitet wurde.

Der zweite Versuch

Als Friedrich VII. am 15.11.1863 starb, war seine Nachfolge eigentlich geregelt: Aufgrund der Verträge, die nach der Niederlage der Schleswig-Holsteiner geschlossen worden waren, sollte Christian IX., der die Krone Dänemarks erbte, auch Herzog von Schleswig und Holstein werden. Es gab allerdings noch einen zweiten Kandidaten mit berechtigten Ansprüchen: Erbprinz Friedrich von Augustenburg. Er versprach den Schleswig-Holsteinern ein gemeinsames, von Dänemark unabhängiges Reich unter seiner Herrschaft. In diesem Streit ergab sich nun für Preußen die Chance, sich an die Spitze des Deutschen Bundes zu stellen und Schleswig-Holstein für Preußen zu gewinnen.

2 *Erklärt, weshalb die Sprache, die in Schule und Kirche gesprochen wird, so wichtig war. Weshalb griff die dänische Regierung nach 1850 gerade hier ein?*

3 *Überlegt euch, mit welchen Mitteln man heute dafür sorgen würde, dass die Bevölkerung ihre Sprache wechselt.*

2 Idstedtdenkmal. Am 25. Juli 1850 endete die Schlacht von Idstedt mit einer Niederlage der schleswig-holsteinischen Armee gegen die dänischen Truppen. Foto, 2002.

Der Weg zur deutschen Einheit

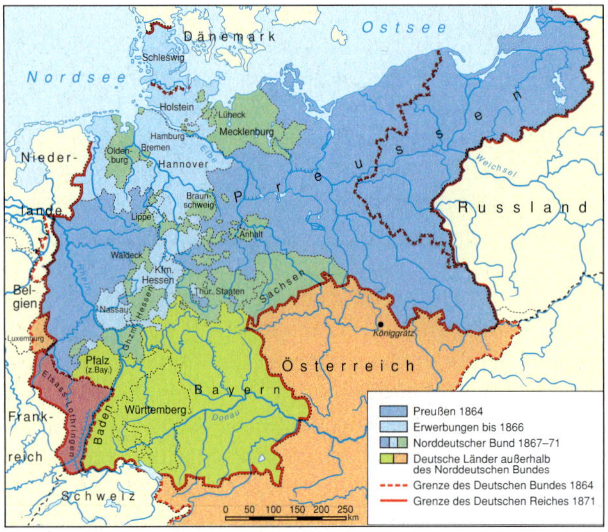

1 Deutschland 1864–1871.

Preußische Soldaten auf den eroberten Düppeler Schanzen. Foto.
Der deutsch-dänische Krieg war eine der ersten militärischen Auseinandersetzungen in Europa, die durch Fotografien dokumentiert wurde.

1866:
Niederlage Österreichs gegen Preußen in der Schlacht bei Königgrätz.

Großdeutsche/ kleindeutsche Lösung:
Im Bemühen um die Bildung eines einheitlichen deutschen Staates im 19. Jahrhundert ging es immer wieder um die Frage, ob Österreich Teil dieses Staates werden sollte (großdeutsche Lösung) oder nicht (kleindeutsche Lösung).

Preußen und Österreich als Rivalen

Im Jahr 1818 hatten sich 35 Fürstentümer und vier freie Reichsstädte zum „Deutschen Bund" zusammengeschlossen. In dieser Vereinigung waren zwei große Einzelstaaten vertreten: Preußen und Österreich. Beide Staaten versuchten seitdem ständig die alleinige Vorherrschaft im Deutschen Bund zu erreichen. Besonders Preußen drängte darauf, die Machtfrage endgültig zu entscheiden. Es war dabei vor allem daran interessiert, sich die norddeutschen Staaten einzuverleiben, um ein zusammenhängendes Staatsgebiet zu erhalten.

Der Mann, der diese Bestrebungen besonders förderte, war der preußische Ministerpräsident Otto von Bismarck. Er war 1862 von König Wilhelm I. (1861–88) zum preußischen Ministerpräsidenten ernannt worden. Schon einen Monat zuvor hatte er als Abgeordneter in einer Rede vor dem Parlament deutlich gemacht, wie er den Konflikt zwischen Preußen und Österreich entscheiden wollte:

Q1 … Preußens Grenzen … sind für ein gesundes Staatsleben nicht günstig. Nicht durch Reden und Mehrheitsbeschlüsse werden die großen Fragen der Zeit entschieden …, sondern durch Eisen und Blut. …

Krieg um Schleswig und Holstein

Bismarck kam der erneute Konflikt um Schleswig und Holstein gerade recht. Zusammen mit Österreich verlangte Preußen von Dänemark die Rücknahme der gemeinsamen Verfassung für Schleswig und das Königreich. Als sich Dänemark weigerte, marschierten 1864 deutsche Truppen in den Herzogtümern ein. Bei der Schlacht um die Düppeler Schanzen mussten sich die dänischen Truppen den Preußen ergeben. Im anschließenden Friedensvertrag wurden die Herzogtümer Schleswig und Holstein aus dem dänischen Gesamtstaat herausgelöst. Sie kamen allerdings auch nicht unter die Herrschaft des Augustenburgers, sondern wurden Preußen und Österreich unterstellt. 1865 einigten sich diese beiden Mächte, dass Preußen das Herzogtum Schleswig und Österreich Holstein verwalten sollte. Das unabhängige Herzogtum Lauenburg wurde von beiden Staaten gemeinsam verwaltet.

Preußen gegen Österreich

Für Bismarck war dies aber nur ein erster Schritt. Er wollte Schleswig-Holstein als preußische Provinz und gleichzeitig die Reduzierung von Österreichs Einfluss. Indem er einen monatelangen Kleinkrieg um die Verwaltung der Herzogtümer anzettelte, brachte er Österreich dazu, Preußen 1866 den Krieg zu erklären. Schon nach wenigen Wochen wurden die österreichischen Truppen in der Schlacht von Königgrätz vernichtend geschlagen. Österreich schied aus dem Deutschen Bund aus und trat seine Rechte an Schleswig-Holstein an Preußen ab. Allerdings wurde in dem Vertrag festgehalten, dass der Norden Schleswigs an Dänemark überlassen werden sollte, wenn die Bevölkerung dies wünsche.

1 *Diskutiert aus der damaligen Sicht eines deutsch- und eines dänischsprachigen Schleswigers, ob es gut ist, nun zu Preußen zu gehören. Was könnte ein Holsteiner dazu gesagt haben?*

Preußen wird Führungsmacht

2 **Karikatur auf Preußens Annexionen* und die Gründung des Norddeutschen Bundes.**

3 **Bismarckdenkmal in Kiel.** Foto, 2002.

Otto von Bismarck
(1815–1898), preußischer Ministerpräsident.

Bismarck hatte durch den Sieg bei Königgrätz den Machtkampf mit Österreich zugunsten Preußens entschieden. Während der preußische König die vollständige Niederwerfung Österreichs wünschte, drängte Bismarck auf einen maßvollen Frieden:

Q2 … Österreich darf nicht gedemütigt werden. Man muss für die Zukunft seine Freundschaft gewinnen, sonst wird es der Bundesgenosse Frankreichs. … Wir wollen nicht Richter über Österreich spielen …, sondern die Anbahnung der deutschen Einheit unter dem König von Preußen ins Auge fassen. …

Die „Anbahnung der deutschen Einheit“ begann 1867 mit der Gründung des „Norddeutschen Bundes“; ihm gehörten alle Staaten nördlich des Mains an. An der Spitze des Bundes stand der preußische König, dem alle Truppen unterstellt wurden. Bundeskanzler wurde Bismarck. Sein Ziel war es, auch die vier süddeutschen Staaten, nämlich Bayern, Baden, Württemberg und Hessen, in den Bund einzugliedern. Dagegen allerdings wehrte sich Frankreich ganz entschieden. Ein Deutsches Reich unter der Führung Preußens schien ihm eine zu große Gefahr zu sein. Bismarck schloss daher mit den süddeutschen Staaten zunächst nur geheime „Schutz- und Trutzbündnisse“; die süddeutschen Staaten verpflichteten sich darin, im Kriegsfall ihre Truppen dem Oberbefehl des preußischen Königs zu unterstellen. Die vollständige Einheit Deutschlands schien nur noch eine Frage der Zeit zu sein.

Voller Bewunderung schrieb ein Professor, der zunächst für die Machtpolitik Bismarcks nur Verachtung gezeigt hatte:

Q3 … Ich beuge mich vor dem Genie eines Bismarck. … Was uns Uneingeweihten als Übermut erschien, es hat sich hinterher herausgestellt als unerlässliches Mittel zum Ziel [der deutschen Einheit]. Ich gebe für einen solchen Mann der Tat 100 Männer … der machtlosen Ehrlichkeit. …

2 *Wie begründet der Professor in Quelle 3 seinen Sinneswandel? Diskutiert über den Satz: „In der Politik heiligt der Erfolg die Mittel.“*

3 *Vergleicht die Einschätzung der Außenpolitik Bismarcks in Quelle 3 mit der Aussage der Karikatur (Abb. 2).*

Annexion*:
gewaltsame Aneignung.

1867:
Gründung des Norddeutschen Bundes unter Führung Preußens.

Durch Krieg zum deutschen Nationalstaat

1 „Unsere Fahne – trotz alledem". Straßenszene in Straßburg von 1871. Gemälde von A. Lemercie.

1870/71: *Deutsch-Französischer Krieg.*

Ein „notwendiger Krieg" mit Frankreich?
Die Spannungen zwischen Preußen und dem um seine Sicherheit besorgten Frankreich nahmen immer mehr zu. Im Jahr 1868 meinte Bismarck in einem Gespräch:

Q1 ... Ich sehe einen baldigen Krieg mit Frankreich als eine unabweisliche Notwendigkeit an. ... Mit Rücksicht auf die süddeutschen Staaten liegt es in unserem Interesse, nicht den Anlass zu einem Krieg zu geben. Aufgrund der mit ihnen geschlossenen Schutzverträge können wir mit voller Bestimmtheit auf ihre Hilfe rechnen, wenn der Krieg von Frankreich erklärt wird. ...

Zum äußeren Anlass für den Krieg wurde die Frage nach der Thronfolge in Spanien. Prinz Leopold von Hohenzollern-Sigmaringen, ein Verwandter des preußischen Königs, bewarb sich um die spanische Königskrone. Bismarck unterstützte diese Bewerbung. Frankreich aber protestierte mit Nachdruck gegen diese „Einkreisung" durch die Hohenzollern. Prinz Leopold verzichtete daraufhin sofort auf seine Kandidatur. Das aber genügte der französischen Regierung nicht. In einem Schreiben an Wilhelm I. forderte sie einen Verzicht auf den spanischen Thron für alle Zeiten.
Wilhelm I. wies diese Forderung entschieden zurück. Am 19. Juli 1870 erklärte Frankreich daraufhin den Krieg. Die süddeutschen Staaten schlossen sich sofort dem Norddeutschen Bund an, eine Welle der Kriegsbegeisterung erfasste ganz Deutschland.
Wenige Wochen später musste die französische Armee am 2. September 1870 bei Sedan kapitulieren. Mit fast 100 000 Soldaten geriet auch der französische Kaiser Napoleon in Gefangenschaft, doch der Krieg ging weiter. Erst im Januar 1871 kapitulierte Frankreich. Im Friedensvertrag wurde es zu einer hohen Entschädigungssumme verurteilt; außerdem musste es das Elsass und Teile Lothringens abtreten.
Viele Stimmen, auch Bismarck, warnten mit dem Hinweis, dass mit allzu harten Bedingungen schon der Grundstock zum nächsten Krieg gelegt würde. Doch dieses Mal konnte sich Bismarck gegen die Militärführung nicht durchsetzen. Eine tiefe Feindschaft trennte nun beide Völker.

1 *Nennt Gefahren, die aus den harten Friedensbedingungen entstehen konnten.*
2 *Erklärt Titel und Motiv der Abbildung 1.*
3 *Berichtet, was ihr über das deutsch-französische Verhältnis heute wisst.*
4 *Gibt es eurer Meinung nach „notwendige" oder gerechtfertigte Kriege? Begründet eure Meinung.*

Friedenseiche in Lütjenburg. Foto, 2002.

Das Deutsche Kaiserreich

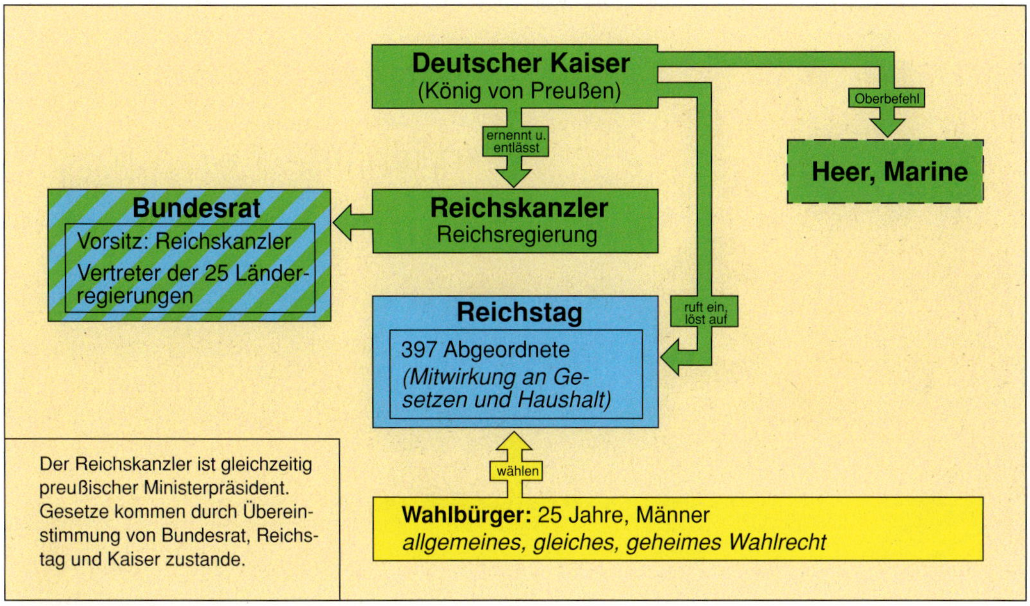

2 **Die Reichsverfassung von 1871.**

1871:
Gründung des Deutschen Reiches. Wilhelm I. (1797–1888) wird deutscher Kaiser.

Wilhelm I. wird deutscher Kaiser

Schon während des Krieges mit Frankreich notierte der preußische Kronprinz in sein Tagebuch:

Q2 … Wohl aber drängt die deutsche Geschichte jetzt auf eine baldige Wiederherstellung von Kaiser und Reich durch unser königliches Haus. Dieses Ereignis kann in keinem günstigeren Momente eintreten, als in jenem Augenblick, an dem unser König an der Spitze des deutschen Heeres als Sieger über Frankreich auf französischem Boden steht. …

Mit dieser Einschätzung traf der Prinz die Stimmung im deutschen Volk. Viele hofften auf ein einheitliches Deutsches Reich. Bismarck hatte schon während des Krieges Verhandlungen über die Reichsgründung geführt. Dabei musste geklärt werden, welche Rechte der deutsche Kaiser haben sollte und auf welche Rechte die Fürsten verzichten mussten. Am 18. Januar 1871 war es so weit: Der preußische König Wilhelm I. wurde im Spiegelsaal des Schlosses in Versailles zum deutschen Kaiser ausgerufen.

Mit großer Freude wurde die Reichsgründung in Deutschland aufgenommen, obwohl viele Demokraten von der Verfassung enttäuscht waren, in der z. B. die Grundrechte fehlten, die die Verfassung der Frankfurter Nationalversammlung von 1849 enthielt.

Große Verbitterung herrschte hingegen in Frankreich über die Ausrufung des Deutschen Reiches in der Residenz der französischen Könige.

5 *Erstellt eine Tabelle mit den Rechten des Kaisers, des Reichstages und des Reichskanzlers.*

6 *Benennt anhand der Abbildung auf Seite 156/157, welche Personen bei der Ausrufung des deutschen Kaisers fehlten.*

Methode: Zeitungsrecherche im Archiv

1 **Besuch einer Schulklasse im Archiv.** Foto, 2003.

Allgemeine
Lauenburgische Landeszeitung.
Anzeiger für Stadt und Land.

№ 9. Lauenburg, Sonnabend, den 21. Januar 1871.

Kaiser Wilhelm I.

Vom Kriegsschauplatze.

Feuilleton.

2 **Lauenburgische Landeszeitung vom 21. Januar 1871.**

Ein Besuch im Stadtarchiv

In den meisten größeren Orten gibt es ein Archiv. Der Archivar hat die Aufgabe, die historische Überlieferung der Region zu sammeln, zu sichten, zu ordnen und der öffentlichen Benutzung zugänglich zu machen. Ein Archiv ist wie eine große begehbare Datenbank. Der Zugang zu dieser „Datenbank" geschieht am besten durch einen Anruf beim Archivar.

Seine Telefonnummer könnt ihr wahrscheinlich über die Internetseite der Stadt herausbekommen. Führungen für Schulklassen bieten Archive meist gern an.

Die lokale Zeitung – eine Fundgrube

Zu den wichtigsten Quellen für die lokale Geschichte der vergangenen 150 Jahre gehören historische Zeitungsbestände, die in kommunalen Archiven aufgestöbert werden können. Sie enthalten nicht nur Berichte über sonst vergessene lokale Begebenheiten, sondern geben in ihren überregionalen Spalten Einsicht in das Gedankengut des Massenlesepublikums damals. Und: Als gedruckte Dokumente lassen sie sich viel einfacher lesen als handgeschriebene Akten.

Vorsicht ist dennoch geboten. Eine Zeitung als historische Quelle zu nutzen bringt viele Unwägbarkeiten mit sich, zum Beispiel schludrig verfasste Artikel, Satzfehler, Zahlendreher, einseitige Berichterstattung, lückenhafte Überlieferung und – vor allem das Problem der Wertung aus historischer Sicht.

Kurznachricht vom 21. Januar 1871

Unter dem Aufmacher „Kaiser Wilhelm I." berichtete das lokale Blatt für Lauenburg über die Reichsgründung in Versailles am 18. Januar 1871:

Q1 „Drei glänzend geführte Kriege voll herrlicher Siegesthaten geben der deutschen Nation die Gewißheit, daß ihre Unabhängigkeit unter den Hohenzollernschen Kaisern stets gewahrt sein wird. ..."

1 *Organisiert einen Termin für eine Klassenführung bei einem nahe liegenden Stadtarchiv.*

2 *Untersucht einen Artikel über eure Gegend aus einer aktuellen lokalen Zeitung. Tragt zusammen, was Archivbenutzer in 100 Jahren aus diesem Artikel über unsere Zeit erfahren könnten.*

Bismarcks Bündnissystem

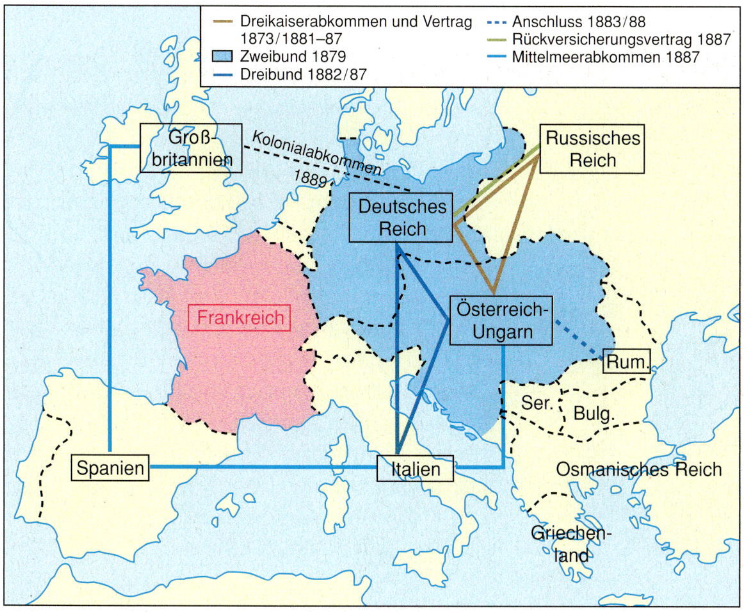

1 Das Bündnissystem Bismarcks.

Frankreich und das Deutsche Reich

Bismarck war sich bewusst, dass mit dem Ende des Deutsch-Französischen Krieges die Spannungen in Europa keineswegs beigelegt waren. Alle europäischen Staaten beobachteten voller Sorge das neue starke Deutsche Reich. Hinzu kam, dass Russland, Österreich-Ungarn, Italien und England ihren politischen Einfluss und ihren Machtbereich vergrößern wollten. Frankreich war zwar besiegt worden, konnte aber die Abtrennung des Elsass und von Teilen Lothringens nicht vergessen. Ein wichtiges Ziel der französischen Außenpolitik war daher die Rückgewinnung der verlorenen Gebiete. Um das neu gegründete Reich gegen mögliche Angriffe von außen zu schützen, versuchte Bismarck ein Bündnissystem mit möglichst vielen Staaten zu bilden.

1 *Benennt anhand der Abbildung 1, mit welchen europäischen Staaten Bismarck ein Bündnis schloss.*

2 *Stellt eine Liste der Verträge auf. Die Legende der Karte hilft euch dabei.*

3 *Gebt an, welcher Staat durch dieses Bündnissystem isoliert werden sollte.*

4 *Überlegt, welche Voraussetzungen für die Dauerhaftigkeit dieses Bündnissystems besonders wichtig waren.*

Der Zweibund mit Österreich-Ungarn

Folgenschwer war der Vertrag von 1879 zwischen dem Deutschen Reich und Österreich-Ungarn, denn darin verpflichteten sich beide Seiten, im Falle eines Angriffs durch einen Dritten sich gegenseitig militärisch Beistand zu leisten. Dieser Vertrag blieb bis 1918 in Kraft und spielte eine sehr große Rolle beim Ausbruch des Ersten Weltkriegs (vgl. Kapitel 9).

2 Eine französische Schulklasse am Ende des 19. Jahrhunderts. An der Tafel steht: „Du wirst Soldat sein."

5 *Versucht euch in die Lage der Franzosen damals zu versetzen. Nehmt aus ihrer Sicht Stellung zu den Verträgen Bismarcks.*

6 *Überlegt, was der Zeichner mit der Abbildung 2 sagen will. Beachtet auch die Landkarte.*

Bismarck balanciert die Friedenspalme zwischen einem französischen und einem russischen Soldaten. Karikatur, 1888.

Bismarck wird die Aussage zugeschrieben: „Wenn die Welt untergeht, ziehe ich nach Mecklenburg, denn da passiert alles fünfzig Jahre später."

Bismarcks Politik gegen die Arbeiterbewegung

1 **„Keeping it down"**. Karikatur aus der englischen Zeitschrift „Punch", 1878.

Parteistempel während des Sozialistengesetzes, die vor allem für die Quittierung von Geldbeträgen benutzt wurden.

Sozialisten als „vaterlandslose Gesellen"?

Bei den Reichstagswahlen stimmten immer mehr Arbeiter für die Sozialdemokratie, von der sie hofften, dass sie durch entsprechende Gesetze ihre Lage verbessern könnte. Bismarck verfolgte die Ausbreitung der Sozialisten mit wachsendem Unbehagen. Für ihn waren sie „vaterlandslose Gesellen" und Revolutionäre, die einen gewaltsamen Umsturz der Gesellschaft herbeiführen wollten. Bestätigt sah er sich durch einen Kongress der Sozialisten im Jahr 1875 in Gotha; hier forderten die Delegierten eine grundlegende Änderung der bestehenden Staats- und Gesellschaftsordnung.

Im Jahr 1878 wurden auf Kaiser Wilhelm I. zwei Attentate verübt. Bismarck beschuldigte fälschlicherweise die Sozialdemokraten, hieran beteiligt gewesen zu sein. Im Reichstag setzte er noch im gleichen Jahr das „Gesetz gegen die gemeingefährlichen Bestrebungen der Sozialdemokratie" durch. Zwar wurde die SPD als Partei nicht verboten, aber es wurde ihr jegliche politische Betätigung untersagt; Veranstaltungen durften nicht mehr durchgeführt werden, Parteizeitungen nicht mehr erscheinen. Wer sich verdächtig machte, wurde innerhalb von 48 Stunden ausgewiesen.

***1878:** Verabschiedung der Sozialistengesetze durch den Reichstag.*

In einem Bericht aus dem Jahr 1882 heißt es:

Q1 ... Unser Genosse Julius Lewin, im Februar dieses Jahres aus Berlin ausgewiesen und erbarmungslos von Ort zu Ort gehetzt, hatte schließlich in Magdeburg Arbeit gefunden; aber auch dort wurde er von der Polizei mit raffinierter Bosheit aus der Arbeit getrieben, von Fabrik zu Fabrik gejagt, und so traf er dann endlich, nachdem er abermals dazu gezwungen war, den Wanderstab zu ergreifen, vor fünf Wochen mit siechem und gebrochenem Körper hier [in Bremen] ein. Es wurde ihm Arbeit verschafft, und obwohl er nur einen kargen Verdienst erzielte, sprach Lewin doch seine Befriedigung darüber aus, dass er jetzt doch wenigstens in der Lage sei, warme Speisen zu sich zu nehmen und sich satt essen zu können. ...

1 *Beschreibt die Abbildung 1. – Wie sieht nach Ansicht des Zeichners Bismarck die Sozialisten?*

2 *Besprecht mithilfe des Berichts der Quelle 1 die Folgen des Sozialistengesetzes. Überlegt, wie die Arbeiter auf die polizeilichen Maßnahmen reagiert haben könnten.*

Bismarcks Sozialgesetzgebung

Mit dem Sozialistengesetz war die Arbeiterbewegung nicht aufzuhalten. Im Untergrund organisierte sie sich weiter, oft unter großen Gefahren für ihre Mitglieder.

Bismarck erkannte bald, dass er die Arbeiter nicht durch Verbote oder Polizeiaktionen für den Staat gewinnen konnte. Er entwickelte daher eine Sozialgesetzgebung, die den Arbeitern im Notfall etwas Sicherheit bieten sollte.

Über die Einführung der Rentenversicherung sagte Bismarck 1889 im Reichstag:

Q2 ... Ferner erwarte ich durch das Gesetz noch eine nützliche Wirkung: Wenn wir 700 000 kleine Rentner haben, die vom Staat ihre Rente beziehen, dann werden sie Interesse für den Staat haben. Die Leute sagen: Wenn der Staat zu Schaden geht, verliere ich meine Rente. Also werden sie den Staat als eine wichtige und wohltätige Einrichtung ansehen. ...

„Zuckerbrot und Peitsche"

2 **Die deutsche Sozialversicherung.** Plakat, 1913.

Die Hoffnungen Bismarcks, die Arbeiter damit von ihren Forderungen nach besseren Arbeitsbedingungen, höheren Löhnen und der freien politischen Betätigung abzubringen, erfüllten sich nicht.
Immer stärker forderten sie das Recht, sich in Arbeiterparteien und Vereinen zu organisieren. Im Jahr 1890 wurde das Sozialistengesetz aufgehoben.

3 *Stellt fest, warum die Sozialversicherung in Abbildung 2 als vorbildlich dargestellt wird. Vergleicht mit der Aussage der Karikatur (Abb. 3).*

4 *Erklärt, warum sich Bismarck für die Sozialgesetze einsetzte (Q2).*

5 *Erläutert den Unterschied zwischen Sozialistengesetz und Sozialgesetzgebung.*

3 **„Der prassende Altersrentner."** Farblithographie aus dem Wochenblatt „Der wahre Jakob", 1891.

*Der kaiserliche Hofkorbmacher Wilhelm Bartelmann aus Rostock gilt als Erfinder des **Strandkorbs**. 1871 fertigte er aus heimischer Weide und spanischem Rohr die erste Sitzgelegenheit für das Strandleben. Heute stehen an den Stränden der Nord- und Ostsee ca. 70 000 Stück. Strandurlaub an der Küste blieb für die Arbeiter bis weit in das 20. Jahrhundert ein unerreichbarer Traum.*

Seit 1883:
Staatliche Sozialgesetzgebung im Deutschen Reich.

Der neue Kurs

1 **Der Lotse geht von Bord.** Karikatur auf die Entlassung Bismarcks in der englischen Zeitschrift „Punch", 1890.

2 **Kaiser Wilhelm II.** Gemälde, 1890.

„Der Lotse geht von Bord" – Bismarcks Entlassung

Im Frühjahr 1888 starb Kaiser Wilhelm I. Für nur 99 Tage folgte ihm sein todkranker Sohn, Friedrich III. Danach bestieg sein Enkel, der erst 29-jährige Wilhelm II. (1888–1918), den Thron.

Sehr schnell kam es zwischen dem jungen Kaiser und dem alten, erfahrenen Reichskanzler Bismarck zu Auseinandersetzungen über den richtigen Kurs in der Innen- und Außenpolitik. Wilhelm II. wollte sich nicht ständig von Bismarck bevormunden lassen. Er wollte sein „eigener Kanzler" sein. Jung, ehrgeizig und voll stolzer Ideen entließ er am 20. März 1890 Bismarck aus allen Ämtern. In seinen „Gedanken und Erinnerungen" berichtet Bismarck davon:

Q … Am 26. März (1890) verabschiedete ich mich bei dem Kaiser. Seine Majestät sagte, „nur die Sorge für meine Gesundheit" habe ihn bewogen, mir den Abschied zu erteilen. Ich erwiderte, meine Gesundheit sei in den letzten Jahren selten so gut gewesen wie in dem vergangenen Winter. … Am 29. März verließ ich Berlin unter dem Zwange übereilter Räumung meiner Wohnung und unter dem vom Kaiser im Bahnhof angeordneten militärischen Ehrenbezeigungen, die ich ein Leichenbegräbnis erster Klasse mit Recht nennen konnte. …

Als Bismarck seinen Amtssitz verließ, begleitete ihn die Bevölkerung spontan an den Lehrter Bahnhof, von wo er mit dem Zug nach Friedrichsruh bei Hamburg fuhr. Hier verlebte er seine letzten Lebensjahre, voller Sorge den „neuen Kurs" des Kaisers verfolgend.

1 *Beschreibt Abbildung 2. – Wie möchte der junge Kaiser gern erscheinen?*

2 *Abbildung 1 zeigt eine Karikatur zur Entlassung Bismarcks. Beachtet dabei Größe, Haltung und Gesichtsausdruck Bismarcks und des Kaisers. – Wie ist das Verhältnis zwischen dem Kaiser und Bismarck dargestellt?*

3 *„Bismarck schied nur auf Drängen des Kaisers aus seinem Amt." Erklärt diese Behauptung anhand der Quelle.*

Der Bahnhof in Friedrichsruh. Foto, 2003.

*Das **Bismarck-Mausoleum** entstand im neuromanischen Stil in Anlehnung an das Grabmal Theoderichs in Ravenna (Italien). Foto, 2003.*

Die Kaiserbahn:
Um eine schnelle Verbindung von Berlin zum Kriegshafen Kiel zu schaffen, ließ Kaiser Wilhelm II. die Strecke Hagenow–Ratzeburg –Bad Oldesloe bauen. Die eingleisige Strecke ging 1899 in Betrieb.

1888:
Thronbesteigung durch Kaiser Wilhelm II.

1890:
Entlassung Bismarcks als Reichskanzler und preußischer Ministerpräsident.

Geschichte vor Ort: Bismarck in Friedrichsruh

1 **Empfang auf dem Bahnhof: Kaiser Wilhelm II. besucht Bismarck am 19. Februar 1894 in Friedrichsruh.** Holzstich, 1894.

2 **Militärische Ehrung für Bismarck durch Kaiser Wilhelm II. am 26. März 1895 in Friedrichsruh.** Koloriertes Foto, 1895.

Bismarck als „Telearbeiter"

Am 29. Juni 1871 besuchte Reichskanzler Otto von Bismarck zum ersten Mal mit seiner Familie Friedrichsruh, um seinen neuen Besitz in Augenschein zu nehmen. Fünf Tage zuvor hatte ihm Kaiser Wilhelm I. ein wahrhaft fürstliches Geschenk gemacht: In Anerkennung seiner Verdienste bei der Gründung des Deutschen Reiches, so teilte ihm Wilhelm I. mit, übergab er seinem Reichskanzler als Dotation (Geschenk) den Sachsenwald mit Friedrichsruh.

Im Laufe der folgenden Jahre kaufte Bismarck weitere angrenzende Ländereien hinzu. Er wohnte in einem umgebauten Hotel. Je wohnlicher es dort für ihn wurde, desto mehr Zeit verbrachte der alternde Reichskanzler in Friedrichsruh. Wochen- und monatelang zog er sich von Berlin aus in den Sachsenwald zurück. Mit seinem Mitarbeiterstab und mithilfe eines kleinen Postamtes und dessen Telegrafenstation führte er die Regierungsgeschäfte von hier aus. Kuriere pendelten ständig nach Berlin, Beamte kamen per Bahn zu persönlichen Gesprächen zu ihm, Könige und Staatsmänner fuhren nach Friedrichsruh.

Kanzler ohne Amt

Über die Zeit in Friedrichsruh nach seiner Entlassung im März 1890 schreibt der Historiker Eckardt Opitz:

M ... Bismarck hatte gehofft, entweder zurückgerufen zu werden oder doch wenigstens regelmäßig um Rat gefragt zu werden. Diese Hoffnungen wurden nicht erfüllt. Was aber tat der „Alte im Sachsenwald"? ... Bismarck gefiel sich zunehmend darin, in Opposition zur Politik seiner Nachfolger zu gehen und seine Ansichten über die „Hamburger Nachrichten" und andere Zeitungen zu verbreiten. ... Der Altkanzler baute eine Position auf, die der Historiker Manfred Hank zu Recht „Kanzler ohne Amt" genannt hat; in Friedrichsruh entstand eine Art Gegenregierung. Für die neuen Männer der Reichsregierung war Bismarck der eigentliche Führer der Opposition. Seine Reaktionen waren stets gefürchtet. Er war – obgleich aus jeder offiziellen Tätigkeit ausgeschaltet und ohne offizielle Information – allgegenwärtig. Seine Versuche, Einfluss auf die Politik zu nehmen, sind am Ende alle gescheitert; das hat ihn immer mehr verbittert. ... Einsamkeit war das Los seiner späten Jahre, trotz der in Friedrichsruh nicht abreißenden Betriebsamkeit. Aber auch Machtbesessenheit und Rachsucht waren Triebkräfte in seinen letzten Lebensjahren. ...

Offizielle Versöhnung

Bereits 1894 hatten sich Wilhelm II. und Bismarck in Berlin und Friedrichsruh getroffen und sich „offiziell versöhnt". Anlässlich seines 80. Geburtstags am 1. April 1895 erreichte die nationale Begeisterung für Bismarck einen Höhepunkt. Wollte Wilhelm II. davon profitieren, musste er sich demonstrativ an die Seite Bismarcks stellen. Am 26. März 1895 ließ Wilhelm II. ein militärisches Schauspiel in Friedrichsruh inszenieren, wobei er erklärte, er sei gekommen, nicht den Staatsmann, sondern den Offizier zu ehren.

Am 30. Juli 1898 starb Bismarck in Friedrichsruh. Kaiser Wilhelm II. plante ein Begräbnis mit nie dagewesenem Pomp im Berliner Dom. Bismarck hatte jedoch in seinem Testament verfügt, dass sich sein Grab in Friedrichsruh befinden sollte.

1 *Beschreibt die Abbildungen.*

2 *Berichtet in einem Zeitungsartikel über „Bismarck in Friedrichsruh".*

Wilhelm II.

1 **„Der Kaiser im Familienkreise."** Foto, 1896.

Schwierige Kindheit

Wilhelm II. wurde 1859 in Potsdam geboren. Seine Mutter war eine Tochter Queen Victorias, sein Vater der Neffe des preußischen Königs. Dieser König, Friedrich Wilhelm IV., konnte aufgrund seiner geistigen Erkrankung jedoch schon seit 1858 nicht mehr selbst regieren, sodass der Großvater Wilhelms II., Wilhelm I., für ihn die Regierungsgeschäfte führte, bis er 1861, nach dem Tod des Bruders, selbst König wurde. Somit war klar, dass Wilhelm II. als ältester Sohn des Kronprinzen einmal König von Preußen werden würde. Wenige Tage vor seinem 12. Geburtstag wurde sein Großvater sogar im Spiegelsaal von Versailles zum deutschen Kaiser ausgerufen.

Es schien eine glänzende Zukunft vor Wilhelm II. zu liegen. Gleichzeitig hatte er aber auch mit einem großen Handicap zu kämpfen: Bei seiner Geburt, die schwierig verlief, waren Nerven im linken Arm beschädigt worden, sodass er ihn nicht richtig bewegen konnte und die Hand trotz zahlreicher schmerzhafter Behandlungen verkrüppelt blieb. Bei Wilhelms Erziehung wurde jedoch keine Rücksicht auf diese Behinderung genommen: Ein zukünftiger Kaiser musste ein vorzüglicher Reiter werden, selbst wenn er die Zügel nur mit einer Hand halten konnte.

Die Beziehung zwischen Wilhelm und seinen Eltern war sehr gespannt. Sowohl Vater als auch Mutter hielten ihren Sohn für eingebildet und unintelligent. Die Erziehung von Wilhelm und seinem Bruder Heinrich lag hauptsächlich bei einem strengen Hauslehrer, der sie zwölf Stunden am Tag zu eifriger Arbeit bei spartanischer Lebensführung zwang.

Die eigene Familie

1881 heiratete Wilhelm II. Auguste Viktoria, die Tochter des Erbprinzen Friedrich von Augustenburg, der sich bis 1865 Hoffnung auf die Herzogtümer Schleswig und Holstein gemacht hatte (vgl. S. 159). Sie hatten sechs Söhne und eine Tochter.

Bismarcks „Lehrling"

Bismarck, der sich ab 1886 darum bemühte, Wilhelm II. in die Staatskunst einzuführen, fand ihn faul und oberflächlich. Für ihn bestätigte sich der Eindruck, den Friedrich III. in einem Brief zum Ausdruck gebracht hatte, als er erfuhr, dass sein Sohn in Bismarcks Obhut gegeben worden war:

Q1 ... angesichts der mangelnden Reife sowie der Unerfahrenheit meines ältesten Sohnes, verbunden mit seinem Hang zur Überhebung wie zur Überschätzung, muss ich es geradezu für gefährlich bezeichnen, ihn jetzt schon mit auswärtigen Fragen in Berührung zu bringen. ...

1 *Versucht nach den Angaben im Text einen Stammbaum Wilhelms II. zu erstellen.*

2 *Sucht Hinweise im Text, die zeigen, wie Wilhelm II. auf sein Amt vorbereitet wurde.*

Wilhelm II. betreibt deutsche Weltpolitik

Briefmarke Eisenbahnhochbrücke Rendsburg.

3 **„Das erste Kaiserwort im neuen Jahrhundert".** Postkarte zum Flottenbauprogramm, 1900.

20. Juni 1895:
Feierliche Eröffnung des Kaiser-Wilhelm-Kanals (Nord-Ostsee-Kanal) durch Kaiser Wilhelm II. Die Bauarbeiten waren 1887 aufgenommen worden. Es war ein gigantisches Projekt, innerhalb von acht Jahren den Kanal einschließlich der sieben Hochbrücken fertig zu stellen.

Tipp:
Marinemuseum Dänholm in Stralsund.

Imperialismus*:
Bezeichnet die Außenpolitik eines Staates, der das Ziel verfolgt, seine Herrschaft zu einem Groß- oder Weltreich auszudehnen.

Ein Platz an der Sonne?

Der Amtsantritt Wilhelms II. fiel in die Zeit des Imperialismus* (vgl. S. 182 ff.). Die Konkurrenz der Weltmächte um Kolonien bestimmte die internationale Politik.

Bismarck hatte sich nur zögernd an der imperialistischen Politik der übrigen europäischen Nationen beteiligt. Gegenüber dem Afrikaforscher Wolf hatte er noch 1888 geäußert:

Q2 … Ihre Karte von Afrika ist ja sehr schön, aber meine Karte von Afrika liegt in Europa. Hier liegt Russland, und hier liegt Frankreich, und wir sind in der Mitte, das ist meine Karte von Afrika. …

Der junge Kaiser aber wollte keine Beschränkung auf Deutschland und Europa. Er wollte Weltpolitik betreiben. In einer viel beachteten Rede vor dem Reichstag forderte sein Staatssekretär im Auswärtigen Amt von Bülow:

Q3 … Die Zeiten, wo der Deutsche dem einen seiner Nachbarn die Erde überließ, dem anderen das Meer und sich selbst den Himmel reservierte, … diese Zeiten sind vorüber. … Wir müssen verlangen, dass der deutsche Missionar und der deutsche Unternehmer, die deutschen Waren, die deutsche Flagge und das deutsche Schiff in China genauso gut geachtet werden wie diejenigen anderer Mächte.
Mit einem Wort: Wir wollen niemanden in den Schatten stellen, aber wir verlangen auch unseren Platz an der Sonne. …

Seit 1871 war das Deutsche Reich bereits die stärkste Landmacht in Europa. Jetzt sollte auch noch eine mächtige Kriegsflotte gebaut werden, um Weltmachtpolitik betreiben zu können. Bei einem Festessen rief Kaiser Wilhelm II. aus, dass ohne Deutschland und ohne den deutschen Kaiser keine große Entscheidung mehr in der Welt fallen dürfe.

4 *Seht euch Abbildung 3 an und überlegt, wie dieses Bild und die Rede des Staatssekretärs auf die übrigen europäischen Mächte gewirkt haben könnten.*

Deutschland über alles?

Grabstein auf dem Friedhof in Aumühle. Foto, 2003.

1 So könnte es gewesen sein: Bürger einer Kleinstadt erwarten auf ihrem Bahnhof den Besuch des Kaisers. Foto aus dem Spielfilm „Der Stolz der dritten Kompanie", 1931.

Kaiserkult und Nationalismus

Mit der Reichsgründung und der Ausrufung des preußischen Königs zum Kaiser war ein lang gehegter Wunsch vieler Deutscher in Erfüllung gegangen. Endlich gab es wieder ein einiges deutsches Reich, erkämpft durch einen Sieg über Frankreich. Alle Deutschen sollten sich mit diesem Reich identifizieren können. In der Schule, beim Militär und von den Kanzeln herab wurde der Bevölkerung bewusst gemacht, dass dieser Staat mit dem Kaiser an der Spitze für das Wohl aller seiner Untertanen sorge. In vielen Städten und Dörfern wurden Kriegerdenkmäler, Denkmäler von ruhmreichen Feldherren oder Majestäten errichtet, die sich um das Vaterland verdient gemacht hatten. Bei den jährlichen Feiern zum Kaisergeburtstag und zum Andenken an die Schlacht von Sedan ließen die Festredner das Deutschtum hochleben; sie erinnerten an die Größe des Reiches, auf die man stolz zu sein hatte und die es zu verteidigen galt. Viele Menschen teilten diesen Stolz und als gute Patrioten betonten sie ihre Vaterlandsliebe. Auch in zahlreichen Arbeiterwohnungen hingen neben Porträts von Bebel, Marx oder Lassalle Porträts des Kaisers oder Bismarcks.

2 Zeitschriftenreklame aus dem Jahr 1889.

Deutscher Anspruch auf Weltgeltung

Aus diesem Stolz auf das Deutsche Reich entwickelte sich mit der Zeit ein Überlegenheitsgefühl. Hatten nicht deutsche Truppen den Gegner vernichtend geschlagen? Hatte nicht Gott selber dem deutschen Volk geholfen (vgl. Abb. 4)? War die deutsche Nation dadurch nicht hervorgehoben vor allen anderen Völkern? Mit diesem wachsenden Überlegenheitsgefühl verbunden war eine wachsende Feindschaft gegen alle, die man als Gegner dieses Staates ansah. Als Feinde gal-

Denkmäler schießen wie Pilze aus dem Boden

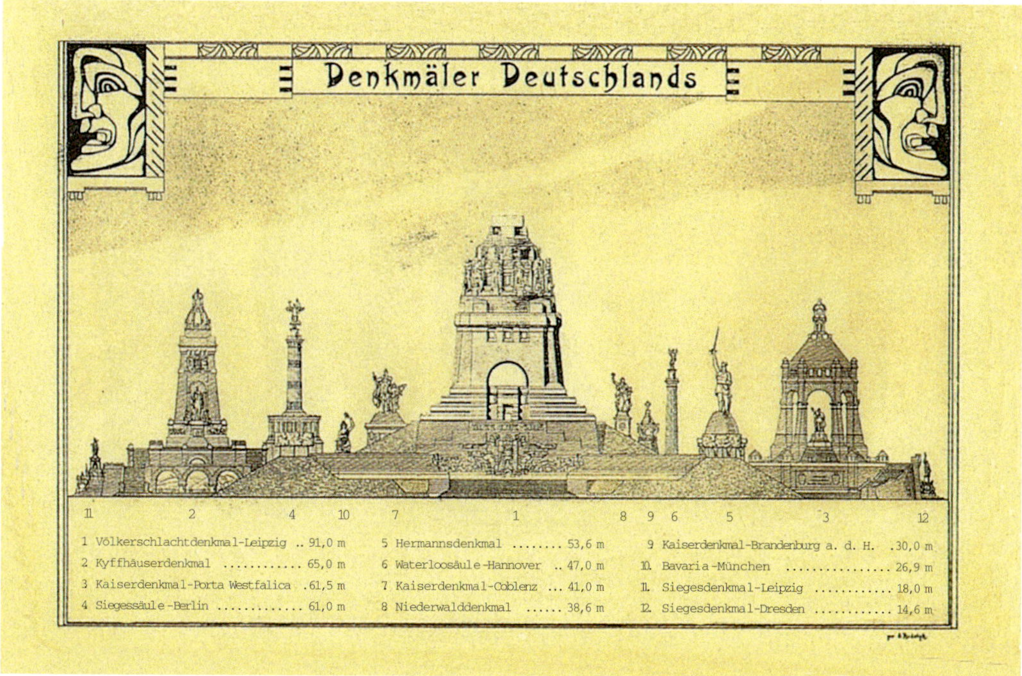

3 Denkmäler Deutschlands. Postkarte, um 1900.

Die Siegessäule auf dem Königsplatz in Berlin wurde 1873 zur Erinnerung an die Siege von 1864, 1866 und 1870 errichtet. Foto.

ten jetzt die Sozialdemokraten. Feinde waren auch alle „Nicht-Deutschen", die im Reich lebten, wie Polen und Juden. Und Feinde waren natürlich auch die „neidischen" Nachbarvölker, insbesondere Frankreich, das angeblich nur auf Rache sann. Germania, Sinnbild für das Deutsche Reich, wurde daher jetzt nur noch mit gezücktem Schwert dargestellt. In dieser Gesinnung sang man jetzt auch das Deutschland-Lied und dessen erste Zeilen: „Deutschland, Deutschland über alles, über alles in der Welt".

Das Lied war ursprünglich ein Bekenntnis zur deutschen Einheit; jetzt aber wollten viele Deutsche damit zum Ausdruck bringen, dass dem Deutschen Reich die Weltherrschaft zustehe. Eine derartig übersteigerte nationale Gesinnung fand sich auch in anderen europäischen Staaten. Die Gefahr einer kriegerischen Auseinandersetzung trat daher immer offener zutage.

1 *Erklärt mithilfe der Abbildungen 1–4 die Begriffe Kaiserkult und Nationalismus.*

2 *Informiert euch über die in Abbildung 3 genannten Denkmäler:*

– *Findet heraus, welchen Ereignisses oder welcher Person hier gedacht wird.*
– *Stellt fest, warum diese Denkmäler errichtet wurden (zur Mahnung, als Aufforderung zur Nachahmung, zur Verherrlichung …).*

3 *Diskutiert über eure Einstellung zum Staat und über die Gefahren eines Nationalismus.*

4 Fahne mit dem Bild der Germania aus der Zeit der Reichsgründung. Der Text der Aufschrift lautet: „Gott war mit uns – ihm sei die Ehre."

Der Bismarckturm in Lütjenburg. Foto.

Der Soldat – der schönste Mann im ganzen Staat?

Reichsbanknote im Nennwert von 1000 Mark.

Militarismus:
Das Übergewicht des Militärs in der Gesellschaft und das Vorherrschen militärisch orientierten Denkens in der Politik.

Schule im Kaiserreich. Karikatur von Th. Th. Heine, 1910.

Kriegervereine:
Zur Verbreitung militärischen Gedankenguts und soldatischer Verhaltensweisen bis in die letzten Winkel des Reiches trugen nach 1871 die Kriegervereine wesentlich bei. Als Veteranenverbände nach dem Sieg über Frankreich 1870/71 gegründet, breiteten sie sich insbesondere nach 1890 schnell aus. Sie bildeten am Vorabend des Ersten Weltkriegs die größte Massenorganisation im Reich.

1 **Der Soldat ist der schönste Mann im ganzen Staat.** Postkarte, um 1900.

Der „höhere Mensch" in Uniform

Der Kaiser, der Adel und hohe Militärs waren das Vorbild für das Bürgertum. Für die Adligen hingegen waren selbst erfolgreiche Fabrikanten, berühmte Wissenschaftler oder angesehene Künstler nur Menschen zweiter Klasse, mit denen man normalerweise nichts zu tun haben wollte.
Fast alle wichtigen Ämter in der Verwaltung und vor allem beim Militär wurden mit Adligen besetzt. In den Lebenserinnerungen eines Arztes heißt es über das Ansehen der Offiziere:

Q … Der Offizier bildete ganz unbestritten den ersten Stand. … Ich glaube nicht, dass sich die heutige Generation noch einen Begriff von der damals fast überall herrschenden Militärfrommheit machen kann. Der Uniform kam jeder entgegen, machte jeder Platz, es war nahezu undenkbar, dass ein Leutnant sich bei irgendeinem Mädchen einen Korb holen konnte. „Mein Gott, wie kann man nur einen Leutnant töten", rief ein junges Mädchen, als es hörte, dass ein solcher im Krieg gefallen war. …

Die Armee sollte nach dem Willen des Kaisers Schule der Nation sein und den Wehrpflichtigen neben militärischer Technik vor allem Kaisertreue, Patriotismus, Disziplin und Gehorsam vermitteln. Wie das Militär, so traten die Beamten, vor allem wenn sie eine Uniform trugen, den Zivilisten gegenüber hochmütig und überheblich auf. Schutzleute wollten nicht „Freund und Helfer" sein, sondern Respektspersonen, denen man sich sofort unterordnete.

Schulen als Kasernen?

Orden und Uniformen prägten das Straßenbild im Kaiserreich und Unterordnung wurde schon den Kindern in der Schule beigebracht. Der Schriftsteller Erich Kästner schrieb:

M1 … In jener Zeit sahen alle Schulen düster aus, dunkelrot oder schwärzlichgrau, steif und unheimlich. Wahrscheinlich waren sie von denselben Baumeistern gebaut worden, die auch die Kasernen gebaut hatten. Die Schulen sahen aus wie Kinderkasernen. Warum den Baumeistern keine fröhlicheren Schulen eingefallen waren, weiß ich nicht. Vielleicht sollten uns die Fassaden, Treppen

Das Militär als „Schule der Nation"

2 **Schule im Kaiserreich. Das Holzschulschiff Iltis im Berliner Grunewald.** Spielattrappen wie diese waren den Originalen der Marine nachgebildet und sollten die Begeisterung für die deutsche Marine ebenso steigern wie die damals beliebten Matrosenanzüge und -kleider für Kinder. Foto, 1910.

und Korridore denselben Respekt einflößen wie der Rohrstock auf dem Katheder. Man wollte wohl schon die Kinder durch Furcht zu folgsamen Staatsbürgern erziehen. Durch Furcht und Angst, und das war freilich ganz verkehrt. …

Befehl und Gehorsam galten auch im Privatleben als hohe Tugenden. So heißt es in einer heutigen Darstellung über die bürgerliche Familie im Kaiserreich:

M2 … In der „guten alten Zeit" ist … der Vater noch fast überall der Mittelpunkt, die Frau in erster Linie Hausfrau und Mutter, die sich, wie die Kinder, diesem Mann unterordnete, wie sie es vor dem Traualtar geschworen hat, die ihn umsorgt, ihm alle Wünsche von den Augen abliest, „nur für ihn da ist". … Die Erziehung der Kinder ist streng und autoritär. Den Anweisungen und Wünschen des Vaters müssen alle widerspruchslos Folge leisten. Zweifel an dieser Familienordnung gibt es kaum. Wie im Staat der Kaiser, so ist in der Familie der Vater das unbestrittene Oberhaupt. …

3 **Erinnerungsbild an die Militärdienstzeit.** 1905.

1 *Beschreibt mithilfe der Abbildungen 1–3 die Bedeutung des Militärs im Kaiserreich. Vergleicht mit der heutigen Bedeutung des Militärs in Deutschland.*

Hochzeitsfoto: Kronprinz Wilhelm von Preußen und Herzogin Cecilie von Mecklenburg-Schwerin.

Gendarmen und Schutzmänner waren häufig ehemalige Unteroffiziere. Sie fühlten sich als das strenge Auge des Gesetzes, verlangten Respekt und behandelten oft jeden Steuerzahler wie einen Rekruten auf dem Kasernenhof.

Kieler (Matrosen-) Anzug:
Vom marinebegeisterten Kaiser Wilhelm II. als patriotisches Kleidungsstück propagiert, wurde der Matrosenanzug ab 1890 zum Modetrend.
1957 wurde die Produktion eingestellt. Nur Walt Disneys Comicheld Donald Duck kann sich von seiner „Kieler-Bluse" nicht trennen.

Antisemitismus im Kaiserreich

Tipp:
Jüdisches Museum, Rendsburg.

Vorurteile gegenüber den Juden

Seit dem Mittelalter waren die Juden als religiöse Minderheit in Deutschland verfolgt worden. Sie mussten sich besonderen Regeln unterwerfen, in bestimmten Vierteln der Städte wohnen und waren von vielen Berufen ausgeschlossen. Zu Beginn des 19. Jahrhunderts wurden diese Beschränkungen aufgehoben; die Juden erhielten eine weitgehende rechtliche Gleichstellung durch die so genannten Judenemanzipation. Doch alte Vorurteile blieben weiter bestehen.

Ab 1880 wurden von einer kleinen Gruppe von Politikern und Journalisten die Juden zum Sündenbock für die wirtschaftlichen und sozialen Probleme der Zeit gemacht. Der Judenhass hatte eine religiöse Wurzel: Seit dem Mittelalter beschuldigten Christen die Juden, am Tod Christi schuld zu sein. Im 19. Jahrhundert wurde der christliche Judenhass mit einer neuen Theorie, der „Rassenlehre", verschmolzen. Darin wurden teilweise moderne naturwissenschaftliche Erkenntnisse der Biologie in verfälschender Weise auf die Menschen übertragen und mit Vorurteilen vermischt.

Die Anhänger dieser Rassenlehre behaupteten, ihre eigene „Rasse" – die „weiße", „germanische" oder „arische Rasse" – sei allen anderen Menschenrassen überlegen, besonders aber der „semitischen Rasse". Damit meinte man die Juden. In Deutschland gipfelten diese Vorurteile in der Behauptung, dass die Juden keine Deutschen seien. Man sprach den Juden ab, in Deutschland gleichberechtigt leben zu dürfen. In der Öffentlichkeit, in Interessen- und Wirtschaftsverbänden, in Vereinen und Organisationen breitete sich der Antisemitismus weiter aus und wurde gesellschaftsfähig.

Berufsgruppe	Gesamtbevölkerung	Juden
Landwirtschaft	17 675 404 28,6 %	5772 1,0 %
Industrie und Handwerk	26 258 452 42,5 %	128 085 22,6 %
Handel und Verkehr	7 965 063 12,9 %	313 176 55,2 %
Häusliche Dienste	790 856 1,3 %	1982 0,3 %
Militär, Beamte, Kirchendienst, freie Berufe	3 369 668 5,4 %	37 458 6,6 %
ohne Beruf	5 094 087 8,2 %	80 616 14,2 %
	61 720 529	566 999
		= 0,9 % der Gesamtbevölkerung

1 Berufsgruppen im Deutschen Reich 1907 in absoluten Zahlen der Gesamtbevölkerung und in Pro-zent der Gesamtbevölkerung und der Juden.

Der Antisemitismus

1907 schilderte der sozialdemokratische Abgeordnete Eduard Bernstein antisemitische Ereignisse in Berlin zum Jahreswechsel 1880/81:

Q1 … Mit Rüpelszenen, wie sie Berlin zuvor nicht gekannt, wurde, nachdem am 30. Dezember 1880 eine große Antisemitenversammlung in der Bockbrauerei durch Reden … der Führer der Bewegung bearbeitet worden war, in der Silvesternacht 1880/81 das neue Jahr eingeläutet. Organisierte Banden zogen in der Friedrichstadt vor die besuchteren Cafés, nachdem allerhand Schimpfreden gehalten worden, riefen taktmäßig immer wieder „Juden raus!", verwehrten Juden oder jüdisch aussehenden Leuten den Eintritt und provozierten auf diese Weise Prügelszenen, Zertrümmerung von Fensterscheiben und ähnliche Wüstheiten mehr. Alles natürlich unter der Verteidigung des deutschen Idealismus* gegen jüdischen Materialismus* und des Schutzes der ehrlichen deutschen Arbeit gegen jüdische Ausbeutung. …

1 *Beschreibt mithilfe der Quelle 1 die Methoden der antisemitischen Aktionen.*
2 *Stellt anhand der Tabelle den Anteil der Juden in der Bevölkerung für 1907 fest.*

Idealismus*: *philosophische Richtung, die das Sein von idealen Vorstellungen aus erklärt.*

Materialismus*: *philosophische Richtung, die das Sein nur in seinen materiellen Ausprägungen anerkennt.*

3 *Vergleicht den Anteil bestimmter Berufe in der Gesamtbevölkerung und den Anteil der Juden bei diesen Berufen.*
4 *Vergleicht bei „Handel und Verkehr" auch die absoluten Zahlen. Gibt es nach eurer Ansicht aufgrund der Zahlen für die nichtjüdische Bevölkerung einen Anlass zu Neid und Hass auf die Juden?*

Ein öffentlicher Streit unter Historikern
Der nationalliberale* Historiker Heinrich von Treitschke (1834–1896) stellte im Jahr 1880 Forderungen auf:

Q2 … Was wir von unseren israelitischen Mitbürgern zu fordern haben, ist einfach: Sie sollen Deutsche werden, sich schlicht und recht als Deutsche fühlen – unbeschadet ihres Glaubens und ihrer alten heiligen Erinnerungen, die uns allen ehrwürdig sind; denn wir wollen nicht, dass auf Jahrtausende germanischer Gesittung ein Zeitalter deutsch-jüdischer Mischkultur folge. Es wäre sündlich zu vergessen, dass sehr viele Juden, getaufte und ungetaufte, … deutsche Männer waren im besten Sinne, Männer, in denen wir die edlen und guten Züge deutschen Geistes verehren. Es bleibt aber ebenso unleugbar, dass zahlreiche und mächtige Kreise unseres Judentums den guten Willen, schlechtweg Deutsche zu werden, durchaus nicht hegen. …

Der liberale* Historiker Theodor Mommsen (1817–1903) antwortete 1880:

Q3 … Das ist der eigentliche Sitz des Wahns, der jetzt die Massen erfasst hat, und sein rechter Prophet ist Herr von Treitschke. Was heißt das, wenn er von unseren israelitischen Mitbürgern fordert, sie sollen Deutsche werden? Sie sind es ja, so gut wie er und ich. Er mag tugendhafter sein als sie; aber machen die Tugenden den Deutschen? Wer gibt uns das Recht, unsere Mitbürger dieser oder jener Kategorie* wegen der Fehler, welche im Allgemeinen dieser Kategorie, es sei auch mit Recht, zur Last gelegt werden, aus der Reihe der Deutschen zu streichen? … Heute gilt es den Juden, … morgen wird vielleicht bewiesen, dass genau genommen jeder Berliner nicht besser sei als ein Semit*. …

2 **Die Kieler Synagoge in der Goethestraße.** Foto, um 1930.

5 *Schreibt die Forderungen Treitschkes an die Juden (Q2) auf.*
6 *Lest Quelle 3 und notiert, mit welchen Argumenten Mommsen antwortet.*
7 *Beurteilt beide Stellungnahmen.*

Antisemitismus im Norden
Obwohl es nur eine verschwindend kleine Zahl von Juden im Norden und kaum Beispiele für tätliche Übergriffe gibt, findet man in der damaligen veröffentlichten Meinung zahlreiche antisemitische Äußerungen. So fragte ein Flugblatt aus Mecklenburg 1828: „Welche Verdienste sich bis jetzt die Juden um das Land erworben haben, die uns bewegen könnten, ihnen bürgerliche Rechte zu verleihen?" Die Antwort: „Sie haben Geldgeschäfte betrieben, um zu gewinnen. Dies ist kein Verdienst um das Land." Über die Juden wurden vielfach Kübel voll Bosheit, Lüge, Dummheit und Verleumdung ausgeschüttet. Auch die Rufe „Jude verrecke" und das mittelalterliche „Hep-Hep" (Jerusalem ist untergangen) wurden wieder laut.

nationalliberal*: *Anhänger der damaligen konservativen Partei.*

liberal*: *freiheitlich.*

Kategorie*: *Gruppe mit bestimmten Merkmalen.*

Semit*: *hier: Jude.*

Geschichte vor Ort: Die Dänen Nordschleswigs

1 **„Die definitive Feststellung der deutsch-dänischen Gränzlinie in Schleswig beschäftigt die Diplomatie in der angestrengtesten Weise."** Karikatur aus dem „Kladderadatsch".

Preußen und Nordschleswig

Als die Preußen nach dem Sieg über Österreich im Jahr 1866 die Verwaltung und Regierung Schleswig-Holsteins ganz übernahmen, standen sie vor einem Problem: Im Norden Schleswigs gab es einen sehr großen Anteil Dänisch sprechender und dänisch gesinnter Bewohner. Durch Artikel 5 des Friedensvertrags mit Österreich hatte sich Preußen verpflichtet, diesen Menschen den Anschluss an Dänemark zu ermöglichen.

Gleichzeitig lag es in Bismarcks Interesse, einen möglichst großen Teil Nordschleswigs beim preußischen Staat zu halten. Erste Verhandlungen mit Dänemark in den Jahren 1867 und 1868 scheiterten, weil die Regierung in Kopenhagen nicht bereit war, die für die deutsche Minderheit geforderten Garantien zuzusichern. Dadurch verzögerten sich die Verhandlungen und wurden schließlich abgebrochen, nachdem 1878 der zwischen Preußen und Österreich geschlossene Vertrag und da mit auch der Nordschleswig betreffende Artikel 5 aufgehoben wurde.

Von nun an betrieb Preußen gegenüber den dänischen Nordschleswigern eine verschärfte Eingliederungspolitik. Einerseits gab man den Menschen, die zu Dänemark gehören wollten, die Möglichkeit, für dieses Land zu stimmen (zu optieren) und als Optanten nach Dänemark auszuwandern. Andererseits sollte, wer blieb, auch Deutsch sprechen und fühlen. Der führende Vertreter dieser Politik war Regierungspräsident von Köller (1897–1901), dessen Name von den Dänen schnell als Schimpfwort aufgefasst wurde. Kølle ist das dänische Wort für Keule und so stand „Köller-Politik" für die Holzhammermethode, mit der die Preußen versuchten die dänischsprachige Bevölkerung zu unterdrücken.

Schulsprache Deutsch

Schrittweise versuchte man, auch im Dänisch sprechenden Teil Schleswigs Deutsch als Schulsprache einzuführen. Mit der Sprachverordnung von 1888 wurde der Druck dann stärker:

Q1 §1 Die Unterrichtssprache ist in den nordschleswigschen Volkschulen in allen Lehrgegenständen, mit alleiniger Ausnahme des Religionsunterrichts, die Deutsche; doch können sich die Lehrer im ersten Schuljahr, soweit und solange es erforderlich ist, des Dänischen bedienen, um solche Kinder, welche

des Deutschen beim Eintritt in die Schule noch völlig unkundig sind, in dasselbe einzuführen. ...
§ 5 Die Königlichen Schulinspektoren und die Lehrer haben sich im Verkehr mit den Kindern der deutschen Sprache zu bedienen und darauf zu achten, dass dies mehr und mehr auch im Verkehr der Kinder untereinander geschieht. ...

1 *Beschreibt die Karikatur. Worüber macht sich der Zeichner lustig?*
2 *Schaut euch noch einmal die Maßnahmen der Dänen an, die dazu führen sollten, die deutschen Südschleswiger dänisch werden zu lassen (vgl. S. 159). Vergleicht und beurteilt dann die preußische Politik in Nordschleswig.*

Dänischer Widerstand gegen die Unterdrückung

Dänisch gesinnte Nordschleswiger wollten die neue deutsche Politik jedoch nicht ohne weiteres hinnehmen und kämpften selbst dann noch für den Artikel 5 und ihr Recht auf einen Anschluss Nordschleswigs an Dänemark, als Preußen und Österreich sich längst über ihre Köpfe hinweg anders geeinigt hatten.
Es entstanden alle Arten von Vereinen, die das Nationalgefühl der dänischen Nordschleswiger stärken sollten. Unter dem Deckmantel von Turn- oder Gesangsvereinen wurde dänischfreundliche und deutschfeindliche Politik gemacht.
Auch versuchte man zu verhindern, dass deutschsprachige Schleswiger Grundbesitz im Norden Schleswigs erwarben, und sorgte dafür, dass Grund und Boden von nach Dänemark ziehenden Bewohnern in der Hand von dänisch gesinnten Einheimischen blieb.

Ausweisung als politisches Mittel

Um den Widerstand zu brechen und gegen die dänischen Strömungen vorzugehen, griff die preußische Regierung der Provinz Schleswig-Holstein zum Mittel der Ausweisung. Zwar konnte man die Bewohner Nordschleswigs nicht einfach hinauswerfen, da sie ja Staatsbürger des Landes waren. Doch Dänen und Optanten, die sich in Nordschleswig aufhielten, wurden oft nur deshalb des Landes verwiesen, weil man so ihren nordschleswigschen Freunden, Verwandten oder Arbeitgebern schaden wollte.
In einer preußischen Verordnung hieß es:

Q2 ... Das bei Inländern, die im agitatorischen Sinne tätig sind, dienende Gesinde kann, soweit dasselbe die Reichsangehörigkeit nicht besitzt, in Fällen, in denen die Dienstherrschaft ganz besonders deutschfeindliche Gesinnung betätigt hat, als lästig gefallen ausgewiesen werden.
[Zusatz:] Es ist nur von Gesinde die Rede. Der Kreis ist auszudehnen weiter auf Arbeiter, Lehrlinge, Gehülfen und Gesellen. ...

Der richtige Weg?

Viele Zeitgenossen sahen diese Maßnahmen als falsch an. Man treibe die dänische Bevölkerung Nordschleswigs so ja gerade in den Widerstand, statt sie langsam für eine gemeinsame preußisch-deutsche Zukunft zu werben. Die „Kieler Zeitung" schrieb dazu am 5.11.1898:

Q3 ... Es ist schlechterdings unverständlich, wie man annehmen kann, mit solchen Maßregeln die dänische Gesinnung in unseren Grenzprovinzen auszurotten. Nur die erbärmlichsten Feiglinge können durch eine solche Verfolgung eingeschüchtert werden, wer hingegen nur eine Spur von nationalem Temperament besitzt, der wird durch eine derartige Behandlung zum Hasse gegen das deutsche Regiment erzogen. ...

Vereine für ein friedliches Miteinander

Als Konsequenz entstanden Vereine wie der „Verein für deutsche Friedensarbeit in der Nordmark", der es sich zur Aufgabe gemacht hatte, für ein friedliches Miteinander beider Sprachen und Kulturen in Nordschleswig einzutreten. Man wollte nicht so sehr das Trennende hervorheben, sondern die Gemeinsamkeiten betonten, die es ja über Jahrhunderte zwischen den Bewohnern des Gebietes trotz unterschiedlicher Sprachen gegeben hatte. Durch Kulturveranstaltungen, Fachschulen und Fortbildungsveranstaltungen wollte man friedlich für das deutsche „Geistesleben" weben.

3 *Schreibt einen Artikel für die Kieler Zeitung, in dem ihr zur Köller-Politik Stellung nehmt.*
4 *Informiert euch darüber, wie die Schweiz das Nebeneinander verschiedener Sprachen und Kulturen in einem Land regelt.*
5 *Überlegt euch Wege für ein friedliches Miteinander verschiedener Sprachen und Kulturen in einem Land.*

Zum Weiterlesen: Ein Hauptmann aus Köpenick

Wilhelm Voigt, der Hauptmann von Köpenick. Foto.

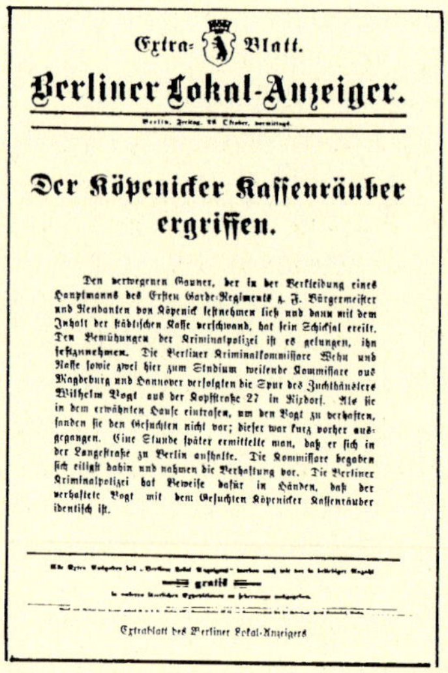

Extra-Blatt.
Berliner Lokal-Anzeiger.

Der Köpenicker Kassenräuber ergriffen.

Den verwegenen Gauner, der in der Verkleidung eines Hauptmanns des Ersten Garde-Regiments z. F. Bürgermeister und Rendanten von Köpenick festnehmen ließ und dann mit dem Inhalt der städtischen Kasse verschwand, hat sein Schicksal ereilt. Den Bemühungen der Kriminalpolizei ist es gelungen, ihn festzunehmen. Die Berliner Kriminalkommissare Wehn und Nasse sowie zwei hier zum Studium weilende Kommissare aus Magdeburg und Hannover verfolgten die Spur des Zuchthäuslers Wilhelm Vogt aus der Kopfstraße 27 in Rixdorf. Als sie in dem erwähnten Hause eintrafen, um den Vogt zu verhaften, fanden sie den Gesuchten nicht vor; dieser war kurz vorher ausgegangen. Eine Stunde später ermittelte man, daß er sich in der Langestraße zu Berlin aufhalte. Die Kommissare begaben sich eiligst dahin und nahmen die Verhaftung vor. Die Berliner Kriminalpolizei hat Beweise dafür in Händen, daß der verhaftete Vogt mit dem Gesuchten Köpenicker Kassenräuber identisch ist.

gratis

Extrablatt des Berliner Lokal-Anzeigers

Der Hauptmann von Köpenick.
Postkarte, 1906.

„Das macht uns so schnell keiner nach!"

Am 16. 10. 1906 geschieht in Berlin etwas, das weit über die Grenzen der damaligen Reichshauptstadt hinaus Aufsehen erregt. Der arme, mehrfach vorbestrafte Schuster Wilhelm Voigt besorgt sich in einem Trödlerladen die Uniform eines Hauptmanns, zieht sie an und bringt in dieser Verkleidung eine Gruppe von Soldaten unter seinen Befehl. Mit ihnen marschiert er zum Rathaus Berlin-Köpenick, verhaftet dort den Bürgermeister und lässt sich die Stadtkasse mit einem Betrag von 4000 Mark gegen Quittung aushändigen. Danach verschwindet Voigt mit dem Geld und erst zehn Tage später gelingt es, den falschen Hauptmann zu verhaften und der Tat zu überführen. Als Kaiser Wilhelm II. davon hörte, soll er ausgerufen haben: „Das macht uns so schnell keiner nach!"

1 *Erklärt den Kommentar des Kaisers.*

Der Hauptmann im Film und als Theaterstück

Wilhelm Voigt ist auch der Held in dem Theaterstück „Der Hauptmann von Köpenick", das Carl Zuckmayer 1931 verfasst hat. Das Theaterstück hat viel zum Nachruhm des falschen Hauptmanns beigetragen. Es wurde verfilmt und für das Fernsehen inszeniert. Auch im Deutschunterricht wird Zuckmayers Stück oft gelesen.

Mehr über den Streich des Hauptmanns und seine Folgen erfahrt ihr in dem Buch von Carl Zuckmayer: Der Hauptmann von Köpenick. S. Fischer Verlag, Frankfurt am Main.

Zusammenfassung

Preußen und Österreich

In Preußen wurde 1862 Otto von Bismarck Ministerpräsident. Mit „Eisen und Blut", so hatte Bismarck gesagt, müsse notfalls die Gründung eines deutschen Nationalstaates vollzogen werden. Mit dem Sieg über Österreich im Krieg von 1866 war ein wichtiger Schritt zur Nationalstaatsgründung getan: Preußen war damit unumstritten zur ersten Macht in Deutschland geworden und hatte 1867 unter seiner Führung 22 Staaten zum Norddeutschen Bund zusammengeschlossen. Staatsoberhaupt dieses Bundes war der preußische König; Bismarck war Reichskanzler. Österreich war aus Deutschland herausgedrängt. Der Deutsche Bund existierte nicht mehr.

Vom Norddeutschen Bund zum Kaiserreich

Der Aufstieg Preußens zu einer bedeutenden Militärmacht beunruhigte Frankreich. Ein möglicher Zusammenschluss ganz Deutschlands hätte Frankreich sogar in eine schwierige militärische Position gebracht. Für Bismarck war ein Krieg mit Frankreich unvermeidlich, um die Machtfrage zu klären. Um den Einfluss Preußens zurückzudrängen, erklärte Frankreich im Jahr 1870 den Krieg. Die süddeutschen Staaten schlossen sich Preußen an, eine Welle der Kriegsbegeisterung erfasste ganz Deutschland. Frankreich musste im Januar 1871 kapitulieren. Wenige Tage später wurde das Deutsche Reich gegründet und der preußische König als Wilhelm I. zum deutschen Kaiser ausgerufen. Bismarcks Politik, die deutsche Einheit als Bündnis der Fürsten und ohne Beteiligung des Volkes zu erreichen, war erfolgreich.

Politik und Alltag im Kaiserreich

Um die drohende Gefahr einer Revolution zu bannen, erließ der preußische Staat die Sozialistengesetze. Zugleich wurden Sozialgesetze verabschiedet, durch die die Arbeiter bei Unfällen und Krankheiten jetzt zum ersten Mal geschützt wurden. Die Arbeiter forderten jedoch weiterhin das Recht, sich in Arbeiterparteien und Vereinen zu organisieren. So musste die Regierung 1890 das Verbot der Arbeiterparteien aufgeben.
Mit der Entlassung Bismarcks im Jahr 1890 kam es in der Außenpolitik zu einem „neuen Kurs". Kaiser Wilhelm II. wollte Weltmachtpolitik betreiben. Gleichzeitig beeinflussten militärische Tugenden und eine übersteigerte nationale Gesinnung immer stärker die gesamte Gesellschaft. Die Gefahr einer kriegerischen Auseinandersetzung trat immer offener zutage.

1862

Otto von Bismarck wird preußischer Ministerpräsident.

1871

Gründung des Deutschen Kaiserreiches.

1883–1893

Einführung der staatlichen Sozialversicherung in Deutschland.

1888

Wilhelm II. wird deutscher Kaiser.

8. Imperialismus

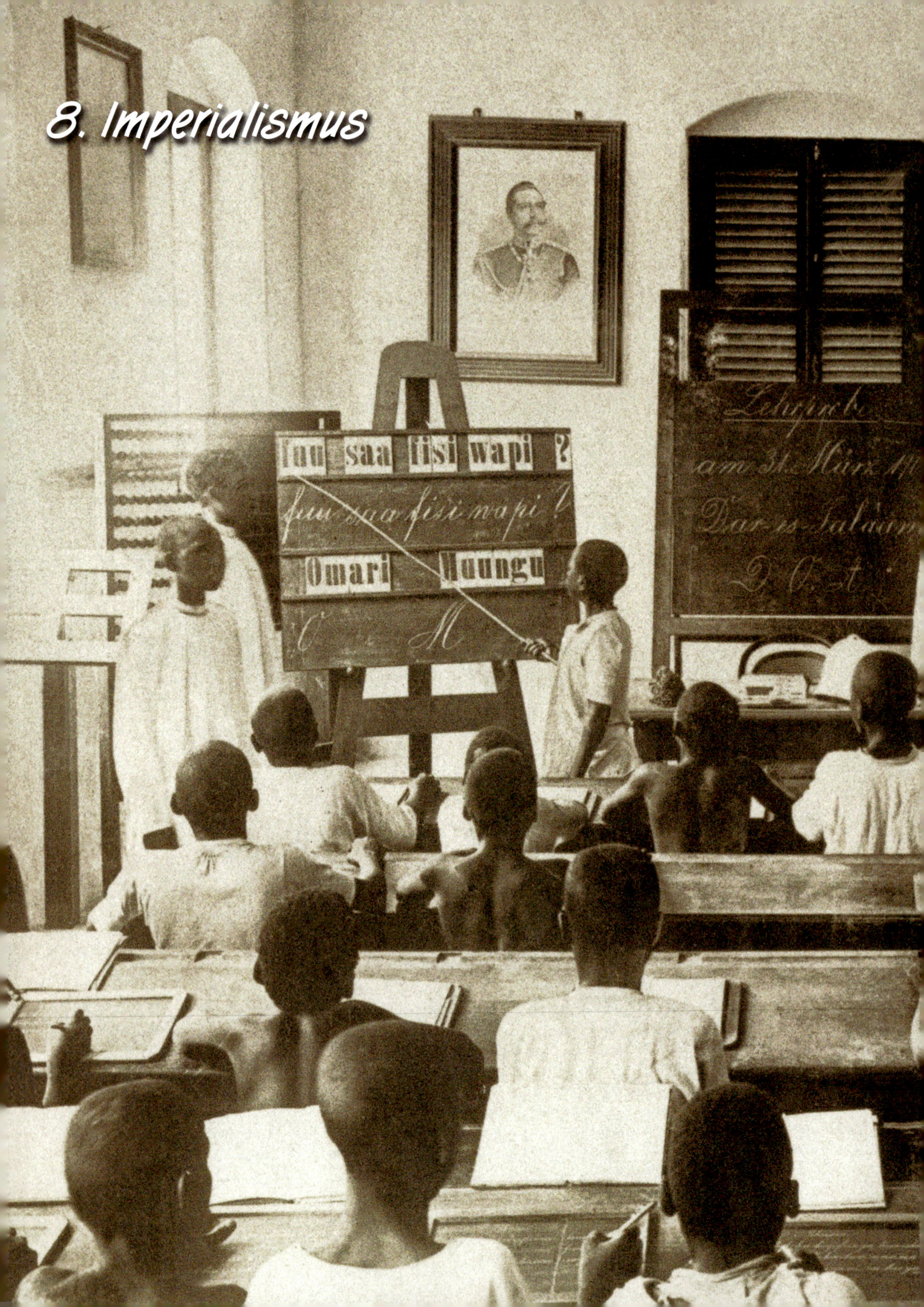

1884 wurde das westafrikanische Togo zur deutschen Kolonie. Missionare errichteten vor Ort zahlreiche Schulen. Hier konnten die Schüler und Schülerinnen Lesen und Schreiben lernen und sie mussten Aufsätze verfassen z. B. zu Themen wie: „Welche guten Dinge haben uns die Europäer gebracht?“.

Tatsächlich begann zum Ende des 19. Jahrhunderts ein Wettlauf zwischen den europäischen Großmächten um die Aufteilung Afrikas und Asiens, an dem sich auch Deutschland beteiligte. Um die neuen Kolonien zu sichern und die erworbenen Gebiete Gewinn bringend zu nutzen, wurden die Einheimischen gezwungen, jahrhundertealte Lebensgewohnheiten aufzugeben. Die ungerechte, oft willkürliche Behandlung der Bevölkerung durch Kolonialbeamte, Siedler und Soldaten führte in vielen Kolonien zu Aufständen, die durch Truppen mit größter Brutalität niedergeschlagen wurden.

In dem folgenden Kapitel könnt ihr erfahren, wie die Europäer dazu kamen, das angeblich „herrenlose“ Land in Besitz zu nehmen, und welche Folgen dies für die Menschen in den Kolonien hatte und bis heute hat …

Europäische Staaten und ihre Kolonien

Imperialismus:
das Bestreben von Staaten, ihren Machtbereich über politisch, militärisch und wirtschaftlich schwächere Gebiete oder Staaten auszudehnen.

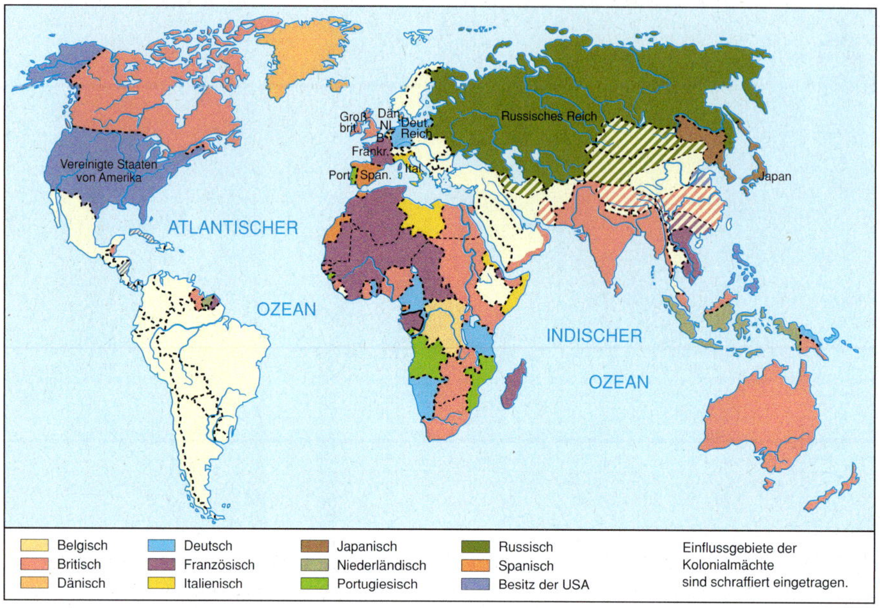

1 Die koloniale Aufteilung der Welt 1914.

Siegel und Münze der „Deutsch-Ostafrikanischen Gesellschaft", die 1885 von Carl Peters gegründet wurde. In der Satzung der Gesellschaft werden als Ziele genannt: „Erwerb, Besitz, Verwaltung und Verwertung von Ländereien, Ausbeutung von Handel und Schifffahrt sowie deutsche Kolonisation im Osten Afrikas".

Zu viele Waren, zu wenig Käufer

Zu den wichtigsten europäischen Industrienationen im 19. Jahrhundert gehörte neben England und Frankreich auch das Deutsche Reich. Seit der Reichsgründung im Jahr 1871 hatte die deutsche Industrie einen ungeheuren Aufschwung genommen.

Der Zusammenschluss der vielen deutschen Einzelstaaten zu einem einheitlichen Wirtschafts- und Währungsgebiet brachte dem Handel große Vorteile.

Mit der hohen französischen Kriegsentschädigung konnten viele öffentliche Bauvorhaben wie Krankenhäuser oder Schulen finanziert werden.

In dieser Zeit des Wirtschaftswachstums entstanden zahlreiche Fabriken und Firmen, die allerdings bald mehr erzeugten, als sie verkaufen konnten. Wohin mit dem überzähligen Warenangebot? – Diese Frage stellte sich in Deutschland immer deutlicher.

Zur Lösung dieser „nationalen Frage" wurde im Jahr 1882 der Deutsche Kolonialverein gegründet. In seinem Aufruf heißt es:

Q1 … Die Frage der deutschen Colonisation wird von Tag zu Tag dringender. Die Notwendigkeit der Erweiterung unseres Absatzgebietes, die steigende Bedeutung des überseeischen Handels … auf unser soziales und wirtschaftliches Leben haben in immer größerem Umfang die allgemeine Aufmerksamkeit auf diese Frage gelenkt.

Durch den rastlosen Eifer anderer Nationen und die fortschreitende Ausdehnung ihres Machtgebietes wird es mit jedem Jahr, ja mit jedem Tag schwieriger, den geeigneten Boden für deutsche Colonisation zu finden. Unter dem Gewicht dieser Erwägung ist am 6. Dezember 1882 der „Deutsche Colonialverein" ins Leben gerufen. Männer aller Parteien und Stände haben sich zur Lösung einer nationalen Aufgabe verbunden. …

1 *Nennt die Argumente, mit denen für den Erwerb deutscher Kolonien geworben wird.*

2 *Nennt mithilfe der Abbildung 1 die drei größten Kolonialmächte. – Wo liegen die Schwerpunkte der kolonialen Expansion?*

Die Welt wird aufgeteilt

2 **Die SPD-Politiker Liebknecht und Lebedour hindern Deutschland am Erwerb von Kolonien.** Propagandapostkarte der Zentrumspartei, 1912.

Das Deutsche Reich – ein neues Weltreich?
Eine koloniale Bewegung gab es nicht nur in Deutschland, sondern in allen europäischen Industriestaaten. Durch die industrielle Entwicklung waren die Europäer stolz und selbstbewusst geworden. Sie waren der Überzeugung, dass das eigene Volk bedeutender sei als andere Völker in den Kolonien. Auch die technische Überlegenheit führte zu der Ansicht, dass das eigene Land auch auf Kosten anderer Länder zu einer Weltmacht werden müsse (Sendungsbewusstsein*).
Viele europäische Staaten nahmen daher ohne weiteres Gebiete in Besitz, die ihnen als Rohstofflieferanten oder Absatzmärkte wichtig erschienen. Als Vorbild diente Großbritannien mit seinem riesigen Kolonialbesitz; auch Frankreich, Deutschland und Russland wollten nun Weltreiche bilden. Man bezeichnet dieses Vorgehen der europäischen Staaten als Imperialismus.

Europäische Kolonisten
Die Europäer glaubten, dass die Menschen in Afrika und Asien zu den Weißen mit Achtung und Vertrauen aufblicken müssen. In der Zeitung „Usambara Post" war z. B. zu lesen:
Q2 … Der Afrikaner muss zu dem Weißen aufsehen mit Achtung und Vertrauen als zu einem Höherstehenden. Er soll und darf den Europäer nicht betrachten, als sei er seinesgleichen. Denn das ist er nicht. Und daran ändert auch keine Mission etwas. …

Dieser Rassismus* kam auch in den Bezeichnungen für die einheimische Bevölkerung Afrikas als „Wilde" oder „Kaffer" zum Ausdruck. Ganze Völker und Kulturen wurden umbenannt, so z. B. das afrikanische Volk der Nama in Hottentotten. Die Europäer verteidigten ihr Vorgehen damit, dass sie den kolonisierten Völkern „Kultur" beibringen würden. In einem 1911 erschienenen Buch hieß es dagegen:
Q3 … Seien wir doch ehrlich und lassen die schönen Lügen fallen, wir gingen nach Afrika, um den Neger zu beglücken. „Zivilisatorische Mission" und wie die Schlagworte alle heißen, sind nichts anderes als ein Mäntelchen für die einfache brutale Anwendung des brutalen Naturgesetzes vom Recht des Stärkeren. … Wir brauchen uns dieser nackten Tatsache nicht zu schämen, wir treiben einfach Realpolitik. …

Entschiedene Gegner dieser Politik waren die Sozialdemokraten. Sie fürchteten, dass aus dem Streben nach Kolonien ein Krieg um Kolonien und die Weltherrschaft werden könne.
3 *Diskutiert über das „Recht zur Realpolitik". Welche Argumente sprechen dagegen?*

Körperstrafe an einem Einheimischen, durch den Kolonialherrn angeordnet. Foto, Kongo, 1907.

1. Juli 1890:
Helgoland-Sansibar-Vertrag mit England: Das Deutsche Reich erhält Helgoland; im Gegenzug werden die deutschen und englischen Einflussgebiete in Ostafrika festgeschrieben. Helgoland wird Marinestützpunkt.

Sendungsbewusstsein*:
Die Großmächte hatten in der zweiten Hälfte des 19. Jahrhunderts ein starkes Sendungsbewusstsein. Man stellte die Ausbreitung der eigenen Macht als segensreich für die gesamte Menschheit dar.

Rassismus*:
meist zur Rechtfertigung von Unterdrückung u. Ä. entwickelte Lehre, nach der bestimmte körperliche Merkmale von Menschen (z. B. die Hautfarbe) mit bestimmten Eigenschaften gekoppelt werden (z. B. geistige Fähigkeiten) und damit eine Bewertung einhergeht (z. B. die Einschätzung des eigenen Volkes als grundsätzlich höherwertig gegenüber anderen, fremden Völkern).

Die erste deutsche Kolonie

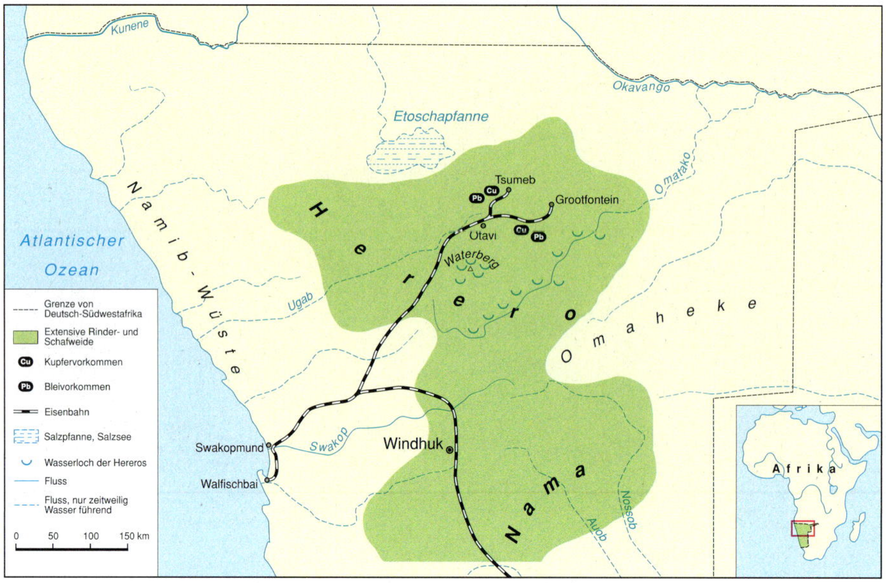

1 Die Siedlungsgebiete der Hereros und Namas.

Ab 1883: *Beginn deutscher Kolonialerwerbungen in Afrika.*

Plakat der Deutschen Ost-Afrika-Linie. *Um 1890.*

„Deutsch-Südwestafrika"

Im Jahr 1883 erwarb der Bremer Tabak- und Waffenhändler Lüderitz durch betrügerische Verträge mit afrikanischen Häuptlingen Gebiete des späteren Deutsch-Südwestafrika. Nur ein Jahr danach übernahm auf seinen Antrag das Deutsche Reich den Schutz über diese erste deutsche Kolonie. Zu den größeren Stämmen in diesem Gebiet gehörten die Hereros mit etwa 80 000 und die Namas mit etwa 20 000 Angehörigen.

Es waren stolze, freiheitsliebende Stämme, deren Friedfertigkeit deutsche Missionare später besonders betonten. Hereros und Namas lebten vor allem von der Viehzucht. Ihr Leben veränderte sich jetzt fast schlagartig. Geldgierige Händler betrogen sie um Land und Vieh. Für kleinste Vergehen, z. B. „unverschämte Antworten", gab es die erniedrigende Prügelstrafe mit der Nilpferdpeitsche. Raub, Mord und Vergewaltigung durch die deutschen „Schutztruppen" kamen häufiger vor und wurden kaum bestraft.

Völlig hoffnungslos wurde die Lage für die so genannten Eingeborenen, als man mit dem Bau einer Bahnlinie begann, die den Hafen Swakopmund mit den Kupfererzminen im Norden des Landes verbinden sollte. Wieder kam es zu großflächigen Enteignungen, die den Lebensraum der Hereros immer weiter einengten. Zudem wurden ihre Viehherden durch die Eisenbahnlinie von den Wasserlöchern getrennt.

In dieser Lage erklärten die Hereros und später auch die Namas den Deutschen im Jahr 1904 den Krieg. Männer, Frauen und Kinder der Hereros zogen mit all ihrer Habe von Kriegsschauplatz zu Kriegsschauplatz. „Wem gehört Hereroland? Uns gehört Hereroland!", so riefen die Frauen, um ihre Männer im Kampf zu unterstützen. Über die Kriegführung berichtete Daniel Kariko, ein Unterhäuptling:

Q1 … Auf unseren geheimen Zusammenkünften beschlossen unsere Häuptlinge, das Leben aller deutscher Frauen und Kinder zu schonen. Auch die Missionare sollten geschont werden. … Nur deutsche Männer wurden als unsere Feinde betrachtet. …

1 *Stellt mithilfe der Abbildung 1 fest, warum die Hereros über die Streckenführung der Eisenbahnlinie empört waren.*

2 *Spielt eine Versammlung, auf der Herero-Häuptlinge ihr Vorgehen gegen die deutschen Schutztruppen beraten.*

3 *Informiert euch in einem Atlas, in welchem heutigen Staat die erste deutsche Kolonie lag.*

Der Völkermord an den Hereros

2 **Deutsche Kolonialsoldaten bekämpfen den afrikanischen Stamm der Hereros (1904).** Zeitgenössische Lithographie aus Frankreich.

3 **Hereros, die vor den deutschen Truppen geflüchtet sind.** Foto, 1907.

Hereros und Namas wehren sich

Die Kolonialtruppen unter Führung des preußischen Generals Lothar von Trotha (1848 bis 1920) schlugen unbarmherzig zurück. Über die Kriegführung Trothas heißt es:

Q2 ... Ich war dabei, als die Hereros bei Hamakiri, in der Nähe des Waterberges, in einer Schlacht besiegt wurden. Nach der Schlacht wurden alle Männer, Frauen und Kinder ohne Gnade getötet, die den Deutschen in die Hände fielen. Dann verfolgten die Deutschen die übrigen Hereros, und alle Nachzügler am Wegesrand und im Sandfeld wurden niedergeschossen oder mit dem Bajonett niedergemacht. Die große Masse der Hereromänner war unbewaffnet und konnte sich nicht wehren. Sie versuchten nur, mit ihrem Vieh davonzukommen. ...

Die deutschen Truppen, die aus dem Deutschen Reich zahlreiche Verstärkungen erhielten, konnten den ungleichen Kampf schon nach wenigen Monaten siegreich beenden. Nach der Schlacht am Waterberg (Karte 1) im August 1904 wurden die Hereros in der wasserlosen Halbwüste Omaheke eingekesselt und ihrem Schicksal überlassen. Zehntausende verhungerten und verdursteten hier.

Stolz vermeldete der deutsche Generalstab:

Q3 ... Diese kühne Unternehmung zeigt die rücksichtslose Energie der deutschen Führung bei der Verfolgung des geschlagenen Feindes in glänzendem Licht. Keine Mühen, keine Entbehrungen wurden gescheut, um dem Feinde den letzten Rest seiner Widerstandsfähigkeit zu rauben: Wie ein halb zu Tode gehetztes Wild war er von Wasserstelle zu Wasserstelle gescheucht, bis er schließlich willenlos ein Opfer der Natur seines eigenen Landes wurde. ...

Von den etwa 80 000 Hereros lebten 1905 nur noch etwa 16 000. Die Überlebenden wurden in Reservate verbracht, wo sie unter erbärmlichen Bedingungen ihr Leben fristeten.

4 *August Bebel sagte am 30. Januar 1905 im Reichstag: „Das Recht zum Aufstand hat jedes Volk und jede Völkerschaft, die sich in ihren Menschenrechten aufs Alleräußerste bedrückt fühlt." Manche hielten ihn deshalb für einen Vaterlandsverräter. Was meint ihr dazu?*

5 *Vergleicht die Kriegführung der Hereros mit jener der deutschen Truppen. Verfasst dazu einen kurzen Bericht und vergleicht ihn mit dem des deutschen Generalstabs.*

1904–07: *Krieg zwischen Hereros, Namas und Deutschen.*

Werkstatt Geschichte: Begegnungen mit Afrika

1 / 2 **Carl Peters, Gründer der Deutsch-Ostafrikanischen Gesellschaft, bei einer Besichtigungsfahrt.** Foto, um 1890. **Schild am Geburtshaus von Carl Peters in Neuhaus an der Elbe.** Foto, 2003.

3 **Reisende in Afrika.** Foto, um 1990.

4 **Touristen und Souvenirverkäufer unter Polizeiaufsicht in Kenia.** Foto, 1996.

Begegnung in Afrika

1 *Beschreibt die Abbildungen und schreibt auf, welche Übereinstimmung es gibt und worin sie sich unterscheiden.*

2 *Versetzt euch in die gezeigten Personen und erzählt, was ihr dabei empfindet oder denkt.*

3 *Sammelt Berichte über Reisen nach Afrika. Achtet dabei besonders auf die Schilderung über die Begegnung zwischen den Touristen und den Einheimischen.*

4 *Informiert euch über Carl Peters.*

Weiß über Schwarz

Von der Kolonialzeit bis heute ist unsere Vorstellung von Afrika geprägt von Überheblichkeit. Viele Vorurteile fallen uns gar nicht auf, weil sie zum Alltag gehören. Ein süßer kleiner Diener wurde zum Markenzeichen für braune Schokolade: der Sarotti-Mohr. Leckere Naschereien nennen wir Negerküsse und Mohrenköpfe. Essen wir etwa Menschen? Stellen wir uns das Umgekehrte vor: „Weißenköpfe" in den Läden Afrikas.

Was hier noch harmlos erscheint, verwandelt sich bei anderen Gelegenheiten in völlige Ablehnung, ja Hass, wenn Farbige und Weiße bei uns in Kontakt kommen. In einem Artikel: „Beschimpft, bespuckt, beleidigt" beschrieb ein Journalist die Erfahrungen afrikanischer Fußballspieler im Bundesligaalltag:

Q … „Husch, husch, husch, Neger in den Busch", johlten die Fußballfans im Hamburger Volksparkstadion, als der Wattenscheider Souleyman Sane in ihre Nähe kam. Das flehentliche „Fair geht vor" von Tagesschausprecher und HSV-Ansager Jo Brauner half nichts – im Gegenteil. „Nigger raus", steigerten die Unverbesserlichen wütend ihren Rassenhass.
Jagdszenen aus einer deutschen Fußballarena, die kein Einzelfall sind. Opfer der Ausländerfeindlichkeit sind vor allem die schwarzen Stars, die wegen ihrer Hautfarbe böse Beschimpfungen in den auswärtigen Stadien ertragen müssen. „Diese Schreiereien sind wie Gewalttätigkeiten", meint der sensible Senegalese Sane. In Berlin bewarfen die rechtsextremen „Hertha-Frösche" den Ghanaer Tony Baffoe mit Bananen. Der Düsseldorfer Spaßvogel nahms gelassen. Seit Monaten versucht er mit Witzeleien über die Beleidigungen hinwegzukommen. Baffoe zu einem Unparteiischen: „Wir Schwarzen müssen zusammenhalten." Aber die schimpansenartigen „Uhhh, Uhhh"-Rufe der Brüllaffen von den Tribünen treffen den in Deutschland Aufgewachsenen tief ins Herz. …

5 **Samuel Osei Kuffour (FC Bayern München) in Aktion.** Foto, 2002.

5 *Diskutiert über das Verhalten der Zuschauer.*
- *Gibt es Gründe für dieses Verhalten?*
- *Warum empfindet der Senegalese Sane diese Schreiereien als Gewalttätigkeiten?*

Rassismus bei uns?

An verschiedenen Orten in Deutschland haben sich Gruppen und Parteien gebildet, die mit menschenverachtenden Parolen gegen Ausländer und andere Minderheiten vorgehen.

Gegen gewalttätige Übergriffe und Anschläge z. B. auf Wohnheime von Ausländern und Flüchtlingen, die als Sündenböcke für unsere hausgemachten Probleme wie Arbeitslosigkeit oder Wohnungsnot missbraucht werden, wehren sich nicht nur Ausländer, sondern auch Deutsche wie z. B. die Initiative SOS-Rassismus sowie Bürger- und Schülerinitiativen.

6 *Sammelt Informationen über ausländerfeindliche Vorfälle. Fertigt daraus eine Wandzeitung.*

7 *Berichtet in der Klasse über die Arbeit regionaler Initiativen gegen Rassismus.*

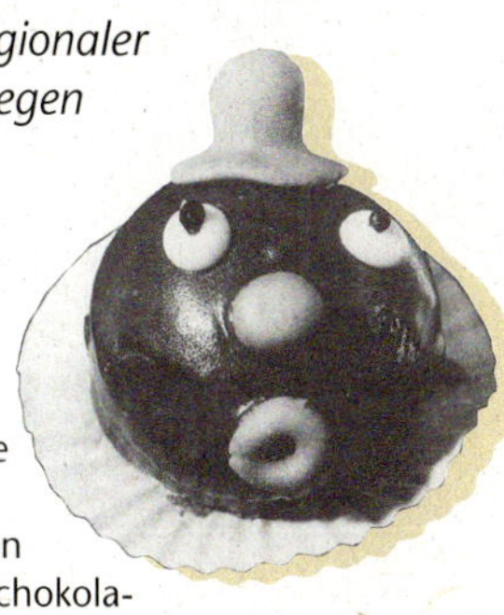

6 **„Mohrenkopf" aus einer Bäckerei.** Trotz wiederholter Proteste verschiedener Organisationen sind die mit Schokolade überzogenen Naschereien immer noch als Mohrenkopf erhältlich. Foto, 1991.

Die Folgen der Kolonialpolitik

1 **Armut in Indien.** Foto, 1985.

2 **Der Gegenwert eines Lastkraftwagens 1985 und 1990.**

Die Kolonialzeit: Aufbau oder Zerstörung?
Zahlreiche Historiker und Politiker in den Industrienationen weisen heute darauf hin, dass die Kolonialpolitik im späten 19. Jahrhundert den Kolonialvölkern auch sehr viele Vorteile gebracht habe: Die kriegerischen Auseinandersetzungen zwischen den einzelnen Stämmen seien beendet, eine moderne Verwaltung aufgebaut, Straßen, Schulen und Krankenhäuser errichtet worden.
Insgesamt habe also die Politik der Kolonialmächte zu einer Modernisierung in den Kolonialländern geführt.
Der afrokaribische Schriftsteller Aimé Césaire meint dazu:

Q ... Man erzählt mir von Fortschritt und geheilten Krankheiten. Ich aber spreche von zertretenen Kulturen, von beschlagnahmtem Land, von ermordeten Religionen, von vernichteter Kunst. Ich spreche von Tausenden hingeopferten Menschen für den Bau der Eisenbahn. Ich spreche von Millionen Menschen, die man ihren Göttern, ihrer Erde, ihren Sitten, ihrer Weisheit entriss. Ich spreche von Millionen Menschen, denen man geschickt das Zittern, den Kniefall, die Verzweiflung eingeprägt hat. ...

Politiker der ehemaligen Kolonialländer weisen auf einen weiteren wichtigen Aspekt hin: Sie sehen die Ursache für die Armut in ihren Ländern in der Eroberung und Unterdrückung durch die Industrienationen im 19. Jahrhundert. Die einheimische Wirtschaft wurde zerschlagen, wie in Indien, der Anbau von Monokulturen wie Kaffee, Bananen, Kakao oder Zuckerrohr befohlen.
Die Preise für diese Waren setzen auch heute noch die Industrienationen fest. Die derzeitige Weltwirtschaftsordnung sei von den Industrienationen geschaffen worden und diene allein deren Interessen. Die heutigen Spannungen zwischen reichen und armen Ländern haben also geschichtliche Gründe.

1 *Vergleicht die Meinung des Schriftstellers zum Kolonialismus mit der im Text genannten Position der Industrienationen.*

2 *Notiert in Stichworten die heutige wirtschaftliche Situation der ehemaligen Kolonien. Berücksichtigt hierzu auch die Abb. 1 und 2.*

3 *Diskutiert folgende Meinungen:*
- *„Entwicklungshilfe ist kein Geschenk, sondern eine Wiedergutmachung für altes Unrecht.“*
- *„Würden die Rohstoffe anständig bezahlt, bräuchte man keine Entwicklungshilfe.“*

Neue Staaten:
Die Grenzen der unabhängigen afrikanischen Staaten gehen größtenteils auf die Kolonialzeit zurück und werden, von einigen Ausnahmen abgesehen, weitestgehend respektiert. Mehrere Länder legten dagegen ihren von den Kolonialherren aufgezwungenen Namen ab. So benannte sich z. B. die Gold Coast (Goldküste) in Ghana um, Rhodesien heißt heute Simbabwe, Belgisch-Kongo seit 1971 Zaire, seit 1999 wieder Kongo.

Zusammenfassung

Expansion – Kolonialismus und Imperialismus

Im 19. Jahrhundert versuchten vor allem die europäischen Industrienationen die Welt unter sich aufzuteilen. Diese Politik, Weltreiche zu errichten, nennt man Imperialismus; die eroberten Länder bezeichnete man als Kolonien. Die größte Kolonialmacht war Großbritannien. Das „British Empire" erstreckte sich über die ganze Welt.

Der Imperialismus war der Versuch, die wirtschaftlichen Folgen der Industrialisierung zu bewältigen: Die stark beschleunigte Industrieproduktion verlangte nach mehr Rohstoffen und größeren Absatzmärkten. Hinzu kam außerdem noch die Überzeugung vieler Europäer, dass es nicht nur ihr Recht, sondern auch ihre Pflicht sei, die Welt zu regieren („Sendungsbewusstsein").

Die imperialistischen Mächte versuchten ihre Eroberungspolitik mit der angeblichen Minderwertigkeit anderer menschlicher Rassen zu begründen. Man nennt diese Einstellung anderen Völkern und Menschen gegenüber Rassismus.

Der Rassismus kam nicht nur in den herabsetzenden Bezeichnungen für die einheimische Bevölkerung zum Ausdruck, sondern zeigte sich vor allem auch in der Behandlung der Eingeborenen. Man glaubte über diese Menschen wie über Eigentum verfügen zu können, schätzte ihre Lebensformen gering ein und hielt sie allgemein für wenig lernfähig. Die kulturellen Leistungen der einheimischen Bevölkerung wurden nicht wahrgenommen. Die ungerechte, oft willkürliche Behandlung der Bevölkerung durch die Kolonialherren führte in vielen Kolonien zu Aufständen, die durch Truppen niedergeschlagen wurden, so auch in Deutsch-Südwestafrika, als deutsche Truppen gegen die aufständischen Hereros mit größter Brutalität vorgingen.

Unterentwicklung bis heute

Zwischen den Industrienationen und den so genannten Entwicklungsländern gibt es auch heute große wirtschaftliche und politische Spannungen. Die Vertreter der Entwicklungsländer sind der Ansicht, dass die heutige Armut in ihren Ländern durch die Vernichtung der eigenständigen Kultur, des Handwerks und durch die Ausrichtung der Landwirtschaft auf die Bedürfnisse Europas entstand.

Immer wieder fordern daher diese Länder eine wirksame Unterstützung ihrer Anstrengungen, um ihre wirtschaftliche Situation zu verbessern.

Seit 1870

Zunehmende Rivalität zwischen den europäischen Mächten um angeblich „freie Gebiete der Welt".

1884

Deutschland wird Kolonialmacht.

1904

Aufstand der Hereros in Deutsch-Südwestafrika.

Beginn des 20. Jhs.

Fast ein Viertel der Erde gehört zum „British Empire".

9. Der Erste Weltkrieg

Als Freiwilliger zog der Maler Otto Dix 1915 in den Krieg. In Bildern und in Briefen hielt er seine Kriegserlebnisse fest: „Schon die Eindrücke auf dem Weg zur Front waren furchtbar. Verwundete und die ersten Gaskranken mit eingefallenen gelben Gesichtern wurden gerade nach hinten gebracht. Dann ging es hinein in ein verbiestertes Grabensystem des Stellungskriegs, in die aufgewühlten Gräben, wo man, vom Leichengeruch der herumliegenden Toten gepeinigt, den Tag über in einem schlammigen Wellblechunterstand hockt. … Die folgenden Tage waren noch furchtbarer. Wir hatten die neue Stellung verlassen müssen und uns dreißig Meter weiter hinten in einen Steilhang eingegraben. Am Abend griff der Feind an. Wegen des Nebels schoss eine Batterie zu kurz und schoss in unseren Steilhang. Furchtbare Bestürzung, schreckliche Verluste. Die Leichen lagen herum, Arme und Beine flogen. Von unserer Kompanie blieben neun Mann übrig."
Mit Jubel hatten viele Menschen in Europa den Kriegsausbruch im Juli 1914 begrüßt. In Scharen meldeten sich Freiwillige und bei allen herrschte die feste Überzeugung, Weihnachten sind wir wieder zu Haus. Hineinversetzt wurden sie in das Grauen eines festgefahrenen Krieges, der für die Menschen und den Verlauf des gesamten 20. Jahrhunderts ungeheure Folgen haben sollte …

Wettrüsten und Krisen in Europa

Prestigedenken:*
Entscheidungen in der Politik, die häufig nicht nach dem wahren Nutzen schauen, sondern das eigene Ansehen heben und das des Gegners senken sollen.

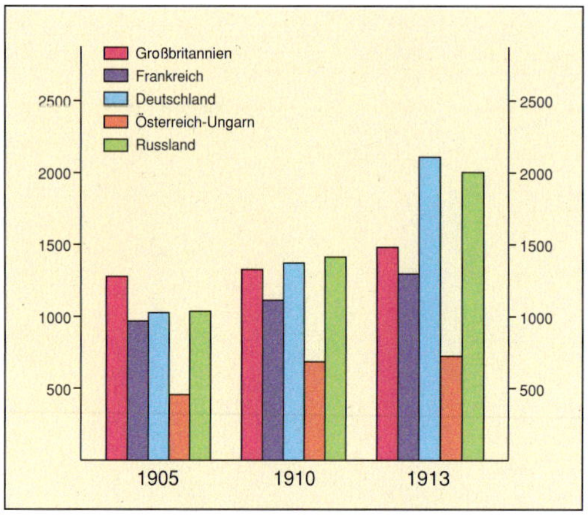

1 Rüstungsausgaben 1905–1913 (in Mio. Mark).

2 Wie sollen wir uns da die Hand geben?"
Karikatur aus dem Simplicissimus, 1912.

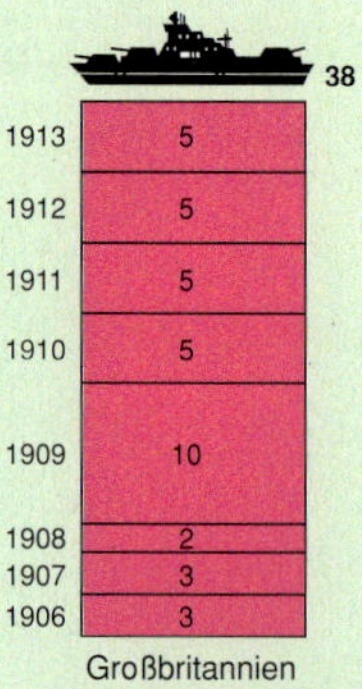

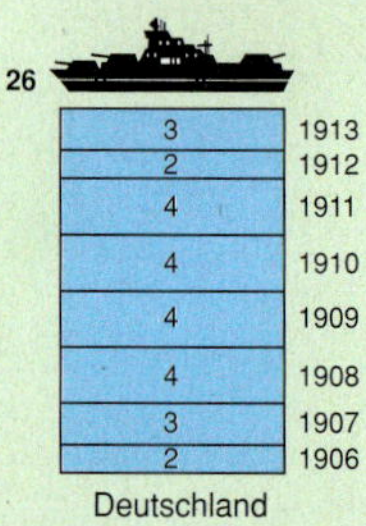

Bau von Kampfschiffen 1906–13.

Rüstungs- und Flottenpolitik

Die Rivalität und das Prestigedenken* beim Erwerb von Kolonien hatten dazu geführt, dass die europäischen Mächte untereinander verfeindet waren und sich misstrauisch beobachteten. Versuche, die eigene Machtstellung weiter auszubauen, konnten in dieser Situation als Bedrohung empfunden werden und einen Krieg auslösen. Die deutsche Politik unter Kaiser Wilhelm II. nahm darauf allerdings keine Rücksicht. So forderte Admiral Tirpitz im Jahr 1900 eine starke deutsche Flotte zum Schutz des Handels und der Kolonien. Während der Debatte im Reichstag über den Flottenbau meinte der Abgeordnete Oertel:

Q1 … Meine Herren, das kann nicht in Abrede gestellt werden, dass wir mit dieser Flottenverstärkung wieder ein Stück weiter hinausfahren in das Meer der Weltpolitik. Davor scheuen wir nicht zurück; unsere Stellung gebietet uns das. Wir müssen teilnehmen an der Weltpolitik, wenn wir unseren geschichtlichen Beruf erfüllen wollen. …

Ganz anderer Ansicht war Wilhelm Liebknecht (1828–1900), Abgeordneter der Sozialdemokratischen Partei:

Q2 … Wir wissen gar wohl, welche Ziele die Flottenvorlage hat: die Stärkung des Militarismus und des Kapitalismus. Wir hatten gestern eine denkwürdige (Reichstags-)Sitzung und es wird wohl mancher sich tief geschämt haben, als wir jene entsetzlichen Schilderungen der Hospitalzustände in Berlin, der Hauptstadt des Reiches, anhörten, als wir erfuhren, wie es hier in einem Hospital aussieht und hergeht. So ist es nicht bloß hier, sondern überall, und vielfach noch schlimmer. Und woran fehlt es? Was antwortet man den Leuten, wenn sie sich erkundigen? „Wir haben kein Geld." 5000 Millionen werfen wir ins Wasser für die Flotte, nach diesem Gespenst der Weltmarktpolitik und der Weltherrschaft, aber für das Elend vor unseren Türen haben wir kein Geld. …

Durch die Flottenpolitik des Deutschen Reiches fühlte sich vor allem Großbritannien bedroht. Sein Ziel war es, eine Kriegsflotte zu bauen, die so groß war wie die beiden nächstgrößeren Flotten zusammen. Damit begann in Europa ein allgemeines Wettrüsten. Von Jahr zu Jahr wurde in allen europäischen Staaten mehr Geld für die Rüstung ausgegeben. Mit der Aufrüstung stieg die Kriegsgefahr.

Wettrüsten und Krisen in Europa

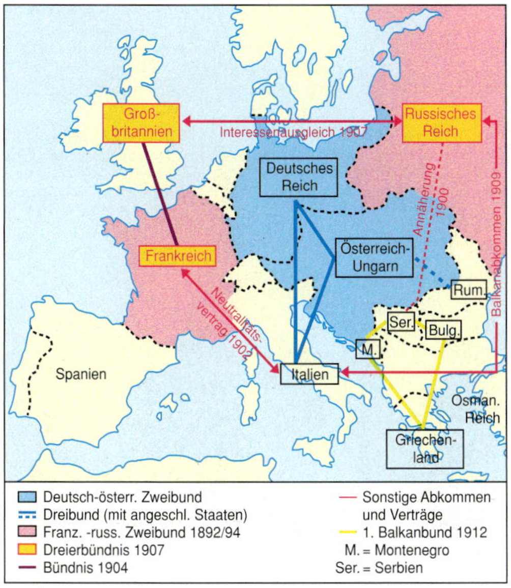

3 Das europäische Bündnissystem vor dem Ersten Weltkrieg.

4 Staaten auf dem Balkan 1913.

1 *Nennt die Argumente, die in den Quellen 1 und 2 für und gegen die deutsche Flottenrüstung vorgebracht werden.*

Auf der Suche nach Verbündeten

Die Großmachtpolitik des Deutschen Reiches löste in England Angst aus. Mehrmals versuchten englische Politiker mit Deutschland zu einer Verständigung zu kommen. Der Kaiser und seine Berater widersetzten sich jedoch allen Bemühungen. Daraufhin näherte sich Großbritannien zunächst seinem „Erbfeind" Frankreich an. Im Jahr 1904 verständigten sich diese beiden Mächte über ihre Interessengebiete in Afrika. Nur drei Jahre später wurde auch mit Russland ein Vertrag abgeschlossen. Damit war in Europa ein neues Bündnissystem entstanden.

2 *Vergleicht die Karte 3 mit der Karte auf der Seite 165. Wie hat sich die Situation Frankreichs nach 1890 verändert?*

3 *Überlegt mithilfe der Karte 3, in welcher Lage sich das Deutsche Reich im Falle eines Krieges befunden hätte.*

Krisenherd Balkan

Im Laufe des 19. Jahrhunderts hatten sich die Völker des Balkans von der türkischen Herrschaft befreit. Griechenland, Serbien, Rumänien und Bulgarien waren selbstständige Staaten geworden. Diesen Staaten gelang es 1912/13, die Türken ganz vom Balkan zu vertreiben. Doch der Balkan blieb ein Unruheherd, da sich die Staaten jetzt untereinander stritten. Interesse am Balkan zeigten aber auch Russland und Österreich-Ungarn.

Bereits 1908 hatte Österreich das hauptsächlich von Slawen bewohnte Bosnien besetzt. Auch Serbien hatte Ansprüche auf dieses Gebiet erhoben, um so einen Zugang zum Meer zu gewinnen.

Ein Krieg zwischen Österreich und Serbien konnte nur mit Mühe vermieden werden.

Bestärkt wurde Serbien von Russland, das sich als Führungsmacht aller Slawen sah (Panslawismus*); Deutschland unterstützte seinen Verbündeten Österreich.

4 *Beschreibt mithilfe der Abbildung 4 und des Textes die Veränderungen auf dem Balkan.*

1912/13: *Balkankriege. Sie waren ein Vorspiel des Ersten Weltkriegs. Zum Krisenherd wurde der Balkan nach dem Zusammenbruch der türkischen Herrschaft.*

Panslawismus*: *politische Bewegung, die die Einigung aller so genannten slawischen Völker anstrebte.*

Ist der Frieden noch zu retten?

1 **Friedenskundgebung der SPD.** Foto, 1911.

Bertha von Suttner *(1843–1914): Die Baronin aus Österreich gehörte zu den führenden Köpfen der Friedensbewegung. Ihr Buch „Die Waffen nieder!" wurde in über 40 Auflagen gedruckt und in zahlreiche Sprachen übersetzt.*

Alfred Nobel und Bertha von Suttner

Alfred Nobel (1833–1896, vgl. S.132), einer der reichsten Männer Europas, schrieb im Jahr 1893 an die österreichische Baronin Bertha von Suttner, dass er einen großen Teil seines Vermögens für die Stiftung eines Preises einsetzen wolle. „Dieser Preis soll demjenigen oder derjenigen zuerkannt werden, der oder die Europa am weitesten vorangebracht hat auf dem Wege zur Befriedung der Welt."

Nobel verdankte seinen Reichtum vor allem seinen Geschäften mit „Dynamit oder Nobels Sicherheitspulver", für das er 1866 in Schweden das Patent erhalten hatte. Abschreckung durch Aufrüstung – dies schien ihm die einzig mögliche Garantie für einen dauerhaften Frieden zu sein. „Ich möchte" – so äußerte er 1876 – „einen Sprengstoff oder eine Maschine schaffen können von so fürchterlicher, massenhaft verheerender Wirkung, dass Kriege dadurch überhaupt unmöglich werden."

Ganz anderer Ansicht war die Baronin: Frieden schaffen ohne Waffen – das war ihr Ziel. Im Jahr 1889 erschien ihr Buch „Die Waffen nieder"; es wurde in fast alle Weltsprachen übersetzt. Als Präsidentin der österreichischen Friedensgesellschaft schrieb sie an Nobel: „Es wäre schön, wenn der Erfinder des Kriegssprengstoffs einer der Förderer der Friedensbewegung wäre." Nobel antwortete ihr: „Die Abrüstung fordern bedeutet so viel wie sich lächerlich machen, ohne jemandem zu nützen", und ferner: „Meine Fabriken werden dem Krieg vielleicht noch früher ein Ende machen als ihre Kongresse". Gleichzeitig überwies er allerdings eine Spende für die Friedensbewegung. Bertha von Suttner ließ sich von solchen Hinweisen nicht entmutigen. Unermüdlich hielt sie Vorträge, schrieb an die europäischen Regierungen, um vor einem kommenden Krieg zu warnen.

Ebenfalls für Abrüstung und Frieden kämpften die Sozialdemokraten in ganz Europa. Der Krieg könne nur verhindert werden, so hofften die Sozialdemokraten, wenn sich in allen Staaten die Arbeiter und Arbeiterinnen dagegen wehren würden. In großen Demonstrationen versuchten sie ihren Forderungen öffentlich Nachdruck zu verleihen.

Doch keiner der führenden Politiker noch die Militärs wollten diesen Krieg ernsthaft verhindern, denn jeder glaubte an einen schnellen Sieg seines Landes. Sie waren davon überzeugt, dass schon die nächste Krise nicht mehr friedlich ausgehen könne und ein Krieg in Europa auf Dauer unvermeidlich sei.

1 *Diskutiert über die Positionen von Alfred Nobel und Bertha von Suttner. Begründet eure eigene Meinung.*

Von der Juli-Krise zum Ausbruch des Krieges

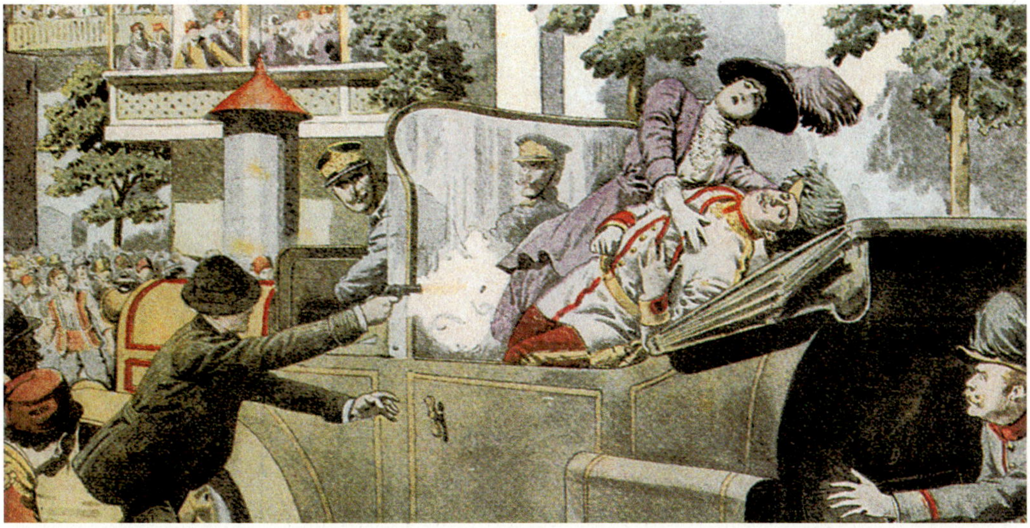

2 **Das Attentat auf den österreichischen Erzherzog Franz Ferdinand und seine Ehefrau.** Lithographie vom Juni 1914.

Das Attentat von Sarajevo

Anlass des Krieges war die Ermordung des österreichischen Thronfolgers Franz Ferdinand und seiner Frau Sophie durch serbische Nationalisten in Sarajevo. Diese hatten es sich zum Ziel gesetzt, die Vereinigung aller Serben mit allen Mitteln herbeizuführen.

Nachdem Serbien sich weigerte österreichische Beamte an dem Ermittlungsverfahren zu beteiligen, erklärte Österreich-Ungarn – von seinem Bündnispartner Deutschland bedingungslos unterstützt – Serbien am 28. Juli 1914 den Krieg. Dass Russland im Falle eines militärischen Vorgehens Österreichs gegen Serbien nicht tatenlos zusehen würde, war zu erwarten. Noch am gleichen Tag erfolgte in Russland die Teilmobilmachung*. Und nun gab es kein Halten mehr: Am 1. August erklärte Deutschland Russland den Krieg, am 3. August Frankreich.

Aus dem begrenzten Krieg war ein europäischer Krieg geworden. Als am 3. August deutsche Truppen durch Belgien marschierten, erklärte die Londoner Regierung Deutschland den Krieg.

2 *Erklärt mit euren Worten, warum es zum Ausbruch des Krieges kam. Unterscheidet dabei zwischen Anlass und Ursache des Kriegsausbruchs.*

28.6.	Ermordung des österreichisch-ungarischen Thronfolgers Franz Ferdinand in Sarajevo.
6.7.	Berlin sichert Wien die volle Unterstützung zu (Blankoscheck).
23.7.	Österreichs Ultimatum* an Serbien, absichtlich unannehmbar formuliert.
25.7.	Serbiens Antwort nimmt die Bedingungen des Ultimatums größtenteils an; serbische Teilmobilmachung*; Russland beschließt Unterstützung Serbiens.
28.7.	Österreich-Ungarn erklärt Serbien den Krieg. Teilmobilmachung Russlands.
30.7.	Russische und österreichische-ungarische Gesamtmobilmachung.
1.8.	16.55 Uhr französische Mobilmachung. 17.00 Uhr deutsche Mobilmachung. 19.00 Uhr deutsche Kriegserklärung an Russland. Mobilmachung der englischen Flotte.
3.8.	Deutsche Kriegserklärung an Frankreich. Deutscher Einmarsch in das neutrale Belgien (nach Luxemburg bereits am 2.8.). Neutralitätserklärung Italiens.
4.8.	Englische Kriegserklärung an Deutschland.
6.8.	Österreichisch-ungarische Kriegserklärung an Russland, serbische Kriegserklärung an Deutschland.
11./12.8.	Kriegserklärung Frankreichs und Englands an Österreich-Ungarn.

3 **Vom Attentat in Sarajevo zum Ersten Weltkrieg. Wichtige Ereignisse in Schlagzeilen.**

Ultimatum*:
ein diplomatisches Schriftstück, das vom Absender als letztes, zeitlich befristetes Verhandlungsangebot bezeichnet wird.

Mobilmachung*
(franz. mobile = beweglich, marschbereit): Maßnahmen, durch die die Streitkräfte eines Landes für den Kriegseinsatz bereitgestellt werden, z. B. durch die Einberufung aller Wehrpflichtigen.

Ein Ausflug nach Paris?

1 **Deutsche Kriegsfreiwillige bei der Abfahrt zur Westfront.** Foto, 1914.

2 **Britische Kriegsfreiwillige nach ihrer Einkleidung.** Foto, 1914.

„Der verlauste Pelz von Zar Nikolaus wird verdroschen." Deutsche Postkarte, 1915.

Kriegsbegeisterung

Zum 1. August 1914 meldeten die Berliner Zeitungen:

Q1 … Auf Befehl des Kaisers trat kurz nach 5 Uhr aus dem Portal des Schlosses ein Schutzmann und teilte der harrenden Menge mit, dass die Mobilisation beschlossen sei. Die tief ergriffene Menge stimmte unter den Klängen der Domglocken den Choral an: Nun danket alle Gott. …

Die Nachricht von der Mobilmachung erfüllte die Menschen mit überschäumender Freude. Wie in Berlin, so auch in London und Paris. Kaum einer konnte sich vorstellen, dass es einen langen Krieg geben würde. Junge Männer in ganz Europa meldeten sich freiwillig, um „ihr Vaterland" zu verteidigen. Ganz enttäuscht berichtet z. B. ein junger Kriegsfreiwilliger von den ersten Tagen des August im Jahr 1914:

Q2 … Ausdauer muss man haben und Geduld muss einem verliehen sein, will man den heiß begehrten Rang „Kriegsfreiwilliger" erreichen. Ich wandere von Kaserne zu Kaserne, von Regiment zu Regiment: „Wann stellen Sie Kriegsfreiwillige ein?" – „Überfüllt!" – „Vorläufig keine mehr!"– „Vielleicht später, nicht vor dem 12.!" – Überall abgewiesen. …

1 *Seht euch Abbildung 1 an. – Wie stellen sich die deutschen Soldaten den Krieg vor?*

2 *Überlegt gemeinsam, was die britischen Soldaten empfunden haben mögen (Abb. 2).*

„Patrioten oder vaterlandslose Gesellen?" – Die Sozialdemokratie und der Krieg

Im Deutschen Reichstag stimmten alle Parteien, die SPD allerdings erst nach heftigen inneren Kämpfen, geschlossen für die vom Kaiser geforderten Kriegskredite. Noch am 25. Juli 1914 hatte die SPD erklärt:

Q3 … Wir wollen keinen Krieg. Nieder mit dem Krieg! Es lebe die internationale Völkerverbrüderung! …

Aber am 31. Juli 1914 schrieb die Parteizeitung „Der Vorwärts":

Q4 … Wenn die verhängnisvolle Stunde schlägt, werden die vaterlandslosen Gesellen ihre Pflicht erfüllen und sich darin von den Patrioten in keiner Weise übertreffen lassen. …

3 *Vermutet, wieso die Sozialdemokraten ihre Haltung zum Krieg änderten.*

Kriegsgegner und Kriegsziele

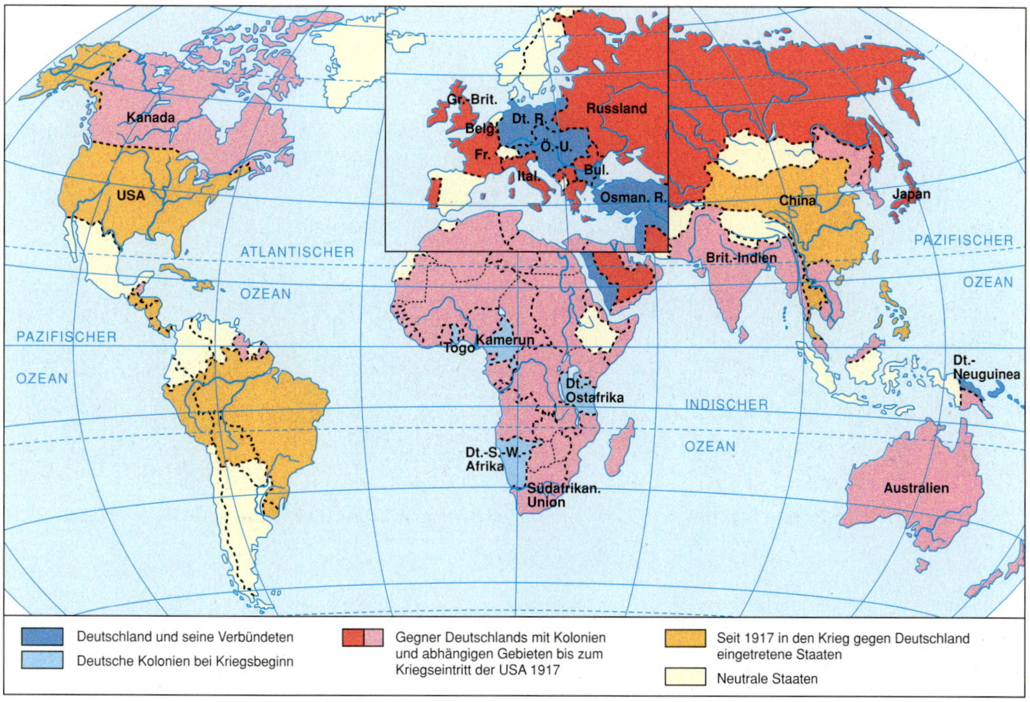

3 Die Kriegsgegner im Ersten Weltkrieg.

Kriegsziele als Friedensprogramme?

Am 6. August 1914 wandte sich der Kaiser an das deutsche Volk mit den Worten:

Q5 „Man verlangt, dass wir mit verschränkten Armen zusehen, wie unsere Feinde sich zu tückischem Überfall rüsten. Mitten im Frieden überfällt uns der Feind."

Nach den Worten Wilhelms II. ging es in diesem Krieg für Deutschland nur um die Verteidigung des Vaterlandes. Nur wenige Wochen später wurden die deutschen Kriegsziele offen ausgesprochen:

- Frankreich darf als Großmacht nie wieder entstehen; die nordfranzösischen Industriegebiete werden daher dem Deutschen Reich angegliedert. Zusätzliche hohe Zahlungen Frankreichs an Deutschland.
- Angliederung der belgischen Industriegebiete an das Deutsche Reich. Zollverband unter deutscher Oberhoheit von Frankreich bis Polen und von Norwegen bis Italien.
- Beendigung der russischen Herrschaft über seine Vasallenvölker. Einen größeren Anteil Deutschlands an den Kolonien auf Kosten der anderen Mächte.

Auch die anderen Länder entwickelten Kriegszielprogramme:

- Frankreichs Ziel bestand darin, die Macht des Deutschen Reiches zu brechen und Elsass-Lothringen zurückzugewinnen.
- England forderte die Abschaffung der deutschen Kriegsflotte und die Aufteilung der deutschen Kolonien.
- Russland schließlich strebte die Herrschaft über Istanbul und die Meeresengen der Dardanellen an.

Jedes Land bezeichnete diese Kriegsziele als „Friedensprogramme", da nur so der Frieden in Europa dauerhaft gesichert werden könne.

4 *Schlagt eine Europakarte auf. Versucht die deutschen Kriegsziele in einer Skizze festzuhalten.*

5 *Vergleicht die Worte des deutschen Kaisers (Q5) mit den im Text genannten Kriegszielen.*

6 *Alle beteiligten Regierungen bezeichneten diesen Krieg als „Verteidigungskrieg". Wie würdet ihr ihn bezeichnen?*

Russische Spottkarte auf Wilhelm II., 1915.

Mittelmächte:
Im Ersten Weltkrieg das Deutsche Reich und Österreich-Ungarn mit ihren Verbündeten Bulgarien und dem Osmanischen Reich.

Alliierte:
Bezeichnung für die gegen die Mittelmächte verbündeten Staaten Großbritannien, Frankreich und Russland.

Das Gesicht des Krieges

1 **Kriegsalltag an der Front.** Foto, 1916.

Schlieffenplan*: *deutsche Kriegsstrategie, die der General Schlieffen schon 1905 entworfen hatte. Um den befürchteten Zweifrontenkrieg gegen Russland und Frankreich zu vermeiden, sollte zunächst Frankreich in einem raschen Kriegszug niedergeworfen werden. Danach wollte man dann alle Truppen gegen Russland einsetzen.*

Ein Krieg des Industriezeitalters

Der deutsche Großadmiral von Tirpitz schrieb am 11. Oktober 1914 in sein Tagebuch:

Q1 ... Ein merkwürdiger Krieg: von den Vogesen über Paris bis an den Kanal ein langer provisorischer Festungsgürtel von beiden Seiten, der nur mit schwersten Blutopfern zu stürmen wäre. Auf der anderen Seite eine mit hunderten von Millionen erbaute Festung in zwölf Tagen ohne große Verluste genommen. Flieger, Autos spielen eine ungeahnte Rolle, wie überhaupt die Technik, Brücken und Tunnels, deren Bau sonst Jahre gedauert hat, werden in vierzehn Tagen hergestellt. ...

Der „merkwürdige Krieg", der erst gut zwei Monate gedauert hatte, war offenbar ein ganz neuer, so nicht erwarteter Krieg. Nur selten hatten im 19. Jahrhundert Heere von mehr als 500 000 Mann gegeneinander gekämpft; nun waren es Armeen von mehreren Millionen. Erstmals standen sich hochgerüstete Industriestaaten gegenüber. Neue, immer tödlichere Waffen fanden Verwendung.

Vom Bewegungskrieg zum Stellungskrieg

Der deutsche Feldzugsplan folgte den Vorschlägen, die der General von Schlieffen* entwickelt hatte. Dessen Grundidee war es, durch eine Art Blitzkrieg Frankreich niederzuwerfen, um dann mit geballter Kraft gegen Russland vorgehen zu können. Schnelligkeit sollte das Geheimnis eines deutschen Sieges sein. Schon am 4. August 1914 fielen die deutschen Truppen frühmorgens in das neutrale Belgien ein. In einem Sturmlauf stießen fünf deutsche Armeen durch Belgien, Nord- und Ostfrankreich in Richtung Paris vor. Doch an der Marne, wo die französischen Armeen eine starke Verteidigungslinie aufgebaut hatten, blieb der Angriff stecken. Damit war der deutsche Feldzugsplan gescheitert. Es war nicht möglich ge-

Vier Jahre Stellungskrieg

2 **Die Druckwelle einer Explosion tötet Soldaten an der Ostfront.** Foto, 1918.

3 **Granatentreffer im Schützengraben.** Foto, 1916.

wesen, Frankreich in einem schnellen Bewegungskrieg zu besiegen. Aber auch Frankreich fehlte die Kraft zu einem entscheidenden Durchbruch. Der Krieg erstarrte an allen Fronten zum Stellungskrieg. Die Armeen begannen sich in festen Stellungen einzugraben. Dasselbe Bild bot sich seit 1915 auch an der Ostfront im Krieg gegen Russland. Oft lagen die gegnerischen Gräben nur 30 bis 50 Meter voneinander entfernt. Beide Seiten versuchten durch ungeheuren Einsatz an Material und stundenlanges Granatfeuer die gegnerischen Stellen aufzureißen.

Materialschlachten: Die Industrialisierung des Tötens

Den Gegner ausbluten und zermürben, so lautete die Strategie des Stellungskriegs. Stabil ausgebaute Gräben und Gefechtslinien bildeten die Verteidigungslinien. Mit neuartigen Waffen versuchten die Soldaten die gegnerischen Linien zu überwinden oder die eigenen Stellungen zu verteidigen. Eine bisher noch nie gesehene Materialschlacht mit neuen Waffen, Maschinengewehren, Handgranaten, Giftgasgranaten, Minen, Panzern und Flugzeugen setzte ein. Granatwerfer schossen tagelang rund um die Uhr ihre Munition auf die gegnerischen Stellungen. Die Gewalt der Explosionen zerfetzte in Minuten ganze Wälder, stampfte Betonbunker zusammen und zerriss Hunderttausende von Menschen. So kostete der Stellungskrieg Millionen von Soldaten das Leben. Allein in der „Hölle von Verdun" fielen 240 000 Deutsche und 270 000 Engländer und Franzosen.

In dem Brief eines Soldaten an seine Angehörigen heißt es:

Q2 … Die Soldaten an der vordersten Front leben mit den Toten. Überall liegen Leichen. Nicht nur im Vorgelände, wo die Opfer der letzten Angriffe in den Stacheldrahtverhauen hängen, sondern auch in den Gräben, wo sie von Artilleriefeuer zugeschüttet worden und mit Erde zusammengebacken sind, bis der nächste Granateinschlag ihre Glieder wieder emporschleudert. Oft ist ihr Anblick so furchtbar, dass selbst die Abgestumpftesten erbrechen müssen. …

1 *Vergleicht die Zahl der vor Verdun Gefallenen mit der Einwohnerzahl eures Heimatortes.*

2 *Begründet mit eigenen Worten, wodurch sich dieser Krieg von vorangegangenen unterschied. Berücksichtigt hierbei auch die neuen Waffenarten.*

3 *Schreibt mithilfe der Abbildungen 1–3 und der Quellen einen kurzen Text: Der Stellungskrieg und seine Folgen.*

Der Gaskrieg. *Die Deutschen setzten Giftgas zum ersten Mal im April 1915 ein. Um sich gegen das Gas zu schützen, musste man sofort Gasmasken aufsetzen, die ein Symbol der Unmenschlichkeit des Krieges wurden.*

Werkstatt Geschichte: Geschichte im Film

1 **Szenenfoto: „Nach Paris!" – Lehrer Kantorek begeistert seine Klasse für den Krieg.**

(A) Wenn ihr den Film sehen könnt. (dauert 140 Minuten!):

1 *Da ihr schon wisst, worum es in dem Streifen geht, könnt ihr euch bereits vorher Gedanken machen, auf was ihr beim Anschauen genauer achten wollt. Erarbeitet entsprechende Beobachtungsbögen.*

2 *Sprecht über eure Eindrücke. Welche Szenen sind euch besonders in Erinnerung geblieben? Was fandet ihr gut oder kritikwürdig? Begründet eure Meinung.*

3 *Nutzt eure Beobachtungsergebnisse als Grundlage eurer Diskussionsbeiträge. Haltet gemeinsam die wichtigsten Stärken und Schwächen des Films in einem Tafelbild fest.*

(B) Wenn ihr den Film nicht sehen könnt:

4 *Lest die Kurzbeschreibung des Films und schaut die Bilder an. Vergleicht eure Eindrücke.*

5 *Schreibt einen Filmdialog zu einem der drei abgebildeten Fotos.*

„Im Westen nichts Neues"

Der amerikanische Film „Im Westen nichts Neues" nach dem gleichnamigen Roman von Erich Maria Remarque handelt vom Schicksal einer Gruppe deutscher Abiturienten um den jungen Paul Bäumer, die sich bei Beginn des Ersten Weltkrieges voll patriotischer Begeisterung als Freiwillige zur Front melden. Mit hohen Ideen von antikem und ritterlichem Heldentum und mit der Vorstellung, das Vaterland gegen rücksichtslose Angreifer verteidigen zu müssen, glauben die jungen Männer auf der Seite der Gerechtigkeit einen schnellen Sieg erringen zu können. Im Verlauf der Handlung jedoch werden ihre Ideale, Hoffnungen und Werte von der brutalen Realität des Krieges Stück für Stück zerschlagen. Einer nach dem anderen fällt den Gräueln der Schlachtfelder zum Opfer: Vor den Augen des Zuschauers wird eine ganze Generation zur Schlachtbank geführt. Entfremdet von Familie und Gesellschaft in der Heimat, wo niemand die Wahrheit über die Sinnlosigkeit des Mordens hören will, findet schließlich auch Paul, dessen Erlebnissen der Film folgt, bei Verdun den Tod: Als er auf dem durchwühlten Schlachtfeld einen Schmetterling beobachtet und den Kopf zu hoch hebt, trifft ihn eine Kugel – „an einem Tag, der so ruhig war an der ganzen Front, dass der Heeresbericht sich nur auf den Satz beschränkte, im Westen sei nichts Neues zu melden".

Reaktionen in Deutschland

Anfang Dezember 1930 hatte der bereits mit dem Oscar prämierte Film „Im Westen nichts Neues" Uraufführung in Deutschland. Bei der Premiere in Berlin kam es zu organisierten Protesten nationalsozialistischer Störer. Sie beschimpften den deutschen Autor Remarque, der auch das Drehbuch geschrieben hatte, als „Volksverhetzer" und bezichtigten die Macher des Films, die „Ehre des deutschen Soldatentums" zu verhöhnen. Zwischen Gegnern und Befürwortern der Aufführung kam es zu tumultartigen Szenen. Da auch die Länderregierungen von Bayern, Württemberg und Sachsen wegen vermeintlicher „Gefährdung der öffentlichen Ordnung und Sicher-

2 Szenenfoto: Paul Bäumer im Bombentrichter mit dem sterbenden Franzosen Duval, dem er selbst im Kampf die tödlichen Verletzungen zugefügt hat.

3 Szenenfoto: Paul auf Heimaturlaub bei seiner sterbenden Mutter.

heit" Vorführverbote beantragten, wurde die weitere Aufführung des Films von der staatlichen Filmprüfstelle am 11. Dezember 1930 in der ganzen Republik verboten. Die offizielle Begründung lautete, der Streifen gefährde das deutsche Ansehen in der Welt.

6 *Diskutiert die Vorkommnisse anlässlich der deutschen Erstaufführung. Versucht Gründe zu erschließen.*
7 *Könnt ihr Parallelen oder Widersprüche zu eurer eigenen Einschätzung des Films erkennen?*

Film als populäres Medium

Ein Film wie „Im Westen nichts Neues" ist nicht mit der historischen Wirklichkeit gleichzusetzen, die er darstellt. Er repräsentiert vielmehr eine ganz bestimmte Sicht auf die historische Wirklichkeit. Gerade das aber macht ihn zu einer besonderen Quelle. Anschaulicher als ein Buch vermittelt er die Vorstellung davon, „wie es damals aussah". Andererseits aber erweckt er damit einen trügerischen Anschein von Authentizität (Echtheit), die er genauso wenig erfüllen kann wie ein Roman. Ob Spielfilm oder Dokumentarfilm: Immer wird eine ganz bestimmte Sicht der Dinge vermittelt. Der Film ist also schon selber eine Interpretation der tatsächlichen Vorgänge. Daher kann aber ein Film – ebenso wie ein Buch oder andere Kunstwerke – oft sogar mehr über die Zeit seiner Entstehung als über die Zeit der dargestellten Ereignisse aussagen.
8 *Versucht aus dem Film Rückschlüsse auf die amerikanische Sicht der Dinge im Jahr 1930 zu ziehen.*

9 *Wie ist nun vor diesem Hintergrund der Umgang mit dem Film in Deutschland einzuordnen?*

Chancen und Gefahren

Filme sind bestens geeignet, um den Zuschauer zu manipulieren (gezielt zu beeinflussen). Das übergroße Bild der Leinwand, die vorgegebenen Kameraperspektiven, die emotionale Musik – all dies zwingt den Betrachter fast unmerklich in die Identifikation mit der Sicht des Films. Wir leiden mit dem Helden oder zürnen dem Bösewicht.
Kommt man aus dem Kino – das ist euch sicher auch schon so ergangen –, fühlt man sich für eine gewisse Zeit noch größer, aufgekratzter, kräftiger oder emotional bewegter als sonst. Man fühlt sich fast selbst wie Ben Hur, der Terminator oder Han Solo und ist noch ganz von den Gefühlen und Bildern des Films erfüllt. Das ist die Stärke und gleichzeitig die Gefahr dieses Mediums: Es ist buchstäblich aufputschend. Im Falle tragischer oder deprimierender Geschichten können Filme den Zuschauer auch sehr niederschlagen und bewegen – Beispiele hierfür wären etwa „Schindlers Liste", „Die Farbe Lila" oder „Titanic". Es ist dann schwierig, genügend Abstand zu gewinnen, um unvoreingenommen über die dargestellten Ereignisse zu sprechen.
10 *Diskutiert über Möglichkeiten und Gefahren, die das Medium Film für den Geschichtsunterricht bietet.*
11 *Besprecht, wie Kriegsfilme mit dem Thema Krieg umgehen, z. B. die zahlreichen Vietnamkriegsfilme.*

Kriegsalltag in Deutschland

Mai 1916: *Hungerunruhen in Kiel. Eine sozialdemokratische Friedenspetition erhält über 70 000 Unterschriften in Schleswig-Holstein.*

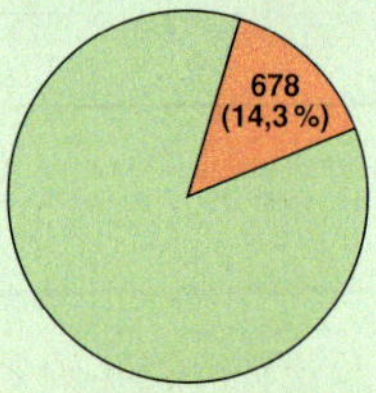

1. August 1914

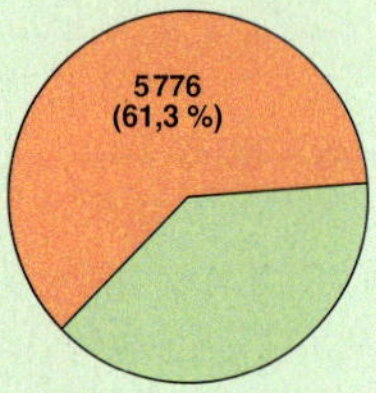

November 1918

Anteil der Frauen an der Belegschaft der Firma Bosch in Stuttgart.

1 **Auf dem Erfurter Fischmarkt werden Beutegeschütze präsentiert.** Foto, 5. Dezember 1915.

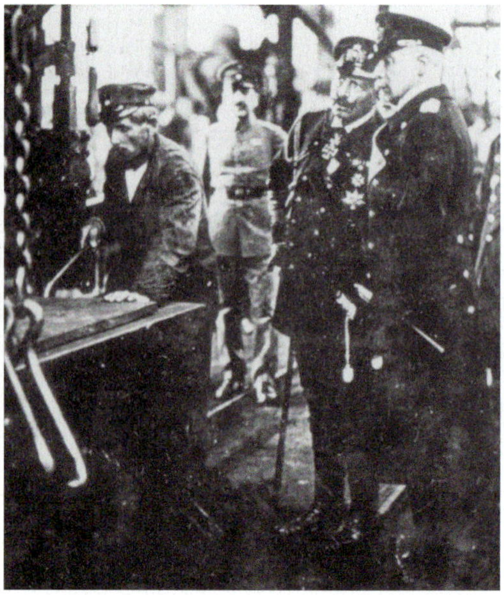

2 **Kaiser Wilhelm II. besucht im Sommer 1918 die kaiserliche Werft in Kiel.** Foto.

„Wer nicht arbeitet, soll auch nicht essen"
In den Kampfgebieten Frankreichs und Belgiens litt die Bevölkerung unter der direkten Wirkung der Waffen. Ganze Städte und Dörfer wurden dem Erdboden gleichgemacht. Das Deutsche Reich blieb von Kampfhandlungen zwar verschont, dennoch hatte auch die deutsche Zivilbevölkerung große Opfer zu bringen. Weil die Männer im Krieg waren, wurden viele Frauen zur Arbeit in Munitionsfabriken und für andere Tätigkeiten zwangsverpflichtet. So erklärte z. B. der Feldmarschall Hindenburg im September 1916:

Q1 ... Arbeit für das Allgemeinwohl ist jetzt Pflicht für alle. ... Es gibt ungezählte Tausende von kinderlosen Kriegerfrauen, die nur den Staat Geld kosten. Ebenso laufen Tausende Frauen und Mädchen herum, die nichts tun oder unnützen Berufen nachgehen. Der Grundsatz „Wer nicht arbeitet, soll auch nicht essen" ist in unserer Lage mehr denn je berechtigt, auch den Frauen gegenüber. ...

In den Arbeitsbedingungen einer Munitionsfabrik hieß es im September 1917 für Männer und Frauen:

Q2 ... Tägliche Arbeitszeit in der Regel neun Stunden, Überstunden nach Bedarf, Sonntagsarbeit, wenn erforderlich, nicht ausgeschlossen. ...

Die Arbeit in der Rüstungsindustrie belastete die Frauen besonders, da sie daneben noch für den Haushalt und die Versorgung der Kinder zuständig waren. Nur wenige Betriebe gewährten ihnen etwas Zeit zum Einkaufen der Lebensmittel und für die Besorgung des Haushalts.
Schlimmer als die Dreifachbelastung durch Beruf, Kindererziehung und Haushalt war für die meisten Frauen jedoch die alltägliche Angst um den Mann. Zwei Millionen deutsche Soldaten starben während der vier Kriegsjahre. Viele von ihnen hinterließen Frau und Kinder. 4,3 Millionen Soldaten kamen als Kriegsverletzte während und nach dem Ersten Weltkrieg zurück in ihre Heimat. Blinde, Gehörlose, Arm- und Beinamputierte mussten unter größten Mühen lernen im Alltag wieder zurechtzukommen. Über zwei Millionen Kriegsopfer, Witwen und Waisen waren noch im Jahr 1928 auf die kärgliche staatliche Unterstützung angewiesen.

Mangel an der „Heimatfront"

Der alltägliche Hunger

Entsetzlich traf die gesamte Bevölkerung in Deutschland der Mangel an Lebensmitteln. Durch die britische Seeblockade, die Kriegswirtschaft und Missernten verknappten sich die Lebensmittel immer mehr.

Die Nahrungsmittel wurden vom Staat rationiert, d. h., man bekam sie nur noch auf Lebensmittelkarten. Im Herbst 1914 schrieb die 12-jährige Elfriede Kuhr in ihr Tagebuch:

Q3 … Wenn wir bloß ein bisschen mehr zu essen hätten! Aber Brot und Mehl sind so knapp und mit den anderen Lebensmitteln steht es nicht besser. Augenblicklich haben wir pro Person in einer ganzen Woche ½ Pfund Kaffee-Ersatz und ½ Pfund Margarine; Butter für Erwachsene pro Woche 125 g. Manchmal gibt es Bezugsscheine für ½ Pfund Haferflocken, ½ Pfund Graupen und ½ Pfund Grieß, aber wenn die Vorräte ausverkauft sind, hat man ganz umsonst stundenlang vor den Läden Schlange gestanden. …

Unter dem „General Hunger" litten fast alle: die Alten, Kranke und Gebrechliche, die Kinder und die Mütter, die mit 48 Wochenstunden in der Kriegswirtschaft eingesetzt waren. Nur wer Geld besaß, konnte sich auf dem Schwarzmarkt noch zusätzliche Lebensmittel beschaffen zu weit überhöhten Preisen.

Besonders schlimm war der „Steckrübenwinter" 1917/18, als es nicht einmal mehr Kartoffeln gab. Mit Steckrüben versuchte man dem Hungertod zu entkommen.

Die mangelnde Versorgung führte bei Erwachsenen zu einer Gewichtsabnahme von etwa 10 bis 15 Kilogramm, etwa 20 Prozent ihres Normalgewichts. Insgesamt starben im Deutschen Reich während des Krieges über 750 000 Menschen den Hungertod.

1 *Erklärt, warum man während des Ersten Weltkriegs von der Heimat-„Front" sprach.*

2 *Beschreibt anhand der Materialien auf dieser Seite die Lebensbedingungen in der deutschen Heimat.*

3 *Vergleicht den Eindruck, den die Abbildungen 1 und 2 auf euch machen.*

3 Frauen übernehmen im Krieg schwere körperliche Arbeit (Reinigen und Schleifen der Straßenbahnschienen). Foto, 1916.

4 Frauen arbeiten in der Rüstungsindustrie. Foto, 1917.

5 Frauen sortieren aus Fallobst verwertbare Früchte aus. Foto, 1917.

Kohlrüben-Karte

— Stadt Erfurt —

2 Pfund Kohlrüben 31. Woche 18.–24. März 1917	2 Pfund Kohlrüben 32. Woche 25.–31. März 1917
2 Pfund Kohlrüben 29. Woche 4.–10. März 1917	2 Pfund Kohlrüben 30. Woche 11.–17. März 1917
2 Pfund Kohlrüben 27. Woche 18.–24. Februar 1917	2 Pfund Kohlrüben 28. Woche 25 Febr. 3. März 1917
2 Pfund Kohlrüben 25. Woche 4.–10. Februar 1917	2 Pfund Kohlrüben 26. Woche 11. 17 Februar 1917

Erfurter Bezugskarte für Kohlrüben aus dem Jahr 1917.

Die Wende des Krieges

„U-Boote heraus!" – Deutsches Propagandaplakat, 1915.

1 Torpedoangriff eines deutschen U-Bootes auf ein englisches Schiff. Foto, 1915.

2 Versenkung der Lusitania am 7. Mai 1915. Zeitgenössischer Stich.

Bilanz des deutschen U-Boot-Krieges:
In den Jahren 1917 und 1918 beliefen sich die alliierten Verluste auf insgesamt 12,52 Mio. Tonnen Handelstonnage, von denen 5,92 Mio. Tonnen durch den Schiffsneubau wieder ausgeglichen werden konnten. Die deutsche Flotte verlor ihrerseits 132 U-Boote.

Der deutsche U-Boot-Krieg

Auch im Seekrieg kamen neue Waffen auf, vor allem die U-Boote. Als die britische Marine eine Seeblockade verhängte, die Deutschland von allen Einfuhren abschnitt, beantwortete das Reich dies mit dem Einsatz der U-Boote, die ohne Warnung Kriegs- und sogar Handelsschiffe angriffen.

Am 7. Mai 1915 versenkte ein deutsches U-Boot den britischen Passagierdampfer „Lusitania", weil dieser auch Munition transportierte. Dabei starben 1198 Menschen, unter ihnen 128 Amerikaner. Nach dem energischen Protest der amerikanischen Regierung schränkte Deutschland den U-Boot-Krieg vorerst ein.

Am 22. Dezember 1916 erklärte Admiral Holtzendorff in einer geheimen Denkschrift:

Q1 ... Gelingt es, England das Rückgrat zu brechen, so ist der Krieg sofort zu unseren Gunsten entschieden. Englands Rückgrat ist aber der Schiffsraum, der Großbritannien die notwendige Zufuhr sichert. Ich erkläre, dass wir mit dem uneingeschränkten U-Boot-Krieg in fünf Monaten England zum Frieden zwingen können. ... Ein bald einsetzender uneingeschränkter U-Boot-Krieg ist also trotz der Gefahr eines Bruchs mit Amerika das richtige Mittel, den Krieg siegreich zu beenden. ...

*Deutsche U-Boote warten 1914 im **Kieler Hafen** auf ihren Einsatz.*

1 *Diskutiert die Ausführungen Holtzendorffs. Welche Fragen wirft dieser Text auf?*

Trotz amerikanischer Warnungen eröffnete Deutschland am 1. Februar 1917 den uneingeschränkten U-Boot-Krieg. Zahlreiche Handelsschiffe wurden durch die U-Boote versenkt. Dazu äußerte sich der amerikanische Präsident Wilson am 2. April 1917:

Q2 Der derzeitige deutsche U-Boot-Krieg gegen den Handelsverkehr ist ein Krieg gegen die Menschheit, ... gegen alle Nationen. Es sind keine Unterschiede gemacht worden, die Herausforderung hat der ganzen Menschheit gegolten.

Der uneingeschränkte U-Boot-Krieg war 1917 der letzte Anstoß für den Kriegseintritt der USA gegen Deutschland. Diesem Schritt schlossen sich fast alle Staaten Südamerikas an. Entgegen der Voraussage des Admirals Holtzendorff war der Krieg nicht in fünf Monaten beendet. Mit dem Kriegseintritt der USA war er stattdessen zum Weltkrieg geworden.

2 *Gebt die Quellen 1 und 2 mit euren Worten wieder. Welche grundsätzlichen Überlegungen bestimmen die Äußerungen?*

3 *Diskutiert die militärische und die moralische Seite des U-Boot-Krieges.*

1917 – Kriegseintritt der USA

3 **US-Truppen marschieren auf ihrem Weg zur Front durch Paris.** Foto, 1917.

Thomas Woodrow Wilson *(1856–1924), amerikanischer Präsident 1913–1921.*

Der Kriegseintritt der USA

Am 2. April 1917 erklärte der amerikanische Präsident Thomas Woodrow Wilson:

Q3 … Es ist eine fürchterliche Sache, dieses große, friedfertige Volk in den Krieg zu führen. … Aber das Recht ist wertvoller als der Friede, und wir werden für Dinge kämpfen, die wir stets in unserem Herzen getragen haben: für die Demokratie, für die Rechte und Freiheiten kleiner Nationen, für eine allgemeine Herrschaft des Rechts durch ein Zusammenspiel der freien Völker, das allen Nationen Sicherheit bringen und die Welt selbst endlich frei machen wird. …

Schon lange vor dem Kriegseintritt hatten die USA ihre ursprüngliche Neutralität aufgegeben und große Mengen Kriegsmaterial an Frankreich und Großbritannien geliefert. Diese mussten zur Finanzierung hohe Kredite bei amerikanischen Banken aufnehmen, die bei einem Sieg Deutschlands ihre Gelder verloren hätten. Beim Kriegseintritt der USA spielten also auch wirtschaftliche Eigeninteressen eine große Rolle.

4 *Welche Kriegsziele hatten die USA?*

5 *Analysiert die Tabelle in der Randspalte auf mögliche weitere Gründe für den amerikanischen Kriegseintritt.*

Wilsons 14 Punkte

Im Januar 1918, noch vor Ende des Ersten Weltkriegs, verkündete Präsident Wilson in 14 Punkten ein Friedensprogramm für Europa und die ganze Welt nach Kriegsende. Die USA beanspruchten für sich das Recht, über diese Friedensordnung zu wachen.

Q4 … Unser Programm ist also ein Programm des Weltfriedens …

1. Alle Friedensverträge sind öffentlich und werden öffentlich geschlossen …
2. Vollkommene Freiheit der Schifffahrt auf den Meeren …
3. Beseitigung aller wirtschaftlichen Schranken …
4. Angemessene Beschränkungen der Rüstungen eines jeden Landes …
5. Eine freie, weitherzige und unbedingt unparteiische Beilegung aller kolonialen Ansprüche … unter Beachtung der Interessen der betroffenen Völker …

14. Eine allgemeine Gesellschaft der Nationen muss gebildet werden zur gegenseitigen Sicherheit, für die politische Unabhängigkeit der … Nationen …

6 *Erläutert die einzelnen Punkte. Wer hat Vorteile von ihrer Verwirklichung?*

US-Waffenexporte an Krieg führende Staaten *(in US-Dollar; Veränderungen der Zahlen von 1916 in % gegenüber denen von 1914):*

Großbritannien
1914
594 271 863
1916
1 526 685 102
257 %

Frankreich
1914
159 818 924
1916
628 851 988
393 %

Italien
1914
74 235 012
1916
269 246 105
364 %

Deutschland
1914
344 794 276
1916
288 899
0,88 %

Revolution in Russland

1 **Russische Gebietsverluste durch den Frieden von Brest-Litowsk.**

Bolschewiki*:
Bezeichnung für die russischen Kommunisten unter der Führung Lenins, die sich von den gemäßigteren Sozialisten abgespalten hatten.

KPdSU:
Abkürzung für Kommunistische Partei der Sowjetunion.

Sturz des Zaren

In Russland war es seit Beginn des Ersten Weltkriegs und nach den verlustreichen Schlachten 1916 zu Protesten gegen den Krieg und vor allem gegen den Hunger gekommen. Den russischen Soldaten fehlte es an Waffen und Munition, an allen Fronten wurden sie unter blutigen Verlusten zurückgedrängt. In der Heimat hungerten viele Menschen, es gab kaum Heizmaterial. Im Februar 1917 fanden im ganzen Land große Protestaktionen gegen die Fortsetzung des Krieges statt. Am 2. März 1917 wurde der Zar gestürzt.

Die neue bürgerliche Regierung versuchte jedoch den Krieg an der Seite der Alliierten fortzuführen. Nur die Bolschewiki*, so nannten sich die russischen Kommunisten unter ihrem Führer W. I. Lenin, traten entschieden für die sofortige Beendigung des Krieges ein. Ihr eigentliches Ziel war die Errichtung einer kommunistischen Gesellschaftsordnung, für die sie jedoch wenig Unterstützung fanden. Deshalb erhoben sie eine Reihe von populären Forderungen, von denen sie sich breiten Zulauf erhofften. Neben der sofortigen Beendigung des Krieges versprach Lenin auch die Enteignung der Großgrundbesitzer und die Verteilung ihres Bodens unter die Bauern. Die russischen Soldaten waren zum allergrößten Teil Bauern gewesen. Sie verließen daraufhin scharenweise ihre Einheiten, um an der versprochenen Landverteilung teilnehmen zu können. Die Fortführung des Krieges durch die bürgerliche Regierung war damit praktisch unmöglich geworden.

Die Oktoberrevolution 1917

Im November 1917 übernahmen die Bolschewiki in Petersburg durch einen Putsch gegen die bürgerliche Regierung die Macht. Weil der Putsch nach russischem Kalender im Oktober stattfand, wurde diese Machtergreifung Oktoberrevolution genannt. Das demokratisch gewählte Räteparlament, in dem die Bolschwiki nur eine Minderheit bildeten, wurde wenig später auseinandergejagt. Mit den Kriegsgegnern Deutschland und Österreich-Ungarn wurden ohne Rücksicht auf die verbündeten Westmächte sofort Friedensverhandlungen eingeleitet, die im März 1918 zum Frieden von Brest-Litowsk führten.

Siegfrieden im Osten: Brest-Litowsk

Deutschland diktierte Russland große Gebietsabtretungen: Polen, Litauen, Lettland, Estland, Finnland und die Ukraine sollten Staaten unter deutscher Oberhoheit werden. Sie sollten Deutschland mit Rohstoffen und Getreide beliefern. Russland gab damit wirtschaftlich wertvolle Gebiete auf, doch das Versprechen der Bolschewiki, umgehend Frieden zu schließen, wurde eingelöst. Dies war für das Überleben der neuen russischen Regierung von entscheidender Bedeutung.

1 Vergleicht die Bestimmungen von Brest-Litowsk mit den deutschen Kriegszielen (vgl. S. 199). Beachtet dabei auch die Karte 1.

Der Eintritt der USA in den Ersten Weltkrieg (vgl. S. 206) und die Oktoberrevolution in Russland waren Ereignisse, die sich auf die Geschichte des 20. Jahrhunderts in besonderem Maße auswirkten. Die Oktoberrevolution war der Beginn einer tief greifenden Umgestaltung Russlands und weiter Teile Europas. Die Herrschaft der Bolschewiki und ihrer Partei, der späteren KPdSU*, dauerte bis 1990.

Das Ende des Ersten Weltkriegs

Die USA entscheiden den Krieg

Bis zum Oktober 1918 entsandten die USA 1,8 Millionen gut ausgerüstete Soldaten auf den europäischen Kriegsschauplatz. Zusätzlich unterstützten sie Frankreich und England mit Krediten und Kriegsmaterial. Im August 1918 erlitt die deutsche Armee eine große Niederlage in Frankreich. Obwohl durch die Russische Oktoberrevolution die Ostfront weggefallen war, löste sich nun die deutsche Abwehr im Westen auf. Nach den Jahren des verlustreichen Stellungskriegs waren beide Seiten völlig entkräftet. Mit den Truppen der Amerikaner und ihrem reichen Materialnachschub waren die besser ausgerüsteten alliierten Soldaten von den deutschen Truppen nicht mehr aufzuhalten.

Niederlage im Westen

Am 29. September 1918 erklärte Generalfeldmarschall von Hindenburg im großen Hauptquartier, dass Deutschland den Krieg nicht mehr gewinnen könne. Er forderte die Reichsregierung auf, sofort Waffenstillstandsverhandlungen aufzunehmen. In einem Telegramm der Heeresleitung hieß es:

Q … General Ludendorff bat … seine dringende Botschaft zu übermitteln, dass unser Friedensangebot sofort hinausgehe. Heute halte die Truppe; was morgen geschehen könne, sei nicht vorauszusehen. …

Waffenstillstandsverhandlungen

Am 4. Oktober ging das Friedensangebot an den amerikanischen Präsidenten Wilson ab. Bei den Waffenstillstandsverhandlungen in einem Eisenbahnwagen im Wald von Compiègne diktierten die Alliierten unter französischer Federführung unter anderem folgende Bedingungen: sofortige Räumung Frankreichs, Belgiens und Luxemburgs; Übergabe von Elsass-Lothringen an Frankreich, Räumung der linksrheinischen Gebiete, Besetzung dieser Gebiete durch alliierte Truppen binnen 25 Tagen, Auslieferung eines großen Teils des deutschen Kriegsmaterials, darunter aller U-Boote und der Hochseeflotte, außerdem von 5000 Lokomotiven und 150 000 Eisenbahnwaggons, Beibehaltung der alliierten Blockade.

2 **Die Delegation der Alliierten vor der Unterzeichnung des Waffenstillstandsvertrags bei Compiègne.** Foto, 11. November 1918.

Es fiel der deutschen Seite schwer, diese harten Bedingungen anzunehmen. Daher zogen sich die Verhandlungen trotz der Dringlichkeit eines Waffenstillstands noch über fast zwei Monate hin.

In dieser Zeit brach in Deutschland das bisherige Regierungssystem zusammen. Ganz Deutschland wurde von einer revolutionären Bewegung erfasst. Am 9. November 1918 wurde in Berlin die Republik ausgerufen.

Die neue demokratisch orientierte Regierung war als Erstes gezwungen, die von den Alliierten diktierten Waffenstillstandsbedingungen anzunehmen und umzusetzen.

2 *Bald nach dem Krieg wurde behauptet, die Revolution hätte zur Niederlage geführt und die Sozialisten seien dem Heer quasi „in den Rücken gefallen" (Dolchstoßlegende). Prüft, wer die Waffenstillstandsverhandlungen forderte, und diskutiert, wer die Niederlage zu verantworten hatte.*

3 *Vergleicht die Statistik der im Krieg Gefallenen mit den Ergebnissen für beide Seiten.*

4 *Diskutiert darüber, welche Folgerungen ihr aus Verlauf und Ergebnis des Krieges zieht.*

Statistik der im Ersten Weltkrieg gefallenen Soldaten (in Mio.):

Deutsches Reich	*1,808*
Österreich-Ungarn	*1,2*
Russland	*1,7*
Frankreich	*1,385*
Großbritannien	*0,947*
Italien	*0,46*
USA	*0,115*

Insgesamt waren darüber hinaus etwa 19,536 Mio. Verwundete zu beklagen.

11. November 1918: *Ende des Ersten Weltkriegs.*

Erich von Ludendorff *(1865–1937), preußischer General, hatte großen Einfluss auf die deutsche Kriegspolitik. 1923 war er am Hitlerputsch beteiligt und kandidierte 1925 für die NSDAP erfolglos für das Amt des Reichspräsidenten.*

Werkstatt Geschichte: Kriegerdenkmäler

1 **Kriegerdenkmal 1870/71 in Lauenburg an der Elbe.** Unter Führung des Lauenburger Kriegervereins wurde das Denkmal 1880 aufgestellt und in der Folgezeit zum Treffpunkt für deutschnationale Feierlichkeiten. Foto, 1899.

2 **Kriegerdenkmal in Lütjenburg, Teilansicht.** Foto, 2002.

Gedenken an die Gefallenen

Bis zum Ende des Ersten Weltkriegs waren fast neun Millionen Soldaten auf den Schlachtfeldern gefallen. In Frankreich kamen z. B. auf 1000 Einwohner 34 Gefallene. Ein Ausdruck des ungeheuren Schocks, den der Erste Weltkrieg für alle Beteiligten bedeutete, ist die große Zahl der Totendenkmäler, die in allen Ländern nach Kriegsende errichtet wurden. Allein in Frankreich wurden 30 000 Kriegsdenkmäler errichtet. Neben großen Gedenkstätten wie z. B. in Verdun, wo eine der schrecklichsten Schlachten stattfand, sind es vor allem kleinere dörfliche Erinnerungsstätten, die zumeist auf Initiative der Gemeindevertretungen errichtet wurden. Auch in Schleswig-Holstein und Mecklenburg-Vorpommern – wie in ganz Deutschland – gibt es zahlreiche Kriegerdenkmäler, die an die Opfer erinnern sollen und die einiges über das Leid sagen, das damals über viele Familien hereingebrochen ist.

Fragen zu Kriegerdenkmälern in eurem Heimatort

- Informiert euch, ob es in eurer Gemeinde oder den Nachbargemeinden noch Kriegerdenkmäler zum Ersten Weltkrieg gibt.
- Stellt fest, warum das Denkmal errichtet wurde: zur Mahnung, als Aufforderung zur Nachahmung, zur Verherrlichung der „Kriegshelden".
- Schreibt ab oder fotografiert dazu die Inschriften auf dem Denkmal. Beachtet auch, welche Symbole verwendet wurden: Adler, Stahlhelme, Waffen, Ölzweig, Taube usw.
- Beachtet ferner, wie die Figuren dargestellt wurden: sterbend, in aufrechter und trotziger Haltung usw.

Häufig findet sich auf diesen Denkmälern auch ein Verzeichnis aller Gefallenen dieses Ortes. Dann könnt ihr zusätzlich noch folgende Frage beantworten:

- Wie viele Männer dieses Ortes starben als Soldat im Krieg?
- Wie alt war der Jüngste, wie alt der Älteste?
- Wenn auf dem Denkmal angegeben ist, wo die Soldaten gefallen sind, dann fertigt eine Karte an und tragt die Orte ein.

Zusammenfassung

Wettrüsten in Europa

Nach 1900 verstärkte sich der Kampf der europäischen Industrienationen um Rohstoffgebiete, Absatzmärkte und politischen Einfluss überall auf der Welt. Es kam zu einem allgemeinen Wettrüsten. Das Misstrauen der Mächte untereinander nahm ständig zu und führte zu neuen Bündnissystemen. Eine wichtige Krisenregion war zu dieser Zeit der Balkan, an dem sowohl Russland als auch Österreich großes Interesse zeigten.
Die Friedensbewegungen unter Führung von Bertha von Suttner sowie den Sozialisten hatten keinen Erfolg. Mit der Ermordung des österreichischen Thronfolgers und seiner Frau durch serbische Attentäter war der Anlass zum Ersten Weltkrieg gegeben.

Der Erste Weltkrieg

Überall in Europa jubelten die Massen, als sie von der Mobilmachung der Armeen erfuhren. In Scharen meldeten sich Freiwillige zum Kriegsdienst. Jede Nation betonte, dass dieser Krieg ein Verteidigungskrieg sei, aber jede Nation hatte auch konkrete Kriegsziele, die auf eine dauerhafte Schwächung des Gegners hinzielten.
In wenigen Monaten wurde aus dem Bewegungskrieg ein Stellungskrieg, der schließlich Millionen Menschen das Leben kostete. Ganze Landstriche, vor allem in Frankreich, wurden während der Materialschlachten verwüstet. Schwer belastet durch den Krieg war auch die Zivilbevölkerung durch den Mangel an Lebensmitteln und Hungersnöte. Besonders betroffen waren die Frauen, die häufig zu Fabrikarbeiten zwangsverpflichtet wurden. Millionen Menschen erkrankten oder verhungerten in der Heimat.

Zum Nachdenken

1 *Überlegt: Was wollten die Verfasser dieses Flugblatts erreichen? Welches Risiko bestand für sie?*

Ludwigsburg, Datum des Poststempels

Trauer-Anzeige.

Tief erschüttert machen wir die traurige Mitteilung, dass unser

letzter Brotlaib

im Alter von 3 Tagen heute früh aufgegessen wurde.
Die trauernden Hinterbliebenden bitten um eine Brotmarke.

In tiefer Trauer:

Der Vater: Josef **Hunger**
Die Mutter: Anna **Hunger**, geb. Kohldampf
Der Onkel: Anton **Wenigfleisch**
Die Tanten: Emma **Schmalhans**, Rosa **Mehlnot**

Anonymes Flugblatt. Nach einer Vorlage von 1917.

1912/13

Balkankriege. Sie waren ein Vorspiel des Ersten Weltkriegs.

28. Juli 1914

Beginn des Ersten Weltkriegs.

Anfang 1915

Beginn des Stellungskriegs an der Westfront.

1914–1918

An den Folgen des Hungers sterben in Deutschland etwa 750 000 Menschen.

10. Die Weimarer Republik

Der Erste Weltkrieg endete für das Deutsche Reich in einer vollständigen Katastrophe. Die furchtbaren Verluste an der Front, die Not in der Heimat und der selbstgerechte Herrschaftsstil Kaiser Wilhelms II. führten dazu, dass die deutsche Bevölkerung gegen das Kaisertum und „seinen" Krieg aufbegehrte. Ausgehend von Matrosenaufständen verbreitete sich eine revolutionäre Bewegung im ganzen Land und fand in fast allen sozialen Schichten Unterstützung. Am 9. November 1918 zogen die Demonstranten zum Berliner Schloss um die Schaffung einer Republik zu fordern. Das Ende der Monarchie war gekommen …

Die Novemberrevolution 1918

Karl Liebknecht *(13. 8. 1871, ermordet 15. 1. 1919) versuchte als Führer des Spartakusbundes eine deutsche Räterepublik nach russischem Vorbild zu errichten.*

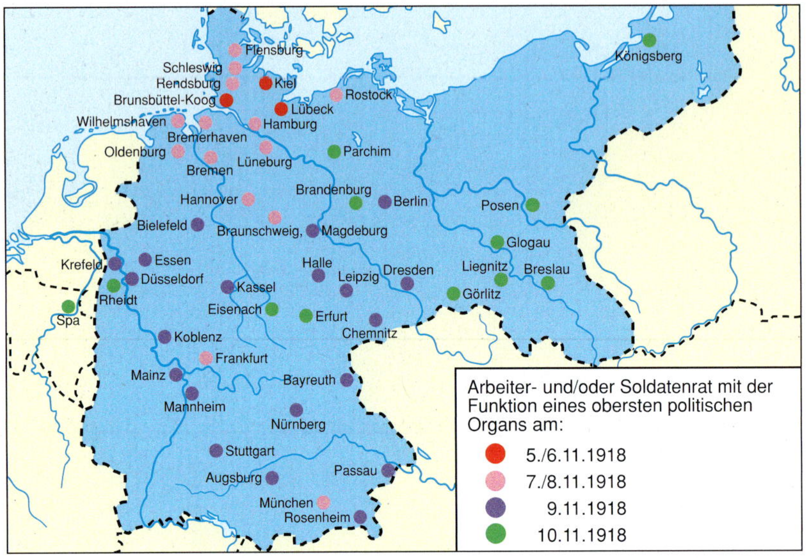

1 Die Novemberrevolution 1918 in Deutschland.

29. Oktober 1918: *Meuterei der Hochseeflotte.*

3.–9. November 1918: *Novemberrevolution in Deutschland.*

Meuterei:* *Aufstand.*

Arbeiter- und Soldatenräte:* *In den Fabriken von Arbeitern und in den Kasernen von Soldaten gewählte Vertretungen, die die bisherige Obrigkeit ersetzen sollen. Ein nationaler Rätekongress aus Delegierten der regionalen Räte erhebt den Anspruch, das oberste politische Machtorgan zu sein.*

Der Aufstand der Matrosen

Im Oktober 1918 wurde in ganz Deutschland bekannt, dass Waffenstillstandsverhandlungen eingeleitet worden waren. Die deutsche Seekriegsführung bereitete aber in Wilhelmshaven noch einen großen Angriff auf England vor.

Als der Befehl zum Auslaufen kam, verweigerten Matrosen und Heizer am Abend des 29. Oktober den Gehorsam. Auf mehreren Großkampfschiffen löschten sie die Feuer unter den Kesseln und machten die Geschütze unbrauchbar. Die beginnende Meuterei* wurde aber niedergeschlagen. Viele Matrosen wurden verhaftet, der Angriff abgesagt und ein Teil der Flotte nach Kiel verlegt. Die Mannschaften auf den Kriegsschiffen in Kiel solidarisierten sich aber mit ihren verhafteten Kameraden, für die sie Todesurteile befürchteten. So flammte der Aufstand am 3. November von neuem auf.

Soldaten, Matrosen und Arbeiter der Kieler Werften übernahmen die Gewalt in der Stadt und bildeten einen Arbeiter- und Soldatenrat*. Ihre Hauptforderungen waren: die Freilassung aller politischen Gefangenen, straffreie Rückkehr der Matrosen auf die Schiffe sowie Rede- und Pressefreiheit.

1 *Nennt die Gründe, die die Matrosen und Heizer zum Aufstand trieben.*

2 *Warum mögen sich die Werftarbeiter dem Aufstand angeschlossen haben?*

3 *Erläutert nach der Karte 1 die Ausbreitung der Aufstände.*

4 *Beschreibt Abbildung 2. Beachtet die Gesichter der Menschen, ihre Haltung und Kleidung.*

Die Ausrufung der Republik

Auch in Berlin hatte sich ein Arbeiter- und Soldatenrat gebildet. Er forderte die Abdankung des Kaisers, Schaffung einer sozialistischen Republik und Übergabe der Regierungsgewalt an die Arbeiter- und Soldatenräte. Tausende von Menschen zogen am Morgen des 9. November auf das Regierungsviertel Berlins zu, um diese Forderungen durchzusetzen.

Das Herannahen der Massendemonstration setzte den kaiserlichen Reichskanzler Prinz Max von Baden, stark unter Druck.

Die Ausrufung der Republik

2 **Demonstranten auf dem Weg zum Berliner Schloss.** Foto, 9. November 1918.

3 **Philipp Scheidemann (SPD) ruft am 9. November 1918 die Republik aus.** Foto.

Philipp Scheidemann *(1865–1939) war 1918/19 Mitglied der provisorischen SPD-Regierung, des Rates der Volksbeauftragten, und von Februar bis Juni 1919 deutscher Ministerpräsident. Wegen seiner Ablehnung des Versailler Vertrages trat er aber zurück.*

Als der Kaiser sich mittags immer noch weigerte zurückzutreten, verkündete der Prinz eigenmächtig dessen Abdankung.

Aber die Massen waren nicht mehr zurückzuhalten. Um die Mittagszeit des 9. November 1918 versammelte sich eine große Menge vor dem Reichstag. Es wurde bekannt, dass Karl Liebknecht, der Führer des Spartakusbundes*, eine sozialistische Republik ausrufen wollte. Anhänger der SPD drängten ihr Vorstandsmitglied Philipp Scheidemann, dem zuvorzukommen. In seiner Rede hieß es:

Q1 ... Arbeiter und Soldaten. Furchtbar waren die vier Kriegsjahre, grauenhaft waren die Opfer ..., das Morden ist vorbei, die Folgen des Krieges, Not und Elend, werden noch viele Jahre auf uns lasten. ... Der Prinz Max von Baden hat sein Reichskanzleramt dem Abgeordneten Ebert übergeben. Unser Freund wird eine Arbeiterregierung bilden, der alle sozialistischen Parteien angehören werden. Die neue Regierung darf nicht gestört werden in ihrer Arbeit für den Frieden, in der Sorge um Brot und Arbeit ... seid einig, treu und pflichtbewusst. Das Alte und Morsche, die Monarchie, ist zusammengebrochen. Es lebe das Neue! Es lebe die Deutsche Republik!

Das war gegen 14 Uhr. Um 16 Uhr hielt Karl Liebknecht, Anführer der extremen Linken, eine Rede. Er sagte:

Q2 ... Der Tag der Revolution ist gekommen. Wir haben den Frieden erzwungen. ... Das Alte ist nicht mehr. ... Parteigenossen, ich proklamiere die freie sozialistische Republik Deutschland, die alle Stämme umfassen soll, in der es keine Knechte mehr geben wird. Die Herrschaft des Kapitalismus, der Europa in ein Leichenfeld verwandelt hat, ist gebrochen. ... Wir müssen alle Kräfte anspannen, um die Regierung der Arbeiter und Soldaten aufzubauen und eine neue staatliche Ordnung des Proletariats zu schaffen, eine Ordnung des Friedens, des Glücks und der Freiheit unserer deutschen Brüder und unserer Brüder in der ganzen Welt. Wir reichen ihnen die Hände und rufen sie zur Vollendung der Weltrevolution auf.

5 *Vergleicht die beiden Redeauszüge. Listet auf, in welchen Zielen sie übereinstimmen und in welchen sie sich unterscheiden.*

6 *Vermutet, warum Max von Baden sein Amt dem Sozialdemokraten Ebert übergab.*

9. November 1918: *Ausrufung der Republik.*

Spartakusbund*: *von der SPD abgespaltene linksextreme Gruppe um Karl Liebknecht und Rosa Luxemburg.*

Hamburg beklagt 40 000 Kriegsgefallene im Ersten Weltkrieg.

Geschichte vor Ort: Matrosen- und Arbeiteraufstände

1 **Meuterei der Matrosen der deutschen Hochseeflotte in Kiel.** Gustav Noske als Beauftragter der Reichsregierung spricht am 5. November 1918 zu den U-Boot-Mannschaften. Foto.

Die Novemberrevolution

Der Matrosenaufstand in Kiel Anfang November 1918 (vgl. S. 214) bildete den Startschuss für die Ausbreitung der Revolution im Norden. Die Kunde von den Ereignissen verbreitete sich innerhalb kürzester Zeit. Nach Flensburg und Brunsbüttel gelangten die Nachrichten gleich am 5. November durch Schnellbootkommandos, die von Kiel ausgelaufen waren.

Andere Kriegsschiffe fuhren nach Travemünde, von wo aus die Revolution in Lübeck ausgelöst wurde; von dort wiederum griff sie nach Eutin und nach Lauenburg über. In Itzehoe begann die Revolution mit der Ankunft von 50 Soldaten aus Brunsbüttel, die in der Stadt einen Soldatenrat bildeten.

Aus Schleswig und Neumünster wurden Truppen nach Kiel in Marsch gesetzt, die, obwohl zunächst als Schutztruppen der alten Macht gedacht, sich alsbald der Revolution anschlossen und unter roten Fahnen in ihre Garnisonen zurückkehrten. Spätestens am 7. November hatte sich die Revolution überall in Schleswig-Holstein durchgesetzt.

„… die ganze Komik der Situation"

Der 5. November 1918 – ein schicksalsreicher Tag für den Fortgang der Revolution. Es lagen bereits viele Schiffe mit einer roten Fahne im Kieler Hafen. Damit mochten sich einige Offiziere nicht abfinden und versuchten dies mit Waffengewalt zu verhindern. So kam es an diesem Tag mehrfach zu Schießereien, die zehn Tote forderten. Darüber hinaus schwirrten etliche Gerüchte durch die Stadt, die zur allgemeinen Verunsicherung erheblich beitrugen.

In einem Bericht eines Zeitzeugen heißt es:

Q1 … Ich saß an Deck, aber der Dampfer fuhr vorerst nicht ab. Drei Matrosen, umgeschnallt und mit Gewehr, traten aus dem Büroraum der Spedition Bruhn, kamen auf den Dampfer und aufs Oberdeck. Sie steuerten gleich auf mich zu und fuhren mich an: „Sie sind Offizier!" Ich war sehr erstaunt, trug ich doch Zivil. Da konnte nur ein Fahrgast mich verpfiffen haben, denn unter den Fahrgästen waren viele Bekannte aus Friedrichsort. Ich bejahte. Der Führer, kenntlich am umgeschnallten Offiziersdegen, forderte mich auf mitzukommen, „weil die Offiziere in Kiel für heute Nacht einen Putsch planen". Meine Beteuerungen, dass ich von Schießereien genug hätte und nur zu meinen Eltern fahren wollte, fruchteten nichts. Ich musste aussteigen. Ein Posten mit aufgepflanztem Seitengewehr vorweg, ein zweiter, auch aufgepflanzt, hinter mir her, so zogen wir in Richtung Altmarkt davon, aufgemuntert durch Kolbenstöße von hinten, eine schnellere Gangart einzuschlagen. Als wir über den Markt kamen, hatten gerade die Kinos geschlossen und viele Menschen bevölkerten den Platz. „Oh, dor hebbt se all wedder enen!", schallte es mir entgegen, und im Augenblick waren wir umringt. Fäuste wurden mir unter die Nase gehalten, ich wurde hin und her gezerrt und angespuckt. Die Posten hatten Mühe, mich vor der Menge zu schützen.
Entsetzt erkannte ich junger Mensch, wie leicht eine Menge aufgeputscht und ohne Kenntnis der Dinge Partei ergreifen kann. Man brachte mich zum Gewerkschaftshaus in der Fährstraße (heute: Le-

Geschichte vor Ort: Matrosen- und Arbeiteraufstände

gienstraße). Im ersten oder zweiten Stock musste ich durch einen langen Flur, von dem aus viele Türen in Büroräume führten. Durch die Tür „Oberster Arbeiter- und Soldatenrat" schob man mich in einen größeren Raum. Vor den beiden Fenstern standen große Schreibtische, an ihnen saßen ein Zivilist und ein Matrosengefreiter. Letzterer drehte sich um und fragte: „Was wollt ihr?" – „Wir bringen hier einen Offizier." – „Ja, und?" – „Ja nun, die planen heute Nacht doch einen Putsch." – „Mensch, das ist doch Quatsch!" „Hier ist überhaupt alles Quatsch", rief der Matrose, der mich gebracht hatte, und schleuderte sein Gewehr dem „Obersten Soldatenrat" vor die Füße, machte kehrt und verschwand, gefolgt von seinem Kameraden, der aber nahm sein Gewehr mit. Da stand ich nun mitten im Raum. Der Zivilist hob das Gewehr auf, stellte es an die Wand, sah mich an und sagte: „Sie können gehen." Da schoss in mir die Wut hoch, doch dann erkannte ich die ganze Komik der Situation. …

1 *Beschreibt die Lage des Offiziers in der Quelle mit eigenen Worten.*
2 *Begründet, worin die Komik der Situation für den Offizier bestand.*
3 *Erforscht im lokalen Archiv die Geschichte der Revolution 1918 in eurer Gegend.*

2 **Umzug der revolutionären Matrosen in Itzehoe, November 1918.** Foto.

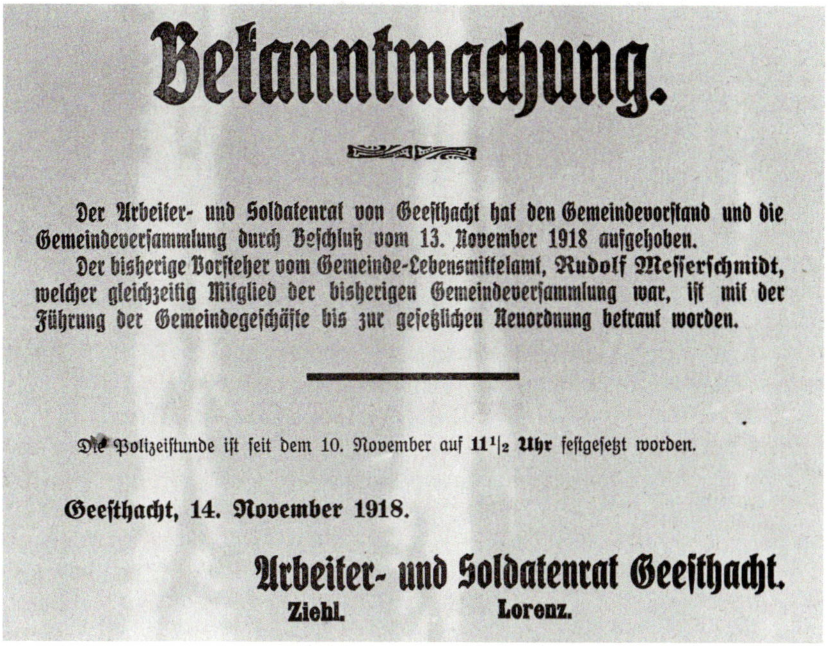

Bekanntmachung.

Der Arbeiter- und Soldatenrat von Geesthacht hat den Gemeindevorstand und die Gemeindeversammlung durch Beschluß vom 13. November 1918 aufgehoben.

Der bisherige Vorsteher vom Gemeinde-Lebensmittelamt, Rudolf Messerschmidt, welcher gleichzeitig Mitglied der bisherigen Gemeindeversammlung war, ist mit der Führung der Gemeindegeschäfte bis zur gesetzlichen Neuordnung betraut worden.

Die Polizeistunde ist seit dem 10. November auf **$11^{1}/_{2}$ Uhr** festgesetzt worden.

Geesthacht, 14. November 1918.

Arbeiter- und Soldatenrat Geesthacht.
Ziehl. Lorenz.

3 **Der Arbeiterrat in Geesthacht übernimmt die Macht.** Plakat, 1918.

Räte und Regierung

Rosa Luxemburg
1871, ermordet 15. 1. 1919 in Berlin) war gemeinsam mit Karl Liebknecht Gründerin des Spartakusbundes und eine bedeutende Theoretikerin des Kommunismus.

1 **Der Berliner Soldatenrat Anfang November 1918 im Reichstag.** Foto, 1918.

Bildung einer Regierung

Am 10. November 1918 bildeten die MSPD* und die USPD* eine provisorische Regierung. Sie nannte sich „Rat der Volksbeauftragten*". Inzwischen hatte sich die Kriegslage für Deutschland noch weiter verschlechtert. So schloss die provisorische Regierung schon am 11. November den Waffenstillstand mit den Alliierten (vgl. S. 209). Um die Mittagszeit dieses Tages wurden die Kampfhandlungen eingestellt.

Rätekongress und Spartakusbund

In vielen Betrieben und Truppenteilen waren inzwischen Arbeiter- bzw. Soldatenräte gewählt worden. Vom 16. bis 21. Dezember 1918 fand im preußischen Abgeordnetenhaus in Berlin ihr erster Gesamtkongress statt. Zwei Drittel der Delegierten gehörten der gemäßigten Mehrheits-SPD (MSPD) an, ein Drittel der linksextremen Unabhängigen-SPD (USPD). Der Spartakusbund war nicht zugelassen.

Der Spartakusbund hatte noch am 14. Dezember 1918 folgenden programmatischen Aufruf veröffentlicht:

Q ... Nicht, wo der Lohnsklave neben dem Kapitalisten, der Landproletarier neben dem Junker in verlogener Gleichheit sitzen, um über ihre Lebensfragen parlamentarisch zu debattieren: Dort, wo die millionenköpfige Proletariermasse die ganze Staatsgewalt mit ihrer schwieligen Faust ergreift ..., dort allein ist die Demokratie, die kein Volksbetrug ist.
... Entwaffnung aller Angehörigen der herrschenden Klassen. ... Bewaffnung der gesamten erwachsenen männlichen Bevölkerung als Arbeitermiliz. ...
... Ersetzung aller politischen Organe und Behörden des früheren Regimes* durch Vertrauensmänner der Arbeiter- und Soldatenräte.
... Beseitigung aller Parlamente und Gemeinderäte und Übernahme ihrer Funktionen durch Arbeiter- und Soldatenräte.

1 *Führt aus, warum dieses Programm (Q) zu einem Ausschluss des Spartakusbundes vom Rätekongress geführt haben könnte.*

Am 18. Dezember 1918 lehnte der Rätekongress mit 344 gegen 98 Stimmen den Antrag ab, den Arbeiter- und Soldatenräten die höchste gesetzgebende und vollziehende Gewalt zuzugestehen. Das war die grundsätzliche Entscheidung für eine parlamentarische Demokratie.

Aufstände

Einige Beschlüsse des Kongresses zur Demokratisierung des Heeres waren nicht nur bei der Obersten Heeresleitung (OHL), sondern auch bei linken Soldatenräten auf heftigen Widerstand gestoßen.

MSPD*:
Mehrheitssozialisten. Bezeichnung für die SPD nach Abspaltung der USPD im Jahr 1917.

USPD*:
Unabhängige Sozialdemokratische Partei Deutschlands. Linksextreme Abspaltung von der SPD.

Rat der Volksbeauftragten*:
die 1918/19 amtierende provisorische Regierung aus Mitgliedern der SPD.

Regime*:
Begriff für ein in der Regel negativ bewertetes, weil unterdrückerisches Herrschaftssystem.

Januarkämpfe und Nationalversammlung

2 **Spartakisten während der Barrikadenkämpfe im Berliner Zeitungsviertel.** Foto, 1919.

3 **Regierungstruppen während der Kämpfe gegen die Spartakisten in Berlin.** Foto, 1919.

Eine Abteilung der linksextremen Volksmarinedivision* besetzte aus Protest mit Waffengewalt das Berliner Schloss. Ein Regierungsmitglied wurde als Geisel genommen. So schloss der Vorsitzende des Rats der Volksbeauftragten, Ebert, mit dem Chef der OHL, Groener, ein Bündnis. Die USPD schied daraufhin aus der Regierung aus. Die Beschlüsse des Kongresses zur Heeresreform wurden für unwirksam erklärt, als Gegenleistung ließ Groener Reichswehrtruppen in Berlin einmarschieren, um die gegen den Rat meuternden Matrosen niederzuwerfen. Dies führte wiederum zu einem Aufstand von Arbeitern und Soldaten gegen die Regierung Ebert/Scheidemann wegen des vermeintlichen Verrats an der gemeinsamen Sache.

2 *Beschreibt, was die Abbildungen 2 und 3 über die Lage in Berlin im Januar 1919 verraten.*

3 *Führt aus, was es für die Bevölkerung bedeutet, wenn sich verschiedene Truppenteile in einer Stadt bekriegen.*

Niederschlagung

Mit den Worten: „Meinetwegen, einer muss der Bluthund werden, ich scheue die Verantwortung nicht!" übernahm der Mehrheits-Sozialdemokrat Gustav Noske den Oberbefehl um die Aufstände niederzuschlagen. Zu diesem Zweck wurden regierungstreue Freikorps* zusammengestellt.

In Berlin wüteten die Kämpfe eine Woche lang. Zu den Opfern gehörten auch Karl Liebknecht und Rosa Luxemburg. Sie wurden am 15. Januar 1919 von Freikorps-Offizieren ermordet. Auch in anderen Teilen Deutschlands kam es zu Aufständen, die auf Weisung der nun allein regierenden SPD-Regierung Ebert/Scheidemann von Militär und Freikorps niedergeschlagen wurden.

Die Wahlen zur Nationalversammlung

Am 19. Januar 1919 fanden die Wahlen zur deutschen Nationalversammlung statt (vgl. S. 220). Es gingen 83 Prozent der Wahlberechtigten zur Wahl. Zum ersten Mal durften auch die Frauen wählen. 54 Prozent der abgegebenen Stimmen stammten von Frauen. Wegen der Gefahr weiterer Unruhen in Berlin wurde Weimar zum Tagungsort der Nationalversammlung bestimmt. Hier hoffte man unter dem Schutz eines Freikorps ungestört tagen zu können.

4 *Diskutiert das Vorgehen der SPD-Regierung. Lässt es sich vor dem Hintergrund der damaligen Ereignisse rechtfertigen?*

Diebstahl und Plünderung

von Staats- und Privateigentum wird standrechtlich verfolgt.

Das Standgericht ist befugt die Todesstrafe zu verhängen.

Jüterbog-Altes Lager, den 15. November 1918.

Zentral-Ausschuß des Arbeiter- und Soldatenrats für Jüterbog und Umgegend.

Plakat des Arbeiter- und Soldatenrates Jüterbog vom 15. November 1918.

Volksmarinedivision*: *Bezeichnung für eine militärische Einheit von politisch linksgerichteten Matrosen, die sich nach dem Zusammenbruch des Kaiserreiches in der Revolution von 1918 zusammengeschlossen hatten.*

Freikorps*: *Soldaten der ehemaligen kaiserlichen Armee, die sich nach der Revolution 1918 freiwillig in einer Art Privatarmee organisierten und in der Regel konservative bis antidemokratische Positionen vertraten.*

Die Weimarer Verfassung

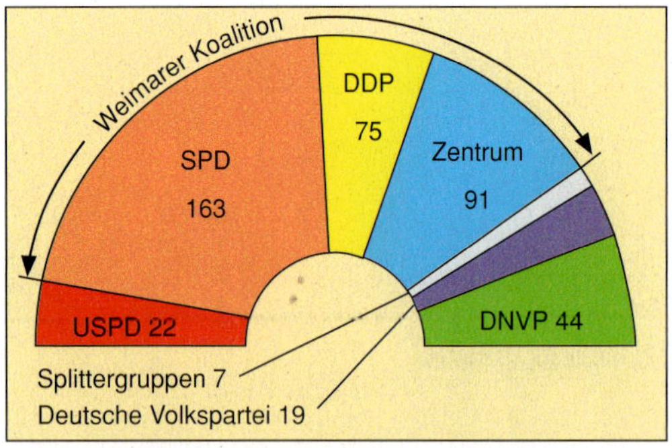

1 **Sitzverteilung der Parteien nach der Wahl zur Nationalversammlung 1919.**

2 **Friedrich Ebert (1871–1925), Mitglied der SPD, war von 1919 bis 1925 der erste Reichspräsident der Weimarer Republik.**

Die Nationalversammlung

Die Wahlen zur Nationalversammlung hatten inmitten der Januarunruhen stattgefunden (vgl. S. 219). Am 6. Februar 1919 trat die Versammlung in Weimar zusammen. Sechs Parteien und mehrere Splittergruppen waren in diesem Parlament vertreten. Am 11. Februar wählte die Versammlung Friedrich Ebert zum Reichspräsidenten und zwei Tage später die erste demokratische Regierung Deutschlands, der Mitglieder der SPD, des Zentrums* und der DDP* angehörten.

1 *Prüft, welche Parteien der Nationalversammlung ihr schon aus dem 19. Jahrhundert kennt.*

2 *Vergleicht die Stärkeverhältnisse der Parteien in der Nationalversammlung.*

3 *Gebt anhand von Abbildung 1 an, welche Parteien Koalitionen bilden konnten.*

Die Weimarer Verfassung

Nach langen Diskussionen in der Nationalversammlung konnte die Verfassung am 11. August 1919 in Kraft gesetzt werden.
In der Präambel* heißt es:

Q1 Das deutsche Volk, einig in seinen Stämmen und von dem Willen beseelt, sein Reich in Freiheit und Gerechtigkeit zu erneuern und zu festigen, dem inneren und dem äußeren Frieden zu dienen und den gesellschaftlichen Fortschritt zu fördern, hat sich diese Verfassung gegeben.

4 *Stellt dar, wer hier als Urheber der Verfassung genannt wird und welche Ziele angesprochen werden.*

Der erste Artikel der Verfassung lautet:

Q2 Das Deutsche Reich ist eine Republik. Die Staatsgewalt geht vom Volke aus.

Dem Volk als dem eigentlichen Souverän* war die unmittelbare Mitwirkung an der Staatspolitik durch direkte Wahlen des Reichspräsidenten, der Mitglieder des Reichstages und der Länderparlamente gegeben. Außerdem wurde die Mitwirkung durch Volksbegehren* und Volksentscheide* geregelt.
Beide Verfahren wurden in der Weimarer Republik* angewandt und führten jeweils zu heftigen politischen Auseinandersetzungen. Im Grundgesetz der Bundesrepublik Deutschland (vgl. S. 264) sind sie nicht vorgesehen.

5 *Überlegt, was der Satz in Quelle 2 konkret bedeutet, und erläutert die Begriffe.*

6 *Überprüft in Abbildung 3, wie die Gewaltenteilung in der Weimarer Verfassung geregelt ist.*

In einem zweiten Hauptteil der Verfassung werden die Grundrechte aufgeführt:
- die Gleichheit aller vor dem Gesetz, auch der Frauen,
- die Unverletzlichkeit der Person (Art. 114), der Wohnung (Art. 115) und des Post- und Fernmeldegeheimnisses (Art. 117),

Zentrum*:
Partei, die im Kaiserreich im Wesentlichen die Interessen der Katholiken vertrat.

DDP*:
Deutsche Demokratische Partei, liberal, gegen Verstaatlichung.

Präambel*
Einleitung oder feierliche Vorrede.

Souverän*:
(franz. „eigenständiger und unumschränkter Herrscher"): Vom Souverän geht die Macht im Staat aus. In einer Monarchie ist dies der König, in einer Demokratie das Volk.

Volksbegehren*:
das Recht einer Mindestzahl stimmberechtigter Bürger, dem Parlament einen Gesetzentwurf vorzulegen und dessen Erlass zu verlangen. Dies kann in Form eines Volksentscheids erfolgen.

Volksentscheid*:
rechtlich bindende Volksabstimmung.

Die Weimarer Verfassung

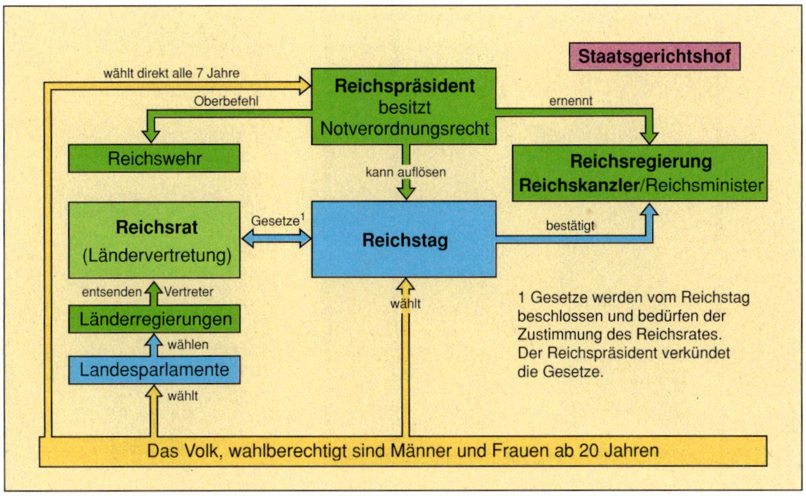

3 Die Weimarer Verfassung.

Gewaltenteilung:
- *Gesetzgebende Gewalt*
- *Ausführende Gewalt*
- *Richterliche Gewalt.*

6. Februar 1919: *Zusammentreten der ersten Weimarer Nationalversammlung.*

- die Freiheit der Meinungsäußerung in Wort und Bild sowie die Pressefreiheit (Art. 118),
- die Versammlungs- und Glaubensfreiheit (Art. 123),
- die Vereinsfreiheit (Art. 124) und
- die Freiheit des Eigentums.

Neben diesen schon 1848 verkündeten Grundrechten wurden neue Rechte in der Verfassung verankert:
- der Schutz der Jugend,
- das Recht auf Unterhaltszahlung bei unverschuldeter Arbeitslosigkeit und
- die Anerkennung der Gewerkschaften als Tarifpartner.

Die Verfassung galt als sehr demokratisch und freiheitlich. Sie ermöglichte allen, auch den kleinsten Parteien, an der Gestaltung der Politik mitzuarbeiten.

Die Rechte des Reichspräsidenten

Nach heftigen Auseinandersetzungen in der Nationalversammlung über die Aufgaben und Rechte des Reichspräsidenten wurden die folgenden Artikel in die Verfassung aufgenommen:

Q3 Artikel 25: Der Reichspräsident kann den Reichstag auflösen, jedoch nur einmal aus dem gleichen Anlass …
Artikel 41: Der Reichspräsident wird vom ganzen deutschen Volk gewählt …
Artikel 43: Das Amt des Reichspräsidenten dauert sieben Jahre. Wiederwahl ist zulässig …
Artikel 47: Der Reichspräsident hat den Oberbefehl über die gesamte Wehrmacht des Reichs …
Artikel 48.2: Der Reichspräsident kann, wenn im Deutschen Reiche die öffentliche Sicherheit und Ordnung erheblich gestört oder gefährdet wird, die … nötigen Maßnahmen treffen, erforderlichenfalls mithilfe der bewaffneten Macht einschreiten. Zu diesem Zweck darf er vorübergehend die in den Artikeln 114, 115, 117, 118, 123, 124 und 153 festgesetzten Grundrechte … außer Kraft setzen …
Artikel 53: Der Reichskanzler und auf seinen Vorschlag die Reichsminister werden vom Reichspräsidenten ernannt und entlassen.

7 *Begründet, warum diese Verfassung als sehr freiheitlich galt.*

8 *Fasst die Rechte des Reichspräsidenten zusammen und diskutiert seine Machtposition.*

9 *Diskutiert, welche Probleme vor allem aus den Artikeln 48.2 und 53 entstehen konnten.*

10 *Erklärt folgende Begriffe: Republik, Monarchie, Demokratie, Diktatur.*

11 *Vergleicht einzelne Punkte der Weimarer Verfassung mit dem Grundgesetz (siehe Anhang, Seite 264/265).*

11. August 1919: *In-Kraft-Treten der Weimarer Verfassung.*

Republik*: *eine Staatsform, bei der das Staatsvolk höchste Gewalt des Staates und oberste Quelle der Legitimität ist.*

Das deutsche Nationaltheater in Weimar: Tagungsort der Nationalversammlung 1919.

Das Frauenwahlrecht

1 Plakat, 1914.

2 Plakat, 1919.

Emanzipation der Frauen

1 *Vergleicht die beiden Plakate. Achtet dabei auf die Zeitangaben.*

Der Kampf um das Frauenwahlrecht begann bereits im 19. Jahrhundert. Die Forderung nach dem Frauenwahlrecht ist ein Teil der Frauenemanzipation*.

Außer von der bürgerlichen Frauenbewegung wurde das Frauenwahlrecht besonders von den Sozialdemokraten gefordert.

Nachdem die Frauen im Ersten Weltkrieg 1914–1918 viele neue Aufgaben in der Wirtschaft und im sozialen Bereich übernommen hatten, konnten ihre Forderungen 1918 nicht mehr von den Regierenden übergangen werden.

So heißt es im Reichswahlgesetz vom 30. November 1918:

Q1 Für die Wahlen zur verfassunggebenden deutschen Nationalversammlung wird Folgendes angeordnet:

§ 2 Wahlberechtigt sind alle deutschen Männer und Frauen, die am Wahltag das 20. Lebensjahr vollendet haben.

§ 5 Wählbar sind alle Wahlberechtigten …

In der Nationalversammlung, die 1919 zusammentrat, waren erstmals Frauen als Abgeordnete vertreten. Es waren 37 von 421 Abgeordneten. Sie sorgten mit dafür, dass es dann in der Verfassung hieß:

Q2 Art. 109 der Weimarer Verfassung:

Alle Deutschen sind vor dem Gesetz gleich. Männer und Frauen haben grundsätzlich dieselben staatsbürgerlichen Rechte und Pflichten.

2 *Stellt zusammen, welche Rechte den Frauen zuerkannt wurden.*

Helene Weber, Abgeordnete des Zentrums, schrieb über die Arbeit der Nationalversammlung:

Emanzipation*: *Befreiung von Gruppen oder Einzelpersonen aus einem Abhängigkeitsverhältnis.*

Soziale Errungenschaften

Q3 Frau Dr. Lüders (DDP) setzte sich vor allem für die Rechte der Frau ein. … Sie ersuchte die Reichsregierung, einen Gesetzentwurf vorzulegen, der die Frauen zu den juristischen Prüfungen unter den gleichen Bedingungen zulassen sollte wie die Männer. Sie verlangte auch die Veränderung des Familienrechts. …

3 *Prüft an diesem Text, inwiefern die in der Verfassung geforderte Gleichberechtigung nicht ausreichte.*

Am 15. November, noch in den Wirren der Revolutionstage, schlossen Gewerkschaften und Unternehmerverbände den folgenden Vertrag:

Q4 1. Die Gewerkschaften werden als berufene Vertretung der Arbeiterschaft anerkannt.
2. Eine Beschränkung der Koalitionsfreiheit der Arbeiter und Arbeiterinnen ist unzulässig.
6. Die Arbeitsbedingungen für alle Arbeiter und Arbeiterinnen sind … mit den Berufsvereinigungen der Arbeitnehmer festzusetzen. …
7. Für jeden Betrieb mit einer Arbeiterschaft von mindestens 50 Beschäftigten ist ein Arbeiterausschuss einzusetzen, der diese vertreten und in Gemeinschaft mit dem Unternehmer darüber zu wachen hat, dass die Verhältnisse des Betriebes entsprechend den Abmachungen geregelt werden.
9. Das Höchstmaß der täglichen regelmäßigen Arbeitszeit wird für alle Betriebe auf 8 Stunden festgesetzt. Verdienstschmälerungen aus Anlass dieser Verkürzung der Arbeitszeit dürfen nicht stattfinden.

4 *Gebt mit eigenen Worten den Inhalt der Vereinbarung (Q4) wieder.*

Auch in der Weimarer Verfassung sind Artikel zum Arbeitsrecht aufgenommen. Dort heißt es:

Q5 Art. 185
Die Arbeiter und Angestellten sind dazu berufen, gleichberechtigt in Gemeinschaft mit den Unternehmern an der Regelung der Lohn- und Arbeitsbedingungen … mitzuwirken. Die Arbeiter und Angestellten erhalten … gesetzliche Vertretungen in den Betriebsarbeiterräten …, Bezirksarbeiterräten und in einem Reichsarbeiterrat.

5 *Prüft, wie weit die Verfassungsregelung mit dem Vertrag in Quelle 4 übereinstimmt.*

Nach 1923 wurden die mühsam errungenen Rechte wieder eingeschränkt. Der Achtstundentag wurde in vielen Betrieben erst durch Überstundenregelungen ausgehöhlt, dann aufgegeben.
Als es dann der Wirtschaft besser ging, konnten die Gewerkschaften zwar das Recht auf Tarifabschlüsse wahren, aber andere Regelungen waren nicht mehr durchsetzbar, so zum Beispiel das Mitspracherecht bei Einstellung und Entlassung. Auch das Recht der Betriebsräte, über die Lage der Betriebe informiert zu werden, ging verloren. Die Bedeutung der Betriebsräte wurde von den Unternehmern planmäßig verringert. Andererseits wurde die Sozialversicherung durch Regierung und Reichstag weiter ausgebaut:
- Die Krankenkassen mussten neben den Heilbehandlungskosten für die Versicherten auch die Kosten für die Familienangehörigen übernehmen.
- Den Frauen der Versicherten standen bei Geburten 10 Wochen Krankengeld und die Erstattung der Entbindungskosten zu.
- Die Leistungen der Rentenversicherung wurden deutlich angehoben.
- 1927 schließlich wurde die Arbeitslosenversicherung gesetzlich eingeführt.

Weibliche Abgeordnete hatten einen wesentlichen Anteil am Ausbau des Sozialstaates. Wohnungsbauvereine und Genossenschaften unternahmen zusammen mit den Städten und Gemeinden große Anstrengungen, menschenwürdige Wohnungen zu schaffen.

6 *Erläutert an Beispielen, was die einzelnen Regelungen für die Menschen bedeuten.*

Sozialer Wohnungsbau in Berlin: Hufeisensiedlung in Britz. Foto.

1920/23:
Mecklenburg-Schwerin und Mecklenburg-Strelitz werden Freistaaten.

Der Versailler Vertrag

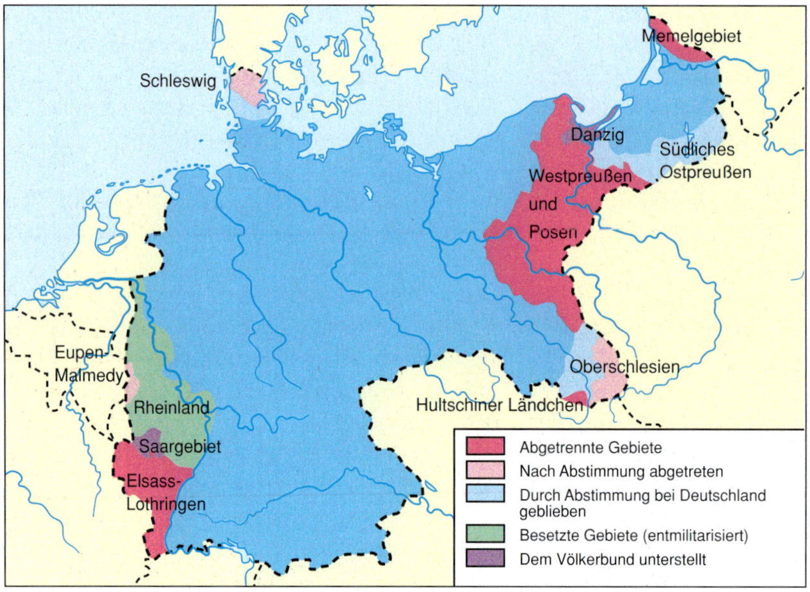

1 Deutschlands Gebietsveränderungen durch den Versailler Vertrag.

Friedensschluss ohne Verhandlung

1 *Erstellt eine Liste möglicher Forderungen, die ihr aus französischer, britischer und deutscher Sicht in Friedensverhandlungen gestellt hättet.*
2 *Versucht einen Kompromiss zwischen den unterschiedlichen Forderungen zu finden.*

Während in Weimar die Nationalversammlung tagte, hatten sich in Paris die Vertreter der Siegermächte versammelt, um einen Friedensvertrag zu erarbeiten. Ziel war eine neue Friedensordnung für die Welt. Neue Staaten wie die Tschechoslowakei und Jugoslawien sollten errichtet, Polen wieder ein Staat werden. Der neu gegründete Völkerbund* sollte Kriege sogar für alle Zeiten unmöglich machen. Deutschland als besiegtes Land war zu den Verhandlungen nicht zugelassen. Am 7. Mai 1919 wurde der deutschen Delegation der Vertragstext vorgelegt. Veränderungswünsche der deutschen Delegation wurden nicht verhandelt. Artikel 231 des Versailler Vertrages lautet:

Q … Die alliierten und assoziierten Regierungen* erklären und Deutschland erkennt an, dass Deutschland und seine Verbündeten als Urheber [des Krieges] für alle Schäden und Verluste verantwortlich sind, die die alliierten und assoziierten Regierungen und ihre Staatsangehörigen infolge des ihnen durch den Angriff Deutschlands und seiner Verbündeten aufgezwungenen Krieges erlitten haben.

3 *Gebt Artikel 231 des Versailler Vertrages mit eigenen Worten wieder.*
4 *Überlegt, welche Forderungen sich aus dem Artikel 231 ableiten lassen.*

In der deutschen Bevölkerung hatte man den Krieg als einen aufgezwungenen Verteidigungskrieg verstanden. Deshalb war man empört und wütend über den Artikel 231.
5 *Beschreibt anhand der Karte die deutschen Gebietsverluste in Europa.*
6 *Listet die Staaten auf, die deutsche Gebiete erhielten. Sucht die besetzten Gebiete heraus.*

Der Friedensvertrag von Versailles

Der Vertrag regelte vor allem die alleinige Kriegsschuld, die deutschen Gebietsabtretungen, die Abrüstung der deutschen Armee und das Verbot der allgemeinen Wehrpflicht.
Weitere Punkte waren die Wiedergutmachung der alliierten Kriegsschäden und mögliche Eingriffsrechte der Alliierten in Deutschland.
Wichtige Bedingungen des Versailler Vertrages besagten im Einzelnen: Deutschland musste

Völkerbund*: *die erste internationale Organisation zur Sicherung des Weltfriedens; sie bestand von 1920 bis 1946 (vgl. S. 227).*

Alliierte und assoziierte Regierungen*: *Insgesamt gehörten hierzu 27 Siegerstaaten, die gegen das Deutsche Reich verbündet (alliiert und assoziiert) waren.*

Ein „Diktatfrieden"?

2 **Der französische Ministerpräsident Clemenceau und der amerikanische Präsident Wilson verlassen nach der Vertragsunterzeichnung das Schloss von Versailles.** Foto, 28. Juni 1919.

3 **Demonstration in Berlin gegen die Gebietsabtretungen im Versailler Vertrag.** Foto, 1919.

alle Kolonien abtreten, für alle Kriegsschäden aufkommen und Reparationen* zahlen; die Höhe der Zahlungen sollte erst später festgelegt werden. Das deutsche Heer wurde auf 100 000, die Marine auf 15 000 Mann beschränkt. Schwere Waffen, Flugzeuge und U-Boote wurden verboten. Deutschland blieb vom Völkerbund vorläufig ausgeschlossen.

Politische und wirtschaftliche Folgen

Die Friedensbedingungen wurden von deutscher Seite als besonders hart empfunden. Die Siegermächte lehnten aber fast alle deutschen Einwände und Forderungen ab. In der Nationalversammlung gab es heftige Diskussionen. Auf den Straßen kam es zu leidenschaftlichen Protesten gegen die Versailler Vorgaben. Der spektakulärste „Protest" fand am 21. Juni 1919 statt. Der Kommandant der vor den Orkney-Inseln nördlich von Schottland festgesetzten deutschen Kriegsflotte befahl deren Selbstvernichtung: 57 Schiffe wurden von ihren Besatzungen selbst versenkt oder auf Grund gesetzt.

Die Siegermächte drohten nun in Deutschland einzumarschieren, wenn der Vertrag von der deutschen Regierung nicht angenommen würde. Die Abgeordneten sahen daher keinen anderen Weg, als zu unterschreiben. Wegen dieser Umstände sprach man in Deutschland vom „Versailler Zwangsfrieden" oder dem „Friedensdiktat". Gegen den „Diktatfrieden" von Versailles entwickelte sich in der Weimarer Republik in der Folgezeit eine nationalistische Kampagne. Selbst in der britischen und amerikanischen Öffentlichkeit wurden wiederholt wirtschaftliche und territoriale Bestimmungen des Friedensvertrages kritisiert.

7 *Diskutiert die Bestimmungen des Vertrages und welche Folgen er für die wirtschaftliche und politische Entwicklung der Weimarer Republik haben konnte.*

Reparationen*: *Zahlungen Deutschlands an die Siegermächte, mit denen Deutschland für die durch seine Aggression verursachten Zerstörungen und Kosten des Ersten Weltkriegs aufkommen sollte.*

28. Juni 1919: *Unterzeichnung des Versailler Vertrages.*

Der Vertrag von Versailles bestimmte die Auslieferung der Handelsflotte, die Werften waren ohne Aufträge, die Industrie war ohne Rohstoffe. 1910 wurden im Hamburger Hafen 15 037 Schiffe registriert, 1919 waren es 2234, und es sollte bis 1927 dauern, bis der Vorkriegsumschlag wieder erreicht war.

Geschichte vor Ort: Die Volksabstimmung in Schleswig

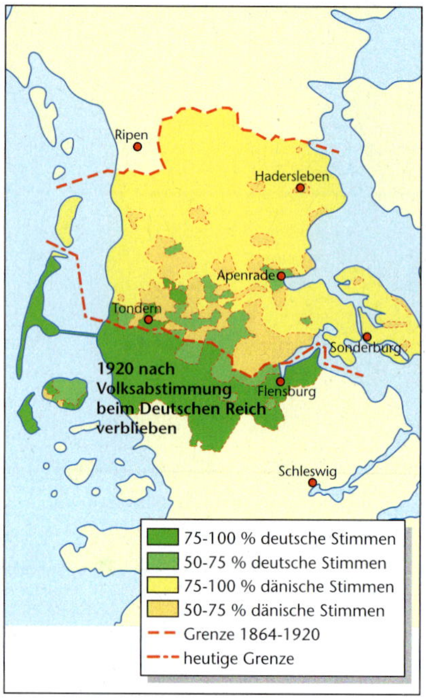

1 **Abstimmungsgebiete im Schleswig.**

Deutsch oder dänisch?

Zum ersten Mal in ihrer Geschichte durften 1920 die Menschen entlang der (Sprach-)Grenze zwischen den dänischen und deutschen Volksgruppen in Schleswig über ihre politische Zugehörigkeit selbst entscheiden.

Seit dem Mittelalter lebten die Volksgruppen mit- und nebeneinander – mal friedlich, mal mit erheblichen Spannungen. Lange Zeit gab der dänische Gesamtstaat den Ton an. Nach 1864 spielte Preußen die erste Geige. Nach der deutschen Niederlage im Weltkrieg forderten die dänisch gesinnten Nordschleswiger und ihr Wortführer, der Reichstagsabgeordnete Hanssen, dass die deutsch-dänische Grenze in Übereinstimmung mit dem Selbstbestimmungsrecht der Völker und dem Friedensprogramm des US-Präsidenten Wilson geändert werden sollte.

Dieser Forderung wurde durch Artikel 109 des Friedensvertrags von Versailles vom 28. Juni 1919 entsprochen. Bis zur Abstimmung wurde das Gebiet einer internationalen Kommission unterstellt. Es wurden zwei Zonen gebildet: Nordschleswig (Zone 1) und Mittelschleswig (Zone 2).

Die Abstimmung in der ersten Zone fand am 10. Februar 1920 statt und erbrachte eine dänische Mehrheit von 75 Prozent. Einen Monat später stimmten die Menschen in der Zone 2 mit einem deutlich anderen Ergebnis ab: eine deutsche Mehrheit von 80 Prozent. Nordschleswig wurde somit dem dänischen Staat angegliedert.

Die Grenze trennt und verbindet

Zu den wichtigsten Wegmarken im Verhältnis zwischen Deutschland und Dänemark gehören unstrittig die Volksabstimmungen im Februar und März 1920. Sie schufen eine Grenze, die nunmehr seit über 75 Jahren Bestand hat und die beide Nachbarstaaten nicht trennt, sondern immer enger verbindet.

Doch das heute gut nachbarschaftliche, auf europäischer Ebene beispielhafte Miteinander der Menschen dies- und jenseits der Grenze konnte sich erst nach dem Ende des Zweiten Weltkriegs entwickeln. Der Streit um die Neufestsetzung der Grenze entfachte einen erbitterten, von nationalistischen Wogen aufgepeitschten Kampf um die Zukunft (Nord-)Schleswigs.

1 *Erläutert, warum die Volksabstimmungen dem Grundsatz der Selbstbestimmung entsprach.*

2 *Es gibt heute in Schleswig-Holstein eine politische Vertretung der dänischen Minderheit – den Südschleswiger Wählerverband (SSW). Erkundet seine Geschichte über das Internet.*

3 *Informiert euch auch über die Situation der deutschen Minderheit in Nordschleswig.*

4 *Begründet die Aussage: Die Grenze heute trennt die Nachbarstaaten nicht, sondern verbindet sie immer enger.*

2 **Deutsches Abstimmungsplakat, 1920.**

3 **Dänisches Abstimmungsplakat, 1920.**

Der Völkerbund

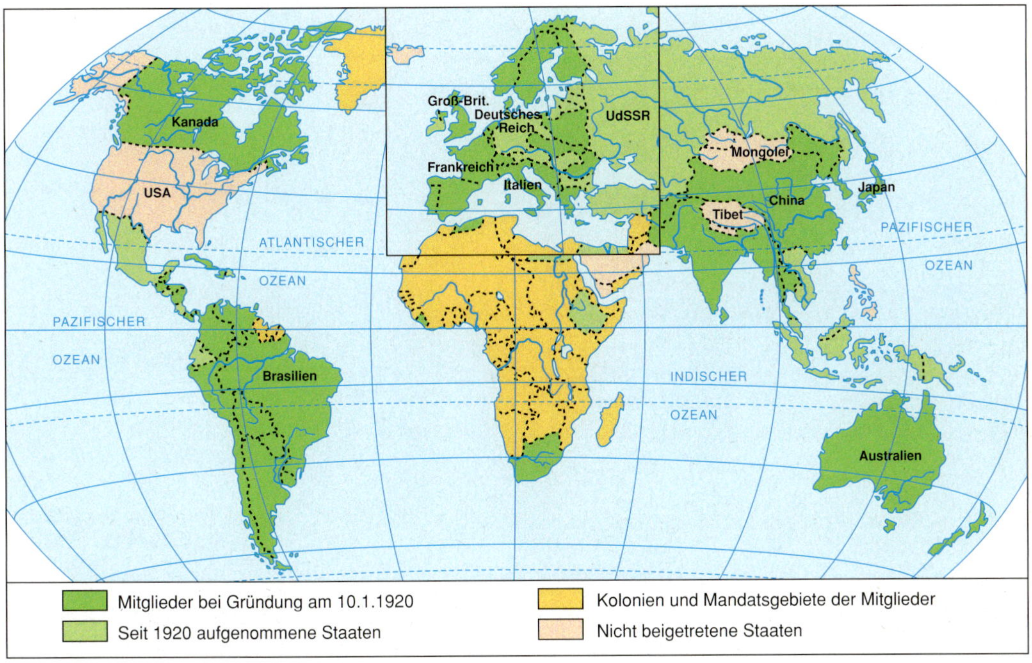

1 **Der Völkerbund ab 1920.**

10. Januar 1920: Gründung des Völkerbundes.

Neue Weltfriedensordnung

Auf Drängen des US-Präsidenten Wilson arbeitete die Pariser Friedenskonferenz noch vor den eigentlichen Friedensverhandlungen am Ende des Ersten Weltkriegs die Satzung für einen „Völkerbund" aus. Diese Satzung wurde Bestandteil des Versailler Vertrages. Mit dem Völkerbund wollten die Siegermächte unter Führung der USA eine neue Weltfriedensordnung schaffen. Konflikte zwischen Staaten sollten nun durch ein internationales Gremium in einem geordneten Verfahren beigelegt werden. Wilson schwebte dabei eine neue Art der Außenpolitik vor, die die bisherigen zweiseitigen Verhandlungen zwischen den Staaten ersetzen oder erweitern sollte.

Staaten, die Kriege unter Missachtung der Bestimmung des Völkerbundes führten, sollten mit einem Handelsboykott oder mit einer militärischen Aktion der übrigen Staaten bestraft werden. Der Völkerbund verfügte aber nicht über eine eigene internationale Eingreiftruppe um seine Beschlüsse durchsetzen zu können.

1 *Führt die Maßnahmen auf, die der Sicherung des Friedens dienen sollten.*

Eingeschränkte Wirkung

Der Völkerbund war von Anfang an schwach, denn er hatte außer wirtschaftlichen Maßnahmen keine wirklichen Machtmittel. Als dann auch noch der US-Senat beschloss dem Völkerbund nicht beizutreten, obwohl dessen Bildung auf die Anregung des US-Präsidenten zurückging, war die eigentliche Idee gescheitert. Die Sowjetunion und die besiegten Staaten wurden zunächst nicht in den Völkerbund aufgenommen, auch dies schmälerte sein Ansehen. Deutschland trat dem Völkerbund erst 1926 bei.

Im Auftrag des Völkerbundes verwalteten die Siegermächte Frankreich und Großbritannien die bisherigen deutschen Kolonien und Teile des Osmanischen Reiches*. Ziel der Verwaltung sollte die spätere Eigenständigkeit dieser Gebiete sein. Auch wenn dies in den nächsten Jahrzehnten nicht verwirklicht wurde, begann hier in Ansätzen die Politik der Entkolonialisierung*.

2 *Der Völkerbund wurde 1946 aufgelöst. Nennt ein heutiges Gremium, das ähnliche Ziele verfolgt wie der Völkerbund. Stellt zusammen, was ihr über diese Organisation wisst.*

Osmanisches Reich*: *das türkische Reich bis 1922; benannt nach Osman I.*

Entkolonialisierung*: *Befreiung von kolonialer Herrschaft.*

Das Krisenjahr 1923

1 Transport von Geld in Körben. Foto, 1923.

Die Inflation*

Im Laufe des Krieges hatte die Reichsregierung viel Geld drucken lassen um die hohen Kriegskosten zu bezahlen. So war viel Geld im Umlauf, dem aber nur wenige Güter gegenüberstanden. Daher stiegen schon während des Krieges die Preise.

Nach dem Waffenstillstand hatte die neue Regierung Kriegsschulden und Reparationen zu bezahlen. Die Staatseinnahmen waren geringer als die Ausgaben. Um die Bevölkerung nicht mit neuen und hohen Steuern belasten zu müssen, wurde mehr Geld gedruckt. Das führte aber zu weiteren Preissteigerungen. Das Geld verlor zunehmend an Wert.

Als im Januar 1923 der passive Widerstand gegen die Ruhrbesetzung erklärt wurde (vgl. S. 230), musste die Regierung die Wirtschaft im Ruhrgebiet unterstützen. Täglich wurden 40 Millionen Goldmark für den Ruhrkampf ausgegeben. Das Geld ließ sich nur beschaffen, indem immer mehr Druckereien Geldscheine druckten. Weil es aber keine Waren als Gegenwert für dieses Geld gab, stiegen die Preise immer schneller.

Kein Mensch wollte das wertlose Geld behalten. Jeder gab es schnell wieder aus. Wer Schulden aus früherer Zeit hatte, konnte sie leicht zurückbezahlen. Wer Sachwerte besaß, hielt sie zurück oder tauschte sie nur gegen andere Sachwerte. Industrielle konnten große Gewinne machen, weil sie die Löhne in Papiergeld auszahlten, die Produkte aber gegen Sachwerte eintauschten.

Wirtschaftliche Not

Die ersten Jahre der Weimarer Republik wurden zur wirtschaftlichen Zerreißprobe. Vor allem die großen Betriebe versuchten wieder weltmarktfähig zu werden.

Vor diesem Hintergrund kam es in den Fabriken und Betrieben auch zu Massenentlassungen der Arbeiter.

Die Firmen versuchten so ihre Produktionskosten zu verringern, um die Waren billiger anbieten zu können. Für die Arbeitslosen gab es kaum soziale Absicherungen.

Die Entlassung war für die Familien eine Katastrophe, zumal die Folgen der Kriegswirtschaft und die Lasten, die aus den Bestimmungen des Versailler Vertrages erwuchsen, über Steuern und Versorgungslage ohnehin immer mehr auf die Einkommensschwächeren abgewälzt wurden.

So genannte Kriegsgewinnler in Industrie und Bankgewerbe bereicherten sich im Zuge der Firmenkonkurse. Durch den Schwindel erregenden Anstieg der Preise wurde die Lage für die meisten Menschen gleichzeitig immer unerträglicher.

Die Inflation schritt in immer größerem Tempo fort: Nach Zahlen waren die Menschen

Inflation*:
Zunahme der umlaufenden Geldmenge, verbunden mit einem Wertverlust des Geldes.

Notgeld:
Bereits während des Ersten Weltkriegs hatten Städte und Gemeinden Notgeld ausgegeben – zunächst mit kleinen Nennwerten, damit das Münzmetall für Kriegszwecke genutzt werden konnte. Da auch immer mehr „große Scheine" in Umlauf kamen, um die Kriegskosten zu tragen, war der Geldwert von 1914 bis 1918 ungefähr auf ein Viertel gesunken. Wer vor dem Krieg geglaubt hatte, von seinem Ersparten eines Tages einen bescheidenen Lebensunterhalt finanzieren zu können, stand bereits 1918 vor einer schlimmen Notsituation.

mittlerweile Milliardäre geworden. Ihr Lohn, den sie in Rucksäcken und Waschkörben nach Hause schleppten, reichte aber oft nicht einmal für einen Kanten Brot aus.

1 *Weshalb trifft die Inflation besonders die einfachen Menschen?*

2 *Fragt in eurer Familie nach Inflationsgeld und Briefmarken aus dieser Zeit.*

Folgen der Inflation

Im November 1923 war das deutsche Geld praktisch wertlos (s. Tabelle). Um die riesigen Geldmengen einzuziehen, wurde eine Billion (1 000 000 000 000) alter Mark gegen eine Rentenmark umgetauscht. Die Rentenmark war die neue Währung. Das Geld wurde knapp gehalten und die Wirtschaft erholte sich langsam.

In der Inflation hatten alle Sparer ihre Einlagen verloren, ganz gleich, ob sie das Geld bei Banken oder Sparkassen, bei Lebensversicherungen oder in Staatspapieren angelegt hatten. Betroffen waren vor allem Angestellte, Handwerker, kleinere Unternehmer, Ärzte, Rechtsanwälte und Beamte. Gewonnen hatten die Besitzer von Sachwerten und Devisen sowie der Staat. Die alten Schulden waren mit wertlosem Papiergeld bezahlt worden.

Bei den Verlierern aber entstand zunehmend Hass auf die Republik, der man alle Schuld an diesen Verhältnissen gab. Viele Menschen, die ihr Geld verloren hatten, wurden daher zu Gegnern der Weimarer Republik.

3 **„Für den Sack müssen Sie auch 'n Fahrschein lösen!" – „Erlauben Sie mal, das is das Fahrgeld, das ich Ihnen geben will!"** Karikatur aus Berliner Illustrierte Zeitung, 1923.

3 *Versetzt euch in die Lage einer Hausfrau, eines Mieters und eines Vermieters, eines Sparers und eines Menschen, der Geld geliehen hat. Schreibt auf, was sie vermutlich zur Geldentwertung sagen.*

4 *Benennt Berufs- und Gesellschaftsgruppen, die Inflationsgewinnler waren.*

Straßenbahntarife:
Der Preis für einen Straßenbahnfahrschein im billigsten Tarif bis 2 Kilometer Fahrstrecke stieg 1923 in Frankfurt von 200 Mark im Februar über 1500 Mark am 6. Juli, 1 Million Mark am 14. September, 100 Millionen Mark am 20. Oktober, 1 Milliarde Mark am 27. November und 90 Milliarden Mark am 20. November.

Inflationsgeld.

Datum	Preis für: 1 Liter Milch	1 Pfund Butter	1 Pfund Quark
26. August	79 000	432 000	138 000
2. September	114 000	622 000	198 000
9. September	224 000	1 224 300	352 000
16. September	960 000	5 200 000	1 463 000
23. September	2 630 000	14 437 000	4 037 000
30. September	3 800 000	19 800 000	5 830 000
7. Oktober	4 800 000	24 750 000	7 370 000
13. Oktober	16 900 000	85 200 000	25 800 000
18. Oktober	115 000 000	572 500 000	157 800 000

2 **Entwicklung der Höchstpreise (in Mark) zwischen August und Oktober 1923 für die Grundnahrungsmittel Milch, Butter und Quark.**

Ruhrkampf

passiver Widerstand*:
Unter Verzicht auf Gewaltanwendung oder direkte Gegenmaßnahmen (aktiver Widerstand) besteht der passive Widerstand vor allem in Gehorsamsverweigerung, also der absichtlichen Nichterfüllung von Vorgaben und Anordnungen.

Französischer Soldat auf einem Kohlenzug im Ruhrgebiet. Foto, 1923.

1 **Französische Truppen in Essen.** Foto, 1923.

2 **Protestplakat gegen die Ruhrbesetzung 1923.**

Die Ruhrbesetzung

Eine sehr große Belastung für Deutschland waren die Reparationen. Die Siegermächte hatten 1921 beschlossen, dass Deutschland 132 Milliarden Goldmark bezahlen sollte. Besonders Frankreich, das selbst hohe Kriegsschulden hatte, drängte auf pünktliche Bezahlung. Die Reichsregierungen mussten die Forderungen weitgehend erfüllen. Von nationalistischen Gruppen wurden sie dafür als „Erfüllungspolitiker" beschimpft.
Als Deutschland Ende 1922 mit Holz- und Kohlenlieferungen im Verzug war, ließ die französische Regierung Soldaten ins Ruhrgebiet einmarschieren, um auf diese Weise die Reparationszahlungen zu sichern und Deutschland gleichzeitig wirtschaftlich zu schwächen. Daraufhin rief die Reichsregierung die Menschen an der Ruhr zum passiven Widerstand* auf: Keinem Befehl der Besatzer sollte gehorcht werden. Es kam zu vielen Zusammenstößen.
Ein englischer Journalist berichtete im April 1923 aus Essen:

Q … Eine Kommission war … in die Kruppwerke entsandt worden, um … Automobile zu beschlagnahmen. Wie stets, wenn die Franzosen Werke betraten, heulte … die Fabriksirene als Signal für die Niederlegung der Arbeit. Die Belegschaft ergoss sich wie ein schwarzer Strom in die enge Straße. … Die Franzosen warteten. Sie sahen die ungeheure Masse der Arbeiter. … Der schon nicht mehr junge Offizier … wurde immer nervöser, verlor schließlich den Kopf und befahl zu feuern. … 13 Arbeiter wurden getötet …, 15 weitere schwer und 30 leicht verletzt.

Die Franzosen reagierten hart auf jeden Widerstand. Mehr als 140 000 Beamte und Angestellte wurden mit ihren Familien aus dem Ruhrgebiet ausgewiesen. Tausende wurden zu Gefängnisstrafen verurteilt. Die Arbeitslosigkeit stieg sehr schnell an. Die wirtschaftliche Belastung für das Reich war so groß, dass der Widerstand im September nicht mehr weitergeführt werden konnte. Die Reichsregierung trat zurück, und Gustav Stresemann von der Deutschen Volkspartei (DVP) bildete eine neue Regierung. Diese beschloss den Abbruch des Widerstands.

1 *Beurteilt die Maßnahmen der Franzosen und Deutschen. Begründet eure Meinung.*
2 *Erläutert, wie es zum Blutbad in Essen kam.*
3 *Diskutiert, wie sich die Vorfälle auf das Verhältnis der Deutschen zu Frankreich auswirkten.*

Putschversuche

Gefahren von rechts und links

Seit 1919 kam die so genannte Dolchstoßlegende auf (vgl. S. 209, Aufg. 2). Sie besagte, dass dem „im Felde unbesiegten Heer" die Revolution 1918 in den Rücken gefallen sei. Nur dadurch habe man den Krieg verloren. Diese „Dolchstoßlegende" wurde von rechten Parteien immer wieder gegen die vermeintlich schuldigen Sozialisten vorgebracht. Von links und rechts unternahmen Gegner der Republik Putschversuche. Als im Frühjahr 1920 die Freikorps aufgelöst werden sollten, widersetzten sich einige und marschierten in Berlin ein. Sie erklärten die Regierung für abgesetzt. Der extrem nationalistische Wolfgang Kapp ernannte sich selbst zum Reichskanzler. Dagegen riefen die Gewerkschaften und die SPD zum Generalstreik auf. Als dieser im ganzen Reich befolgt wurde, brach der Kapp-Putsch zusammen. 68 Menschen starben bei Straßenkämpfen in Kiel in den Wirren des Kapp-Putsches. Es fanden auch Kämpfe in Eckernförde und Schleswig statt.

Im Ruhrgebiet kam es zu einem von Kommunisten beeinflussten Arbeiteraufstand. Eine „Rote Ruhr-Armee" wurde gebildet. Reichswehreinheiten zerschlugen diese aber in blutigen Kämpfen.

Auch politische Morde erschütterten die Republik: 1921 ermordeten Rechtsradikale den Finanzminister Erzberger und 1922 den Außenminister Walther Rathenau.

4 *Fasst zusammen, welche Gruppen sich aktiv gegen die Weimarer Republik wendeten.*

3 Kapp-Putschisten in Berlin unter der kaiserlichen Kriegsfahne. Foto, März 1920.

Der Hitlerputsch

In Bayern führten die Abneigung gegen das „rote" Berlin und der Wunsch, Sonderregelungen durchzusetzen, zur Bildung einer rechtskonservativen Landesregierung.

Als die Reichsregierung in Berlin den passiven Widerstand an der Ruhr abbrach, verkündete die bayerische Landesregierung den Ausnahmezustand für Bayern. Die Führung der dort stationierten Reichswehr weigerte sich, weiterhin Befehle aus Berlin auszuführen. In dieser verworrenen Situation versuchte Adolf Hitler, der Führer der Nationalsozialistischen Deutschen Arbeiterpartei (NSDAP), die Macht an sich zu reißen. Als am Abend des 8. November 1923 führende Politiker in München im Bürgerbräukeller versammelt waren, drang Hitler mit Waffengewalt in den Saal ein. Er erklärte die Reichsregierung in Berlin und die bayerische Landesregierung in München für abgesetzt. Unter Zwang erklärten sich der bayerische Polizeikommandant von Seisser, General von Lossow und Generalstaatskommissar* von Kahr bereit mit Hitler zusammen eine neue deutsche Reichsregierung zu bilden.

Aber schon nach wenigen Stunden wendete sich das Blatt wieder. Die bayerischen Politiker konnten sich absetzen, widerriefen ihre Zustimmung und alarmierten Polizei und Reichswehr gegen Hitler. Der wollte jedoch nicht aufgeben. Um die Massen für seine Pläne zu aktivieren, ließ er seine Anhänger am Morgen des 9. November zum Marsch durch die Münchener Innenstadt antreten. Viele Menschen jubelten den NS-Marschierern zu. Vor der Feldherrnhalle machte die Polizei dem Marsch ein Ende. Es gab Tote und Verwundete.

5 *Lest die Proklamation in der Randspalte und achtet genau auf die Wortwahl.*

6 *Vermutet, was Hitler wahrscheinlich erwartet hatte, als er zur Feldherrnhalle zog.*

Am 23. Oktober 1923 kam es zu einem kommunistisch gelenkten ***Aufstand in Hamburg*** *und einigen Umlandgemeinden. Der Aufstand scheiterte blutig und vertiefte die Spaltung der Arbeiterbewegung in Kommunisten und Sozialdemokraten.*

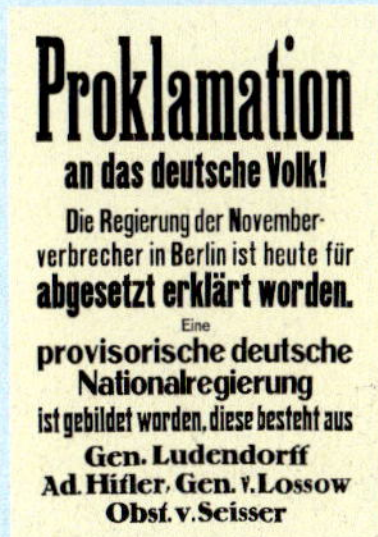

Proklamation
an das deutsche Volk!
Die Regierung der Novemberverbrecher in Berlin ist heute für
abgesetzt erklärt worden.
Eine
provisorische deutsche
Nationalregierung
ist gebildet worden, diese besteht aus
Gen. Ludendorff
Ad. Hitler, Gen. v. Lossow
Obst. v. Seisser

Proklamation zum Hitlerputsch. Plakat vom 8.11.1923.

Generalstaatskommissar*: *Dieser hatte während des Ausnahmezustands die gesamte Exekutive inne.*

Walther Rathenau *(1867, ermordet 1922) war 1915–20 Präsident der AEG, 1921 Wiederaufbauminister und 1922 Außenminister.*

Die „Goldenen Zwanziger" 1924–1928

1 **Plakat der DNVP zur Reichstagswahl 1928.** Die Figur im Hintergrund stellt einen französischen Soldaten dar.

Außenpolitische Zusammenarbeit

1 *Tragt zusammen, was ihr über das Verhältnis zwischen Frankreich und Deutschland wisst. Denkt dabei an den Krieg von 1870/71, an den Versailler Vertrag und an die Ruhrbesetzung.*

1. 12. 1925: *Unterzeichnung der Locarnoverträge.*

Die deutsche Republik hatte die Krisenjahre 1919 bis 1923 überstanden. Seit August 1923 war Gustav Stresemann Reichsaußenminister. Sein Ziel war es, Deutschland wieder zu einer respektierten Macht in Europa zu machen. Dazu mussten aber Teile des Versailler Vertrages außer Kraft gesetzt werden. Dies ging nur mit der Zustimmung Frankreichs. Deshalb mussten die Beziehungen zu Frankreich verbessert werden.

Aristide Briand *(1862–1932), französischer Außenminister, erhielt 1926 zusammen mit Gustav Stresemann den Friedensnobelpreis für die gemeinsame europäische Aussöhnungspolitik.*

Locarno 1925

Auch der damalige französische Außenminister Aristide Briand hatte erkannt, dass in Europa der Friede nur gesichert werden konnte, wenn Frankreich und Deutschland ihre Feindschaft überwanden. 1925 fand in Locarno (Schweiz) die erste große internationale Konferenz statt, an der Deutschland wieder als gleichberechtigter Partner teilnahm. Auf Anregung Stresemanns trafen sich hier die Außenminister Deutschlands, Frankreichs, Belgiens, Großbritanniens, Italiens, Polens und der Tschechoslowakei. Sie wollten ausführlich über die Friedenssicherung in Europa verhandeln.

Im Vertragstext heißt es:

Q1 ... Die Hohen Vertragschließenden Mächte garantieren jede für sich und insgesamt ... die Aufrechterhaltung der Grenzen zwischen Deutschland und Belgien und zwischen Deutschland und Frankreich. ... [Die genannten Staaten] verpflichten sich gegenseitig, in keinem Falle zu einem Angriff oder zu einem Einfall oder zum Kriege zu schreiten. ... [Sie] verpflichten sich auf friedlichem Wege ... alle Fragen jeglicher Art zu regeln. ... Deutschland und Polen ... bekennen den Willen, etwa entstehende Streitigkeiten ohne Anwendung von Gewalt auf friedlichem Wege zu regeln.

Bei der Vertragsunterzeichnung sagte Briand:

Q2 ... Unsere Nationen haben sich oft auf den Schlachtfeldern gegenübergestanden. Der Vertrag von Locarno soll den Wert haben, dass derartige Metzeleien nicht noch einmal vorkommen sollen. Wir müssen jetzt zusammenarbeiten in der Arbeitsgemeinschaft des Friedens. ...

2 *Vermutet, welche Auswirkungen der Vertrag von Locarno haben konnte.*

3 *Vergleicht die Vertragsbedingungen mit Frankreich und mit Polen. Was fällt euch auf?*

4 *Beschreibt das Plakat oben möglichst genau. Welche politische Einstellung wird hier deutlich?*

Aufnahme in den Völkerbund

Deutschland im Völkerbund 1926

1919 hatten 32 Staaten den Völkerbund zur Sicherung des Weltfriedens gegründet (vgl. S. 227). Deutschland war von dem Bund ausgeschlossen, weil es als Aggressor* galt.
Im Vertrag von Locarno hatte Deutschland sich nun verpflichtet Grenzfragen nur auf friedlichem Weg zu regeln. Daraufhin beschloss die Völkerbundversammlung am 8. September 1926 einstimmig, Deutschland in den Völkerbund aufzunehmen.
Der Dolmetscher Paul Schmidt berichtete darüber später in seinen Erinnerungen:

M ... Bei Stresemanns Eintritt setzte im ganzen Saal ein wahrer Beifallssturm ein. Nur mit Mühe konnten sich die deutschen Delegierten durch die herandrängende Masse der ausländischen Völkerbundsvertreter den Weg zu ihren Plätzen bahnen. ...

Dieser überwältigende Empfang Deutschlands durch die Völker der Welt hatte große politische Bedeutung. In seiner Antrittsrede sagte Gustav Stresemann 1926:

Q3 ... Nur auf der Grundlage einer Gemeinschaft, die alle Staaten ohne Unterschied in voller Gleichberechtigung umspannt, können Hilfsbereitschaft und Gerechtigkeit die Leitsterne der Menschenschicksale werden. Nur auf dieser Grundlage lässt sich der Grundsatz der Freiheit aufbauen.

Der französische Außenminister Aristide Briand antwortete auf Stresemanns Rede:

Q4 Was bedeutet dieser Tag für Deutschland und für Frankreich? Das will ich Ihnen sagen: Es ist jetzt Schluss mit jener langen Reihe schmerzlicher und blutiger Auseinandersetzungen. ... In Zukunft werden wir [unsere Meinungsverschiedenheiten] vor dem Richterstuhl in Ordnung bringen. Deshalb sage ich: Fort mit den Waffen! Freie Bahn für die Versöhnung, die Schiedsgerichtsbarkeit und ... den Frieden!

5 *Gebt mit eigenen Worten die Inhalte der beiden Redeausschnitte (Q3, Q4) wieder.*
6 *Stellt zusammen, welche Vorteile sich aus dem Beitritt zum Völkerbund ergaben.*

2 **Briand und Stresemann.** Foto, 1926.

Ein Vertrag mit der Sowjetunion

Nach dem Abschluss des Locarnopaktes zwischen Deutschland und Frankreich nahm Stresemann auch Verhandlungen mit der Sowjetunion auf. Im April 1926 wurde der Berliner Vertrag geschlossen, ein Freundschafts- und Neutralitätspakt*.
Darin sicherten sich beide Staaten friedliches Verhalten zu. Außerdem sollte sich keine der beiden Seiten einem wirtschaftlichen oder finanziellen Boykott* gegen den anderen anschließen.
Acht Jahre nach dem verlorenen Krieg hatte Deutschland damit seine außenpolitischen Beziehungen in West und Ost wieder gefestigt und verbessert.
Die deutsche Souveränität* blieb aber immer noch eingeschränkt. Die deutsche Politik wurde weiterhin belastet durch
- die Reparationszahlungen,
- die Besetzung von Teilen des Rheinlandes und
- das militärische Ungleichgewicht, denn die anderen Staaten hatten nicht abgerüstet, wie Deutschland es hatte tun müssen.

7 *Fasst die Außenpolitik Stresemanns zusammen und versucht sie zu beurteilen.*

Aggressor*:
Angreifer; in diesem Fall der schuldige Verursacher des Ersten Weltkriegs.

8. September 1926:
Aufnahme Deutschlands in den Völkerbund.

Neutralität*:
Unparteilichkeit.

Boykott*:
Maßnahme zur Isolation von Personen und Institutionen; z. B. Warenboykott: die Nichteinfuhr oder der Nichtkauf bestimmter Waren aus bestimmten Ländern.

Souveränität*:
hier die politische Unabhängigkeit eines Staates.

Deutschland wird moderner

Tankstelle:
Als Bertha Benz 1888 die erste Spritztour mit einem Auto unternahm, blieb der „Benz Motorwagen" mehrmals wegen Spritmangels liegen. Benzin musste noch lange Zeit in der Apotheke erworben werden. Erst am 11. August 1927 wurde in Hamburg die erste Tankstelle mit zwei Zapfsäulen in Betrieb genommen. Heute gibt es in Deutschland ca. 15 000 Tankstellen.

1 **Charlie Chaplin, einer der größten Filmstars der Zwanzigerjahre, wurde weltweit gefeiert.** Foto aus dem Film „Lichter der Großstadt", 1931.

2 **Bubikopf und Charleston – Modefrisur und Modetanz der „Goldenen Zwanziger".** Fotomontage aus „Das Magazin", Juli 1927.

Charles Gates Dawes
(1865–1951), von 1925 bis 1929 Vizepräsident der USA, erhielt 1925 für den von ihm vertretenen Dawes-Plan den Friedensnobelpreis.

Der Dawes-Plan

Die Einführung der Rentenmark hatte im November 1923 in Deutschland den nach dem Krieg dramatisch gefallenen Wert des Geldes stabilisiert.

Nun konnte auch die Frage der Reparationen neu geregelt werden. Im April 1924 legten amerikanische und britische Finanzexperten den „Dawes-Plan" vor:

Q … Deutschland steigert seine Zahlungen von 1 Mrd. auf 2,5 Mrd. Mark jährlich. Grundlage für die Zahlungen ist der jeweilige Stand der Wirtschaft. Ein Darlehen von 800 Mio. Mark ermöglicht Deutschland, die erste Rate zu zahlen.

Mithilfe des Dawes-Darlehens und ausländischer Kredite konnten nun die Fabriken erneuert werden. Krankenhäuser und Schulen entstanden, das Verkehrswesen wurde moderner. Deutsche Schiffe, Flugzeuge und Autos waren gefragt. Elektrogeräte verkaufte die Industrie ab 1925 in die ganze Welt. Spitzenniveau erreichte auch die chemische Industrie.

In den Jahren 1924–1928 stellte sich ein deutlicher wirtschaftlicher Aufschwung ein. Die Steuereinnahmen stiegen. Die Staatskasse erholte sich. So konnte Deutschland auch die durch den Dawes-Plan festgelegten Raten bezahlen: bis 1930 über 7 Milliarden Goldmark. Dieser Aufschwung wurde aber mit hoher Auslandsverschuldung und steigender sozialer Ungerechtigkeit bezahlt.

1 *Untersucht, was der Dawes-Plan festlegte.*

2 *Erläutert, weshalb die USA und Großbritannien an der Festigung der deutschen Wirtschaft interessiert waren.*

Die „Goldenen Zwanziger"

Auch im geistigen und künstlerischen Leben kam es im Land zu einem großen Aufschwung. Die demokratische Verfassung der Weimarer Republik ermöglichte die freiere Entfaltung moderner Ideen. Seit 1923 sprach man in der Malerei und Baukunst von der „Neuen Sachlichkeit". Filme mit Charlie Chaplin zogen die Menschen in die Kinos. In der Musik feierte der Jazz Triumphe, alle wollten

Die Frau in den Zwanzigerjahren

3 **Die moderne – und wohlhabende – junge Frau der Zwanzigerjahre raucht und ist motorisiert.**
Foto, um 1924.

4 **Junge Dame im „Romanischen Café" in Berlin.**
Foto, um 1924.

in den Tanzdielen Charleston tanzen. Die neue Modefrisur wurde der „Bubikopf". Ab 1927 trugen die Damen kniefrei.

3 *Klärt, weshalb diese Zeit auch die „Goldenen Zwanziger" hieß.*

Die moderne Frau

Nach dem Ersten Weltkrieg und den damit verbundenen gesellschaftlichen und wirtschaftlichen Umwälzungen konnte die Männerwelt in den Industrienationen den Frauen ihre demokratischen Rechte nicht länger vorenthalten. In England, Deutschland und Österreich wurde das Frauenwahlrecht 1918, in den USA 1920 eingeführt.

Im Zuge des Wirtschaftsbooms der Goldenen Zwanziger hielten Frauen auch millionenfach in das gehobene Erwerbsleben Einzug. Ob als „Fräulein vom Amt", Stenotypistin oder Buchhalterin – Mädchen aus dem Mittelstand waren nun nicht mehr wie ihre Mütter und Großmütter darauf angewiesen, um jeden Preis einen Mann zu bekommen. Der bescheidene Lohn reichte zum Leben. Aus scheuen Mädchen wurden selbstbewusste Frauen, die durch ihren Beruf aus dem Familienkreis in die moderne Welt traten.

Auch die Technik hatte ihren Anteil an dieser Phase der „Befreiung der Frau". Der Staubsauger, der Kühlschrank und vor allem die Waschmaschine ersparten einer wachsenden Zahl von Frauen die Arbeitsbelastungen ihrer Vorfahrinnen. Frauen der Unterschicht blieben von diesen Entwicklungen zwar aus finanziellen und sozialen Gründen noch weitgehend ausgeschlossen, aber wenigstens ihr Selbstbild veränderte sich angesichts der vielen Geschlechtsgenossinnen, die zunehmend selbstverständlicher „ihre Frau" standen.

Mode, Frisuren, Kosmetika, Tanz, Film und Heldinnen wie Amelia Earhart trugen das Ihre zum neuen Frauenbild bei. Die Frau der Zwanziger hatte ihre Befreiung von männlicher Bevormundung erzwungen. Die Gleichberechtigung war freilich noch fern.

4 *Sucht Gründe, warum es gerade nach dem Ersten Weltkrieg zu Fortschritten in der Gleichberechtigung kommen konnte.*

Amelia Earhart *(1897, verschollen 1937), amerikanische Pilotin. Nur ein Jahr nach dem ersten Nonstop-Atlantikflug 1927 durch Charles Lindbergh überflog sie am 18. Juni 1928 als erste Frau ebenfalls den Atlantik. Sie stellte später noch weitere Flugrekorde auf, bevor sie 1937 bei Lae (Neuguinea) verscholl.*

Der Alltag der „kleinen Leute"

Gigolo*
(franz. = Eintänzer): Der Begriff bezeichnet im übertragenen Sinne Männer, die sich von wohlhabenden Frauen aushalten lassen. Er steht damit auch stellvertretend für einen unmoralischen und dekadenten (im Verfall begriffenen) Lebensstil.

Schrebergarten*:
Bezeichnung für private Kleingärten; nach Daniel Gottlieb Moritz Schreber (1808–1861). Dieser Leipziger Arzt und Pädagoge schuf ab 1844 aus therapeutischen Überlegungen zunächst Spielplätze, die mit Kinderbeeten und Gärten für Erwachsene verbunden waren. Daraus entwickelte sich schnell das Prinzip kleiner Nutz- und Erholungsgärten.

Hindenburgdamm:
Am 1.6.1927 eröffnete Reichspräsident von Hindenburg den knapp 11 km langen Eisenbahndamm, der Sylt mit dem Festland verbindet.

Tipp:
Kindheitsmuseum in Schönberg.

1 **Wäschewringen.** Foto, um 1930.

2 **Ein Arbeitsloser durchsucht Gemüsereste im Rinnstein.** Foto, um 1930.

Der Alltag

Die so genannten Goldenen Zwanziger bestanden nicht etwa aus ständigen Varieté- und Kinovorstellungen und ununterbrochenem Charleston-Tanzen. Es waren auch nicht plötzlich alle Männer zu lässigen Gigolos* und alle Frauen zu abenteuerlustigen Lebenskünstlerinnen geworden. Im Gegenteil gestaltete sich der Alltag der meisten Menschen in der Weimarer Republik entbehrungsreich und glanzlos. Das wirtschaftlich angeschlagene Land hatte trotz des kurzen Aufschwungs zwischen 1924 und 1928 zu wenige und meist nur schlecht bezahlte Arbeitsplätze zu bieten. Die sozialen Absicherungen seitens des Staates reichten längst nicht aus um die Menschen vor Armut und sozialem Abstieg zu bewahren. Vor allem auch ältere Menschen, die ohne Arbeit waren, hatten kaum eine Aussicht wieder Anstellung zu finden. Nicht selten endeten sie in Verelendung und Armut. Sehr viele Menschen waren auf die mangelhafte Unterstützung des Sozialamtes angewiesen. Da war für die allermeisten Familien an die neuen technischen Hilfsmittel des Haushalts wie Waschmaschine oder Staubsauger gar nicht erst zu denken. Sie blieben unerschwinglich. Nach einem schweren Tag als Fließbandarbeiterin, Putzfrau oder Bedienung mussten die Frauen der niederen Mittel- und Unterschicht daher alle schweren Hausarbeiten weiterhin von Hand leisten.
Der kurze, aber heftige wirtschaftliche Aufschwung und die geistige und kulturelle Freiheit, die die Zwanzigerjahre in Deutschland zu den „Goldenen" machten, berührten die Mehrheit der Bevölkerung daher weit weniger, als dies im Rückblick oft erscheint.

1 *Stellt zum Vergleich einmal euren und den Tagesablauf eurer Eltern zusammen. Vermerkt auch, welche Haushaltsmaschinen heute zur Bewältigung des Alltags zur Verfügung stehen.*

Flucht aus dem Alltag

Dennoch bot die größere Freizügigkeit dieser Zeit für weite Kreise ganz neue Möglichkeiten. So blühte etwa das Kleingartenwesen auf. Wer es sich leisten konnte, erwarb eine kleine, außerhalb der Wohngebiete gelegene Gartenparzelle – meist mit Gartenlaube –, wo auch Gemüse und Obst zur Selbstversorgung angebaut werden konnte. Meist bildeten sich

Kleingärten, FKK und Wandervogel

3 **Wanderung in den Dünen in Klappholttal/Sylt.** Aus einem Jugendlager der „Freideutschen Jugend" entwickelte sich bereits ab 1919 eine der ältesten Volkshochschulen in Schleswig-Holstein. Foto, um 1930.

aus 30 bis 200 solchen „Schrebergärten*" ganze Gartenkolonien. Hier suchten die Menschen Ruhe und beschauliche Abkehr von der Härte des Wochenalltags.
Der Wandervogel* wiederum versuchte einen eigenen jugendspezifischen Lebensstil zu entwickeln, in dem Wandern, Zeltlager, Volkstanz und Volkslied eine große Rolle spielten. Gemeinschaftsgefühl und Naturerleben sollten die Enge des Alltags und die Bedrängungen der industriellen Gesellschaft und der Massenzivilisation mit ihren Großstädten und Elendsquartieren überwinden.
Ähnliche Ziele verfolgte auch die Freikörperkultur (FKK)*. Ihre Anhänger vertraten die natürliche Nacktheit im Freien. Sie waren der Auffassung, dass aus diesem Erlebnis ein gesundes Verhältnis des Menschen zu seinem eigenen Körper und zur ihn umgebenden Natur und Gesellschaft entstehe.

2 *Überlegt, in die Tradition welcher früheren Epoche der deutschen Geschichte man das Kleingartenwesen stellen könnte.*

3 *Diskutiert, inwieweit Wandervogel, FKK, aber auch das Kleingartenwesen für viele Menschen eine Flucht aus dem Alltag boten.*

4 **Drei FKK-Anhängerinnen beim Baden.** Foto, 1927.

Wandervogel*:
Die 1895 von Hermann Hoffmann begründete und 1901 von Karl Fischer am Steglitzer Gymnasium (heute Berlin) als „Wandervogel" aufgebaute Organisation für Schülerfahrten wurde zum Ausgangspunkt der deutschen Jugendbewegung. 1929 gehörten den verschiedenen Wandervogel-Gruppen rund 30 000 Mitglieder an.

FKK-Jünger bei der Badegymnastik. Foto, um 1927.

Freikörperkultur (FKK)*:
Die ersten FKK-Vereinigungen entstanden 1910 in Berlin und 1911 in Stuttgart. Die seit der Jahrhundertwende existierende Bewegung erfuhr vor allem nach dem Ersten Weltkrieg erheblichen Zulauf. Nach 1945 fand FKK in der DDR eine deutlich größere Verbreitung als in der Bundesrepublik. Auch heute hat FKK in den „neuen" Bundesländern höhere Akzeptanz als in den „alten".

Die Weltwirtschaftskrise

1 **Anleger vor der Börse auf der Wallstreet am „Schwarzen Freitag“.** Foto, 25. Oktober 1929.

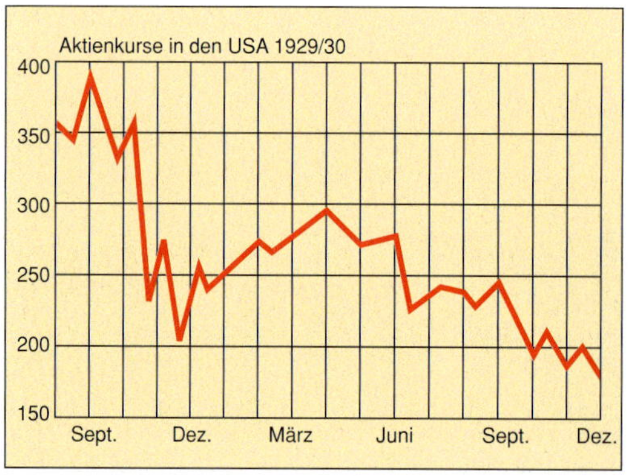

2 **Aktienkurse in den USA 1929/30.**

25. Oktober 1929: *„Schwarzer Freitag“ an der New Yorker Wallstreet.*

Der Weg in die Krise

In den Jahren nach dem Ersten Weltkrieg wurde die Industrie in allen westlichen Ländern auf Friedensproduktion umgestellt. Besonders in den USA war die Herstellung von Gütern sehr schnell gewachsen. Durch Fließbandproduktion wurden zum Beispiel Massen von Autos hergestellt. Immer mehr Menschen kauften sich Autos, Kühlschränke und Radios. Wer sie nicht bar bezahlen konnte, kaufte sie auf Raten. Die Menschen in den USA glaubten, die Wirtschaft würde sich immer weiter steigern. Immer mehr Arbeit, mehr Güter, mehr Lohn. Da könnte man ruhig Schulden machen. Manch eine Aktie verdoppelte ihren Wert in einem Jahr. Wer sich auf Kredit Aktien kaufte, konnte Gewinn einstecken und schon nach kurzer Zeit seine Schulden zurückzahlen. Viele Menschen wollten daran teilhaben.

In der „Deutschen Bergwerkszeitung“ vom 15. März 1929 hieß es:

Q1 … Wir haben … mehr Spindeln, als nötig wären, um in einem Jahr den Weltverbrauch von zwei Jahren zu spinnen. Wir haben Kautschukvorräte, … die keine Produktion in den nächsten Jahren verbrauchen kann, und wir haben mehr Automobile verkaufsfertig, als die Kaufkraft in diesem Jahr aufnehmen kann. …

1 *Formuliert, welche Schlüsse sich aus dem Zeitungsbericht ziehen lassen.*

Der Börsenkrach in New York

1928 ließen sich die Gütermengen schon nicht mehr voll verkaufen. Im Sommer 1929 wurde die Produktion in vielen Fabriken eingeschränkt und Arbeiter mussten entlassen werden. Hierauf reagierte der Aktienmarkt. Die Kurse gaben erst langsam nach, aber am 25. Oktober, dem so genannten Schwarzen Freitag, und den fünf folgenden Börsentagen kam es zu einem regelrechten Zusammenbruch. Viele Aktien wurden wertlos. Allein am 29. Oktober wurden an der New Yorker Börse 16,5 Millionen Aktien angeboten, doch niemand wollte sie mehr kaufen.

Infolge des Börsenkrachs brachen viele Banken zusammen, die Sparer verloren ihre Einlagen. Aber auch viele Fabriken, die von den Banken keinen Kredit mehr bekommen konnten, mussten schließen. Sie entließen ihre Arbeiter.

2 *Stellt in einer Tabelle Ursachen und Folgen des Börsenkrachs zusammen.*

3 *Informiert euch (z. B. in einem Lexikon) über Aktien.*

4 *Banken und Sparkassen bieten für Jugendliche zum Teil „Börsenspiele“ an, durch die man die Mechanismen des Aktienmarktes verstehen lernen kann. Erkundigt euch nach solchen Möglichkeiten.*

Die Weltwirtschaftskrise

Die Krise greift auf Europa über

Eine Schweizer Zeitung berichtete einen Monat nach der Börsenkatastrophe in New York:

Q2
- Amerikanische Banken ziehen Kredite aus Europa ab.
- Bestellungen von Schweizer Uhren, von Diamanten aus Amsterdam, von Wein aus Frankreich und Fabrikausrüstungen aus Deutschland werden zurückgezogen.
- In den Häfen der amerikanischen Ostküste lagern Waren, die aus Europa kommen und von den Empfängern nicht bezahlt werden können.

5 *Stellt Vermutungen an, wie die Nachrichten mit dem Börsenkrach zusammenhängen.*

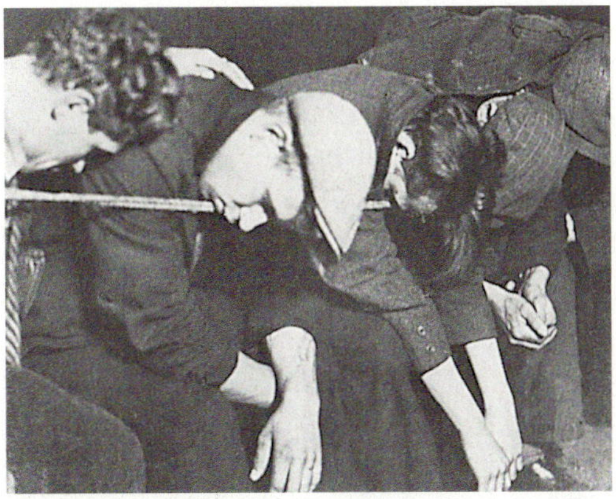

3 **Arbeitslose am Straßenrand.** Das Seil ermöglichte es, beim endlosen Warten im Sitzen zu schlafen. Foto, 1928.

Der Geldmangel in den USA führte dazu, dass die Kredite aus Europa abgezogen wurden. Das bewirkte besonders in Deutschland eine schwere Krise. Den Unternehmen fehlte das Geld, sie mussten die Produktion einschränken und viele Arbeiter entlassen. Die schon vorher nicht kleine Zahl von Arbeitslosen in Deutschland stieg nun schnell an.

6 *Sprecht darüber, was die große Zahl an Arbeitslosen für die Wirtschaft bedeutet. Denkt dabei auch an die Bäcker und Fleischer, die Einzelhandelsgeschäfte und die Handwerker.*

7 *Notiert, welche weiteren Faktoren diese negative Entwicklung der Arbeitslosigkeit bedingt haben könnten.*

8 *Vergleicht aktuelle Arbeitslosenzahlen mit denen von 1929 bis 1933 (Randspalte).*

Überall fehlte Geld. Viele Menschen kauften nur das Allernötigste, manche nicht einmal das. Zahlreiche Fabriken mussten schließen, weil ihre Produkte nicht mehr verkauft werden konnten. Dadurch gab es wieder mehr Arbeitslose.

Die Banken mussten die USA-Kredite zurückzahlen. Dadurch war auch bei ihnen das Geld knapp. Durch die Konkurse vieler Fabriken verloren die Banken Summen, die sie den Unternehmen geliehen hatten.

Nun wurden die Sparer aufmerksam. Sie wollten ihr Geld nicht verlieren und hoben die Sparguthaben ab. Doch so viel Geld lag nicht bei den Kassen bereit. Eine große deutsche Bank konnte zum Beispiel nicht mehr auszahlen und musste schließen. Als das bekannt wurde, setzte ein Sturm auf die Banken und Sparkassen ein. Sie gerieten in Gefahr. Um das Bankwesen zu retten, verordnete die Reichsregierung Bankfeiertage, d. h. Tage, an denen die Bank- und Sparkassenschalter geschlossen blieben. Langsam beruhigten sich die Sparer wieder.

Ähnlich war es in Österreich, Großbritannien, Frankreich und den Balkanstaaten.

9 *Erarbeitet anhand des Zahlenmaterials aus der Randspalte eine grafische Darstellung der Entwicklung der Arbeitslosigkeit in Deutschland von 1929 bis 1933.*

4 **Hunderte von Arbeitslosen warten bei einem Hamburger Hafenamt auf Arbeit. Polizeipräsenz (unten links) soll Ausschreitungen verhindern.** Foto, 1931.

Young-Plan 1930: *Deutschland soll in 59 Jahren 34 Mrd. Goldmark als endgültige Reparation zahlen. Die Frage der Reparationen wurde 1932 mit der Herabsetzung auf eine Schlussrate von 3 Mrd. Goldmark gelöst.*

Zahl der Arbeitslosen in Deutschland (jeweils im Januar:

1929	*2,850 Mio.*
1930	*3,218 Mio.*
1931	*4,887 Mio.*
1932	*6,024 Mio.*
1933	*6,014 Mio.*

„Ich suche Arbeit jeder Art!" Foto, um 1930.

Die Folgen der Weltwirtschaftskrise

„Erst Essen – dann Miete.“
Aufschrift in einem Hinterhof in Berlin 1932.

Der in Greifswald geborene Rudolf Dietzen, bekannt als ***Hans Fallada****, schrieb 1932 den Arbeitslosenroman „Kleiner Mann, was nun?“.*

Wohlfahrt*:* *soziale Einrichtungen zur allgemeinen Pflege des Volkswohls.*

1 **Familie eines Arbeitslosen.** Foto, 1929.

Arbeitslosigkeit

1 *Tragt zusammen, was ihr über Arbeitslosigkeit wisst. Benennt die Probleme der Arbeitslosen.*

Wer 1930 arbeitslos wurde, bekam für 6½ Monate Arbeitslosenunterstützung, danach für ein Jahr Krisenfürsorge. Wer diese nicht mehr bekam, konnte sich von der örtlichen Wohlfahrt* helfen lassen. Im Reichsdurchschnitt lagen die Wohlfahrtssätze bei 30 bis 40 Reichsmark (RM) im Monat, oft darunter. Im März 1932 bekamen von den 6128000 Arbeitslosen:

- 1850750 Arbeitslosenunterstützung,
- 1673150 Krisenfürsorge,
- 1832500 Wohlfahrtsunterstützung,
- 771600 keine Unterstützung.

Im Juni 1932 erhielt eine Familie mit zwei Erwachsenen und einem Kind 51,00 RM als Krisenfürsorge. Davon wurden 32,50 RM für Miete, Strom und Heizung gerechnet. Es verblieben dann 18,50 RM für alle anderen Ausgaben im Monat. Nach damaligen Preisen konnte man davon kaufen: für jeden ein halbes Brot, 500 Gramm Kartoffeln, 100 Gramm Kohl und 50 Gramm Margarine täglich, drei Heringe für jeden im Monat und für das Kind extra einen halben Liter Milch täglich.

2 *Prüft, wofür kein Geld vorhanden war.*

3 *Beschreibt, welche Lebens- und Ernährungsgewohnheiten ihr bei dieser Unterstützung aufgeben müsstet.*

Bericht des preußischen Wohlfahrtsministeriums über die Not der Kinder, August 1931:

Q1 ... Die Arbeitslosigkeit der Eltern verursacht bei den jungen Kindern Unterernährung. ... Die Kinderkrankheiten und Erkältungskrankheiten häufen sich, da der Arzt sehr oft zu spät oder gar nicht aufgesucht wird, weil für Arztschein und Medizin die notwendigen Gebühren nicht aufzubringen sind. ... Schwindel und Ohnmachtsanfälle treten stark auf. ... [Es] hat sich herausgestellt, dass die Ernährung völlig unzureichend ist, Vitamine (Obst, Gemüse) fehlen ganz.

Die Zeitung „Der Tag“ vom 22. September 1932 brachte folgende Stimme eines jungen Arbeitslosen:

Q2 ... Der Hunger ist noch lange nicht das Schlimmste. Aber seine Arbeit verlernen, bummeln müssen und nicht wissen, ob man jemals wieder in seine Arbeit kommt, das macht kaputt.
Man ist rumgelaufen nach Arbeit, Tag für Tag. Man ist schon bekannt bei den einzelnen Fabriken, und wenn man dann immer das eine hört: Nichts zu machen – da wird man abgestumpft.
Ich hasse diesen Staat, und ich habe als Arbeitsloser das Recht und die Pflicht, den deutschen Besitzenden zu hassen.

4 *Bringt Quelle 1 mit der staatlichen Unterstützung in Verbindung.*

5 *Spielt ein Gespräch zwischen den beiden Erwachsenen auf der Abbildung über ihre Lage.*

6 *Diskutiert den letzten Satz in Quelle 2.*

Methode: „Who's who?"

Was ist eine Biografie?

Das Wort Biografie steht für die Beschreibung der Lebensgeschichte eines Menschen.
Eine Biografie enthält Daten und wichtige Ereignisse im Leben einer Person.

Informationsbeschaffung

Ihr sucht genauere Informationen zu Personen, die am Ende des Ersten Weltkriegs und zu Beginn der Weimarer Republik eine wichtige Rolle spielten, zum Beispiel:

Friedrich Ebert,
Karl Liebknecht,
Max von Baden,
Philipp Scheidemann,
Rosa Luxemburg und
Walter Rathenau.

Die genannten Personen waren von unterschiedlicher Herkunft und vertraten unterschiedliche Positionen.

Ihr könnt so vorgehen:

1. Schritt:
Bildet Arbeitsgruppen zu den jeweiligen Menschen.

2. Schritt:
Sammelt Informationen über die Personen im Internet mithilfe von
- Suchmaschinen (z. B. google.de),
- Katalogen (z. B. Web.de) oder
- Adressen
  (z. B. www.weltchronik.de).

Ihr könnt auch in Nachschlagewerken in eurer Schulbibliothek oder der Stadtbücherei nachschauen.

3. Schritt:
Tragt eure Ergebnisse zu den Personen in einem Kurzreferat der Klasse vor.

4. Schritt:
Erstellt eine Wandzeitung mit den wichtigsten biografischen Angaben zu den oben aufgeführten Menschen.

1 **Rosa Luxemburg.** Foto, 1914.

2 **Karl Liebknecht.** Foto, um 1913.

3 **Walther Rathenau.** Foto, 1922.

4 **Max, Prinz von Baden.** Foto, um 1917.

5 **Friedrich Ebert.** Foto, 1924.

6 **Philipp Scheidemann.** Foto, um 1925.

Republik ohne Republikaner

1 Wahlplakat der NSDAP 1932.

1919/20:
Gründung der NSDAP.

Ziele der NSDAP

1919 wurde die Deutsche Arbeiterpartei in München gegründet, die sich 1920 in Nationalsozialistische Deutsche Arbeiterpartei (NSDAP) umbenannte. Adolf Hitler trat dieser kleinen Partei als Mitglied bei, die freilich bis 1923 nur eine von vielen Splitterparteien blieb. Schon damals aber hieß es im NSDAP-Parteiprogramm:

Adolf Hitler
(geb. 1889, Selbstmord 30. 4. 1945), seit 1921 Vorsitzender der NSDAP, unternahm 1923 einen Putschversuch in München (vgl. S. 231). In der Festungshaft 1923/24 verfasste er seine Programmschrift „Mein Kampf". 1933 Reichskanzler geworden, formte der „Führer" die Weimarer Republik in die Diktatur des „Dritten Reiches" um.

Q1 4. Staatsbürger kann nur sein, wer Volksgenosse ist. Volksgenosse kann nur sein, wer deutschen Blutes ist. ... Kein Jude kann daher Volksgenosse sein. ...
7. ... Wenn es nicht möglich ist, die Gesamtbevölkerung zu ernähren, so sind die Angehörigen fremder Nationen (Nicht-Staatsbürger) aus dem Reiche auszuweisen. ...
10. Erste Pflicht eines jeden Staatsbürgers muss sein, geistig oder körperlich zu schaffen. ... Daher fordern wir:
11. Abschaffung des arbeits- und mühelosen Einkommens.

Von Anfang an profilierte sich Hitler als die herausragende Führungspersönlichkeit der kleinen Partei. Besonders die lauttönenden Reden Hitlers in München erregten Aufsehen. Nach dem Putschversuch von 1923 (vgl. S. 231) wurde die Partei zunächst verboten, nach seiner kurzen Festungshaft aber schon 1925 von Hitler wieder aufgebaut. Die Mitgliederzahl stieg allerdings nur langsam an. Bei der Reichstagswahl 1928 errang die NSDAP lediglich 2,6 Prozent der Stimmen.
Erst als durch die Weltwirtschaftskrise das Elend in Deutschland große Ausmaße annahm, fand die NSDAP größeren Zulauf. Hitler arbeitete mit Schlagwörtern wie:

- „Weg mit dem Versailler Schanddiktat!"
- „Die Juden sind an allem Schuld!"
- „Keinen Pfennig für Reparationen!"
- „Arbeit und Brot für die Hungernden!"
- „Deutschland braucht mehr Lebensraum!"

Von diesen Parolen fühlten sich viele angesprochen, besonders diejenigen, die durch Krieg, Inflation und Wirtschaftskrise Wohlstand und Arbeit verloren hatten. Auch bei Bauern und Großgrundbesitzern fand die NSDAP viele Anhänger. Sie waren verbittert darüber, dass die Regierung so wenig für die Landwirtschaft tat.
1930 sagte Hitler in einer Rede in München:

Q2 Die nationalsozialistische Bewegung wird in diesem Staat mit den verfassungsmäßigen Mitteln das Ziel zu erreichen suchen. Die Verfassung schreibt uns nur die Methoden vor, nicht aber das Ziel. Wir werden auf diesem verfassungsmäßigen Wege die ausschlaggebenden Mehrheiten in den gesetzgebenden Körperschaften zu erlangen suchen, um in dem Augenblick, wo uns das gelingt, den Staat in die Form zu gießen, die unseren Ideen entspricht.

1 *Überlegt, wer von den Hitler-Parolen angesprochen wurde.*
2 *Gebt mit eigenen Worten die von Hitler in Q2 beschriebene politische Taktik wieder, mit der die NSDAP ihre Ziele zu erreichen hoffte.*

Republik ohne Republikaner

Bei der Reichstagswahl 1930 gewann die NSDAP 18 Prozent und im Juli 1932 37 Prozent der Stimmen. 1930 warb sie mit den Worten:

Q3 … Weg mit den Verantwortlichen für unseren Verfall! Volksgenosse, schließe dich an die marschierende braune Front des erwachenden Deutschland an! Dein Nein dem heutigen System gegenüber heißt: Liste 9! Schlagt sie am 14. September zusammen, die Interessenten des Volksbetrugs! …

3 *Tragt zusammen, was ihr über die NSDAP schon wisst.*

4 *Prüft, wie die Nationalsozialisten die Politiker der Weimarer Republik bezeichneten. Was sagt das über ihre Einstellung zur Republik?*

2 **Hitler bei einer Wahlveranstaltung 1929.** Foto.

Ideologie der NSDAP

Viele politische Vorstellungen und Ziele, die von Hitler und der NSDAP vertreten wurden, fanden nach 1918 in weiten Kreisen der Bevölkerung, aber auch bei den politischen Eliten von Militär, Diplomatie und Wirtschaft offene Zustimmung, besonders die Forderungen nach einer Nachbesserung des Versailler Vertrags, die bedingungslose Ablehnung der Demokratie sowie der Rassismus und Antisemitismus.

Die nationalsozialistische Ideologie ging von der Höher- und Minderwertigkeit von Rassen und Völkern aus, die in ständigem Überlebenskampf miteinander verstrickt seien. Dabei sei die „arische Rasse", die vor allem von den Deutschen gebildet werde, die wertvollste. Die „minderwertigste Rasse" seien dagegen die Juden, die deshalb auch der schlimmste Feind des „Deutschtums" seien. Als ärgster politischer Gegner galt der „Bolschewismus", der ideologisch verworren mit dem „Judentum" in direkte Verbindung gebracht wurde. Über die Rolle der Juden schrieb Hitler in „Mein Kampf":

Q4 … So ist der Jude heute der große Hetzer zur restlosen Zerstörung Deutschlands. Wo immer wir in der Welt Angriffe gegen Deutschland lesen, sind Juden ihre Fabrikanten. … Die Gedankengänge des Judentums dabei sind klar. Die Bolschewisierung Deutschlands, d. h. die Ausrottung der nationalen völkischen Intelligenz und die dadurch ermöglichte Auspressung der deutschen Arbeitskraft im Joche der jüdischen Weltfinanz, ist nur als Vorspiel gedacht für die Weiterverbreitung dieser jüdischen Welteroberungstendenz. … Im Bolschewismus haben wir den im 20. Jahrhundert unternommenen Versuch des Judentums zu erblicken, sich die Weltherrschaft anzueignen. …

Dieser vermeintliche Überlebenskampf zwischen Ariern und Juden sowie anderen „minderwertigen" Völkern, zu denen Hitler vor allem Slawen und Farbige zählte, sollte auch rechtfertigen, dass die Nationalsozialisten unter dem Schlagwort „Volk ohne Raum" den Lebensraum der vermeintlich „minderwertigen" Völker im Osten für die Ausbreitung des „arischen Herrenvolkes" beanspruchten.

5 *Tragt die Eckpunkte der NS-Ideologie in einer Liste zusammen.*

6 *Stellt fest, was die Menschen um 1930 über die Ziele der NSDAP und Hitlers wissen konnten.*

1929:
Die NSDAP zieht zum ersten Mal in das Berliner Parlament ein. Fraktionsvorsitzender ist der Berliner Gauleiter Goebbels.

1930:
Verschärfung der politischen Auseinandersetzungen in der Hauptstadt. Häufige blutige Auseinandersetzungen zwischen Nationalsozialisten und Kommunisten.

Die Schwäche der Parteien

Ergänzung zum nebenstehenden Diagramm:

1 DStP (1 %, 4 Abgeordnete), DVP (1 %, 7 Abg.), Sonst. (3 %, 11 Abg.)

2 DStP (1 %, 2 Abg.), DVP (2 %, 11 Abg.), Sonst. (3 %, 12 Abg.)

3 DStP (1 %, 5 Abg.), DVP (1 %, 2 Abg.), Sonst. (2 %, 7 Abg.)

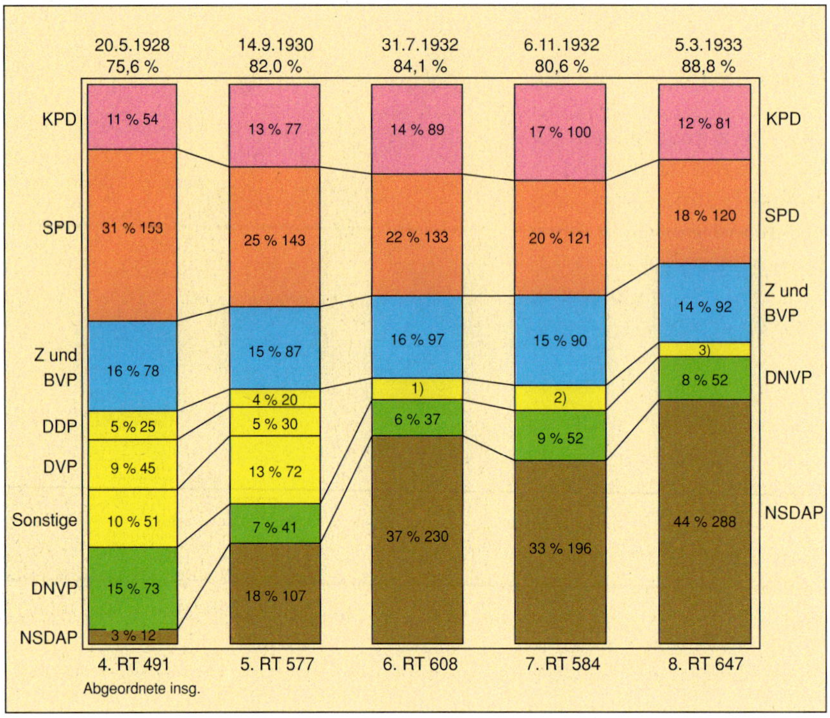

1 Die Stärke der Parteien in den Reichstagen. Auf 60 000 Wähler kam ein Abgeordneter. Über den Säulen ist die Höhe der Wahlbeteiligung angegeben.

Wahlplakat der KPD, 1932.

Große Koalition*: *Regierungsbündnis von zwei oder mehr großen Parteien aus verschiedenen Lagern des politischen Spektrums.*

1932: *Wahlsieg der NSDAP in Mecklenburg-Schwerin und Regierungsbildung; Koalitionsregierung von Deutschnationalen und NSDAP in Mecklenburg-Strelitz.*

Parteien im Reichstag

1 *Beschreibt anhand der grafischen Übersicht die Entwicklung der einzelnen Parteien.*
2 *Vergleicht die Prozentzahlen der KPD und der NSDAP in den Reichstagen seit 1930. In welchen Reichstagen konnten diese beiden Parteien eine parlamentarische Regierung verhindern?*

Die Wirtschaftskrise traf fast alle Menschen in Deutschland, nicht nur die Arbeitslosen: Die, die noch Arbeit hatten, mussten um ihren Arbeitsplatz fürchten. Die Selbstständigen verdienten immer weniger und standen in der Gefahr des Konkurses. Den Beamten wurden die Gehälter gekürzt.

Wer jetzt erklärte, die Demokratie sei schuld an dem Elend, fand offene Ohren. In ihrer Not hofften viele auf Rettung durch solche Parteien, die „Arbeit und Brot" für alle und einfache „Lösungen" versprachen, auch wenn diese Parteien wie die NSDAP und die KPD Feinde der Republik waren. Nach der Reichstagswahl vom 20. Mai 1928 bildeten die SPD, das Zentrum, die Bayerische Volkspartei, die DDP und die DVP eine Große Koalition* unter dem Reichskanzler Hermann Müller (SPD). Als die Wirtschaftskrise im Winter 1929/30 die Arbeitslosenzahlen immer höher steigen ließ, kam die Arbeitslosenversicherung in die Bedrängnis, das Arbeitslosengeld nicht mehr zahlen zu können. Die Arbeitnehmer und Arbeitgeber sollten 0,5 Prozent höhere Beiträge zahlen. Die DVP war dagegen, sie wollte, dass die Leistungen der Versicherung gesenkt würden. Beide Seiten hatten ihre Vorschläge aus den Interessen der von ihnen vertretenen Gruppen abgeleitet. Als kein Kompromiss zwischen beiden Vorschlägen möglich war, zerbrach die Koalition, und Reichskanzler Müller trat zurück.

3 *Gebt an, warum es wichtig war, die Arbeitslosenversicherung zahlungsfähig zu erhalten.*
4 *Prüft, welche anderen Koalitionsmöglichkeiten bestanden, wenn SPD und DVP nicht zusammengehen wollten.*

Fehlende Kompromissfähigkeit

Die Regierung Brüning

Nachdem die Große Koalition unter Reichskanzler Hermann Müller gescheitert war, weil die Parteien sich unfähig zeigten, einen Kompromiss* in der Frage der Arbeitslosenversicherung zu finden, beauftragte der Reichskanzler Paul von Hindenburg den Zentrumspolitiker Heinrich Brüning mit der Bildung einer neuen Regierung. Er brachte eine Koalition aus Zentrum, BVP, DDP und DVP zusammen, konnte aber damit nur 30 Prozent der Abgeordneten für die Regierung gewinnen. Er hatte also im Reichstag keine Mehrheit (Abb. 1).

Dennoch versuchte Brüning zu regieren. Er hatte die Zusage des Reichspräsidenten, dass notwendige Maßnahmen, die im Reichstag keine Mehrheit fänden, mithilfe des Artikels 48.2 der Reichsverfassung (vgl. S. 221) als Notverordnung durchgesetzt werden könnten. Dieser Artikel erlaubte es, in Notsituationen der Regierung Gesetze auch ohne Zustimmung des Reichstages in Kraft zu setzen, wenn der Reichspräsident die Notverordnung unterschrieb. Der Reichstag konnte solche Verordnungen zwar wieder aufheben. Dann aber drohte der Reichspräsident den Reichstag aufzulösen und Neuwahlen auszuschreiben.

Mit diesen Notverordnungen wollte Brüning regieren. Seine Absicht war die Wirtschaftskrise zu überwinden. Er glaubte durch eiserne Sparsamkeit zum Ziel zu kommen. So wurden keine Aufträge des Staates an die Industrie vergeben. Die Löhne und Gehälter wurden gekürzt. Die Leistungen der Arbeitslosenversicherung und der Fürsorge wurden gesenkt. Die Folge dieser Maßnahmen waren zunächst ein weiterer Rückgang der Kaufkraft und weitere Arbeitslosigkeit. Als Brüning im Sommer 1930 den Haushaltsplan auch als Notverordnung nicht durchsetzen konnte, ließ er den Reichstag auflösen und Neuwahlen zum 14. September ausschreiben.

5 *Prüft anhand von Abbildung 1 die Ergebnisse der Reichstagswahl vom 14. September 1930. Welche Parteien hatten gewonnen, welche verloren?*

6 *Vermutet, welche Folgen das Wahlergebnis haben konnte.*

2 Heinrich Brüning (1885–1970), Mitglied der Zentrumspartei, war 1930–32 Reichskanzler. Foto.

Nach der Wahl konnte Brüning weiterhin mit Notverordnungen regieren. Um zu verhüten, dass die radikalen Parteien an die Macht kämen, duldete die SPD diese Regierung. Die KPD und die NSDAP bekämpften die Weimarer Republik grundsätzlich, und die DNVP lehnte die parlamentarische Staatsform ab. Diese Parteien und andere rechtsradikale Gruppen schlossen sich im Oktober 1931 zur „Harzburger Front*" zusammen. Aufgrund der unversöhnlichen Haltung der Parteien untereinander gab es im Reichstag keine Mehrheiten, um Gesetze beschließen zu können. Das parlamentarische Regierungssystem wurde funktionsunfähig. 1932 verlor Brüning das Vertrauen des Reichspräsidenten. Er wurde entlassen. Ihm folgten bis 1933 noch zwei weitere Reichskanzler, die auch keine Mehrheit im Reichstag fanden. So kam es, dass viele Menschen die Zuversicht zum Parlamentarismus verloren.

7 *Stellt in einer Liste die Gründe für das Scheitern der Weimarer Republik zusammen.*

8 *Diskutiert, ob es heute in Deutschland ähnliche Gefahren für die Demokratie gibt.*

Kompromiss*: *Übereinkunft bei gegenseitigem Zugeständnis.*

Rotfrontkämpferbund: *1924 als Schutzstaffel der KPD gegründet. Er lieferte sich blutige Saalschlachten mit der SA.*

Wahlplakat des Zentrums, 1932.

Harzburger Front*: *Zusammenschluss der rechtsextremen Oppositionsgruppen gegen die Regierung Brüning. Dazu gehörten vor allem die NSDAP, die DNVP und der Stahlhelm.*

17. 7. 1932: *Blutige Zusammenstöße zwischen Kommunisten, Nationalsozialisten und der Polizei in Altona (**„Altonaer Blutsonntag"**).*

Methode: Karikatur und politische Zeichnung

1 **„Sie tragen die Buchstaben der Firma – aber wer trägt den Geist?“** Karikatur aus dem Simplicissimus, 21. März 1927.

3 **„Notverordnung: Nach den Erfahrungen der letzten Tage ist verfügt worden, dass jeder Demonstrationszug seinen eigenen Leichenwagen mitzuführen hat.“** Karikatur aus dem Simplicissimus, Februar, 1931.

2 **„Was haben Sie denn da für ein Abzeichen?“ – „Tja, Sowjetstern mit Hakenkreuz. Man kann doch nie wissen, woher der Putsch kommt.“** Karikatur, 1923.

Karikaturen und politische Zeichnungen

Karikaturen und politische Witzzeichnungen in Zeitungen und Illustrierten sind ein Spiegelbild der Zeit, in der sie entstanden sind. Sie zeigen, womit die Menschen sich beschäftigt haben, worüber sie lachten oder sich ärgerten, wovor sie Angst hatten und was sie lächerlich fanden.

Auf diesen Seiten sind einige politische Zeichnungen aus der Weimarer Zeit abgedruckt.

1 *Seht euch jede Karikatur genau an.*

2 *Fasst zusammen, was sie über die Zeit aussagen. Die Jahreszahl ist jedes Mal angegeben.*

3 *Beschreibt die Bilder und erläutert dann, gegen wen oder was sie sich richten.*

4 *Legt euch selbst eine Sammlung heutiger politischer Karikaturen an. Aus einer solchen Sammlung könnt ihr dann eine Chronik des Jahres machen.*

Zusammenfassung

Vom Kaiserreich zur Weimarer Republik

Nach der Revolution vom November 1918 begann zunächst die Auseinandersetzung um die zukünftige Staatsform. Die beiden Hauptmodelle waren das kommunistisch geprägte Rätesystem und die demokratische Republik. Das Eintreten der SPD als stärkste politische Kraft für eine demokratische Verfassung gab den Ausschlag. Doch blieben die Konflikte nicht friedlich. Bürgerkriegsartige Zustände auch in der Hauptstadt Berlin führten dazu, dass die verfassunggebende Versammlung nach Weimar verlegt wurde.

Nachkriegszeit und innenpolitische Krisen

Auch nach Errichtung der Weimarer Republik blieben die politischen Lager unversöhnlich. Besonders auch an dem als Demütigung empfundenen „Diktatfrieden" von Versailles und den daraus entstehenden wirtschaftlichen Belastungen entzündete sich immer wieder Streit. Die französische Ruhrbesetzung, die Inflation und die soziale Entwurzelung weiter Bevölkerungskreise heizten die Situation in Deutschland zusätzlich an. 1923 gipfelten die Spannungen in mehreren Putschversuchen von rechts und links, darunter der Hitler-Putsch in München.

Politische Entspannung und Goldene Zwanziger

Die wirtschaftliche Erholung im Zuge des Dawes-Plans und die außenpolitische Entspannung durch die europäische Friedenspolitik Stresemanns und Briands schufen in Deutschland ein neues, freieres Klima – die Goldenen Zwanziger. Die für kurze Zeit stabilisierte Demokratie ermöglichte kulturelle Vielfalt, wirtschaftlichen Aufschwung und sozialen Ausgleich.

Die Schwäche der Demokratie

Die Weltwirtschaftskrise zerstörte die wirtschaftliche Grundlage des mühsam errungenen politischen und sozialen Friedens der Weimarer Republik. Die Republik mit ihrer demokratischen Verfassung schien vielen Menschen für ihre persönliche Not verantwortlich zu sein. Besonders die rechtsradikalen Parteien, am erfolgreichsten die NSDAP, nutzten diese Stimmung. Die Demokratie fand immer weniger Verteidiger.

1 *Wenn die Gründe für das Scheitern der Weimarer Republik genannt werden, fällt oft das Wort von der „Demokratie ohne Demokraten". Diskutiert diesen Erklärungsansatz.*

1918/19

Von der Novemberrevolution zur Weimarer Verfassung.

1923

Das Krisenjahr: Ruhrkampf und Putschversuche.

1924–1928

Nach Wirtschaftskrise und Inflation bringen die Goldenen Zwanziger eine kurze Blütezeit.

1929–1933

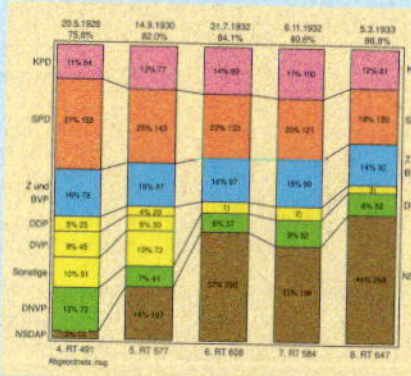

Die erste deutsche Demokratie scheitert am mangelnden politischen Rückhalt im Volk.

Frühgeschichte | *Jungsteinzeit* | *Metallzeit* | *Altertum*

2 Millionen — 3000 v. Chr. — Christi Geburt

Bronzezeit/Eisenzeit

Um 3000 v. Chr.	Erste Bronzeverarbeitung im Vorderen Orient
Um 2000 v. Chr.	Ausdehnung der Bronzetechnik bis Mitteleuropa
1500–1300 v. Chr.	Entstehung der Lausitzer Kultur
Um 1300 v. Chr.	Erste Eisenverarbeitung in Kleinasien
Um 500 v. Chr.	Jüngere Eisenzeit in ganz Deutschland

10 000 v. Chr.	Erster Getreideanbau und erste Viehzucht im Vorderen Orient
7000 v. Chr.	Erste stadtähnliche Siedlung in Jericho
4500 v. Chr.	Erste Siedlung der Bandkeramiker in Sachsen

Vor ca. 2 Mio. Jahren	Erste Menschen
Vor ca. 600 000 Jahren	Ältester Menschenfund in Deutschland
Vor ca. 300 000 Jahren	Frühmenschen in Bilzingsleben
Vor ca. 35 000 Jahren	Cro-Magnon-Mensch

In der gesamten Altsteinzeit lebten die Menschen als Jäger und Sammler.

Rom

753 v. Chr.	Gründung Roms (Sage)
500 v. Chr.	Beginn der römischen Republik
Um 250 v. Chr.	Rom ist stärkste Landmacht im Mittelmeerraum
44 v. Chr.	Alleinherrschaft Caesars
31 v. Chr. bis 14 n. Chr.	Herrschaft des Kaisers Augustus
391 n. Chr.	Das Christentum wird Staatsreligion
395 n. Chr.	Teilung des Römischen Reiches
476 n. Chr.	Der letzte römische Kaiser wird von den Germanen abgesetzt

Griechenland

2600–1450 v. Chr.	Minoische Kultur auf Kreta
750–550 v. Chr.	Griechische Kolonisation
500 v. Chr.	Entstehung der Demokratie in Athen
477 v. Chr.	Gründung des Attischen Seebundes
356–336 v. Chr.	Philipp von Makedonien unterwirft Griechenland
300–30 v. Chr.	Hellenistische Staaten entstehen in Ägypten, Persien und Makedonien

Ägypten

3000 v. Chr.	Staatsgründung in Ägypten
1900 v. Chr.	Ägypten wird Großmacht
1000 v. Chr.	Ägyptens Großreich zerfällt
30 v. Chr.	Ägypten wird römische Provinz

Mittelalter — *Neuzeit*

500 n. Chr. — 1100 — 1300 — 1500

Frankenreich

482	Chlodwig wird König der Franken
722	Bonifatius wird mit der Missionierung der Germanen beauftragt
772–804	Sachsenkriege
768	Karl der Große wird König der Franken
800	Kaiserkrönung Karls des Großen in Rom
814	Tod Karls des Großen

Ausbreitung des Islam

570	Geburt Mohammeds in Mekka
622	Mohammed flieht nach Medina
630	Mohammed erobert Mekka
632–715	Ausbreitung des Islam bis Indien und Europa
632	Tod Mohammeds
711	Araber dringen in Europa (Spanien) ein

Deutsches Reich

919	Sachsenherzog Heinrich wird deutscher König
11. Jh.	Herausbildung des Ritterstands
1077	Heinrich IV. in Canossa
1096	1. Kreuzzug
12. bis 13. Jh.	Aufstieg der Fürsten zu Landesherren, Besiedlung der Gebiete östlich der Elbe

Vom Mittelalter zur Neuzeit

Um 1450	Erfindung des Buchdrucks
1492	Kolumbus sucht den Westweg nach Indien und entdeckt Amerika
1519	Cortez erobert Mexiko. Die Europäer errichten ihre Herrschaft in den Kolonien

Reformation und ihre Folgen

31.10.1517	Luther veröffentlicht die Wittenberger Thesen gegen den Missbrauch des Ablasses
1521	Reichstag zu Worms
1525	Bauernkrieg
1525	Gründung des Jesuitenordens
1618–1648	Dreißigjähriger Krieg

Neuzeit

1500 1600 1700

Das Zeitalter des Absolutismus

1643–1715	Ludwig XIV., König von Frankreich
1689	Glorreiche Revolution. Bill of Rights in England
1689–1725	Zar Peter I. regiert in Russland
1740–1786	Friedrich II., König von Preußen
1756–1763	Siebenjähriger Krieg

USA

1607	Jamestown gegründet
1620	Pilgerväter landen in Amerika
1776	Unabhängigkeitserklärung der USA
1789	Verfassung der USA
1861–1865	Bürgerkrieg zwischen den Nord- und den Südstaaten der USA

Französische Revolution/Napoleon

1789	Versammlung der Generalstände. Sturm auf die Bastille. Erklärung der Menschenrechte.
1791	1. Verfassung
1793/94	Schreckensherrschaft
1799	Napoleon übernimmt die Herrschaft
1804	Kaiserkrönung Napoleons
1807	Preußische Reformen
1813	Napoleons Feldzug nach Russland
1815	Schlacht bei Waterloo

Industrialisierung

Seit 1700	Beginn der Industrialisierung in England
1769	James Watt, Dampfmaschine
1814	George Stephenson, 1. Lokomotive
1848	K. Marx und F. Engels, Kommunistisches Manifest
1861	Erste Gewerkschaften in Deutschland
1863	„Allgemeiner Deutscher Arbeiterverein“ gegründet
1865	„Allgemeiner Deutscher Frauenverein“ gegründet
1875	Gründung der Sozialdemokratischen Partei in Gotha

1800 1900

Deutscher Bund

1814/15	Wiener Kongress
1815–1866	Deutscher Bund
1817	Wartburgfest
1832	Hambacher Fest
1834	Deutscher Zollverein

Revolution 1848/49

1830	Julirevolution in Frankreich. Aufstände in Leipzig und Dresden
1848	Märzaufstand in Wien, Berlin, Paris. Mai: Nationalversammlung in Frankfurt am Main.
1849	Friedrich Wilhelm IV. von Preußen lehnt die Kaiserkrone ab. Auflösung der Nationalversammlung. Aufstände werden durch das Militär niedergeschlagen

Imperialismus

Ab 1870	Eroberungspolitik europäischer Staaten in Afrika und Asien
1884	Deutschland wird Kolonialmacht in Afrika
Seit 1900	450 Millionen Einwohner gehören zum „British Empire"
1904	Herero-Aufstand

Deutsches Kaiserreich

1871	Gründung des Deutschen Reiches, Otto von Bismarck wird Reichskanzler
1878	Sozialistengesetz
1888	Wilhelm II. wird Kaiser
1890	Entlassung Bismarcks, neuer außenpolitischer Kurs

Der Erste Weltkrieg

28. 6. 1914	Attentat in Sarajewo
1. 8. 1914	Beginn des Ersten Weltkriegs

2. 4. 1917	Kriegseintritt der USA
11. 11. 1918	Ende des Ersten Weltkriegs

Weimarer Republik

3.–9. 11. 1918	Novemberrevolution in Deutschland
9. 11. 1918	Ausrufung der Republik
Januar 1919	Januarkämpfe und Nationalversammlung
28. 6. 1919	Versailler Vertrag
11. 8. 1919	Weimarer Verfassung
1923	Inflation, Ruhrkampf und Putschversuche
1924–1928	Die Goldenen Zwanziger
8. 9. 1926	Aufnahme Deutschlands in den Völkerbund
1929	Weltwirtschaftskrise
1929–1933	Aufstieg der NSDAP

Gewusst wie ...

Eine Zeitleiste herstellen

Zeitabschnitte aus der Vergangenheit könnt ihr in einer Zeitleiste darstellen. So könnt ihr veranschaulichen, was früher, später oder auch gleichzeitig stattgefunden hat.

... und so wird's gemacht:

1. Bildmaterial sammeln und ordnen
Tragt Bilder, Fotos und Gegenstände zusammen und beschafft euch Informationen dazu. In Geschichtsbüchern, Lexika oder in alten Zeitungen könnt ihr euch informieren. Sortiert ähnliche Abbildungen aus. Macht Fotokopien von Bildern, die euch nicht gehören. Fotografiert Gegenstände, über die ihr nicht verfügen könnt. Notiert, aus welchem Jahr die Bilder oder Gegenstände stammen. Berechnet, wie viele Jahre seitdem vergangen sind.

2. Zeitleiste anlegen
Nehmt eine Tapetenbahn und zeichnet einen Zeitstrahl darauf. Überlegt, welchen Zeitraum ihr darstellen wollt. Schreibt das Jahr, das am weitesten zurückliegt, an die linke Seite des Zeitstrahls. Der Zeitpunkt, der unserer Zeit am nächsten ist, wird an die rechte Seite geschrieben. Unterteilt dann den Zeitstrahl in sinnvolle Abschnitte.

3. Zeitleiste gestalten
Legt euer Bildmaterial auf und probiert verschiedene Gestaltungsmöglichkeiten aus. Klebt die Abbildungen auf und beschriftet sie.

Umgang mit Gesetzestexten

Gesetzestexte sind nicht leicht zu verstehen. Sie müssen genau analysiert werden.

... und so wird's gemacht:

1. Art und Inhalt des Textes klären
Stellt fest, ob es sich zum Beispiel um einen Verfassungstext, ein Gesetz oder eine Verordnung handelt. Klärt unbekannte Begriffe und sucht die Schlüsselwörter. Fasst zusammen, worum es im Text geht.

2. Regelungsbereich und Regelungsabsicht klären
Untersucht, für welche Bereiche die Bestimmung gilt und was mit ihr bewirkt werden soll (z. B. Schutz, Strafe).

3. Die Bestimmung auf einen Fall anwenden
Versucht festzustellen, ob die Bestimmung auf einen bestimmten Fall anzuwenden ist und was daraus für Betroffene folgt.

4. Beurteilung
Erörtert, ob die Regelung aus eurer Sicht gerecht/ungerecht, zu hart/zu milde ist. Passt sie überhaupt auf den Einzelfall?

Textquellenarbeit

Schriftliche Überlieferungen werden Textquellen genannt, weil man aus ihnen Informationen über die Vergangenheit entnimmt, so wie man Wasser aus einer Quelle schöpft. Dabei kann es sich z. B. um Gesetzestexte, Briefe oder Inschriften handeln. Die Textquellen können auf Papier oder Stein, in Büchern oder an Gebäuden stehen. Um eine Textquelle genauer zu untersuchen, können folgende Fragen hilfreich sein:

1. Fragen zum Text
- Wovon berichtet der Text? (W-Fragen: Wer? Wo? Wann? Was? Wie? Warum?)
- Wie ist der Text untergliedert? Welcher Gesichtspunkt steht im Mittelpunkt?
- Wie kann man den Inhalt kurz zusammenfassen?
- Welche Widersprüche, Übertreibungen oder Einseitigkeiten enthält der Text?

2. Fragen zum Verfasser (Autor)
- Welche Informationen besitzen wir über den Verfasser?
- Kannte der Schreiber die Ereignisse, über die er berichtet, aus eigener Anschauung?
- Welche Absichten verfolgte der Verfasser mit seinem Text?
- Versucht der Autor möglichst neutral zu sein oder ergreift er Partei für bestimmte Personen?

Mündliche Quellen

Informationen kann man nicht zu allen Fragen aus Büchern beschaffen. Man kann Zeitzeugen- oder Expertenbefragungen durchführen. Das, was die Leute dabei erzählen, wird „mündliche Quelle" genannt. Aber auch viele Materialien im Buch sind als mündliche Quellen aufgezeichnet worden.

... und so wird's gemacht:

1. Fragen stellen
Geht vor wie bei einer Zeitzeugen- oder Expertenbefragung.

2. Informationen entnehmen
Fragt nach, wenn euch etwas unklar bleibt. Formuliert nachher die Antworten auf eure Fragen kurz mit eigenen Worten.

3. Informationen vergleichen und überprüfen
Wenn man Leute zu Dingen befragt, die sie selbst erlebt haben, wollen sie sich so gut wie möglich darstellen: Manch einer ist ein Angeber, ein anderer ist allzu bescheiden. Die Wahrheit könnt ihr meist nur schwer überprüfen. Manchmal hilft es, mündliche Quellen zu vergleichen. Manchmal gibt es schriftliche Quellen oder Abbildungen, die den Erinnerungen widersprechen. Wichtig: Zeigt der befragten Person möglichst nicht, dass ihr ihre Erzählungen prüfen wollt, sondern bewertet sie erst nachher alleine.

… arbeiten mit Methode

Schaubild

Schaubilder stellen komplizierte Zusammenhänge vereinfacht dar.

… und so wird's gemacht:

1. Was ist dargestellt?
- Inhalt feststellen (Um was geht es?)
- Symbole entschlüsseln (Bedeutung von Farben, Form der Elemente, Pfeile …)

2. Wie ist die Darstellung aufgebaut?
- Aufbau und Ablauf erkunden (Wo ist der „Einstieg“, läuft alles in eine Richtung? Gibt es Verzweigungen, soll ein Kreislauf angedeutet werden?)
- Zusammenhänge herstellen (Wo sind z. B. Ursachen, wo ergeben sich Folgen?)

3. Auswertung
- Gesamtaussage erkennen (Wie könnte man die Aussage des Schaubildes mit wenigen Worten wiedergeben?)
- Kritisch überprüfen (Was fehlt, was wird zu einfach dargestellt oder übertrieben …?)

Statistiken und Diagramme

Die bei Umfragen erhobenen Daten sollten ausgewertet und grafisch aufbereitet werden. Wenn ihr die dafür notwendigen Schritte einmal selber gemacht habt, fällt euch die Deutung und Beurteilung fremder Statistik viel leichter.

… und so wird's gemacht:

1. Fragebögen auswerten
Strichlisten zu den einzelnen Antworten anlegen, Teilergebnisse zusammenfassen, eine Tabelle mit dem Gesamtergebnis aufstellen – das sind die notwendigen Vorarbeiten für eine grafische Aufbereitung von erhobenen Daten.

2. Diagrammart wählen
Diagramme sollen übersichtlich und aussagekräftig sein. Der ausgewählte Typ muss zum Inhalt passen.

3. Diagramme anlegen
Hierfür ist es manchmal günstig, die absoluten Zahlenwerte in Prozente umzurechnen.

4. Interpretation
Hierzu werden die Grafiken „gelesen“ und in Worte übersetzt.

5. Kritik
Ihr werdet schnell feststellen, dass man durch die Art der Darstellung Dinge übertreiben oder abschwächen kann. Da hilft bei fremden Statistiken nur ein kritischer Blick auf die zugrunde liegenden Zahlenwerte. Eine seriöse Statistik muss nämlich nachvollziehbar und damit überprüfbar sein.

Geschichtskarten

Im Geschichtsunterricht arbeitet ihr mit Geschichtskarten. Sie stellen ein Thema aus der Geschichte dar. Das kann eine bestimmte Situation sein. Es kann auch die Entwicklung über einen längeren Zeitraum hinweg sein. Bei der Arbeit mit Geschichtskarten helfen folgende Arbeitsschritte weiter:

1. Thema und Zeitraum bestimmen
Antwort gibt meist der Titel der Karte. Er ist in diesem Buch über den Karten abgedruckt. Wenn der Zeitraum im Titel nicht zu erkennen ist, muss man einen Blick in die Legende werfen oder auf der Karte eingetragene Jahreszahlen sammeln.

2. Das dargestellte Gebiet bestimmen
Sicher könnt ihr nur sein, wenn ihr euch am Kartenbild orientiert habt. In diesem Buch hilft euch oft der kleine Kartenausschnitt.

3. Farben und Zeichen erklären
Fast jede Karte hat eine Zeichenerklärung, die so genannte Legende. Dort findet ihr die Erklärungen, die nicht in der Karte stehen.

4. Aussagen der Karte zusammenfassen
Wenn ihr Schwierigkeiten habt, versucht ihr am besten zu der Karte eine kurze Geschichte zu erzählen. Was passierte in welcher Reihenfolge?

Bilder und Kunstwerke als Quellen

Oft genügt es schon, ein Bild genau zu betrachten und zu beschreiben, um etwas darüber zu erfahren, wie die Menschen früher gelebt, gedacht oder gefühlt haben. Manchmal benötigen wir zusätzliche Informationen, um den Sinn eines Bildes zu verstehen. Folgende Fragen können helfen Bildern wichtige Informationen zu entnehmen.

… und so wird's gemacht:

1. Fragen zum Kunstwerk
- Welche „Daten“ des Bildes sind bekannt? (Name des Künstlers, Bildtitel, Entstehungszeit)
- Was ist dargestellt? (Personen, Dinge, Natur usw.)
- Wie ist es dargestellt? (Naturgetreu oder nicht? Farben, Helligkeit, Anordnung der Personen, Dinge usw.)
- Gibt es einen Mittelpunkt, auf den das Auge des Betrachters gelenkt wird? Sind Vorder- und Hintergrund erkennbar?
- Welchen Eindruck will der Künstler durch die Darstellung vermitteln?
- Zu welchem Zweck wurde das Bild geschaffen?

2. Fragen zum Betrachter
- Wie wirkt das Bild als Ganzes auf mich?
- Welche Einzelheiten sprechen mich besonders an, was finde ich interessant, schön, hässlich, abstoßend usw.?
- Welche weiteren Fragen ergeben sich für mich durch das Bild?
- Wo finde ich weitere Informationen?

Gewusst wie ...

Informationen beschaffen

Am häufigsten suchen wir uns zusätzliche Informationen in anderen Büchern. Wir finden sie in Büchereien oder Bibliotheken.

... und so wird's gemacht:

1. Schritt: Im Katalog suchen
Wenn ihr nach den gewünschten Büchern suchen wollt, müsst ihr in den „Katalog" schauen. Der **Autorenkatalog** hilft euch, wenn ihr schon wisst, welches Buch von welchem Autor ihr haben wollt. Der **Schlagwortkatalog** ist für den Anfang besser. Hier könnt ihr unter einem Stichwort nachsehen.

2. Schritt: Bücher ausleihen
Im Katalog findet ihr zu jedem Buch eine Buchstaben- und Zahlenkombination, die so genannte Signatur. Notiert die Signatur, den Namen des Autors und den Buchtitel und fragt nun die Angestellten, wie es weitergeht.

3. Schritt: Eine Dokumentation anlegen
Wenn ihr wichtige Informationen behalten wollt, müsst ihr diese Informationen auswählen und festhalten. In einem Hefter sammelt ihr Fotokopien von Bildern und Texten aus den ausgeliehenen Büchern. Wichtige Informationen aus langen Texten lassen sich besser kurz mit eigenen Worten zusammenfassen. Auf jedem Blatt solltet ihr als Überschrift das Thema festhalten, um das es geht. Am besten nummeriert ihr die Seiten durch, wenn eure Dokumentation abgeschlossen ist.

Exkursion

Ihr könnt auch einen Schauplatz aufsuchen, an dem ihr Spuren der Geschichte findet. Das nennt man eine Exkursion.

... und so wird's gemacht:

1. Informationen beschaffen, Termin festlegen
Zuerst beschafft ihr euch per Post oder Telefon Informationen über euer Ziel. Legt einen Termin fest und erkundigt euch nach Fahrmöglichkeiten.

2. Vorbereitung in der Schule
Sichtet das Informationsmaterial, erarbeitet Fragen, einigt euch auf Schwerpunkte. Bildet arbeitsteilige Gruppen.

3. Gemeinsamer Rundgang am Ziel
Gemeinsam verschafft ihr euch einen ersten Überblick. Beim Rundgang informieren die einzelnen Gruppen die anderen als Experten.

4. Selbstständiges Entdecken und Erforschen
Jede Gruppe kann dann ihr Thema vertiefen. Sucht die eurem Schwerpunkt entsprechenden Spuren auf. Haltet alle Ergebnisse stichwortartig fest, fotografiert und zeichnet.

5. Vortrag der Arbeitsergebnisse in der Schule
Dies kann in Textform, mit Bildern und Postkarten geschehen. Unterstützt euren Vortrag mit Anschauungsmaterial und erzählt von persönlichen Erlebnissen. Die Ergebnisse sollten dokumentiert werden.

Industriemuseen erkunden

„Spuren" des Fortschritts findet ihr in Industriemuseen. Sie zeigen Fabrikanlagen, Maschinen und Werkzeuge, oft auch den Betrieb alter Maschinen. Ihr erfahrt vor allem etwas über die Bedingungen, unter denen Menschen früher in der Industrie gearbeitet haben.

... und so wird's gemacht:

1. Die Erkundung vorbereiten
Klärt, welches Museum erkundet werden soll, vereinbart einen Termin und bereitet euch mit Fragen (Fragebogen), am besten in Gruppen, darauf vor. Vergesst nicht Notizblock, Schreibzeug, Fotoapparat (Videokamera).

2. Die Erkundung durchführen
Stellt eure Fragen, macht Notizen, haltet auch Beobachtungen fest, die nicht in eurem Fragenkatalog stehen.

3. Die Ergebnisse auswerten und dokumentieren
Das gesammelte Material zunächst sichten, ordnen und eventuell durch weitere Informationen aus Büchern ergänzen. Entscheidet dann, wie ihr eure Ergebnisse darstellen wollt, z.B. in einer kleinen Ausstellung, einer Wandzeitung, einem Erkundungsbericht.

Denkmäler untersuchen

Die Untersuchung von Kriegerdenkmälern kann uns über Folgen der Kriege aufklären. Sie liefert auch Hinweise auf das Bewusstsein der Menschen, die die Denkmäler errichtet haben.

... und so wird's gemacht:

1. Bestandsaufnahme
- Beschreibung des Denkmals; Ausdruck der Figuren (Skulpturen)
- Gestaltungselemente: Materialien, Skulpturen (auch Symbole: Stahlhelm, Adler, Waffen), Inschriften, Gestaltung der Umgebung usw.
- Sind irgendwann Veränderungen vorgenommen worden?

2. Heutige Einstellungen zum Denkmal prüfen
- Versucht herauszufinden, welche Einstellungen heute in der Bevölkerung des Ortes bestehen. (Wer pflegt das Denkmal? Finden Gedenkfeiern statt? usw.)

3. Deutung, Bewertung
- Erfahren wir etwas über die Motive und Gefühle der Menschen, die das Denkmal errichteten?
- Was bedeuten die Einzelheiten? (z.B. kriegerische Symbole für Kampf und Durchhaltewillen)
- Welchen Zweck sollte das Denkmal haben? (z.B. Gedächtnis- oder Ehrenmal? Dem Soldatentod Sinn zusprechen? Botschaft an nachfolgende Generationen?) Wie denken wir heute darüber?

Zeitzeugenbefragung

Zeitzeugen sind Menschen, die eine Zeit bewusst erlebt haben und von den Ereignissen oder dem Denken der Zeit aus eigenem Erleben berichten können. In diesem Sinne können alle älteren Erwachsenen Zeitzeugen sein.

... und so wird's gemacht:

1. Sammeln der Fragen
Überlegt, was ihr herausfinden wollt. Schreibt eure Fragen als Fragenkatalog zusammen.

2. Wer kann befragt werden?
Sprecht ältere Menschen an und erklärt ihnen, weshalb ihr sie befragen wollt.

3. Durchführung der Befragung
Stellt die Fragen in der Reihenfolge des Fragenkatalogs. Bleibt euch etwas unklar, fragt nach. Bedankt euch nach dem Gespräch. Wenn ihr als Gruppe arbeitet, müsst ihr entscheiden, wer als Sprecher auftritt und wer die Antworten notiert. Schreibzeug und Fragenkatalog müssen mitgebracht werden. Ihr könntet auch mit einem Kassettenrekorder arbeiten.

4. Auswertung
Tragt im Anschluss an die Befragung die Antworten zusammen. Das geht gut, wenn ihr sie auf Zettel schreibt und auf einer Pinnwand sammelt. Jetzt könnt ihr eure Ergebnisse zusammenfassen. Am besten notiert ihr auch noch besondere Beobachtungen während der Befragung.

Umfrage

Umfragen helfen dabei, Stimmungen und Meinungen zu erkunden, aber auch Daten zu sammeln.

... und so wird's gemacht:

1. Thema eingrenzen
- Klären, was genau man erfahren möchte.
- Den Teilbereich auswählen, der möglichst viel Grundsätzliches berührt.
- Die Personengruppe aussuchen, die vermutlich viel zum Thema sagen kann. Dabei gilt: Je allgemeiner das Thema, desto unterschiedlicher und zahlreicher sollten die Personengruppen (= Zielgruppen) sein!

2. Fragebogen erstellen
- Die Anzahl der Fragen festlegen. Damit entscheidet ihr über die Dauer der Befragung und den eigenen Zeitaufwand bei der späteren Auswertung.
- Frageform festlegen: Die Art der Frage muss zum Inhalt passen!
- Auf die Reihenfolge achten: Zu Beginn allgemeine Fragen stellen, die ins Thema einführen. Bald zum Kern der Sache kommen, weil sonst die Aufmerksamkeit nachlässt. Persön-
liche Fragen – z. B. nach dem Alter – erst am Schluss stellen.

3. Umfrage durchführen
- Erlaubnis einholen und erklären, um was es geht.
- Klären, ob die Fragen vorgelesen oder ob die Bögen von

Karikaturen deuten

Bei einer Karikatur geht es dem Zeichner darum, seine Meinung zu einer Sache darzustellen. Um die Karikatur zu deuten, müsst ihr die Stilmittel (Übertreibung, Symbole) herausfinden.

... und so wird's gemacht:

1. Beobachtung
Karikatur genau betrachten und Eindrücke festhalten.

2. Beschreibung
Was ist dargestellt? Welche Texte gehören zum Bild?

3. Deutung
Welche Bedeutung haben die dargestellten Personen, Tiere oder Gegenstände?

4. Einordnung
Auf welche Situation beziehen sich die Aussagen der Karikatur?

5. Wertung
Welche Position bezieht der Karikaturist? Wie seht ihr das Problem?

Interview

1. Vorbereitung des Interviews
- Personell: Wer soll das Interview durchführen? Wer soll interviewt werden?
- Inhaltlich: Welche Fragen wollt ihr stellen?
- Räumlich: Wo soll das Interview durchgeführt werden?
- Zeitlich: Wie lange soll das Interview dauern?
- Technisch: Wie wollt ihr das Interview aufzeichnen? Wer übernimmt die technische Leitung?

2. Probedurchlauf
Ihr gewinnt an Sicherheit, wenn ihr das Interview probt. Notiert die Stellen, die sich im Probedurchlauf als schwierig erwiesen haben. Was lässt sich verbessern?

3. Durchführung des Interviews
Führt anhand eurer Checkliste dann das Interview durch: Vorstellen des Interviewpartners, Stellen der Fragen, Dank an den Interviewpartner.

4. Auswertung des Interviews
Was hat das Interview für euer Thema gebracht (neue Erkenntnisse, eine Veränderung der Sichtweise, mehr Verständnis für die Gegenposition ...)?

5. Überlegungen zur Methode
- Wie hat der Interviewer seine Aufgabe erfüllt?
- Wie hat sich der Interviewpartner verhalten? War er allen Fragen gegenüber offen? Hat er verständlich geantwortet?

Spielfilme im Unterricht

Bilder, und ganz besonders Filme, haben eine starke direkte Wirkung auf den Betrachter. Deshalb ist es wichtig, sich die Wirkungsweisen bewusst zu machen, über die ein Film verfügen kann.

... und so wird's gemacht:

1. Schritt: Einordnung des Films
Stellt fest, wo und wann der Film produziert wurde und wo und wann seine Handlung spielt. Klärt, ob der Film eine erfundene oder historisch belegbare Geschichte erzählt.
Findet heraus, welcher Gattung der Film zuzuordnen ist (Liebesfilm, Abenteuerfilm, Kriminalfilm, Kriegsfilm ...).

2. Schritt: Zusammenfassung des Inhalts
Gebt den Inhalt des Films in Form einer Nacherzählung oder Inhaltsangabe wieder.
Nennt die Haupt- und Nebenpersonen und die Art, wie sie dargestellt werden. Schildert, aus welchem Blickwinkel der Film erzählt und welche Lösung der Probleme er anbietet.

3. Schritt: Untersuchung der filmischen Mittel
Stellt fest, mit welchen Mitteln euch der Film in seine Sichtweise ziehen möchte.
Achtet besonders auf:
- Bildgestaltung (Schwarzweißfilm oder Farbfilm, Bildfolge, Bildausschnitte, Perspektivenwechsel)
- Ausstattung (Rollenbesetzung, Kleidung, Einsatz von Tieren, besondere Gegenstände)
- Musik und Sprache, wie sie zur Charakterisierung einzelner „Gruppen" oder des ganzen Films eingesetzt sind

4. Schritt: Auswertung des Films
Prüft, ob und in welcher Form euch der Film zum jeweiligen Thema Informtionen geben konnte. Entsprechen diese dem, was ihr aus anderen Quellen dazu erfahren habt? Berichtet, welche besonderen Möglichkeiten dabei das Medium Film hatte.
Plant, wie ihr die Auswertung festhaltet: Inhaltsangabe, Filmkritik, Dialog schreiben, Filmplakat entwerfen usw.

Fotos analysieren

Außer Gegenständen und Textquellen können auch Fotos wichtige Informationen über die Geschichte der Industrialisierung geben. Dazu müssen Fragen an die Fotos gestellt werden. Nicht immer können zu allen Fragen Antworten gefunden werden.

... und so wird's gemacht:

1. Fragen zum Foto:
- Wann ist das Foto entstanden?
- Wer hat es aufgenommen?
- Warum ist das Foto aufgenommen worden?
- Gibt es eine Bilderklärung? Welche Informationen enthält sie?

2. Fragen zum Motiv:
- Was ist dargestellt?
- Fallen euch wichtige Dinge ein, die mit dem Motiv zusammenhängen, aber nicht auf dem Bild zu erkennen sind?
- Welche weiteren Informationen wären zum besseren Verständnis nötig?

Internetrecherche

1. Klärung der Absicht
Was will ich erreichen? Ist das Netz hierfür überhaupt optimal geeignet?
- Herstellung von eigenen Homepages?
- Kontaktaufnahme über E-Mail oder „Chat" in einem Forum?
- Informationsgewinnung?

2. Adressen bereithalten
Vorab klären, auf welchem Weg das Ziel erreicht werden soll:
- als offene Suche mithilfe einer so genannten Suchmaschine („Yahoo", „google" u. a.)
- als Kontakt über die Homepage eines Netzbetreibers („t-online", „AOL")
- als gezielter Besuch bei einer bestimmten Adresse

Die Adressen und Zugriffsmöglichkeiten solltet ihr in einer gesonderten Mappe nach Suchbegriffen sammeln und ordnen.

3. Netzzeit sparen
- Die eigenen Beiträge vorbereiten (E-Mail fertig getippt, Bilder und Grafiken fertig gescannt abspeichern)
- Bei Chats (Beteiligung an Diskussionen) die interessierenden Punkte vorher notieren und während des Gesprächs abhaken

4. Ergebnisse sichern und kritisch sichten
- Ergebnisse komprimiert sichern (eventuell erst später offline ausdrucken)
- Heruntergeladene Inhalte nicht ungeprüft gelten lassen; Infomüll und Anstößiges aussondern; Verstöße gegen Verhaltensregeln im Netz beanstanden (z. B. Lotsen oder Scouts benachrichtigen!)
- Nachdenken: War die Arbeitstechnik nützlich? Wären andere Möglichkeiten besser, interessanter, kontaktfreundlicher usw. gewesen?

Lösungen von Seite 70/71: „Der Tod eines Königs"

Paris, 21. 1. 1793. Hinrichtung des französischen Königs Ludwig XVI.

1 Während der Revolution bietet diese Alarmanlage aus dem 20. Jahrhundert keinen Schutz.

2 John Logie Baird führt das Fernsehen erstmals 1926 vor und Fernsehkameras wie diese kommen noch später.

3 Elektrische Lautsprecher gibt es noch nicht. Die Stimme des Königs wird durch die Trommeln der Soldaten übertönt.

4 Diese Thermosflasche stammt aus dem 20. Jahrhundert.

5 Die Revolutionäre hatten einfache Gewehre, das Maschinengewehr ist ein Modell aus dem 20. Jahrhundert.

6 Zeitungen finden immer mehr Verbreitung, aber diese bunte Illustrierte „Femme" stammt aus dem Frankreich des 20. Jahrhunderts.

7 Die Revolutionäre demonstrieren zwar gegen mancherlei, aber diese Plakette für Atomabrüstung und Frieden ist ihrer Zeit voraus.

8 Mehr als 50 Jahre vor der Erfindung des Verbrennungsmotors ist für diesen Benzinkanister noch keine Verwendung.

9 Zwar gibt es in Paris viele eindrucksvolle Gebäude, aber Hochhäuser aus Beton und Glas entstehen erst im 20. Jahrhundert.

10 Ein Kran wie dieser ist ab der zweiten Hälfte des 20. Jahrhunderts ein vertrauter Anblick, hier aber fehl am Platz.

11 Den Minirock sieht man in den Straßen von Paris erst ab ungefähr 1960.

12 Die Parkuhr wird 1935 von dem Amerikaner C. C. Magee erfunden.

13 Lange vor der Erfindung des Tonbandgeräts hat sich dieser Rundfunkreporter um 150 Jahre in der Zeit geirrt.

14 Steelbandtrommeln werden aus Ölfässern erst hergestellt, nachdem Erdöl, weil es den Verbrennungsmotor gibt, zu einer bedeutenden Handelsware geworden ist.

15 Diese Verkehrsleitkegel („Lübecker Hütchen") aus Kunststoff sind erst im 20. Jahrhundert ein vertrauter Anblick.

16 Baseball wird in den Vereinigten Staaten erstmals 1839 gespielt, aber diese Baseballmütze ist noch jünger.

17 Diese einziehbare Hundeleine ist eine Erfindung des 20. Jahrhunderts.

18 Hamburger und Fastfood in solchen Styroporschachteln werden erst im 20. Jahrhundert gebräuchlich.

19 Vor der Erfindung des Telefons gibt es auch diese Gegensprechanlage noch nicht.

20 So viele Jahre vor der Erfindung des Automobils werden Verkehrszeichen noch nicht gebraucht, obwohl sie auch für Kutschen nicht schlecht gewesen wären.

Jugend- und Sachbücher

Europa im Zeitalter des Absolutismus

- Bartos-Höppner, Barbara: *Die Bonins – Eine Familie in Preußen.* Verlag Niemeyer, Hameln. Erzählt wird die Geschichte einer Familie, deren Schicksal eng mit den preußischen Herrschern verbunden ist.
- Dumas, Alexandre: *Die drei Musketiere.* Arena Verlag, Würzburg. Ein Abenteuerroman, der auch wichtige Erkenntnisse über das absolutistische Frankreich vermittelt.
- Hamann, Brigitte: *Ein Herz und viele Kronen.* Carl Ueberreuter Verlag, Wien. Lebendige Darstellung des Lebens der österreichischen Kaiserin Maria Theresia.
- Marchand, Pierre (Hrsg.): *Kaiser, Könige und Zaren. Vom Sonnenkönig bis zu den ersten Siedlern in Amerika.* Bertelsmann Lexikon Verlag, Gütersloh. Reich bebilderte Enzyklopädie mit vielen Informationen über den Sonnenkönig Ludwig XIV., über die „Glorreiche Revolution" in England, das Russland Iwans des Schrecklichen und Peters des Großen, die Reiche der Großmoguln in Indien und der Ming-Kaiser in China, über den Kampf der Indianer in Amerika und die ersten Siedler.
- Miquel, Pierre: *So lebten sie zur Zeit der großen Könige. 1715 bis 1785.* Tessloff Verlag, Hamburg/ Nürnberg. Der Band enthält zahlreiche Illustrationen, die historischen Darstellungen nachempfunden sind. Gezeigt werden Szenen aus dem täglichen Leben: die Städte, das Land, die Ernährung, Hygiene und Medizin, Handel und Wissenschaft, Kunst und Handwerk, Spiele und Vergnügen, Schule und Erziehung, Politik und Kriege.

Neue, freie Welt – Amerika

- Cooper, James F.: *Der Wildtöter. Erste Lederstrumpf-Erzählungen.* Arena Verlag, Würzburg. Der Autor des spannenden Jugendbuch-Klassikers verlebte seine Kindheit in der Umgebung, in der die Lederstrumpfgeschichten spielen. Er begegnete aber nur noch einzelnen Indianern, keinen ganzen Stämmen mehr.
- Crummenerl, Rainer/Klaucke, Peter: *Indianer.* Arena Verlag, Würzburg. Wie lebten die Indianer früher? Was veränderte sich, als die Weißen kamen? Wie sieht die heutige Situation der Indianer aus? Das Buch gibt einen fundierten Überblick über die unterschiedlichen indianischen Kulturen Nordamerikas.
- Cummings, Betty Sue: *Feuer über Virginia.* dtv, München. Ein junges Mädchen erlebt die Wirren des amerikanischen Bürgerkrieges.
- Freedman, Russel: *Die großen Häuptlinge.* Verlag Carlsen, Hamburg. Der verzweifelte Kampf der letzten großen indianischen Häuptlinge um das Überleben ihres Volkes.
- Hadley, Irwin: *Die Häuptlingstochter.* dtv, München. Tochter Scheues Reh vom Stamm der Mequakiindianer ist zwölf Jahre alt, als die Weißen ihr Dorf am Fluss Iowa niederbrennen. Für sie und ihr Volk beginnt eine schwere Zeit in einem weit entfernten Reservat in Kansas.
- Hetmann, Frederik: *Indianer.* Ravensburger Buchverlag, Ravensburg. Ein prächtig illustrierter Band, in dem die Geschichte der nordamerikanischen Indianer von den Anfängen bis zur Gegenwart erzählt wird.
- Schröder, Rainer M.: *Die wundersame Weltreise des Jonathan Blum.* Arena Verlag, Würzburg. Nach Pogromen in Polen mit seiner jüdischen Familie nach Westen geflohen, tritt Jonathan Blum 1858 seine Reise nach Amerika an. Nach langen Irrfahrten findet er schließlich die ersehnte Freiheit und zu sich selbst.

Die Französische Revolution, Europa und Napoleon

- Coppens, Bernard: *Napoleon. Geschichte schauen, lesen und wissen.* Union Verlag, Stuttgart. Das reich illustrierte Buch lässt eine Zeit lebendig werden, die ganz von der Größe und den Schwächen des französischen Kaisers und Generals geprägt ist.
- Everwyn, Klas Ewert: *Für fremde Kaiser und kein Vaterland.* F. Oettinger Verlag, Hamburg. Zu Beginn des 19. Jahrhunderts eroberten französische Volksheere das europäische Festland. Vor diesem Hintergrund spielt die Geschichte des jungen Tagelöhners Gerard Rörich aus dem Bergischen Land, der immer wieder versucht den Werbern der verschiedenen Armeen zu entgehen.
- Popp, Georg (Hrsg.): *Die Großen der Menschenrechte.* Arena Verlag, Würzburg. Beiträge über das Leben und Wirken bedeutender Persönlichkeiten, die mit ihren Ideen und ihrem Wirken den Gedanken der Menschenrechte mit Leben erfüllt haben.
- Schneider, Karla: *Die abenteuerliche Geschichte der Filomena Findeisen.* Verlag Beltz & Gelberg, Weinheim. Die Truppen Napoleons in Dresden. Eindringliche Schilderung des Alltags in der damaligen Zeit, verbunden mit der Erzählung einer Mädchenfreundschaft.

Jugend- und Sachbücher

Demokratischer Aufbruch in Deutschland

- Hermannsdörfer, Elke: *Lina Karsunke.* dtv-junior, München. Lina, Tochter eines schlesischen Leinewebers, geht nach Berlin und gerät hier in die Wirren der Revolution von 1848.
- Honies, Heinz: *Ideen können nicht erschossen werden … 1848.* Breitschopf Verlag, Wien/Stuttgart. Der junge Moritz Michael Kuppelwieser, Sohn einer Reisigsammlerin und eines Tintenverkäufers, erlebt die Revolution.
- Kordon, Klaus: *1848 – die Geschichte von Jette und Frieder.* Verlag Beltz & Gelberg, Weinheim. In den deutschen Staaten herrscht eine explosive Stimmung – an die Stelle des Gottesgnadentums der Fürsten sollen Freiheit und Gleichheit treten.
- Selber, Martin: *Ich bin ein kleiner König.* Heinrich und die Revolution. rororo Rotfuchs, Reinbek. Heinrich lebt in Magdeburg. Während der Revolution wird sein Vater verhaftet, die Familie muss nach Amerika auswandern.

Die industrielle Revolution

- Grütter, Karin/Ryter, Annamarie: *Stärker als ihr denkt.* Carlsen Verlag, Hamburg. Basel um 1850 – Lisa, eine 16-Jährige vom Land, will endlich ihr Geld verdienen und ihr Leben selbst bestimmen.
- Pelgrom, Els: *Umsonst geht nur die Sonne auf.* dtv, München. Schon als 11-jähriges Mädchen muss Fine ihr Elternhaus verlassen, um in der nächstgelegenen Stadt als Küchenhilfe zu arbeiten.
- Pierre, Michel: *Die Industrialisierung.* Union-Verlag, Stuttgart. Informatives Sachbuch über die technischen Entwicklungen im 19. Jahrhundert.

Das Zweite Kaiserreich

- Fährmann, Willi: *Es geschah im Nachbarhaus. Geschichte eines Verdachtes.* Arena Verlag, Würzburg. In einer kleinen Stadt wird Ende des 19. Jahrhunderts durch Hass und Vorurteile eine jüdische Familie um ihre Existenz gebracht.
- Kästner, Erich: *Als ich ein kleiner Junge war.* Hellerau Verlag, Dresden. Der bekannte Schriftsteller erzählt von seiner Kindheit und Schulzeit vor dem Ersten Weltkrieg in Dresden.

Imperialismus, Erster Weltkrieg

- Betge, Lotte: *Herbstwind.* Klopp Verlag, München. Am Ende des Ersten Weltkriegs nehmen drei Schwestern ihr Schicksal selbst in die Hand.
- Frank, Rudolf: *Der Junge, der seinen Geburtstag vergaß. Ein Roman gegen den Krieg.* Beltz Verlag, Weinheim. Roman über das Grauen des Ersten Weltkriegs.
- Kleberger, Ilse: *Die Vision vom Frieden – Bertha von Suttner.* dtv, München. Die Geschichte der österreichischen Baronin und ihres Einsatzes für die Friedensbewegung.
- Merchand, Pierre (Hrsg.): *Kaiserreiche und Kolonien. Die Aufteilung der Welt.* Bertelsmann Lexikon Verlag, Gütersloh. Illustriertes Sachbuch über das Zeitalter des Imperialismus und das Leben und Leiden in den Kolonien.
- Pausewang, Gudrun: *Ich habe Hunger. Ich habe Durst.* Ravensburger Buchverlag, Ravensburg. Erzählt wird die Geschichte einer südamerikanischen Familie sowie die Folgen des Imperialismus bis zur Gegenwart.
- Seufert, Karl Rolf: *Aufbruch am Heiligen Fluss. – Gandhis Kampf für Indiens Freiheit.* Arena Verlag, Würzburg. Mahatma Gandhi wurde durch seinen gewaltlosen Einsatz für die Rechte der Inder zum einflussreichsten Politiker seiner Zeit.

Die Weimarer Republik

- Fährmann, Willi: *Zeit zu lieben, Zeit zu hassen.* Arena Verlag, Würzburg. Im Januar 1919 gerät der junge Paul Bienmann aus Ostpreußen in die Berliner Straßenkämpfe zwischen Spartakisten und Freikorps.
- Kordon, Klaus: *Die roten Matrosen oder Ein vergessener Winter.* Beltz & Gelberg, Weinheim. Novemberrevolution 1918: Helle und Fritz freunden sich 1918 mit revolutionären Matrosen an und erleben an ihrer Seite die Revolution mit.

Lexikon

Absolutismus Bezeichnung für die Epoche im 17. und 18. Jahrhundert, in der Ludwig XIV. und seine Regierungsform in Europa als Vorbild galten. Der Monarch besaß die uneingeschränkte Herrschaftsgewalt. Er regierte losgelöst von den Gesetzen und forderte von allen Untertanen unbedingten Gehorsam.

Adlige Die Edlen – Angehörige einer in der Gesellschaft hervorgehobenen Gruppe, eines Standes, ausgestattet mit erblichen Vorrechten. Adliger konnte man von Geburt aus sein (Geburtsadel); Adliger konnte man aber auch werden, indem man im Dienst des Königs tätig war (Amts- oder Dienstadel).

Aggressor Angreifer; zum Beispiel der schuldige Verursacher eines Krieges.

Alliierte und assoziierte Regierungen Die im Ersten Weltkrieg gegen das Deutsche Reich verbündeten (alliierten und assoziierten) 27 Siegerstaaten.

Antisemitismus Feindschaft gegenüber Juden. Der Begriff bezieht sich darauf, dass sich die Juden in ihrer geschichtlichen Abstammung von semitischen Stämmen des Nahen Ostens herleiten. Das Hebräische gehört zur semitischen Sprachgruppe.

Arbeiterbewegung Entstand als Folge der durch die Industrialisierung hervorgerufenen sozialen Missstände. Die zunehmende Verelendung der Arbeiter durch niedrige Löhne, lange Arbeitszeiten, schlechte Wohn- und Arbeitsverhältnisse usw. führte nach ersten spontanen Protestaktionen (1811/12 Maschinenstürmer in Großbritannien) zu einer organisierten Bewegung. Die abhängigen Lohnarbeiter schlossen sich in Gewerkschaften, Genossenschaften und Arbeiterparteien zusammen.

Aufklärung Reformbewegung, die im 18. Jahrhundert in fast allen Lebensbereichen zu neuen Ideen und Denkweisen führte. In der Politik richteten sich die Aufklärer gegen die uneingeschränkte Macht des Königs. Sie traten ein für Meinungsfreiheit, für Toleranz gegenüber anderen Religionen und ein von Vernunft geprägtes Handeln.

Barock Der ursprünglich italienische Kunststil setzte sich gegen Ende des 17. Jahrhunderts in ganz Europa durch. Es entstanden zahlreiche barocke Schloss- und Kirchenbauten mit prunkvollen Verzierungen, die Kraft und Fülle ausdrücken sollten.

Bauernbefreiung Seit dem Ende des 18. Jahrhunderts wurden in vielen Ländern Europas nach und nach Gesetze erlassen, durch die die Bauern ihre persönliche Freiheit erhielten und keine Abgaben und Frondienste mehr leisten mussten. In Frankreich war die Bauernbefreiung ein Ergebnis der Revolution von 1789. In Preußen wurde sie Anfang des 19. Jahrhunderts erlassen.

Biedermeier Bezeichnung für den bürgerlichen Lebensstil zwischen 1815 und 1848. Enttäuscht von der Wiederherstellung der alten Ordnung, die die Bürger aus der Politik verdrängte, zogen sich die Menschen ins Privatleben zurück, um hier Erfüllung zu finden. Benannt wurde dieser Lebensstil nach einem schwäbischen Lehrer, der in Gedichten die Geborgenheit des häuslichen Glücks pries.

Code Napoléon/Code civil (franz. = bürgerliches Gesetzbuch) Begriff für das Gesetzbuch, mit dem Napoleon – daher auch Code Napoléon genannt – Frankreich ein einheitliches bürgerliches Recht gab, das Errungenschaften der Französischen Revolution festhielt. Nach seinem Vorbild wurden politische Freiheit und Gleichheit vor dem Gesetz in vielen europäischen Staaten gesichert.

Deutscher Bund Von 1815 bis 1866 der Zusammenschluss der deutschen Fürsten und freien Städte mit dem Ziel der äußeren und inneren Sicherung Deutschlands. Die Verbindung sollte die Unverletzlichkeit der einzelnen unabhängigen Staaten garantieren. Dem Deutschen Bund gehörten auch die Könige von Großbritannien (für Hannover), von Dänemark (für Holstein) sowie der König der Niederlande (für Luxemburg) an. Der Deutsche Bund konnte aufgrund seiner starren und schwerfälligen Verfassungsstruktur jedoch keine eigene Dynamik entwickeln.

Deutsches Reich Die amtliche Bezeichnung des deutschen Staates von 1871 bis 1945. Erstes Staatsoberhaupt war der preußische König Wilhelm I., der am 18. Januar 1871 im Spiegelsaal von Versailles zum deutschen Kaiser ausgerufen worden war.

Diktatur Herrschaftsform, in der die unbegrenzte Staatsgewalt bei einem Diktator (lat. dictator = der, der zu sagen hat) liegt. Kennzeichen einer Diktatur sind z. B. die Unterdrückung der politischen Gegner, die Aufhebung der Gewaltenteilung sowie die Einschränkung der Menschenrechte. Beispiel für eine Diktatur ist Frankreich unter Napoleon.

dritter Stand Er bildete zur Zeit des Absolutismus die Mehrzahl der Bevölkerung: Bauern, Kleinbürger, Großbürger. Vor allem die Bauern litten unter großen Lasten: Verbrauchssteuern, Kirchenzehnt, hohe Abgaben an Grundherrn und Staat.

Fabrik (lat. fabrica = Werkstätte). Großbetrieb mit oft mehreren hundert Arbeitern und Arbeiterinnen und maschineller Fertigung von Erzeugnissen. Der Aufstieg der Fabriken begann mit der Industrialisierung zunächst in England. Die ehemaligen Heimarbeiter mussten sich nun als Lohnarbeiter bei den Fabrikbesitzern andienen.

Frauenbewegung Bezeichnung für den organisierten Kampf um die rechtliche, politische und soziale Gleichstellung der Frau. 1865 wurde der „Allgemeine Deutsche Frauenverein" gegründet, 1894 der „Bund deutscher Frauenvereine". Hauptforderungen waren u. a. gleiche Bildungschancen, das Wahlrecht für Frauen (seit 1918) und gleicher Lohn für gleiche Arbeit.

Gaskrieg Im Ersten Weltkrieg kam erstmals Giftgas zum Einsatz (Chlorgas, Senfgas). Das deutsche Heer hatte diese Waffe zuvor schon in der afrikanischen Kolonie Deutsch-Südwestafrika (das heutige Namibia) im Kampf gegen die aufständischen Hereros „getestet".

Generalstände Die Versammlung der Vertreter der drei Stände von ganz Frankreich seit dem Beginn des 14. Jahrhunderts. Die Generalstände hatten vor allem das Recht der Steuerbewilligung. Erst die schwere Finanzkrise des absolutistischen Staates führte Ludwig XVI. dazu, die Ständeversammlung einzuberufen. Aus der Revolution der Abgeordneten des dritten Standes sollte sich die Französische Revolution entwickeln.

Gewaltenteilung Eine in der Zeit der Aufklärung entwickelte Lehre. Ihr zufolge hat der Staat drei Hauptaufgaben: Gesetzgebung, Rechtsprechung und vollziehende Gewalt. Diese Aufgaben haben drei voneinander klar getrennte Einrichtungen wahrzunehmen: das Parlament, die Gerichte sowie die Regierung und Verwaltung. Die Gewaltenteilung ist eine Antwort auf den Absolutismus.

Gewerkschaft Organisation, die zur Veränderung der wirtschaftlichen und sozialen Lage von Arbeitnehmern begründet wurde. Die 1890 in der Generalkommission zusammengefassten „freien Gewerkschaften" (seit 1918 ADGB-„Allgemeiner Deutscher Gewerkschaftsbund") kämpften für eine schrittweise Verbesserung der Arbeitsbedingungen und für die Korrektur der gesellschaftlichen Machtverhältnisse.

Hambacher Fest So nannte man die Volksversammlung auf dem Hambacher Schloss bei Neustadt vom 27. bis 30. Mai 1832. Tausende von liberal, demokratisch und republikanisch gesinnten Bürger kamen zusammen, um ihren Willen zu Deutschlands Wiedergeburt in Einheit und Freiheit zu zeigen. Jacob Siebenpfeiffer und August Wirth, die Hauptredner, forderten eine revolutionäre, nationaldeutsche Demokratie.

Imperialismus Das Streben einzelner Staaten nach weltweiter politischer und wirtschaftlicher Macht oder wenigstens Geltung. Mittel sind die Eroberung und wirtschaftliche Durchdringung und Ausbeutung fremder Gebiete. Im engeren Sinne werden als Zeit des Imperialismus die Jahre von 1880 bis 1914 angesehen.

Industrielle Revolution Umwälzung der Arbeitswelt und der Gesellschaft durch verbreitete Anwendung von Maschinen, die menschliche und tierische Kräfte in großem Ausmaß ersetzen (z. B. Dampfmaschine, später Verbrennungs- und Elektromotor). Die industrielle Revolution begann im 18. Jahrhundert in England und breitete sich im 19. Jahrhundert auf dem Kontinent und in den USA aus. Sie änderte die Gesellschaftsstruktur tief greifend.

Jakobiner Ein politischer Klub während der Französischen Revolution, dessen Mitglieder sich erstmals in dem ehemaligen Pariser Kloster St. Jacob trafen. Nach der Abspaltung der gemäßigten Gruppe der Girondisten wurde der Name nur noch für radikale Republikaner verwandt.

Kapital Vermögen, das im Wirtschaftsprozess eingesetzt wird, damit es sich möglichst schnell und stark vermehrt. Unterschieden wird zwischen Geldkapital und Produktivkapital (Maschinen, Produktionsstätten).

Kapitalismus Wirtschaftsordnung, innerhalb derer sich die Industrialisierung in Europa und Nordamerika vollzog. In dieser Ordnung befinden sich die Produktionsmittel in den Händen von Privatbesitzern, der Kapitalisten und Unternehmer. Diese treffen wirtschaftliche Entscheidungen, z. B. Investitionen, in Hinblick auf den Markt und die zu erwirtschaftenden Gewinne. Den Eigentümern von Produktionsmitteln bzw. Kapital stehen die Lohnarbeiter gegenüber.

Lexikon

Klasse Bezeichnung für die Angehörigen einer gesellschaftlichen Gruppe mit gleichen wirtschaftlichen Verhältnissen, insbesondere in Bezug auf den Besitz von Produktionsmitteln (Fabriken, Maschinen usw.).
Kolonialismus Die Inbesitznahme und Ausbeutung militärisch und politisch schwächerer Länder. Im Zeitalter des Imperialismus (1870 bis 1914) erreichte der Kolonialismus seinen Höhepunkt, als die europäischen Großmächte auf der Suche nach neuen Rohstoffgebieten, Absatzmärkten und Auswanderungsmöglichkeiten stark expandierten.
Kolonie Bezeichnung für Gebiete in Afrika, Lateinamerika und Asien, die von europäischen Staaten in Besitz genommen und durch Bürger dieser Staaten verwaltet bzw. ausgebeutet wurden.

Leibeigener Bauer, der in völliger Abhängigkeit von seinem Herrn lebte. Der Leibeigene durfte ohne Genehmigung des Lehnsherrn weder wegziehen noch heiraten.

Menschenrechte Unantastbare und unveräußerliche Freiheiten und Rechte jedes Menschen gegenüber den Mitmenschen und dem Staat. Dazu gehören das Recht auf Leben, auf freie Entfaltung der Persönlichkeit und das Recht auf Eigentum.
Nach dem Vorbild der „Virginia Bill of Rights" und der „Unabhängigkeitserklärung der Vereinigten Staaten" (1776) verkündete die französische Nationalversammlung 1789 die „Erklärung der Menschen- und Bürgerrechte".
Die Menschenrechte wurden seit dem 19. Jahrhundert in viele Verfassungen aufgenommen (z. B. in das Grundgesetz der Bundesrepublik Deutschland).
Merkantilismus Staatlich gelenkte Wirtschaftsform des Absolutismus. Durch intensiven Handel sollte möglichst viel Geld in das Land kommen, möglichst wenig Geld das Land verlassen. Die Regierung erhöhte daher die Ausfuhr von Fertigwaren und erschwerte die Einfuhr ausländischer Waren durch hohe Zölle.
Militarismus Bezeichnet den Zustand einer Gesellschaft, in der militärische Werte und Grundsätze das öffentliche und private Leben beherrschen und durchddringen. Kennzeichnend sind z. B. das Denken in den Kategorien von Befehl und Gehorsam, die Bejahung von Kampf und Krieg als Notwendigkeit. Militarismus steht im Widerspruch zu vielen Grundsätzen demokratischer Systeme (Diskussion, Kompromiss, Freiheit).

Nation (lat. natio = Stamm, Volk) Menschen gleicher Sprache oder gleicher Staatsangehörigkeit.
Nationalismus Übersteigerte Hochschätzung des eigenen Volkes/der eigenen Nation oft unter Geringschätzung anderer Völker. Seit dem 19. Jahrhundert führte der Nationalismus zu vielen Kriegen.
Nationalversammlung Eine verfassunggebende Versammlung von Abgeordneten, die die ganze Nation repräsentiert.
Norddeutscher Bund Bildete sich nach Auflösung des Deutschen Bundes aus 22 Mittel- und Kleinstaaten sowie den nördlich der Mainlinie gelegenen freien Städten. Stand wirtschaftlich, militärisch und institutionell unter der Vorherrschaft Preußens. Mit Beginn des Deutsch-Französischen Krieges 1870/71 schlossen sich dem Norddeutschen Bund die süddeutschen Staaten an. Im Dezember 1870 ging daraus das Deutsche Reich hervor.

Obrigkeitsstaat Begriff für eine Staatsordnung, in der politische Entscheidungen weitgehend von einem Herrscher oder einer kleinen Führungselite getroffen werden. Die Regierung eines Obrigkeitsstaates sieht die Bürger nicht als politisch ernst zu nehmende Staatsbürger sondern als Untertanen, von denen Gehorsam erwartet werden darf. Der antidemokratische Wert zeigt sich auch in Parolen von der Notwendigkeit eines „starken Mannes" oder der Abwertung des Parlaments.

Parlament (lat. parlamentum = Unterredung, Verhandlung)
Seit dem Mittelalter übernahmen Ständevertretungen die Aufgaben, den Herrscher zu beraten und bei wichtigen Entscheidungen mitzubestimmen. Aus solch einer Versammlung von Beratern des Königs und einem Gerichtshof entwickelte sich das älteste Parlament: das englische. Es bestand aus zwei Häusern. Im Oberhaus saßen vor allem die Angehörigen des Hochadels, im Unterhaus die gewählten Vertreter des niederen Adels und der Städte. Die wichtigsten Aufgaben des Parlaments waren die Gesetzgebung und die Bewilligung von Steuern.
Partei Zusammenschluss von Menschen, die gleiche oder ähnliche politische Absichten haben.
Ziel der Parteimitglieder ist es, die Staatsführung zu übernehmen oder zumindest zu beeinflussen.
Privilegien Sonderrechte, Vorrechte für einzelne Personen oder

Gruppen (Adel, Geistliche o. Ä.), z. B. brauchten die Adligen vor der Französischen Revolution keine Steuern zu bezahlen.
Proletarier Bezeichnung für Arbeiter und Arbeiterinnen, die nichts bestimmen außer ihrer Arbeitskraft. Die Klasse des Proletariats sollte nach Marx die kapitalistische Eigentumsordnung beseitigen und eine klassenlose, kommunistische Gesellschaft herbeiführen.

Reservation Siedlungsräume, die den Indianern in Nordamerika durch die Regierung zugewiesen wurden.
Revolution Der meist gewaltsame Umsturz einer bestehenden politischen und gesellschaftlichen Ordnung.
Romantik Von Deutschland ausgehende geistige Bewegung in der Zeit von etwa 1790 bis 1830. Im Zentrum der romantischen Malerei, Literatur und Musik stand die Flucht aus der Wirklichkeit in eine Welt des Gefühls und der Fantasie, die Natur und die Rückbesinnung auf die Vergangenheit.

Soziale Frage Bezeichnung für die Notlage und die ungelösten sozialen Probleme der Arbeiterschaft im 19. Jahrhundert, die mit der Industrialisierung entstanden waren. Dazu zählten z. B. das Wohnungselend, unzumutbare Arbeitsbedingungen, die Kinderarbeit, Verelendung aufgrund niedriger Löhne und hoher Arbeitslosigkeit.
Sozialismus (lat. socius = Bundesgenosse; gemeinsam) Die Lehre vom Sozialismus entwickelte sich während der Phase der Industrialisierung im 19. Jahrhundert. Die Sozialisten forderten eine gerechte Verteilung der materiellen Güter und eine Gesellschaftsordnung, die nicht vom Profitstreben des Einzelnen, sondern vom Wohl des Ganzen geprägt sein sollte. Um den Gegensatz zwischen Arm und Reich zu verringern, forderten die Sozialisten das Privateigentum an den Produktionsmitteln aufzuheben. Um die Ziele des Sozialismus zu erreichen, entstanden zwei Richtungen: eine revolutionäre (Marx) und eine reformistische (SPD).
SPD Sozialdemokratische Partei Deutschlands: Nachdem sich der 1863 in Leipzig gegründete Allgemeine Deutsche Arbeiterverein (ADAV) und die 1869 in Eisenach gegründete Sozialdemokratische Arbeiterpartei 1875 in Gotha zur Sozialistischen Arbeiterpartei (SAP) zusammengeschlossen hatten, wurde die Partei nach ersten Wahlerfolgen (1877: 9,1 % der Stimmen) unter Bismarck 1878 durch das „Sozialistengesetz" verboten.
Nach dessen Aufhebung 1890 wurde die Sozialdemokratische Partei (SPD) gegründet. Bereits 1912 stellte sie mit 34,8 % die stärkste Reichstagsfraktion.
1914 stimmte diese geschlossen für die Kriegskredite und damit die Kriegspolitik der Regierung. Im Verlauf des Ersten Weltkriegs wurden die innerparteilichen Differenzen immer größer: 1915 spaltete sich der Spartakusbund ab. 1917 zerfiel die SPD in USPD und MSPD, die sich erst 1922 wieder zusammenschlossen. Nach schweren politischen Verlusten in den Jahren der Weltwirtschaftskrise blieb die SPD bis 1930 die stärkste politische Kraft in der Weimarer Republik.
Stand Ein Stand umfasste im Mittelalter und in der frühen Neuzeit Menschen gleicher sozialer Herkunft. Die Geburt entschied darüber, zu welchem Stand man gehörte. So bildeten die Adligen den ersten Stand, die Geistlichen den zweiten Stand, die Bauern den dritten Stand. Mit dem Entstehen der Städte bildeten die Bürger einen neuen Stand über den Bauern.
stehendes Heer Im Mittelalter wurden Heere nur für den Krieg aufgestellt. Söldner und Landsknechte wurde nach Kriegsende wieder entlassen. Seit dem 17. Jahrhundert schufen die absolutistischen Herrscher jedoch Armeen, die auch in Friedenszeiten einsatzbereit unter Waffen standen.

Verfassung Rechtsgrundsätze über die Staatsform, den Umfang und die Grenzen der Staatsgewalt, die Aufgaben und die Rechte der Staatsorgane sowie die Rechte und Pflichten der Bürger.

Wahl, Wahlrecht Recht des Volkes, in regelmäßigen Abständen durch die Wahl von Abgeordneten an der staatlichen Herrschaftsausübung teilzunehmen und diese zu kontrollieren. Der Kampf um die Ausweitung des Wahlrechts auf alle erwachsenen Bürger, unabhängig von Geschlecht, Rasse oder Einkommen, bestimmte das 19. Jahrhundert, da das Wahlrecht meist an eine bestimmte Steuerleistung gebunden und auf die Männer beschränkt war.

Zar Titel der russischen Herrscher, der auf das oströmische Reich zurückgeht. Die oströmischen Kaiser sahen sich als Cäsaren, also als Nachfolger der römischen Kaiser.

Aus dem Grundgesetz der Bundesrepublik Deutschland

Auszüge aus der neuesten Fassung vom 26. November 2001

Artikel 1
(1) Die Würde des Menschen ist unantastbar. Sie zu achten und zu schützen ist Verpflichtung aller staatlichen Gewalt.
(2) Das deutsche Volk bekennt sich darum zu unverletzlichen und unveräußerlichen Menschenrechten als Grundlage jeder menschlichen Gemeinschaft, des Friedens und der Gerechtigkeit in der Welt. [...]

Artikel 2
(1) Jeder hat das Recht auf die freie Entfaltung seiner Persönlichkeit, soweit er nicht die Rechte anderer verletzt und gegen die verfassungsmäßige Ordnung oder das Sittengesetz verstößt.
(2) Jeder hat das Recht auf Leben und körperliche Unversehrtheit. Die Freiheit der Person ist unverletzlich. In diese Rechte darf nur auf Grund eines Gesetzes eingegriffen werden.

Artikel 3
(1) Alle Menschen sind vor dem Gesetz gleich.
(2) Männer und Frauen sind gleichberechtigt. [...]
(3) Niemand darf wegen seines Geschlechts, seiner Abstammung, seiner Rasse, seiner Sprache, seiner Heimat und Herkunft, seines Glaubens, seiner religiösen oder politischen Anschauungen benachteiligt oder bevorzugt werden. [...]

Artikel 4
(1) Die Freiheit des Glaubens, des Gewissens und die Freiheit des religiösen und weltanschaulichen Bekenntnisses sind unverletzlich. [...]
(3) Niemand darf gegen sein Gewissen zum Kriegsdienst mit der Waffe gezwungen werden ...

Artikel 5
(1) Jeder hat das Recht, seine Meinung in Wort, Schrift und Bild frei zu äußern und zu verbreiten und sich aus allgemein zugänglichen Quellen ungehindert zu unterrichten. Die Pressefreiheit und die Freiheit der Berichterstattung ... werden gewährleistet. Eine Zensur findet nicht statt. [...]

Artikel 8
(1) Alle Deutschen haben das Recht, sich ohne Anmeldung oder Erlaubnis friedlich und ohne Waffen zu versammeln.
(2) Für Versammlungen unter freiem Himmel kann dieses Recht durch Gesetz ... beschränkt werden.

Artikel 9
(1) Alle Deutschen haben das Recht, Vereine und Gesellschaften zu bilden.
(2) Vereinigungen, deren Zweck oder deren Tätigkeit den Strafgesetzen zuwiderläuft oder die sich gegen die verfassungsmäßige Ordnung oder gegen Gedanken der Völkerverständigung richten, sind verboten. [...]

Artikel 10
(1) Das Briefgeheimnis sowie das Post- und Fernmeldegeheimnis sind unverletzlich.
(2) Beschränkungen dürfen nur auf Grund eines Gesetzes angeordnet werden. [...]

Artikel 11
(1) Alle Deutschen genießen Freizügigkeit im ganzen Bundesgebiet. [...]

Artikel 12
(1) Alle Deutschen haben das Recht, Beruf, Arbeitsplatz und Ausbildungsstätte frei zu wählen. Die Berufsausübung kann durch Gesetz ... geregelt werden. [...]
(3) Zwangsarbeit ist nur bei einer gerichtlich angeordneten Freiheitsentziehung zulässig.

Artikel 12a
(1) Männer können vom vollendeten achtzehnten Lebensjahr an zum Dienst in den Streitkräften, im Bundesgrenzschutz oder in einem Zivilschutzverband verpflichtet werden.
(2) Wer aus Gewissensgründen den Kriegsdienst mit der Waffe verweigert, kann zum Ersatzdienst verpflichtet werden. [...]

Artikel 13
(1) Die Wohnung ist unverletzlich.
(2) Durchsuchungen dürfen nur durch den Richter, bei Gefahr im Verzuge auch durch die in den Gesetzen vorgesehenen anderen Organe angeordnet und nur in der dort vorgeschriebenen Form durchgeführt werden. [...]

Aus dem Grundgesetz der Bundesrepublik Deutschland

Artikel 14
(1) Das Eigentum und das Erbrecht werden gewährleistet. Inhalt und Schranken werden durch die Gesetze bestimmt.
(2) Eigentum verpflichtet. Sein Gebrauch soll zugleich dem Wohle der Allgemeinheit dienen.
(3) Eine Enteignung ist nur zum Wohle der Allgemeinheit zulässig. [...]

Artikel 15
Grund und Boden, Naturschätze und Produktionsmittel können zum Zweck der Vergesellschaftung durch ein Gesetz, das Art und Ausmaß der Entschädigung regelt, in Gemeineigentum ... übergeführt werden. [...]

Artikel 16
(1) Die deutsche Staatsangehörigkeit darf nicht entzogen werden. [...]
(2) Kein Deutscher darf an das Ausland ausgeliefert werden. [...]

Artikel 16 a
(1) Politisch Verfolgte genießen Asylrecht.
(2) Auf Absatz 1 kann sich nicht berufen, wer aus einem Mitgliedstaat der Europäischen Gemeinschaften oder aus einem Drittstaat einreist, in dem die Anwendung des Abkommens über die Rechtsstellung der Flüchtlinge und der Konvention zum Schutze der Menschenrechte und Grundfreiheiten sichergestellt ist ...

Artikel 17
Jedermann hat das Recht, sich einzeln oder in Gemeinschaft mit anderen schriftlich mit Bitten oder Beschwerden an die zuständigen Stellen und an die Volksvertretung zu wenden.

Artikel 18
Wer die Freiheit der Meinungsäußerung, insbesondere die Pressefreiheit, die Lehrfreiheit, die Versammlungsfreiheit, die Vereinigungsfreiheit, das Brief-, Post- und Fernmeldegeheimnis, das Eigentum oder das Asylrecht zum Kampfe gegen die freiheitliche demokratische Grundordnung missbraucht, verwirkt diese Grundrechte. Die Verwirkung und ihr Ausmaß werden durch das Bundesverfassungsgericht ausgesprochen.

Artikel 19
(1) [...]
(2) In keinem Fall darf ein Grundrecht in seinem Wesensgehalt angetastet werden. [...]

Artikel 20
(1) Die Bundesrepublik Deutschland ist ein demokratischer und sozialer Bundesstaat.
(2) Alle Staatsgewalt geht vom Volk aus. Sie wird vom Volk in Wahlen und Abstimmungen und durch besondere Organe der Gesetzgebung, der vollziehenden Gewalt und der Rechtsprechung ausgeübt. [...]
(4) Gegen jeden, der es unternimmt, diese Ordnung zu beseitigen, haben alle Deutschen das Recht zum Widerstand, wenn andere Abhilfe nicht möglich ist.

Register / Verzeichnis der Worterklärungen*

Register / Verzeichnis der Worterklärungen*

Register / Verzeichnis der Worterklärungen*

Register / Verzeichnis der Worterklärungen*

Register / Verzeichnis der Worterklärungen*

Textquellenverzeichnis

Europa im Zeitalter des Absolutismus
S. 9: (Q1) K. H. Peter: Briefe zur Weltgeschichte. Stuttgart 1962, S. 202; (Q2) W. Lautemann/M. Schlenke: Geschichte in Quellen (im Folgenden: GiQ), Band 3. Bayerischer Schulbuchverlag, München 1970, S. 429 – **S. 10:** (Q1) Die Briefe der Liselotte von der Pfalz. München 1960, S. 32 f. – **S. 11:** (Q2) Th. Steudel: Der Fürstenstaat. Berlin 1933, S. 1 ff. – **S. 13:** (Q) Der Hof Ludwig XIV. in Augenzeugenberichten. Düsseldorf 1969, S. 27 – **S. 15:** (Q1) Adam Smith: Untersuchungen über Natur und Ursache des Wohlstandes der Nationen. 1776; zit. nach: Hans Pfahlmann: Die industrielle Revolution. Würzburg 1974, S. 28; (Q2) Geschichtliches Quellenheft 1/2. Frankfurt am Main 1975, S. 62 – **S. 23:** Bernd Wurlitzer, Mecklenburg-Vorpommern, DuMont Kunst-Reiseführer, DuMont Buchverlag, Köln 1996, S. 205 f.– **S. 24:** (Q1) J. B. Bossuet: Politique tiree des propres paroles de l'Ècriture Sainte. Paris 1709. Buch 2–6; (Q2) Wolfgang Hug: Quellenlesebuch. Band 2. Verlag Moritz Diesterweg 1982, S. 136; (Q3) Ch. Montesquieu: De l'Èsprit de lois. Paris 1987. Band X, 6 – **S. 25:** (Q4) Berlinische Monatsschrift. Dezember 1783 – **S. 28:** (Q1) W. Pleticha: Deutsche Geschichte Band 8. Bertelsmann Verlag 1983, S. 63; (Q2) Hans-Joachim Schoeps: Preußen – Geschichte eines Staates. Ullstein Verlag, Berlin 1981, S. 330; (Q3) Friedrich II.: Die politischen Testamente. Berlin 1922, S. 4 f. – **S. 29:** (Q4) Hans-Joachim Schoeps, a. a. O., S. 333 f.; (M) Wolfgang Venohr/Friedrich Kabermann: Brennpunkte der deutschen Geschichte. 1450–1850. Athenäum Verlag, Kronberg 1978, S. 116 u. 118 – **S. 30:** (Q1) Wolfgang Hug: Quellenlesebuch. Bd. 2. S. 111 – **S. 31:** (Q2) Ingrid Mittenzwei: Friedrich II. und Preußen. Pahl-Rugenstein Verlag, Köln 1983, S. 133 – **S. 33:** (Q) Friedrich II., Memoiren von 1775. Hrsg. von G. B. Volz. Band 5. Berlin 1913, S. 56 – **S. 34:** (Q) Otto Bardong (Hrsg.): Friedrich der Große. Ausgewählte Quellen zur deutschen Geschichte der Neuzeit. Wissenschaftliche Buchgesellschaft Darmstadt, 1982, S. 185 f. – **S. 36:** (Q1) B. Taurek: Friedrich der Große und die Philsophie. 1986, S. 122 f.; entnommen aus: Praxis Geschichte, Heft 3, S. 12/M 4. Westermann Verlag, Braunschweig 1993 – **S. 37:** (Q2) A. v. Arneth: Geschichte Maria Theresias. VII, Wien 1877, S. 375

„Neue, freie Welt – Amerika
S. 44: (Q1) Die amerikanische Revolution in Augenzeugenberichten. dtv, München, S. 19 f.; (Q2) Nach einem Brief aus Privatbesitz der Familie Benedikt in Trier – **S. 45:** (Q3) Die amerikanische Revolution in Augenzeugenberichten, a. a. O., – **S. 46:** (Q1) Heinz J. Stammel: Die Indianer. Die Geschichte eines untergegangenen Volkes. Lexikothek Verlag Gütersloh, 1977, S. 91 – **S. 47:** (Q2) Norman B. Wiltsey: Die Herren der Prairie. Günther Verlag, Stuttgart 1965, S. 19 f. – **S. 51:** (Q) K. H. Peter: Briefe zur Weltgeschichte, a. a. O., S. 202 – **S. 52:** (Q) Alan Nevins: Geschichte der USA. Bremen 1965, S. 304 – **S. 54:** (Q) GiQ, Bd. 5. a. a. O., S. 510

Die Französische Revolution
S. 58: (Q1) Die Französische Revolution. Hrsg. von Paul Hartig. Stuttgart o. J., S. 11 – **S. 59:** (Q2) R. Palmer: The Age of democratic Revolution. Princeton 1959, S. 480; (Q3) Beaumarchais: Ein toller Tag oder Figaros Hochzeit. Hildburghausen, 1865, S. 109 – **S. 61:** (Q) Walter Markov: Revolution im Zeugenstand. Band 2. Reclam Bibliothek, Leipzig 1985, S. 71 – **S. 63:** (Q) Buchex et Roux. Histoire parlamentaire de la Revolution francaise. Paris 1834–1838. Bd. 2, S. 3; zit. nach: P. Hartig: Die Französische Revolution. Klett Verlag, Stuttgart 1990, S. 42 – **S. 64:** (Q1) GiQ, Bd. 4, a. a. O., S. 195; (Q2) ebenda, Nr. 172 – **S. 66:** (Q1) ebenda, S. 252; (Q2) Walter Markov/ Albert Soboul: 1789: Die große Revolution der Franzosen. Akademie Verlag, Berlin 1975, S. 98 – **S. 67:** (Q3) P. Hartig: Die Französische Revolution, a. a. O. – **S. 68:** (Q1) Walter Markov, a. a. O., S. 528; (Q2) GiQ, Band IV, a. a. O., S. 341 f. – **S. 69:** (Q3) M. Göring: Die Geschichte der großen Revolution. Bd. 2. Vom Liberalismus bis zur Diktatur. Tübingen 1951, S. 382 – **S. 72:** (Q1) Susanne Petersen: Marktweiber und Amazonen. Papyrossa, Köln 1991, S.184 – **S. 73:** (Q2) Paul Noack: Olymphe de Gouges, 1748–1793. dtv, München 1992, S. 164 bis 168 – **S. 74:** (Q1) Eckert Kleßmann: Die Französische Revolution in Augenzeugenberichten. dtv, München, S. 17; (Q2) F. M. Kircheisen: Napoleon I., Bd. 1. Stuttgart 1927, S. 128

Europa und Napoleon
S. 80: (Q) F. M. Kircheisen: Gespräche Napoleons. Stuttgart 1912 – **S. 84:** (Q1) G. Winter (Hrsg.): Die Reorganisation unter Stein und Hardenberg. Bd. 1. Leipzig, 1931, S. 306; (Q2) Huber: Dokumente zur deutschen Verfassungsgeschichte, Bd. 1. Stuttgart 1978, S. 41 – **S. 88:** (Q1) W. Venohr/F. Habermann: Brennpunkte der deutschen Geschichte, a. a. O., S. 160 – **S. 89:** (Q2) ebenda – **S. 90:** (Q1) Tim Klein: Die Befreiung 1813, 1814, 1815. Ebenhausen bei München 1913, S. 96; (Q2) Eckert Kleßmann: Die Revolution in Augenzeugenberichten. dtv, München 1973, S. 45 – **S. 93:** (Q1) Carsten M. Walczok, Lauenburg und die Franzosenzeit. Der verzögerte Durchbruch der Franzosen bei Lauenburg und der preußische Sieg von Groß Beeren: Ein Zusammenhang? In: Lauenburgische Heimat, Zeitschrift des Heimatbund und Geschichtsvereins Herzogtum Lauenburg, Neue Folge, Heft 139 (1994), S. 18 – **S. 95:** (Q) H. D. Dyroff: Der Wiener Kongress. dtv, München 1966, S. 111

Demokratischer Aufbruch in Deutschland
S. 101: (Q) P. J. Siebenpfeiffer: Der deutsche Mai. Eröffnungsrede von 1832 (gekürzt) – **S. 102:** (Q) Fritz Reuter: Ut mine Festungstid, aus: Sämtliche Werke von Fritz Reuter, Rechtmäßige Original-Ausgabe in 8 Bänden, Vierter Band, S. 215, Reuter Verlag E. Weißenturm, Doetinchen, Generalvertrieb Th. Knaur Nachf., Berlin/Leipzig, o. J. – **S. 105:** (Q) W. Venohr/F. Habermann: Brennpunkte, a. a. O., S. 222 – **S. 108:** (Q1) Die deutsche Revolution in Augenzeugenberichten. dtv, München 1973, S. 40 – **S. 109:** (Q2) Walter Grab (Hrsg.): Die Revolution von 1848. München 1980, S. 59 – **S. 110:** (Q1) W. Venohr, a. a. O., S. 274; (Q2) Ferdinand Siebert: Von Frankfurt nach Bonn. Hundert Jahre deutscher Verfassungen. Frankfurt am Main 1982 – **S. 111:** (Q3) W. Venohr, a. a. O., S. 274 – **S. 112:** (M) G. Billig/R. Kappler/W. Szalai (Hrsg): Aus der Geschichte Sachsens. Ein Arbeitsbuch für die Schule. Cornelsen Verlag, Berlin 1991, S. 38

Die industrielle Revolution
S. 118: (Q) Friedrich Engels: Die Lage der arbeitenden Klasse in England. dtv, München 1975, S. 33 f. – **S. 124:** (Q) M. Eyth: Im Strom unserer Zeit. Bd. 1. Heidelberg, 4. Aufl. 1905, S. 60 – **S. 126:** (Q1) H. Pönicke: Die wirtschaftliche und soziale Entwicklung in Europa im 19. Jahrhundert. Paderborn 1970, S. 31 – **S. 127:** (Q2) W. Venohr, a. a. O., S. 238; (M) H. H. Wille: Sternstunden der Technik. Urania Verlag, Leipzig 1987, S. 96 – **S. 133:** (Q) Kenneth Fant: Alfred Nobel. Idealist zwischen Wissenschaft und Wirtschaft. Frankfurt am Main/Leipzig 1997, S. 13 – **S. 136:** (Q) Ullan Galm: August Borsig. Stapp Verlag, Berlin 1987, S. 38 – **S. 138:** (Q1) Ullan Galm: Borsig, a. a. O., S.97 – **S. 139:** (Q2) Geschichte für Morgen. Hauptschule Baden-Württemberg. Bd. 2. Cornelsen Verlag, Berlin; (M) Ullan Galm: Borsig, a. a. O. – **S. 140:** (Q1) J. Kuczynski: Geschichte des Alltags des deutschen Volkes. Pahl-Rugenstein, Köln 1981, S. 258 – **S. 141:** (Q2) H. Rosenbaum: Formen der Familie. Frankfurt am Main 1982, S. 408 f. (vereinfacht) – **S. 142:** (Q1) Werner Sombart: Das Proletariat. Jena 1906, S. 23 – **S. 143:** (Q2) zit. nach: H. de Buhr/R. Regenbrecht (Hrsg.): Industrielle Revolution und Industriegesellschaft. Hirschgraben Verlag, Frankfurt am Main 1983, S. 46 – **S. 146:** (Q1) J. Heinrich Wichern: Gesammelte Schriften. Bd. 2. Hamburg 1905, S. 108; (Q2) zit. nach: H. de Buhr/R. Regenbrecht, a. a. O., S. 51 (vereinfacht) – **S. 147:** (Q3) J. E. Jörg: Geschichte der sozialpolitischen Parteien in Deutschland. Freiburg 1867, S. 213 – **S. 149:** (Q) D. Bradke: Die industrielle Revolution in Deutschland. Stuttgart 1985, S. 323 ff. – **S. 151:** (Q1+2) zit. nach: H. de Buhr/ R. Regenbrecht, a. a. O., S. 54 (gekürzt) – **S. 152:** (Q1) Wolfgang Ruppert: Die Arbeiter. C. H. Beck, München 1986, S. 438 – **S. 153:** (Q2) Fanny Lewald: Meine Lebensgeschichte. Bd. 3, Berlin, 1863; zit. nach: U. Frevert: Frauengeschichte zwischen bürgerlicher Verbesserung und neuer Weiblichkeit. Frankfurt am Main 1986, S. 258 ff. – **S.154:** (Q) Wolfgang Emmerich: Proletarische Lebensläufe. Bd. 1. Rowohlt Verlag, Reinbek bei Hamburg 1975, S. 311 f.

Das Zweite Kaiserreich
S. 160: (Q1) Horst Kohl: Die politischen Reden des Fürsten. 1892 – 1905. Band III. S. 142 – **S. 161:** (Q2) Bismarck. Gesammelte Werke, Bd. 5. Berlin 1942 ff., S. 95; (Q3) H. Michaelis: Königgrätz. Ein geschichtlicher Wandel. 1952, S. 177 – **S. 162:** (Q1) Bismarck. Gesammelte Werke, Bd. 7. Berlin 1942 ff., S. 301 – **S. 163:** (Q2) GiQ, Bd. 5, a. a. O., S. 363 – **S. 164:** (Q1) Allgemeine Lauenburgische Landeszeitung vom 21. Januar 1871, S. 1 – **S. 166:** (Q1) Ursula Schulz: Die deutsche Arbeiterbewegung 1848 bis 1919 in Augenzeugenberichten.

Textquellenverzeichnis / Bildquellenverzeichnis

Karl Rauch Verlag, Düsseldorf, 1968, S. 241; (Q2) Bismarck. Gesammelte Werke, Bd. 13. Berlin 1942 ff., S. 395 – **S. 168:** (Q) Fürst Otto von Bismarck. Erinnerung und Gedanke. Cottasche Buchhandlung. Stuttgart und Berlin 1919 – **S. 169:** (Q) Eckardt Opitz, Die Bismarcks in Friedrichsruh, Rasch und Röhring Verlag, Hamburg 1990, S. 77 f. – **S. 170:** (Q1) Bismarck. Gedanke und Erinnerung. Goldmann Verlag, Berlin, 1981, S. 504 – **S. 171:** (Q2) Brack: Geschichte Bd. 3. C. C. Buchner Verlag, Bamberg 1986, S. 182; (Q3) Gerhard H. Ritter (Hrsg.): Historisches Lesebuch, Bd. 2. Luchterhand-Verlag, Frankfurt am Main 1967, S. 300 f.– **S. 174:** (Q) F. Hofmeier: Wege durch die Geschichte, Bd. 4. Cornelsen Verlag. Berlin, 1988, S. 31; (M1) Gert Richter: Die gute alte Zeit im Bild. Alltag im Kaiserreich. Bertelsmann Lexikothek, Gütersloh 1974, S. 118 – **S. 175:** (M2) ebenda, S. 12 f. – **S. 176:** (Q1) Eduard Bernstein: Die Geschichte der Berliner Arbeiterbewegung, Bd. 2. Buchhandlung Vorwärts, Berlin 1907, S. 59 – **S. 177:** (Q2) Heinrich von Treitschke: Unsere Ansichten; zit. nach: Walter Boehlich: Der Berliner Antisemitismusstreit. Insel Verlag, Frankfurt am Main 1965, S. 8; (Q3) Theodor Mommsen: Auch ein Wort über unser Judentum; zit. nach: Walter Boehlich, a. a. O., S. 214 f. – **S. 178:** (Q1) Quellen zur Geschichte Schleswig-Holsteins, Teil II, hrsg. vom deutschen Grenzverein und dem Landesinstitut für Praxis und Theorie der Schule. Verlag Schmidt & Klaunug, Kiel, 1980, S. 149 – **S. 179:** (2) Quellen zur Geschichte Schleswig-Holsteins, a. a. O., S. 152; (Q3) ebenda, S. 154

Der Erste Weltkrieg

S. 184: (Q1) Helgard Patemann: Lehrbuch Namibia. Wuppertal 1984, S. 64 – **S. 185:** (Q2) Arbeitsbuch Imperialismus. Beltz-Verlag, Weinheim/ Basel 1978, S. 31 (Q3) Manfred Hinz (Hrsg.): Weiß auf Schwarz. 100 Jahre Einmischung in Afrika. Verlag Elefantenpress, Berlin, 1984, S. 120 – **S. 186:** (Q1) Praxis Geschichte. Westermann Verlag, Braunschweig, Heft 1, 1993, S. 41/M10 – **S. 187:** (Q2+3) ebenda M 17 und S. 43/M 19 – **S. 189:** (Q) W. Bärsch: Beschimpft, bespuckt, beleidigt. – Warum? in: TV Hören und Sehen, 12. 1. 1991 – **S. 194:** (Q1+2) Axel Kuhn (Hrsg.): Deutsche Parlamentsdebatten. Bd. 1. 1871 – 1918. Fischer Verlag, Frankfurt/Main, 1970, S. 191 f. (Q1) und S. 194 f. (Q2) – **S. 198:** (Q1) Ernst Johann: Innenansicht eines Krieges. Deutsche Dokumente 1914–1918. dtv, München 1973, S. 16; (Q2) Tagebuch des Grenadiers Stefan Helmelt. Der Weltkrieg in Bildern und Dokumenten. o. J., S. 74; (Q3+4) S. Miller/H. Potthoff: Kleine Geschichte der SPD. Darstellung und Dokumentation 1846 bis 1980. Bonn 2002 – **S. 200:** (Q1) zit. nach: F. Hofmeier (Hrsg.): Wege durch die Geschichte, Bd. 4. Cornelsen Verlag, Berlin, 1992, S. 74 – **S. 201:** (Q2) Jean-Pierre Cartier: Der Erste Weltkrieg; zit. nach: H. Heumann (Hrsg.): Geschichte für morgen. Hauptschulen in Baden-Württemberg, Bd. 8. Hirschgraben Verlag, Frankfurt am Main, 1987, S. 157 – **S. 204:** (Q1) Entwurf für ein Schreiben Hindenburgs an den Reichskanzler vom September 1916. Zit nach: U. Cartarius (Hrsg.): Deutschland im Ersten Weltkrieg. Texte und Dokumente. München 1982, S. 87; (Q2) G. Mai: Kriegswirtschaft und Arbeiterbewegung. Stuttgart, 1983, S. 337 – **S. 205:** (Q3) J. Mihaly: Da gibt's ein Wiedersehen. Kriegstagebuch eines Mädchens. 1914–1918. München 1963, S. 216 – **S. 206:** (Q1) GiQ, Weltkriege und Revolutionen. 1845–1945. München, 3. Aufl. 1979, S. 52; (Q2) ebenda, S. 57 – **S. 207:** (Q3+4) Erich Angermann (Hrsg.): Der Aufstieg der Vereinigten Staaten von Amerika. Stuttgart o. J., S. 77 – **S. 209:** (Q) Ursachen und Folgen. Vom deutschen Zusammenbruch 1918 und 1945 bis zur staatlichen Neuordnung Deutschlands in der Gegenwart. Hrsg. von Herbert Michaelis/Ernst Schraepeler. Berlin o. J., Bd II., S. 325

Die Weimarer Republik

S. 215: (Q1) Ursachen und Folgen, a. a. O., S. 572; (Q2) ebenda, S. 573 – **S. 216:** (Q) Geschichtsumschlungen. Sozial- und Kulturgeschichtliches Lesebuch Schleswig-Holstein 1848 bis 1948. Dietz Verlag, S. 137 – **S. 218:** (Q) Ursachen und Folgen, a. a. O., Band III, S. 166–168 – **S. 220:** (Q1) Die Verfassung des Deutschen Reiches (Verlag der Reichsdruckerei), o. O., 1924, S. 7; (Q2) ebenda, S. 7 – **S. 221:** (Q3) ebenda, S. 12 u. 14 ff. – **S. 222:** (Q1) Ursachen und Folgen, a. a. O., Band III, S. 239; (Q2) Die Verfassung des Deutschen Reiches, a. a. O., S. 26 – **S. 223:** (Q3) Die Weimarer Nationalversammlung. Schriftreihe der Bundeszentrale für Heimatdienst, Heft 46, Bonn 1960, S. 173; (Q4) Ursachen und Folgen, a. a. O., Bd. 2, S. 405; (Q5) Die Verfassung des Deutschen Reiches, a. a. O., S. 36 – **S. 224:** (Q) Ursachen und Folgen, a. a. O., Bd. 2, S. 405 – **S. 230:** (Q) Joachim Hoffmann: Die großen Krisen (Bilder aus der Weltgeschichte 14). Frankfurt am Main 1975, S. 59 – **S. 232:** (Q1) GiQ, Weltkriege und Revolutionen, a. a. O., S. 210; (Q2) ebenda, S. 212 – **S. 233:** (M) Paul Schmidt: Statist auf diplomatischer Bühne. 1923 bis 1945. Erlebnisse des Chefdolmeschers im Auswärtigen Amt mit den Staatsmännern Europas; (Q3) Gustav Stresemann: Reden und Schriften. Politik, Geschichte und Literatur. 1890–1926. Bd. 2, 1926, S. 303 f.; (Q4) Paul Schmidt: Statist auf diplomatischer Bühne, a. a. O., S. 118 – **S. 238:** (Q1) Deutsche Bergwerkszeitung vom 15. 3. 1929 – **S. 239:** (Q2) Zürcher Zeitung, November 1929 – **S. 240:** (Q1) W. Treue: Deutschland in der Wirtschaftskrise. In: Augenzeugenberichte. Düsseldorf 1967, S. 128; (Q2) Der Tag vom 22. 9. 1932

Bildquellen:

S. 6/7: Archiv für Kunst und Geschichte Berlin (Wdh. S. 4) – **S. 8:** Archiv für Kunst und Geschichte (Wdh. S. 39) – **S. 9:** Archiv für Kunst und Geschichte – **S. 11:** Archiv für Kunst und Geschichte (2), Übernahme aus: Kaiser, Könige und Zaren. Vom Sonnenkönig bis zu den ersten Siedlern in Amerika. Hrsg. v. Pierre Marchand. Bertelsmann Lexikon-Verlag, Gütersloh 1993 (RS) – **S. 12:** The Bridgeman Art Library/vormals Giraudon – **S. 16:** Schloss Bothmer, Klütz – **S. 17:** epd-bild/Stephan Wallocha (1), Oechtering, Elisabeth, Geesthacht (2, 3), Bowien, Petra, Geesthacht (4), Ernst-Moritz-Arndt-Universität/Foto: Edmund von Pechmann (5) – **S. 18:** Archiv Filmmuseum Potsdam (1), Archiv für Kunst und Geschichte (2) – **S. 19:** Archiv Gerstenberg, Wietze (u. r.) – **S. 21:** Schleswig-Holsteinisches Landesarchiv Schleswig/Foto: Reinhard Scheiblich (2), Kunsthalle zu Kiel (3), Schleswig-Holsteinisches Landesmuseum für Kunst- und Kulturgeschichte Schleswig/Foto: Reinhard Scheiblich (4), Oechtering, Elisabeth, Geesthacht (5) – **S. 22:** Oechtering, Elisabeth, Geesthacht (1), Staatliches Museum Schwerin/Foto: E. Walford (2) – **S. 24:** The Bridgeman Art Library/vormals Giraudon (1, Wdh. S. 39), Ullsteinbild Berlin (RS o.), Archiv für Kunst und Geschichte (RS m., u.) – **S. 25:** Archiv für Kunst und Geschichte (2, 3) – **S. 26:** Bildarchiv Preußischer Kulturbesitz (RS beide) – **S. 27:** Bildarchiv Preußischer Kulturbesitz (2, RS o.), DHM Berlin (RS u.) – **S. 29:** Bildarchiv Preußischer Kulturbesitz (3, RS) – **S. 30:** Bildarchiv Preußischer Kulturbesitz (1), Kunsthistorisches Museum Wien (RS o., m.), Schlossmuseum Schwerin (RS u.) – **S. 31:** Übernahme aus: Unsere Geschichte. Diesterweg FfM, S. 28 (3, 4), Bildarchiv Preußischer Kulturbesitz (RS o.), Archiv für Kunst und Geschichte (RS u.) – **S. 32:** Archiv Gerstenberg, Wietze (1, 2) – **S. 34:** Bildarchiv Preußischer Kulturbesitz – **S. 37:** Archiv für Kunst und Geschichte – **S. 40/41:** dpa FfM (Wdh. S. 4) – **S. 43:** Archiv für Kunst und Geschichte (2, 3, Wdh. S. 55) – **S. 44:** Archiv für Kunst und Geschichte – S. 47: © VG BILD-KUNST Bonn 2003/A. Paul Weber 1976 (RS u.) – **S. 50:** DIZ München, Bilderdienst – **S. 51:** Archiv für Kunst und Geschichte (Wdh. S. 55) – **S. 53:** Archiv Gerstenberg, Wietze (RS, Wdh. S. 55) – S. **56/57:** Archiv für Kunst und Geschichte – S. 58: Bildarchiv Preußischer Kulturbesitz (1, RS) – S. 59: Bibliotheque Nationale Paris – **S. 61:** The Bridgeman Art Library/vormals Giraudon – **S. 62:** Archiv für Kunst und Geschichte (1, Wdh. S. 77) – **S. 63:** The Bridgeman Art Library/vormals Giraudon – **S. 67:** The Bridgeman Art Library/vormals Giraudon (Wdh. S. 77) – **S. 68:** Archiv für Kunst und Geschichte (1, 2) – **S. 69:** Archiv Gerstenberg, Wietze (2) – **S. 72:** The Bridgeman Art Library/vormals Giraudon – **S. 73:** The Bridgeman Art Library/vormals Giraudon – **S. 74:** Artothek Weilheim (Nr. 15637) – **S. 75:** Bildarchiv Preußischer Kulturbesitz (2) – **S. 77:** Bibliotheque Nationale Paris (b), The Bridgeman Art Library/vormals Giraudon (d) – **S. 78/79:** The Bridgeman Art Library/vormals Giraudon (Wdh. S. 4) – **S. 81:** Archiv für Kunst und Geschichte (2), Stadtgeschichtliches Museum Leipzig, Fotothek (3) – **S. 83:** Archiv Gerstenberg, Wietze (4) – **S. 84:** Archiv für Kunst und Geschichte (Wdh. S. 97) – **S. 86:** Bildagentur Mauritius/Foto: Kabes – **S. 87:** Fritz-Reuter-Literaturmuseum Stavenhagen/Illustration von Conrad Beckmann, 1878 (4) – **S. 88:** Archiv für Kunst und Geschichte (1) – **S. 89:** Albertina Wien, Graphische Sammlung (2, Wdh. S. 97), © VG BILD-KUNST Bonn 2003/A. Paul Weber 1975 (RS) – **S. 90:** Stadtgeschichtliches Museum Leipzig (1), docu: media, Leipzig (RS o.), Archiv für Kunst und Geschichte (RS u.) – **S. 91:** Archiv für Kunst und Geschichte (RS beide) – **S. 93:** Boehart,